中华传世藏书

【图文珍藏版】

荀子

[战国] 荀况⊙原著

刘凯⊙主编

诠 解

第二册

线装书局

五、儒家的政治教义与荀子的贡献

在荀子看来，人性恶是人们之所以要培养自己道德的原因。孔子和孟子都强调，一个仁爱的政府对引领人们道德生活具有重要的导向作用。然而，尽管有道德榜样的领导，人们如果还是不愿意培养自己的道德，那又应当如何呢？对这一问题的思索就使得荀子走向了一种对政治本质非常不同的、更加悲观的认识，也因此形成了对如何创建仁政的不同建议。本节将着力展现荀子是怎样基于人性本恶的观点，从非儒学派中吸收思想来修正儒家关于仁政的学说。

本节尝试回答两个问题：第一个问题是荀子在战国时代的政治社会情况下，如何提出较可行的方式来实现孔子以道德教化为中心的良政理想，亦即荀子如何向儒家以外的思想家取材，基于人之"性"恶的看法来转变孔子的良政理论。本节指出孔子对实现良政的看法留有"法"的空间，而荀子采取了法家对"法"之效力的重视但并未因此将儒家转变为法家，而是将"法"作为实现儒家良政理想的工具。至于荀子的具体做法，则是本节所回答的第二个问题，也就是如何克服道德哲学中的"动机"问题，即"即便人民有合乎道德的领袖作为模范，但如果没有修身的意愿，又将如何？"我认为"法"的强制作用初期可以防范人民逾矩、形成秩序社会，如此可增进人民福祉，最终使人民因此有意愿提升自己至道德修养的层次。

本节紧接着考察了孔子、孟子和荀子关于"王"和"霸"的不同观点。根据他们对仁政的不同理解，孔子和荀子都为那些道德不完善却能在某种程度上施惠于人民的统治者留有余地。这样，对他们二者而言，"霸"理应被接受为一种替代性的统治路径。然而对孟子来说，"霸"在统治国家中是不能被接受的。孟子对"霸"的排斥在战国后期显得极不现实，因为当时大多数的统治者都对道德培养和成圣成王的道德理想没有兴趣。荀子在"霸"这点上要更加现实，他提供了一种在实践层面更为强大的仁政理论和各种不同的实现方案。荀子对"法"和"霸"的融合可能受到了商鞅的影响，他修改了商鞅关于"法"和"霸"的内容以满足发展儒家的需要。

（一）仁政的思想

在孔子的学说中，道德修养和国家治理是不能分开的。对孔子来说，为了建立一个秩序化的社会和仁爱的政府，官员就必须在日常的实践中学习道德。孔子说："为政以德，譬如北辰，居其所而众星共之。"（《论语·为政》）对孔子来说，如果一个统治者能用美德来统治一个国家，人们将会像众星拱月般拥护他。那么，这些美德是什么呢？孔子在解答从政所必需的五种美德——"五美"时说："君子惠而不费，劳而不怨，欲而不贪，泰而不骄，威而不猛。"（《论语·尧问》）对孔子来说，只有一个官员能够遵循这些道德的要求才能成为正直的人，他才能成为人们的榜样并用美德来引导人民。孔子说："政者，正也。子帅以正，孰敢不正？"（《论语·颜渊》）在另外一篇与季康子的对话中，孔子把君子的美德比作"风"，而把人们的美德比作"草"（参见《论语·颜渊》）。对孔子来说，君子能够影响人们成为道德的人，正如草能够被风吹倒一样。孔子似乎相信，一旦统治者或官员实现了君子的道德理想，就会促使人民培养自己的道德并自觉维护良好的社会秩序。

正像孔子所指出的，政治应当是人民之间道德关系的反映。孔子在处理人际关系时主张"仁"的原则，而这一"仁"的原则也同样适用于处理政治事务。在《论语·颜渊》中，孔子这样回答关于"仁"的提问，"出门如见大宾，使民如承大祭。己所不欲，勿施于人。在邦无怨，在家无怨。"在这段话中，"仁"被具体化为处理政治事务的各种各样的实践。"己所不欲，勿施于人"的原则不仅是处理人际关系的准则，更是进行统治的政治原则。除了这一原则，孔子也描述了如何在统治中实现"仁"的途径。他说："己欲立而立人，己欲达而达人。"（《论语·雍也》）统治者一旦将自己所希望得到的给予人民，而不将自己厌恶的施加到人民头上，也就是说，实现了

"仁"，他就能实现仁政。

孔子的这一仁政理想美则美矣，然而却难以在现实中实现。实际上，这一政治理想不仅有现实应用上的困难，而且在理论上也有一定困境。孔子的这一政治理想有两个基本前提：首先，统治者是道德的化身，是道德领袖；其次，人民会自然受到道德的吸引而自觉模仿道德领袖的道德行为。正如欧文·弗兰南根（OwenFlanagan）所述，这种模仿道德行为的思路是这样的：

如果有足够数量的道德（比如说"仁"）模范，并且模仿机制工作正常（正如它所被认为的那样，是一种可靠的复制机制），那么一种由道德公民组成的道德政体就会被产生、维持和复制。

然而，这一思路存在着很大问题。欧文提到：

这个问题可以用这种方式表述出来：假设有一个世界，在其中道德从稀少走向普遍和广泛。如果这种情况发生了，我们可以推测道德是具有吸引力的而邪恶是不吸引入的。或许事情是这样。但是我们将不知道道德的吸引力是否是由于道德相对于邪恶而具有的内在属性，还是由于道德而不是邪恶所具有的外在属性，比方说，是道德而不是邪恶建立了秩序，或者道德被奖励而邪恶被惩罚。这一问题很关键，因为当我读孔子和墨子（甚至孟子）时，道德是内在的吸引者。然而在这里，经验上的模仿研究提供了一个清楚的裁定：事情不是这样的。模仿机制或装置不加区别地复制，但却对奖励和惩罚制度非常敏感。

这样，道德并不具有足够的内在吸引力以至于人们都会自觉自愿地跟随道德领袖的号召而进行道德修养。既然如此，人们又是如何走上道德修养之路的呢？期待统治者是道德领袖的想法现实吗？所谓的仁政又如何得以实现呢？

尽管孔子主张统治者的道德修养是建立仁政的根本，但他也为那种虽不能达到最高道德层次但仍能施惠于人民的统治者保留了一些空间。对孔子来说，这样的统治者仍然可以被认作是"仁"。（参见《论语·宪问》）在这种情况下，孔子似乎认为仁政有两个层次：较高层次的政府基于统治者的道德修养或仁爱；较低层次的政府基于统治者带给人民的实际利益及福利。在第一层次，孔子要求统治者培养自己达到仁爱的程度；在第二层次，孔子似乎并不要求统治者有多大的道德成就——只要他能施惠于人民，他就是一个好的统治者，而他的政府也就是一个好的政府。

孟子明确提出了"仁政"的理想，这是一个要求统治者和大臣都培养自己道德的政府。孟子说："人有恒言，皆曰，'天下国家。'天下之本在国，国之本在家，家之本在身。"（《孟子·离娄上》）这样，自我就是家庭、国家甚至整个帝国的基础。在孟子看来，自我被道德修养转化着。在这种情况下，道德修养的重要性不仅在于转化自我，更是维护社会秩序的基石。那么，为什么自我会在维护社会秩序的过程中发挥重要作用？这是因为国家就是由无数的自我组成的，这其中就包括了统治者、官员和人民。如果所有这些人都能自觉地进行道德培养，国家将会变得有秩序。否则，国家就会陷入混乱之中。

首先，孟子认为统治者应该被培养成为道德的人。一旦统治者能够通过道德培养成为道德的人，人民便会相应地走上道德之途。正所谓"君仁，莫不仁；君义，莫不义；君正，莫不正。一正君而国定矣"（《孟子·离娄上》）。孟子认为统治者们应当"乐其道而忘人之势"。就是说，统治者们应当把注意力更多地放到培养个人道德方面，而不是攫取财产和权力。对孟子来说，道德对塑造一个好的统治者来说是不可缺少的。在其他地方，孟子明确了像恭敬、节俭等作为统治者所应当具有的道德品质。（参见《孟子·离娄上》）

其次，孟子认为大臣也是实现仁政目标过程中的重要因素。在孟子看来，官职只能由那些有德之人来担任。只有有德行的人被任命为官员，国家才能变得有秩序。（参见《孟子·公孙丑上》）

然而，孟子怀疑一个有德行的人能否一定得到与之相称的官职，甚至最后成为统治者。事实上，要成为统治者也许需要更多的机会或外部条件，而这些与一个人的道德成就无关。孟子说："匹夫而有天下者，德必若舜禹，而又有天子荐之者，故仲尼不有天下。"（《孟子·万章上》）孟子其实已经注意到理想和现实的差距。道德高尚并没有让孔子成为统治者。即便一个人能像孔子那样有德行，这也并不意味着他就一定能够成为统治者；相反，一个在道德上不那么完美的人也许会成为统治者。孟子有一次提到了统治者的错误。（参见《孟子·公孙丑下》）对孟子来说，错误显示了一个统治者不够明智——这也许意味着一个人在成为道德完美的人之前就能成为统治者。这正如史华兹教授提到的：

> 在一个世袭制原则起主导地位的时期，只有最邪恶的君王才会导致王朝的垮台。因此，不论孟子的倾向如何，他认为借助于天命的启示作用，即便是不怎么贤能的、也许配不上君主这一名号的统治者，也照样享有合法的权威……孟子显然既把最贤能的人行使统治看做是最理想的状态，又虔诚地接受了历史中深不可测的天之意志。这种意志并不总是按照有德之士的主观意志来选择的、更合理的方式运行。天把天命（Mandate）授予帝王家族以及圣人，这一事实本身就昭示了天之意志深不可测的内容。

这样，在统治者道德不完善的前提下，孟子强调了道德修养在转化统治者道德中的重要作用。对孟子来说，尽管一个不道德的人能够成为统治者，但他必须培养自己成为道德的人，从而在未来变成一个好的统治者。没有道德修养，统治者将永远不会变成一个好的统治者。在这个意义上，孟子从来没有放弃劝说统治者培养自己道德的努力。对孟子而言，对道德不完善统治者的道德规劝要远比单单期望一个有德行的人成为统治者重要得多。

统治者和大臣们应当在治理国家时拥有道德品质，这是成为圣王或贤臣的必备条件。相反，如果统治者或大臣不够"仁"，国家就会陷入到危险境地："天子不仁，不保四海；诸侯不仁，不保社稷；卿大夫不仁，不保宗庙；士庶人不仁，不保四体。"（《孟子·离娄上》）这样，无论统治者还是大臣仁爱与否都直接决定着国家命运。正如我们在前面所讲的那样，对孟子来说，道德培养不仅应该培养统治者和大臣，更要转化普通人民的本性。只有当普通人都能被教育成为道德的人，国家才有治理的希望。（参见《孟子·

荀子与儒家

这样，对孟子来说，一个有秩序的社会来源于统治者、大臣和人民的道德修养。然而，孟子的最高政治理想不仅仅是要维护有秩序的社会，更是要实现仁政。既如此，道德修养和仁政的建立又有着怎样的关联呢？孟子说："老吾老，以及人之老；幼吾幼，以及人之幼，天下可运于掌……言举斯心加诸彼而已。"（《孟子·梁惠王上》）孟子相信一旦世间的每个人，不管他是统治者、大臣或普通百姓，都能培养自己的道德并能推展自己对待家人的仁慈于他人，整个国家就会变得有秩序，仁政也就会自然形成。孟子的这一思路遵循着孔子的学说，即"己所不欲，勿施于人"和"己欲立而立人，已欲达而达人"。孟子认为，一个人不仅应该限制自己施加给他人自己不喜欢的行为，更应当将他自己喜欢的东西推己及人。（参见《孟子·梁惠王上》）

孟子的这一论辩带有明显的困境，即如何使一个人对自己家人的爱能够推及到他人身上？韩非尖锐地批评了儒家的这一观点：

夫以君臣为如父子则必治，推是言之，是无乱父子也。人之情性，莫先于父母，皆见爱而未必治也，虽厚爱矣，奚遽不乱？今先王之爱民，不过父母之爱子，子未必不乱也，则民奚遽治哉？（《韩非子·五蠹》）

这就是说，如果连父母对子女的爱都不能必然保证家庭的和睦，先王对人民的爱（比不上父母对子女的爱）又怎能使得社会安宁、人民和睦呢？这样，即便是一个人能够将自己对家人的爱推及他人，也未必能造成社会的安定。所以，在家庭关系和社会秩序之间，我们似乎看不到一种直接而必然的关系。正如庄锦章先生所分析的那样：

在这里有两个议题，一个是概念上的，一个是经验上的。一方面，从概念上来说，从父母和孩子的纽带中生发出来的那种爱不可能和一般意义上的对其他人的关心一样。这就是为什么我们会难以理解"亲情依附"是怎样得到扩展的。在另一方面，它也是一个经验主义的问题，即在家庭背景下学到的关心和考虑他人的道德是否以及在多大程度上导致一个人拥有社会关注的伦理。

但庄锦章接着论述到，儒家的这一问题是可以得到解决的，孟子的问题在于他没有关注到或者忽略了"礼"在道德社会化中的重要作用。而缺乏这种对于"礼"在道德社会化进程中作用的讨论，就使得家庭关系和社会秩序之间的联系变得非常脆弱，这也是为什么难以理解孟子将亲情"推及"他人的原因所在。

孟子继续使用"仁"的道德原则来塑造仁政的理想，而这也正是处理人际关系的根本准则。比起孔子来，孟子似乎更加强调道德对人的内在吸引力。在孟子看来，人们会在道德领袖的引导下自觉走向道德之路。但是与孔子不同，孟子并不将那些没实现最高道德层次的统治者视作"仁"，即便他们曾施惠于人民。对孟子来说，这些统治者是非常渺小的。（参见《孟子·公孙丑上》）这就说明，孟子只认为仁政是统治者和大臣都为"仁"的政府。对孟子来说，如果统治者和大臣们没有被培养成仁爱的人，那么即便政府能够保持一个秩序化的社会，这个政府仍然不能被看做是"仁"的政府。

孟子关于仁政的观点似乎过于理想化以至于难以实现。除了道德具有内在吸引力，人们会自觉自愿地进行道德修养这一点不现实之外，孟子对仁政的设想也排除了这样一种可能的模式，即统治者也许并没有实现道德完美，但他却能为人民谋福利。对孔子来说，即便这样一个道德不完美的统治者仍然可以致力于仁政的建设并施惠于人民。这样，与孔子相比，孟子似乎过于刻板。战国时期亟需一个秩序化的社会，这一秩序化的社会可能会由那些道德上不完善但却能通过维护稳定社会秩序从而造福于人民的统治者们来实现。在这种情况下，只依赖统治者的道德修养和道德的内在吸引力来实现儒家的仁政理想似乎不太现实。现实要求一定要有实现这一目的的其他方法。

对荀子来说，最高层次的政府就是仁政，在这样政府的统治下，统治者的仁爱才会被推展到人民身上。荀子说："彼王者不然：仁眇天下，义眇天下，威眇天下。仁眇天下，故天下莫不亲也……"（《荀子·王制》）正是因为统治者对人民仁慈，人民才会爱统治者。所以，"仁"对荀子来说就必然包含"爱他人"的含义，正如孔子和孟子对"仁"的描述一样。荀子说：

"彼仁者爱人，爱人故恶人之害之也……"（《荀子·议兵》）在荀子看来，不仅统治者应该变得仁慈，大臣们也应该按照仁爱的标准来行事。（参见《荀子·君道》）

这样，荀子在描述仁政的特征时似乎和孟子非常相似。然而，当我们继续阅读《荀子》文本时，我们就能发现更多有趣的观点："故尚贤使能，则主尊下安；贵贱有等，则令行而不流；亲疏有分，则施行而不悖；长幼有序，则事业捷成而有所休。故仁者，仁此者也……"（《荀子·君子》）

对荀子来说，要求统治者施展仁爱于人民也许并不现实；事实上，真正现实的是去维护社会的等级差别和秩序，这也同样会使人民受惠。在荀子看来，这也是对人民实施的仁爱，因为人民的确能从这种规范化的社会秩序中受益良多。正如庄锦章教授观察到的那样：

我们也观察到，对荀子来说，仁是统治的一个必要组成部分，尽管这一范畴也是在长期的理性策略的方面来使用的。在这种长期的理性策略中，统治者必须要通过提供给人们安全和平静来赢得人们的效忠，但这转而被那种对伤害人们和随之引起混乱的厌恶所激发。

这样，与孟子相比，荀子关于仁政的观点实际上包含了更多现实的条件：一个统治者维护社会阶层和阶级的秩序也是对人民施加的仁爱。在这种情况下，即便一个统治者不能在短时间内把自己培养成道德完人，他也至少可以满足仁政的最低条件，而最高标准的仁政则可以留到以后去做。荀子似乎在这一方面恢复并发展了孔子的学说：我们不能因为一个统治者没有实现最高水平的"仁"就认定他是不仁的；事实上，我们应该去看他是否推行了一些政策维护了良好的社会秩序并使人民因此受惠。一旦人民受惠于这种良好的政策和社会秩序，统治者就至少可以被认为是实现了仁政的第一步。在这个意义上，我们可以说这种道德不完善的统治者仍然可以对实现儒家仁政的道德理想贡献自己的力量。这样，与孟子相比，荀子关于仁政的学说在战国晚期要更加有说服力和现实性，因为那个时期大多数的统治者都不关心道德修养。对荀子来说，最高标准仁政的实现恰恰在于实现"第二等级"仁政的路途中。实际上，对荀子来说，不管统治者是否具有道德领袖的气质，都不能完全依靠道德的内在吸引力来引导人们走向道德之路和实现仁政。引导人们走向道德之路和实现仁政的更可靠的保证是"礼"和"法"。

（二）实现仁政的途径——"礼"与"法"

对孔子来说，"礼"是维护良好社会秩序的工具。孔子希望将"礼"应用于构建统治者和臣民之间的理想等级秩序之中。（参见《论语·颜渊》）对孔子来说，统治者、臣子和普通民众都有各自在社会中的角色，这就意味着他们都有维护良好社会秩序的独特责任。他们不能僭越自己的职责，否则就会导致混乱和无序。对孔子来说，"礼"就像是规范每个人职责和活动的框架，用来保证良好的社会秩序。孔子说："非礼勿视，非礼勿听，非礼勿言，非礼勿动。"（《论语·颜渊》）"礼"是维持统治者和臣子、统治者和普通民众、父亲和儿子等之间正常秩序的重要准则，没有这一重要准则，社会就会陷入混乱之中。

除此之外，"礼"不仅有规范我们应该或不应该做什么的功能，还能激发出内心的羞耻感（如果我们违背了它），这也会反过来将我们转化成为道德的人。孔子说："道之以政，齐之以刑，民免而无耻；道之以德，齐之以礼，有耻且格。"（《论语·为政》）

然而，对孔子来说，即便一个统治者不能在短时间内通过"礼"培养自己成为道德的人，他也至少可以通过"礼"来实现良好的社会秩序，而这也会惠及人民。事实上，对孔子来说，即便统治者或大臣不能按照"礼"的要求来行动，他在某些条件下也可以被认为是一个仁爱的统治者或大臣。在《论语·八佾》中，孔子谴责了齐国的宰相管仲没有遵循"礼"。然而，在《宪问》中，孔子却又称赞管仲的"仁"，因为在他的治理下，人民避免了战争，并从管仲的谋略中得到了很多益处。孔子的确认为一个官员如果能够为人民带来实际的利益和福利，他就可以被看做是"仁"，即便他在"仁"或"礼"的方面做得不是非常完美。我们在下面的讨论中可以发现，荀子在

荀子与儒家

这一方面遵循了孔子的学说并且努力发展了它，然而孟子却忽视了孔子学说中的这一方面。

对孟子来说，仁政只在于统治者和臣民的道德修养。那么他们是怎样实现"仁"的道德理想并且爱他人如爱自己家人一样呢？这一过程是通过"礼"来完成的吗？对孟子来说，这不是通过"礼"来完成的。在选择遵循"礼"的要求或亲手救自己的嫂子之间，孟子认为一个人应该选择后者，因为救助生命要比遵循礼制更加重要，也更加"仁"。（参见《孟子·离娄上》）

孟子只是通过对统治者进行道德规劝来促使统治者为仁，并施展自己的仁爱于人民身上。实际上，在战国中后期的局势下，这一途径被证明是无效的。如前所述，期待统治者成为道德领袖并不现实，而通过道德的内在吸引力来引导人们走向道德之路更不现实。道德本身并不能吸引人们来遵循它，热爱它。更重要的是，道德需要依靠外在的制度力量才能促使人们走向道德之路。比方说，通过遵循"礼"这一制度，人们能够获得社会普遍的赞赏，这就能进一步促使人们走向道德之路。而孟子对"礼"的道德功能的贬低使得仁政的实现毫无希望。这正如史华兹教授深刻指出的："孟子向他那个时代的统治者作了如下说教：要与他们自己心中的善的根源保持接触。但这些似乎全都是无用的，只能使得不同情这种学说的人们确信：儒家几乎完全脱离了现实。"

对荀子来说，仁政不仅在于施加给人民的仁爱，更有正常的社会秩序和稳定的等级结构。荀子认为，正常社会秩序的实现是实现仁政的第一步也是最重要的一步。为实现正常的社会秩序，荀子将"礼"看做是最重要的工具。荀子说："故先王案为之制礼义以分之，使有贵贱之等，长幼之差，知愚能不能之分……"（《荀子·荣辱》）对荀子来说，"礼"能够通过划分不同的社会阶层而维持正常的社会秩序。在荀子看来，社会中的所有人都有自己对物质利益的追求。如果所有人都毫无节制地追求自己的欲望，社会将陷入到混乱之中。基于此，圣王建立了"礼"来区分不同的社会阶层，从而使不同阶层的民众都能根据他们自己阶层的需要来追求不同的事物。所以，一旦人民都能按照"礼"来行为，不追求超出自己阶层的需求以外的东西，国家就会变得有秩序。我们可以看出，荀子并不期望一个统治者能在短时间内变得足够仁爱从而把对自己家庭的爱延展给他人，实际上，即便统治者不能这样做，他也能成为一个好的统治者：一旦他能运用"礼"来统治，他的政府就能成为一个好的政府。

　　尽管荀子强调"礼"是一种实现良好社会秩序的重要工具，在这个意义上，"礼"至少可以实现最低标准的仁政，但他也并没有忘记"礼"所能带来的道德修养，而这也是实现最高层次仁政的必要途径。荀子说："古者先王分割而等异之也，故使或美，或恶，或厚，或薄，或佚或乐，或劬或劳，非特以为淫泰夸丽之声，将以明仁之文，通仁之顺也。"（《荀子·富国》）所以，在荀子眼中，礼仪形式就是"仁"的"文"，而"仁"就是儒者所追求的道德修养的最终目的。对荀子来说，"礼"不同于"仁"，"礼"是实现"仁"的具体方式。"礼"要求一个人按照某种正式而带有规范性的规则来行动，这些规则呈现为外在的礼仪形式和模式，然而"仁"则要求一个人去爱别人正如爱自己的家人一样。那么为什么在实现"仁"的过程中必须"礼"的参与呢？原因在于"礼"的具体外在形式更容易被遵循，而"仁"则是更高一级的、较为抽象的道德要求，较难为人民理解和遵循。荀子说："仁者好告示人。告之、示之、靡之、儇之、鈆之、重之，则夫塞者俄且通也，陋者俄且僩也，愚者俄且知也。"（《荀子·荣辱》）对荀子来说，只有"仁"被呈现为"礼"，它才能被效仿、实践并最终得以实现。这也就是说，荀子并不认为道德具有的内在魅力能够大到足以吸引人们走向道德之途；实际上，道德只有依靠"礼"的呈现和规定，才能被模仿和实践。如果道德领袖不能使得人们意识到道德自身的吸引力，那么就要依靠"礼"的力量来实现道德。

　　我们也许会疑惑为什么人民会愿意被"礼"所引导。荀子认为，如果每个人都能遵循"礼"的要求，就能给他们和其他所有人带来实际利益。举例来说，如果所有人都能在他们的日常生活中遵循"礼"，他们就不会互相争斗，而这就会给整个社会带来和平。事实上，在荀子看来，首先是"礼"的规范性功能约束了人们的行为举止，但是之后"礼"所带来的社会影响使得人们相信"礼"能够为他们带来利益，从而愿意遵循"礼"。随着时间的转化，他们的本性将成为道德的。如果这种规范性的"礼"只能给统治者或那些上层阶级的人带来私利，人们将不会接受这种引导，即便它长时间地作用于人们头上。事实上，在这种情况下，他们甚至会推翻这种规范性的"礼"。所以，对荀子来说，规范性的"礼"之所以能够实现"仁"的原因在于人们最终意识到"礼"能够为他们带来长远的利益。

荀子之所以强调"礼"，不只在于建构自身以"礼"为核心的理论体系和儒家仁政理想，而且还为了回应来自墨家的挑战。墨家思想在战国中后期逐渐兴盛起来，甚至超过了儒家思想而成为当时社会的主流思想。正因如此，孟子叹道："杨朱、墨翟之言盈天下。天下之言不归杨，则归墨。"（《孟子·滕文公下》）这样，墨家思想在战国中后期对儒家思想提出了巨大的挑战。面对墨家的挑战，如果儒家不能将其完全驳倒，它就不能使其自身取信于民，更别提兴盛与发展了。

那么，墨子的思想是怎样对儒家思想提出挑战的呢？让我们先来看一段《墨子》中的记述：

子墨子自鲁即齐，过故人，谓子墨子曰："今天下莫为义，子独自苦而为义，子不若已。"子墨子曰："今有人于此，有子十人，一人耕而九人处，则耕者不可以不益急矣。何故？则食者众，而耕者寡也。今天下莫为义，则子如劝我者也，何故止我？"（《墨子·贵义》）

在墨子看来，他自己就像这个开垦土地的"耕者"。对墨子来说，有人来耕地总好过没有人耕地，因为耕地的那个人至少可以为其他人创造一些福利。墨子尤其提到：

故言必有三表。何谓三表？子墨子言曰："有本之者，有原之者，有用之者。于何本之？上本之于古者圣王之事。于何原之？下原察百姓耳目之

实。于何用之？废以为刑政，观其中国家百姓人民之利。此所谓言有三表也。"（《墨子·非命上》）

　　这样，在墨子看来，一旦某种措施能够为国家和人民创造利益，那就是一项好的措施。同样的道理也适用于道德领域。对墨子来说，一旦某个道德原则，比如义，能够为国家和人民创造利益，那它就应该被重视和推广；相反，如果某个道德原则，比如礼，不能为国家和人民创造利益，那就应该被抛弃。墨子的这一主张类似于功利主义的伦理学，只要能够产生物质利益的道德原则就是好的；反之，则是不被肯定的。比方说，墨子极力批评厚葬的做法：

墨子

　　此存乎王公大人有丧者，曰棺椁必重，葬埋必厚，衣衾必多，文绣必繁，丘陇必巨；存乎匹夫贱人死者，殆竭家室……以此共三年……若法若言，行若道使王公大人行此，则必不能蚤朝，五官六府，辟草木，实仓廪。使农夫行此。则必不能蚤出夜入，耕稼树艺。使百工行此，则必不能修舟车为器皿矣。使妇人行此，则必不能夙兴夜寐，纺绩织纴。细计厚葬。为多埋赋之财者也。计久丧，为久禁从事者也。财以成者，扶而埋之；后得生者，而久禁之，以此求富，此譬犹禁耕而求获也，富之说无可得焉。（《墨子·节葬下》）

　　所以，在墨子看来，如果厚葬被每个人履行，社会就不能增加财富，而人民的生活也就不能得到相应提高。这样，厚葬就应该被废弃。墨子的学说似乎有一定道理，因为如果厚葬不能带来任何利益而只能增加人民的负担，那我们为什么还要浪费金钱在这上面呢？对墨子来说，节省在厚葬中花费的资源用以恩惠人民似乎是一条更现实的道路。在《墨子》中，有一整章的题目就是"节用"。

荀子诠解

荀子与儒家

正如墨子，荀子也强调了节省用度以恩惠人民。荀子说道："足国之道：节用裕民，而善臧其余。"（《荀子·富国》）这样，荀子也强调节省用度以恩惠民众。然而，荀子拒绝墨子在节省花费方面的主张，因为墨子的节约过于极端以至于社会阶层和等级都可以被置之不顾。荀子说："不知壹天下建国家之权称，上功用，大俭约，而僈差等，曾不足以容辨异，县君臣；然而其持之有故，其言之成理，足以欺惑愚众：是墨翟宋钘也。"（《荀子·非十二子》）

对荀子来说，墨子对厚葬的贬斥就等同于贬斥"礼"，这会使得社会陷入到混乱之中。荀子又说道：

墨子大有天下，小有一国，将少人徒，省官职，上功劳苦，与百姓均事业，齐功劳。若是则不威；不威则罚不行。赏不行，则贤者不可得而进也；罚不行，则不肖者不可得而退也……若是，则万物失宜，事变失应，上失天时，下失地利，中失人和……既以伐其本，竭其原，而焦天下矣。（《荀子·富国》）

所以，对荀子来说，良好的社会秩序来源于"礼"的划分社会阶层和阶级的功能，如果没有"礼"的参与，社会将会陷入混乱之中。正如前面所述，在荀子看来，善政或仁政表现在"礼"所能带来的良好的社会秩序和相应的道德转化力量。墨子对"礼"的贬斥促使荀子进一步发展了儒家关于"礼"的学说，并极力捍卫他关于善政的立场。荀子说：

孰知夫礼义文理之所以养情也！故人苟生之为见，若者必死；苟利之为见，若者必害；苟怠惰偷懦之为安，若者必危；苟情说之为乐，若者必灭。故人一之于礼义，则两得之矣；一之于情性，则两丧之矣。故儒者将使人两得之者也，墨者将使人两丧之者也，是儒墨之分也。（《荀子·礼论》）

对荀子来说，只有儒者能够知道"礼"能够带来人的道德转化，然而墨家则轻视了"礼"在转化人的道德情感方面的重要作用。在荀子眼中，墨子过分强调了"利"而贬低了"礼"。墨子之所以贬低"礼"的原因就在于"礼"不能带来任何物质性的利益。然而，对荀子来说，即便"礼"不能在短时间内带来物质利益，它也仍然不能被抛弃，因为"礼"有一项非常重要的功能，那就是培养道德。

与孔子和孟子相比，墨子也同样相信道德本身具有的吸引力会使得天下人都趋之若鹜。墨子说："今若有能以义名立于天下，以德求诸侯者，天下之服可立而待也。夫天下处攻伐久矣，譬若傅子之为马然。"（《墨子·非攻下第十九》）然而，对墨子来说，道德领袖的产生本身就是有疑问的。那么墨子又是如何实现自己的政治理想呢？正如欧文指出的：

墨子的回答是这样的：我们将不得不通过逻辑劝说来使得一些当代的领导人自己培养兼爱。那时也只有那时，模仿那些被逻辑劝说过并进行过自我培养的榜样才能接替渗透和维持美德的工作。

这样，面对统治者并不道德的局面，墨子的解决方案是通过逻辑劝说统治者进行"兼爱"的道德培养。这种方法看似是一种解决孔子和孟子实现仁政理想困境的途径，但其实也同样不具有现实性。当时的统治者既难以为孔子和孟子的道德劝说说服，也同样很难被墨子的逻辑劝说打动。面对这一难题，荀子认为不应该单纯在统治者身上下工夫，还应该在统治者影响社会以及国家的方式上下工夫。这一方式就是通过国家施行的礼制来实现人们的道德转变。礼制看似是一种生硬的国家制度，但它具有强大的道德转化能力。通过礼制潜移默化的作用，人们就有可能会发生道德上的转化，成为有道德的人。与墨子相比，荀子并不认为人们能够因为某个道德领袖的道德努力就会自发地成为道德的人；实际上，荀子相信人们应当依赖"礼"来培养他们自己成为道德的人，这是一条更为有效且可行的道路。

对荀子来说，不仅"礼"，而且"乐"也应该在转化人性成为道德这一点上发挥重要作用。荀子谴责墨子不懂音乐在道德培养中的重要功能："墨子曰：'乐者，圣王之所非也，而儒者为之过也。'君子以为不然。乐者，圣王之所乐也，而可以善民心，其感人深，其移风易俗。故先王导之以礼乐，而民和睦。"（《荀子·乐论》）在《乐论》篇，荀子也讨论了音乐在维护社会秩序中的作用。所以，对荀子来说，礼乐都可以被应用为一种维护社会秩序和培养人们道德情感的工具，而这些正是善政或仁政所需要的。用这种方式，荀子捍卫了儒家关于仁政的立场。

作为政府的一种工具，"礼"与"刑"／"罚"在《论语》的一个著名篇章（2．3）中以相对立的姿态而存在。孔子说："道之以政，齐之以刑，民免而无耻；道之以德，齐之以礼，有耻且格。"（《论语·为政》）对这个篇章的解读通常是：刑罚只能迫使人们去依据法律行事，但不能引发内在的羞耻感。这样，尽管刑罚在控制犯罪和保障生活安宁方面发挥着重要作用，但与道德修养无关。如果人民对一种罪行不感到羞耻，他们也许会再一次触犯这种法律，假设他们认为他们可以逃脱的话。但是，如果以"礼"来引导人们，他们就会对恶行产生深深的羞耻感，这样他们就不会再次犯罪，即便当这种罪行不可能被发现时。这样，对孔子来说，法律和刑罚在引导人们进行道德修养、成为仁爱的人，从而保持良好的社会秩序方面不如"礼"有用且有效。因此，在统治中应用"礼"并最终放弃使用刑罚就是孔子所希望的。孔子说："听讼，吾犹人也，必也使无讼乎！"（《论语·颜渊》）在孔子看来，"礼"应当优先于刑罚，没有"礼"的约束，刑罚就可能被滥用。孔子说："礼乐不兴，则刑罚不中；刑罚不中，则民无所措手足。"（《论语·子路》）

尽管孔子在统治国家和道德修养中强调的是"礼"而不是"刑"，但他似乎也为"刑"在统治国家方面保留了空间，有时甚至是作为一种实现"仁"的方式。正如以前所讨论过的，孔子称赞管仲为"仁"，因为后者曾给人民带来很多利益和福利。尽管孔子并没有明确地描述管仲是怎样实现这一结果的，在《管子》一书中却有一些线索说明了这一过程。在《任法》这一章，我们读到这样一段话：

圣君任法而不任智……周书曰：国法不一，则有国者不祥。民不道法则不祥国更立法以典民则祥，群臣不用礼义教训则不祥。百官服事者离法而治则不祥。故曰：法者，不可恒也。存亡治乱之所从出，圣君所以为天下大仪也。（《管子·任法》）

这样，管仲就将"法"强调为一种维护良好社会秩序的重要原则。由此，孔子之所以赞扬管仲为"仁"的原因也许在于管仲曾经推行一系列政治策略（包括法律）来维护秩序化社会。在这个意义上，即便孔子没有将"法"抬到很高的地位（因为它并没有道德转化的功能），但他也似乎同意管仲的策略，即"法"至少在维护秩序化社会和实现仁政上是有用的。

在这个地方似乎有一些矛盾，因为孔子相信"刑"和"法"与道德修养无关。在这里，我们应当注意到孔子从来没有认为管仲进行了道德修养来成仁，即便他的统治策略确实使人民得以受益。管仲被称作"仁"的原因在于他的统治方略的效用扩大了人民的利益，而不是他自己本身被"法"道德地转化了。对孔子来说，"法"不能为一个人带来道德转化，但是它可以产生一些仁政所能带来的效用。

在《荀子》这一文本中，我们发现"法"和"刑"（罚）在讨论政府的时候被频繁使用。"法"在《荀子》的英译本中经常被 Knoblock 翻译成"模范"或"道德模范"。在这种情况下，"法"通常被理解为道德楷模而不是某种法律系统。除了将"法"理解为道德模范，在《荀子》一书的语境下还有另外一种对"法"的阐释，这就是法律系统或制度。荀子说："循法则、度量、刑辟、图籍、不知其义，谨守其数，慎不敢损益也；父子相传，以持王公，是故三代虽亡，治法犹存，是官人百吏之所以取禄职也。"（《荀子·荣辱》）

对荀子来说，古代圣王所创立的道德模范之所以能在后代存在就因为后代官吏对法律规则的坚持。这就是说，法律和规则能够保护道德原则免受破坏。在这个意义上，"法"在统治中就是必不可少的。事实上，荀子认为"礼"和"法"是两个基本的统治原则，而后者能够保证前者的稳定。荀子说道：

传曰："农分田而耕，贾分货而贩，百工分事而劝，士大夫分职而听，建国诸侯之君分土而守，三公总方而议，则天子共己而已矣。"出若入若，天下莫不平均，莫不治辨，是百王之所同也，而礼法之大分也。（《荀子·王

霸》）

在荀子看来，"礼"和"法"的主要功能是维护社会分层的稳定。那么，"法"是怎样维护这种稳定的呢？对荀子来说，是"法"的恫吓作用阻止了人们违反"法"和"礼"所制定的规则。（参见《荀子·王霸》）更重要的是，如果"礼"不能使某些人遵循它的规则和规定，"法"就能通过惩罚这些脱离正确轨道的人来解决这一问题，从而保证秩序化社会的形成。这样，"法"也可以被认作是一种实现仁政的重要工具。

如果"法"有维持社会秩序的功能，那它能带来道德转化吗？这一道德转化在孔子和孟子那里是只与"礼"或"仁"联系在一起的。对荀子来说，"法"不仅可以通过强制性手段迫使人们去按照"法"的规则去行事，还可以将他们影响成为道德的人，从而使他们更加愿意遵循"礼"。荀子说：

上之于下，如保赤子，政令制度，所以接下之人百姓，有不理者如豪末，则虽孤独鳏寡必不加焉。故下之亲上，欢如父母，可杀而不可使不顺。君臣上下，贵贱长幼，至于庶人，莫不以是为隆正；然后皆内自省，以谨于分。是百王之所同也，而礼法之枢要也。（《荀子·王霸》）

这样，如果法律对所有人都公平并且保障他们的权益，它就能促使人民去反思并认识到稳定的社会分层给他们带来的实际利益，从而使他们愿意自觉坚持法律和礼仪。起初，"法"似乎是一套控制人民行为的规范性和强迫性的法律。但是经过潜移默化的影响，人们将会被促使反省自己，而当他们认识到维护稳定社会秩序的重要性和由此带给他们的利益时，他们就会变得道德。在这个意义上，"法"就拥有了与"礼"相似的道德转化功能。它也能影响人们，使之坚守礼仪原则并培养自己的道德。荀子说："古者圣王以人性恶，以为偏险而不正，悖乱而不治，是以为之起礼义，制法度，以矫饰人之情性而正之，以扰化人之情性而导之也，始皆出于治，合于道者也。"（《荀子·性恶》）这样，荀子认为放纵人性的结果就是恶，所以"法"应该施加在人性上从而能够控制人性中无节制的情感和欲望，使之成为道德的起源。

尽管陈素芬教授（Sor－hoon Tan）强调了在儒家中区分"礼"与"法"的重要性，但她还是承认了法律甚至惩罚的道德转化功能。

一个人可能在开始的时候遵循某条法律以避免受到惩罚，但如果这种规范给予他某种满足感，它就能带来一种转化，这种转化是儒者们经常和"礼"联系在一起的。举例来说，通过反复遵循一种禁止乱扔垃圾的法律，我就能养成一种不扔垃圾的习惯和对清洁环境的赞赏，这样的结果就是我会主动地不扔垃圾，即便当我身处一个没有这种法律的国家中。

在这个意义上，法律除了在规范的意义上维护社会的等级秩序，还能起到转化人性、培养人们道德的作用。乔尔·库珀曼（Joel J. Kupperman）也观察到法律在转化个性中的重要性。他说：

亚里士多德和荀子对法律塑造个性（特别是在早期阶段）的观点可以被给予一种最小化或最大化的解读。最小化的解读认为法律（和父母的以及非正式的社群激励与认可）对形成习惯来说非常重要，特别是在早期阶段。一个人很可能会发展一种不做被禁止的事情的习惯。最大化的解读是法律也体现着伦理的指导，在这个意义上，它是一种塑造有伦理影响的善行的形式。

当然，荀子并没有因为他对法律的强调而把儒家导向法家。事实上，荀子建立法律系统的目的不仅仅是为了建立并维护一个秩序化的社会，更是为了培养人们的道德并把他们塑造成"君子"。在荀子看来，"法"能够被用来维护"礼"并且能够通过长年累月的影响来塑造人们的本性为善。另外，"礼"和"罚"应当在统治一个国家时保持平衡，从而人们能够被培养成为道德的，而秩序化的社会也才能产生。荀子通过抵制法家的观点——"法"的目的只是用来控制人们（因为人们的爱利本性是不会被转变的）——而保持了儒家的传统。

（三）"王"、"霸"之辩

儒家对于非理想化情境的接受程度不只在于承认法律在统治中的重要作用。在这一方面，不同儒者所采取的对待非理想化情境的不同态度就产生了

荀子诠解

荀子与儒家

关于"王"和"霸"的争辩。在这一方面，荀子拓展了孔子对待"霸"的态度。尽管孔子希望一个统治者能够培养自己成为仁爱的君主，但他也注意到成为一个仁爱圣王的难度。他说："如有王者，必世而后仁。"（《论语·子路》）修身以成仁是一个需要在很长时间内努力实践的艰苦过程，而这一过程很难在一个人有限的生命中完成。因此，对孔子来说，甚至是古代的统治者，如尧和舜，也很难称作"仁"或"圣"。（参见《论语·雍也》）孔子也否认自己是一个圣人。他说："若圣与仁，则吾岂敢？抑为之不厌，诲人不倦，则可谓云尔已矣。"（《论语·述而》）

既然实现仁和成就圣人的过程如此艰难，那为什么孔子还能坚持追寻这一目标呢？对孔子来说，道德和政治的最终理想就是将道德修养与国家治理结合在一起。尽管实现这一目标的过程充满了艰难险阻，路途遥远而不知其最终结果，但实现圣王的过程本身就是很可贵的，因为它积累了很多宝贵的经验，而这些经验可以被看做是对自我的持续发展和完善。对孔子来说，最重要的事情不在于最终结果，而在于过程本身。

孔子并没有期待每一位统治者都能成为圣王。他甚至承认那些被后世儒者斥责为"霸"的统治者（"霸"通过军事掠夺和明智的同盟而获得大量土地）正是以他们自己的方式成为好的君主。这其中的一例便是齐桓公，他被管仲辅佐从而成为春秋五霸之一。正如傅斯年先生所说：

孔子之宗教以商为统，孔子之政治以周为宗。以周为宗，故曰："如有用我者，吾其为东周乎。"其所谓"为东周"者，正以齐桓管仲为其具体典范。故如为孔子之政治论作一名号，应曰霸道，特此所谓霸道，远非孟子所界说者耳。

与孔子相比，孟子对待"霸"的态度似乎不那么灵活。孟子强调说，好的政府只在于"王"而不在于"霸"。

以力假仁者霸，霸必有大国；以德行仁者王，王不待大。汤以七十里，文王以百里。以力服人者，非心服也，力不赡也；以德服人者，中心悦而诚服也，如七十子之服孔子也。（《孟子·公孙丑上》）

对孟子来说，统治者必须要培养自己成为足够仁慈的人才能影响转化人民的道德，他也才能成为真正的"王"。否则，如果一个不道德的统治者只是使用暴力来掠夺其他人民的土地，他就不能使人民心甘情愿地臣服于他。孟子甚至认为管仲的成就是微不足道的。（参见《孟子·公孙丑上》）在这一点上，史华兹说道：

他（指孟子——引者注）的论辩大体说来是这样的：只有在预设了将"仁义"作为目的本身，并依照仁义而行动的反映人类本质的能力之后，才能取得优良的社会后果。只有完全为正确的东西所激励的人，才能在长远的意义上造就出一个优良的社会，哪怕偶尔也会出现管仲那样的著名人物，他们能够取得某些符合仁德的成果，而不论其动机和手段。看来他们似乎能够"借用"仁德成果。然而，此类不具备仁道动机的仁道成果有可能像浮尘一样，转瞬即逝。

孟子谴责五霸是三王的冒犯者，因为他们只使用暴力去攻击其他国家而不在治理国家中推行仁政。但五霸也要比他那个时代的诸侯强得多，因为他们至少遵守盟约，制止邪恶和不道德的行为以维护国家之间的和平，然而这一时期的诸侯们则违背盟约，无休无止地互相攻击对方。（参见《孟子·告子下》）孟子说："霸者之民驩虞如也，王者之民皞皞如也。杀之而不怨，利之而不庸，民日迁善而不知为之者。夫君子所过者化，所存者神，上下与天地同流，岂曰小补之哉？"（《孟子·尽心上》）

尽管在"霸"统治下的人民也可能会受益于"霸"，但他们不能发生那种在"王"的统治下才有的道德转化。孟子对这个问题的观点并不总是一致，他似乎也为"霸"保留了一些道德培养的空间。孟子说："尧舜，性之也；汤武，身之也；五霸，假之也。久假而不归，恶知其非有也。"（《孟子·尽心上》）在《梁惠王》一章中，孟子还试图说服梁惠王和齐宣王与普通人民分享自己所拥有的物质资源和其他利益，即使他们自己也希望拥有这些物质利益。（参见《孟子·梁惠王上》、《孟子·梁惠王下》）对孟子来说，即便一个统治者在私欲上是不道德的，只要他肯与普通民众共享他的物质利益，他就能被转化成为一个仁爱的君主。

荀子认为，既然人性是恶的，那么统治者在这个方面也同样没有例外。在这个意义上，我们最好现实一些而不要对统治者期待过多。这就导向了一种对"霸"的积极态度。对约翰·诺布洛克（John Knoblock）来说，荀子在他一生的不同阶段，对王霸的问题有两种观点。在写作《仲尼》篇时，荀子好像只主张"王"而谴责"霸"。荀子说："仲尼之门，五尺之竖子，言羞称乎五伯。是何也？曰：然！彼诚可羞称也。"（《荀子·仲尼》）因此，在此时，荀子是谴责"霸"的，因为"霸"在治理国家时不遵循道德原则。这样，"荀子就与孟子完全一致，孟子也拒绝与齐宣王讨论'霸'，因为'孔子的追随者没有一个人会愿意谈论'他们"。

此时，荀子宣称可以成为统治者榜样的是"王"。荀子说："彼王者则不然：致贤而能以救不肖，致强而能以宽弱。"（《荀子·仲尼》）在荀子的早期观点中，只有统治者遵循着道德原则和儒家之道，才能被看做是"王"，也才有可能成为所有统治者的道德模范。

荀子的后期经历和政治时局的变动使他对于"霸"的思考愈加成熟，进而对"霸"持一种更加肯定的态度。在《王霸》篇中，荀子首先区分了三类统治者："故用国者，义立而王，信立而霸，权谋立而亡。"（《荀子·王霸》）

在荀子看来，一个能够将礼诉诸政治实践的统治者可以被看做是"王"。这类统治者是荀子的政治和道德理想，而这一理想的现实原型就是商汤和周武王。然而，即便一个统治者不能按照"礼"的原则来行动，只要他能在一个国家中建立统治秩序并在友邦中建立相互的信任，也能被看做是"霸"。荀子说："德虽未至也，义虽未济也，然而天下之理略奏矣……虽在僻陋之国，威动天下，五伯是也。"（《荀子·王霸》）对荀子来说，尽管春秋五霸没有达到统治者所需要的最高美德，但通过在友邦之间建立相互的信任并壮大自己的国家，他们也能使自己的子民受益。这里，荀子并没有谴责五霸或是否认他们的功绩。荀子只是谴责了第三类统治者，这类统治者一点也不能使人民受益。

在《强国》篇，荀子结合"王"与"霸"的区分讨论了秦国的局势。当被问及他对秦国的印象时，荀子首先称赞秦国"其固塞险，形势便，山林川谷美，天材之利多，是形胜也"，并且更为重要的是：

入境，观其风俗，其百姓朴，其声乐不流污，其服不佻，甚畏有司而顺，古之民也。及都邑官府，其百吏肃然，莫不恭俭、敦敬、忠信而不楛，古之吏也。入其国，观其士大夫，出于其门，入于公门；出于公门，归于其家，无有私事也；不比周，不朋党，偶然莫不明通而公也，古之士大夫也。（《荀子·强国》）

然而，在肯定了秦国政府的一系列政绩后，荀子批评秦国缺乏儒者："则其殆无儒邪！故曰粹而王，驳而霸，无一焉而亡。此亦秦之所短也。"（《荀子·强国》）因此，秦国的缺点在于它没有将儒家之道应用于统治中。这样，荀子当然认为"王"要比没有经过儒家道德培养的"霸"更加令人敬仰。然而，"霸"也在战国后期为时代所亟需，因为他能为人民提供一个稳定的社会和国家。事实上，在荀子看来，"霸"也许是在战国后期实现王政的准备阶段。正如前面所分析的那样，在"霸"的基本统治原则——法的指导下，人民也可能被转化为道德的。这样，荀子就发现了一条实现儒家政治理想——王政的创新途径。这是对儒家政治教义的重要贡献。

与孟子相比，荀子为那些道德不够完善但能施惠于人民的统治者保留了一些空间。这就是说，"礼"和"法"应当被同时强调为统治的原则。只有当社会和国家变得稳定并且有秩序时，人民才有可能进行道德修养以趋向"仁"这一最终道德理想。在荀子的时代，没有"霸"的统治，一个国家就不能在乱世生存，更不用说统一整个帝国。另外，通过"霸"的统治，人民也能够从国家的强盛和繁荣中获得利益。这不是对孔子思想的完全偏离，因为孔子本人对齐桓公和管仲就持一种相对宽容的态度。

由于荀子和商鞅都认为人性好"利"，他们都强调法律在控制人性和创建秩序化社会中的重要作用。商鞅说："故明主慎法制。言不中法者，不听

荀子诠解

荀子与儒家

也；行不中法者，不高也；事不中法者，不为也。"（《商君书·君臣》）荀子也说道："循法则、度量、刑辟、图籍、不知其义，谨守其数，慎不敢损益也；父子相传，以持王公，是故三代虽亡，治法犹存，是官人百吏之所以取禄职也。"（《荀子·荣辱》）

因此，荀子有可能在这方面受到商鞅的影响。然而，商鞅主要关注的是怎样设计出某种类型的法律和规范系统来统治和驾驭人民，而不是将他们培养成为有道德的人。对荀子来说，即便我们可能会通过法律系统获得一个秩序化的社会和稳定的国家，如果我们没有道德修养，就不能建立最高层次的仁政。而当"礼"和"法"并用时，它们首先会指导人民什么应该做、什么不应该做；然后，它们在经历一段时间之后会将人民转化成为道德的。在这一方面，荀子不同于商鞅。

对商鞅来说，一旦政府能够充分地执行法律和规定，人民也能够遵循政府制定下的规章制度，这个政府就能被称作是好的政府。在这个意义上，人民的地位不如政府和法律的地位重要。事实上，人民甚至可能被看做是政府集中国家权力和增加财富与军事力量的工具。（参见《商君书·说民》）

然而，荀子在仁政的问题上持有不同观点。对荀子来说，法律和规章制度并不是统治的全部内容；实际上，除了法律和规章制度，"礼"也应该被强调为统治的基本原则。对荀子来说，"礼"能够转化人类的情感和欲望，使之成为道德的源泉。事实上，即便对于"法"来说，荀子也强调了它转化人性成为道德的可能性。所以，对荀子来说，一个好的政府不仅在于"礼"和"法"所能带来的良好的社会秩序，更在于人民所进行的道德转化。

一些人也许会错误地认为，荀子由于将法律引入他的仁政理论当中从而使儒家走向法家。然而，他们没有意识到在《荀子》的语境中，法律的目的是为了服务于人道主义。这正如成中英在一篇文章中观察到的那样：

我们看到儒者们从未质疑过"法"在一般意义上的重要性。一个政府如果没有规则或组织的构造就不会被构建并发挥作用。同样，一个社会如果没有标准化的制裁和禁令就会陷入无序之中。但是儒者们会坚持认为，将任何组织或规范引入政府和社会，一个人必须要理解这样的组织和规范是为了服务于通常意义上的人文主义和人道主义的目的。它应该将人保持成一个自我完善的个体并将社会保持为一个保护和实现仁爱的网络。

这样，与商鞅形成鲜明的对比，仁爱对荀子来说是最终的目的，而法律和规则仅仅是工具。根据他们不同的关注点，我们可以绝对有把握地说，荀子保持了儒家而不是法家的传统。事实上，荀子通过结合法家的一些要素来发展儒家思想。

当我们细读《商君书》时，我们就会发现荀子关于"霸"的思想似乎也能在这本书中找到回音：

故三王以义亲，五霸以法正诸侯，皆非私天下之利也，为天下治天下。是故擅其名，而有其功，天下乐其政，而莫之能伤也。今乱世之君臣，区区然皆擅一国之利，而管一官之重，以便其私，此国之所以危也。故公私之交，存亡之本也。（《商君书·修权》）

这样，在商鞅看来，"王"和"霸"在统治中都有共同的优点，那就是，对整个国家而不是对他们自己的关切。在他们中间，"王"以"义"来统治，而"霸"以"法"来统治。尽管他们在选择统治方式上不同，但他们的目的是相似的。那就是，维护一个秩序化的社会和好的政府。对商鞅来说，需要避免的是那种只为自己谋取私利的统治者。荀子在王霸的问题上与商鞅极其相似，因为他认为不仅"王"，而且"霸"也应该是一种正确的统治之道。对荀子来说，负面的例子是那些"权谋立"的统治者。这种统治者类似于商鞅所谴责的"区区然皆擅一国之利，而管一官之重，以便其私"的统治者。

既然王道如此重要，那什么才是值得我们仿效的王道呢？这就会涉及儒家政治学说中的一个重要议题，那就是："法先王"或"法后王"。关于这一议题，孔子、孟子与荀子有一些相同的和不同的观点。那么，这些相同和不同的观点是什么呢？深入研究这一议题有何重要意义呢？在他们关于这一议题的观点和他们的政治主张之间有何关联呢？荀子是否发展了前代儒学关于这一议题的思想？所有这些问题将会在下一节进行讨论。

（四）"法先王"与"法后王"

"法先王"与"法后王"这一议题的中心围绕着两个关键点：一是谁应该被效仿为先王，谁应该被效仿为后王；另一个是效仿先王或后王有何不同？如果有什么不同，这种不同之处有何政治含义？这一节将会通过深入讨论孔孟荀关于这一议题的观点来厘清这两个关键点。

对儒家来说，将道德修养和国家统治结合在一起的理想模式就是古代的圣王，通常被界定为尧、舜和禹。孔子说："大哉，尧之为君也！巍巍乎！唯天为大，唯尧则之。荡荡乎！民无能名焉。巍巍乎！其有成功也；焕乎，其有文章！"（《论语·泰伯》）在孔子看来，只有古代的圣王——尧，才能效仿"天"这一最高的道德权威。尧已经取得了如此辉煌的功绩，因此我们要在国家治理中模仿他。除了尧，舜和禹也都为孔子所推崇。（参见《论语·泰伯》、《论语·卫灵公》）。孔子说道："巍巍乎！舜禹之有天下也，而不与焉。"（《论语·泰伯》）

事实上，不仅古代的圣人如尧、舜和禹应当被效仿为模范，而且后代的君王如周文王和周武王也应该被效仿。孔子曰："文王既没，文不在兹乎？天之将丧斯文也，后死者不得与于斯文也；天之未丧斯文也，匡人其如予何？"（《论语·子罕》）在这种情况下，孔子认为周文王是周文化的开创者，而他自己则是这种文化传统的跟随者。在评论孔子生平所学时，他的学生子贡说道："文武之道，未坠于地，在人。贤者识其大者，不贤者识其小者，莫不有文武之道焉。夫子焉不学？而亦何常师之有？"（《论语·子张》）在学生子贡的眼中，孔子从任何拥有文王和武王之道的人那里学习，无论他们的修行是高还是低。在这个意义上，孔子自己尽力学习文武之道并将文武之道延至后代。孔子坚持文武之道的原因在于文王和武王创造并延续了周代的文化传统，在其中，周礼是最重要的内容。孔子特别强调了周代的文化传统。他说："三分天下有其二，以服事殷。周之德，其可谓至德也已矣"

对孔子来说，尽管尧、舜、禹的统治可以被仿效为道德和治理模范，但恢复周代的文化传统对他的那个时代而言似乎更加重要和迫切。为什么会如此呢？孔子说："殷因于夏礼，所损益，可知也；周因于殷礼，所损益，可知也；其或继周者，虽百世可知也。"（《论语·为政》）在孔子看来，周礼与夏礼和殷礼并不相同。事实上，夏礼传到殷朝时就发生了变化，而殷礼在传到周代时也在某种程度上被增加或减少了。这就是说，殷礼应当根据周代的现实来加以修改而不应该永久保持不变。在这个意义上，周礼也应当根据未来时代的现实来变化。然而，在孔子看来，增加或减少的根据在于先前的传统。这就是说，即便周礼应当根据未来时代的现实来加以变化，这种修正还是停留在表面的层次上而主体仍然是由周礼组成。正是在这个意义上，孔子认为在可以想见的未来政治体系仍然应基于周礼。

尽管孔子认为周礼应当在未来加以修改，但他认为周礼是最好的政治和文化系统。在这个意义上，他将周礼认定为最佳的治理模式。孔子说："夫召我者而岂徒哉？如有用我者，吾其为东周乎？"（《论语·阳货》）这样，孔子希望在他的时代恢复周代的传统和文化。孔子的观点似乎很适合他的那个时代。在春秋晚期，所有的国家都忙于互相进攻，导致社会的无序和混乱，正所谓"礼崩乐坏"。在这种情况下，孔子希望重建周代的传统和文化来平息他那个时代的混乱和无序。

与孔子类似，孟子也崇仰前代圣王尧和舜。孟子说：

离娄之明、公输子之巧，不以规矩，不能成方圆；师旷之聪，不以六律，不能正五音；尧舜之道，不以仁政，不能平治天下。今有仁心仁闻而民不被其泽，不可法于后世者，不行先王之道也。故曰：徒善不足以为政，徒法不能以自行。《诗》云，"不愆不忘，率由旧章。"遵先王之法而过者，未之有也。（《孟子·离娄上》）

在孟子看来，先王（尧和舜）应该在当前的国家治理中被模仿。对孟子来说，仁政不只在于一个圣王所拥有的仁心和声望，而且还在于先王所创造的治理之道。在这个意义上，孟子主张"善"（即仁心）与"法"（即先王之道）的结合。除了尧舜以外，文王和武王也被崇仰为圣王。（参见《孟子·公孙丑上》、《孟子·滕文公上》）。在孟子看来，文王和武王可以被称为"后圣"。孟子说：

舜生于诸冯，迁于负夏，卒于鸣条，东夷之人也。文王生于岐周卒于毕郢，西夷之人也。地之相去也，千有余里；世之相后也，千有余岁。得志行乎中国，若合符节，先圣后圣，其揆一也。（《孟子·离娄下》）

在孟子看来，像舜一样的先王和周文王一样的后圣在治理方式上都是一样的。这样，尽管孟子坚持先王和后圣之道，但他并不认为后圣之道是对先王之道的发展或修正。对孟子来说，后圣遵循着先王的步伐，没有分毫的改变。

孟子关于先王与后圣的观点看上去要比孔子的更加保守：孟子强调先王之道和后圣之道的一致，而孔子则至少承认了对先王之道的修正。对孟子来说，后圣不需要改变已然是最好统治策略的先王之道。在孟子看来，如尧舜一样的先王值得我们敬仰的是他们的仁慈和美德而不是礼。在他的那个时代的统治者不应该改变先王之道，这种先王之道应当被永久地保存下去。孟子的这一观点不能与当时战国中后期的现实相符。在这一时期，各个国家忙于互相攻击对方，人民生活在水深火热之中。在这种形势下，被界定为规范性规则和制度的周礼就应当越发被强调为一种重要的维持良好社会秩序的方式。但孟子似乎忽略了周文王和周武王在塑造周礼系统中的重要性，以及周礼在他的那个时代所能发挥的重要政治与社会功能。在这个意义上，孟子关于后王的观点偏离了孔子的路线并与当时的现实脱节。面对战国后期的社会现实和前代儒家留下的问题，荀子应当怎样做才能满足时代发展的需要并解决前代儒家的问题呢？

在荀子的语境中，先王之道应当在治理国家时被效仿。荀子说："今以夫先王之道，仁义之统，以相群居，以相持养，以相藩饰，以相安固邪。以夫桀跖之道，是其为相县也，几直夫刍豢稻粱之县糟糠尔哉！"（《荀子·荣辱》）在荀子看来，先王之道在于仁义的道德原则，正如以前提到的，这是儒家关于道德修养和国家治理的原则。实际上，对荀子来说，不仅仁义，而且"礼"也是维护秩序化社会的重要原则。荀子说："故先王案为之制礼义以分之，使有贵贱之等，长幼之差，知愚能不能之分，皆使人载其事，而各得其宜。然后使谷禄多少厚薄之称，是夫群居和一之道也。"（《荀子·荣辱》）对荀子来说，只有"仁"、"义"、"礼"的道德原则能够被应用于国家治理中时，国家和社会才能够维持稳定。在这个意义上，我们应当坚持遵循先王之道，只有如此才能建立一个秩序化的社会和国家。

对荀子来说："凡言不合先王，不顺礼义，谓之奸言。"（《荀子·非相》）在这个意义上，荀子批评了一些当时的学者没有在他的时代遵循先王之道。荀子说："不法先王，不是礼义，而好治怪说，玩琦辞，甚察而不惠，辩而无用，多事而寡功，不可以为治纲纪；然而其持之有故，其言之成理，足以欺惑愚众；是惠施、邓析也。"（《荀子·非十二子》）实际上，在荀子看来，即便一些学者，如子思和孟子，能够遵循先王之道，他们也只支离破碎地继承了这种原则而并没有真正地理解它的主导性原则。（参见《荀子·非十二子》）对荀子来说，这些学者也应当遭到批评。

既然对荀子来说先王之道如此重要，谁可以被界定为先王呢？荀子认为古代的圣王如尧舜为先王。荀子说："先王之道，则尧舜已。"（《荀子·大略》）也许有人会认为在这里有一个矛盾的地方：既然先王只是尧和舜，那荀子为什么要宣称只是先王创造了"礼"呢？（参见《荀子·礼论》）难道不是周文王和周武王创造了周礼并将之传之后世吗？为了回答这个问题，我们首先应当追溯"礼"的起源。

事实上，"礼"已经在尧和舜时期存在了，它通常表现为祭拜上帝、神灵或天的礼仪形式。我们可以在这一时期的文献中发现一些证据："肆类于上帝，禋于六宗，望于山川，遍于群神。"（《尚书·尧典》）这似乎说明，"礼"在尧舜时期就已存在，这是否说明"礼"是由尧舜创立的呢？未必。在《史记·五帝本纪》中我们看到这样一段话："帝颛顼高阳者，黄帝之孙而昌意之子也。静渊以有谋，疏通而知事；养材以任地，载时以象天，依鬼神以制义，治气以教化，絜诚以祭祀。"（《史记·五帝本纪》）这段话说明，以祭祀为主的"礼"很可能在尧舜之前的颛顼时代就已创立。但由于尧舜在先秦时代的影响力，荀子非常有可能假定尧舜就是创造"礼"并将之传于后世的先王。对荀子来说，尧舜是创造"礼"的古代先王，而周文王和周武王跟随着这一传统并将之系统化为一套章程。所以，与孔子和孟子相比，虽然他们都坚持先王之道，也就是尧舜之道，荀子的重点是不一样的：孔子和孟子都关注于他们的德行，如"仁"和"义"，而没有提及他们在创建礼制方面的贡献；荀子则不仅强调了尧舜的"仁"和"义"，更凸显了"礼"，这显示了荀子对"礼"在建构良好社会秩序和转化道德方面的重视。这样，荀子不仅遵循了孔孟关于先王的学说，而且将之发展成为体现"礼"的重要性的学说。然而，荀子并不满意孟子关于后王的学说，力图纠正其中的问题。

古代和当前学术界关于荀子的后王说一直有很多争论。古代的一些学者，如司马迁和杨倞，认为后王是指"当时时代的君王"，也就是荀子时代的君王。然而当代的一些学者，如冯友兰和郭沫若，则认为荀子所认为的后王是指周文王和周武王。在我看来，后者的观点更加有道理。

荀子坚持周文王和武王之道。他说："汤以亳，武王以鄗，皆百里之地也，天下为一，诸侯为臣，通达之属，莫不从服，无它故焉，以济义矣。是所谓义立而王也"（《荀子·王霸》）。所以，商汤和周武王能够被称为真正的"王"。在另外一篇讨论圣王的篇章中，荀子说："文王诛四，武王诛二，周公卒业，至于成王，则安以无诛矣。"（《荀子·仲尼》）可见，在荀子看来，周文王和周武王，甚至周公和周成王都可以被认作是圣王。让我们再看一段《荀子》中的重要篇章：

辨莫大于分，分莫大于礼，礼莫大于圣王；圣王有百，吾孰法焉？曰：文久而灭，节族久而绝，守法数之有司，极礼而褫。故曰：欲观圣王之迹，则于其粲然者矣，后王是也。彼后王者，天下之君也；舍后王而道上古，譬之是犹舍己之君，而事人之君也。故曰：欲观千岁，则数今日；欲知亿万，则审一二：欲知上世，则审周道；欲审周道，则审其人所贵君子。故曰：以近知远，以一知万，以微知明，此之谓也。（《荀子·非相》）

从这段篇章中，我们可以知道荀子所指的后王是指周文王和周武王。对荀子来说，如果要知道先王如尧舜的道，人们就需要查看后王如周文王和周武王的道。然而，如果想知道周文王和周武王的道，人们就需要查看后代君子的道，比如说孔子和子弓，他们更加接近于荀子的时代，也对周文王和周武王的道有着很好的把握。

通过阅读这一节内容，我们可以得到另外一个结论：对荀子来说，尽管是尧舜这样的先王创造了"礼"，我们也不能确切地知道"礼"在古代是什么样子以及它在何种程度上能够适应于当前的时代。这样，荀子认为后王之道，也就是"礼"，是先王之道最完整也是最明白的呈现。对荀子来说，尽管我们可以认为尧舜甚至更早以前的先王是创造"礼"的始祖，但我们只需要考察后王中的"礼"就可以了，因为它已然包含了古代的"礼"并将之发展到了系统的层次。为学习古代的"礼"，考察后王中的"礼"要更加便利和有效。在这个意义上，荀子批评了当时的一些"俗儒"：

故有俗人者，有俗儒者，有雅儒者，有大儒者。不学问，无正义，以富利为隆，是俗人者也。逢衣浅带，解果其冠，略法先王而足乱世术，缪学杂举，不知法后王而一制度，不知隆礼义而杀诗书。（《荀子·儒效》）

"俗儒"的缺点就在于他们只用一般的方式遵循古代的"礼"，只去关注古代传给他们的文献，却忽略了后王所创造的"礼"，也就是周礼。那么，对后王应持一种怎样的态度呢？荀子说：

法后王，一制度，隆礼义而杀诗书；其言行已有大法矣，……是雅儒者也。法后王，统礼义，一制度；以浅持博，以古持今，以一持万；苟仁义之类也，虽在鸟兽之中，若别白黑；倚物怪变，所未尝闻也，所未尝见也，卒然起一方，则举统类而应之，无所儗作；张法而度之，则晻然若合符节：是大儒者也。（《荀子·儒效》）

很明显，后王是"雅儒"和"大儒"需要效仿的对象。但为什么后王

会如此重要呢？荀子认为儒者的理想典范就是不仅能够遵守先王之道，而且擅长将之改变并适应于他们所生活的时代与地点。他说："其言有类，其行有礼，其举事无悔，其持险应变曲当。与时迁徙，与世偃仰，千举万变，其道一也。是大儒之稽也。"（《荀子·儒效》）这样，作为一个"大儒"，他必须能够将先王之道付诸于他自己生活的时代实践中去，同时，他必须紧紧把握住先王之道本身。只有用这种方式，他的学说才能与他生活的时代相符，而他的学说也才能被认为是儒家学说。

在这一方面，荀子指出了"雅儒"的缺点在于："明不能齐法教之所不及，闻见之所未至，则知不能类也。"（《荀子·儒效》）换句话说，即便"雅儒"能够跟随先王之道，这也不意味着他们的学说就能够适用于新的局势，如果他们不能领会将先王之道与当前时代相融合这一要旨。

柯雄文教授在一篇文章中讨论道：

对历史诉求的预见性（prospective）用法，不像回顾性（retrospective）的用法，并不依赖于一种已经确立的伦理合理性的实践，而依赖于某人对过去道德判断的接受度，这就是，依赖于被论辩和相关事实支持的理由的强度。虽然对历史诉求的回顾性用法是保守的，但预见性用法在回应紧急和变化的境况时隐含着一种伦理判断的创新形式（尽管从本质上说带有争议性）。它的论辩价值在于为一种可能的有道理的接受铺平了道路而不是引起对已经建立的伦理合理性框架的支持。

在柯雄文教授的语境中，"回顾性"意味着"以古持今"，而"期待性"则意味着"以今持古"。在这个引述中，柯雄文教授也许已经清楚地勾画出"法先王"和"法后王"之间的关系，这就是，如果我们在当前境况中只依赖先王之道来作出判断是不足够的；事实上，我们也应该根据当前的事实和境况对先王之道作出判断。在这种情况下，如果先王之道过于遥远而不易把握的话，我们也许就需要效仿后王之道来满足当前的需求。先王之道也许会提供关于仁政的基础和原则；然而，如果我们只坚持先王之道，我们也许会变得保守而不能使先王之道适应于当前的时代。所以，将先王之道和后王之道加以结合才是正确的做法。即使如此，我们也不应该忘记，对荀子来说，孔子和子弓的教义也是我们需要效仿和学习的。在荀子眼中，所有他那个时代的统治者都应该效仿儒家的统治之道，致力于构建良好的社会秩序和仁政。对荀子来说，儒家的治理之道在于"礼"和"法"，尤其在一个秩序混乱的社会中，"法"更应该被强调为一种治理的替代性选择。只有用这种方式，社会才能维持良好的秩序，政府才能被称之为仁政。所以，荀子在他"法后王"的主张中真正想要去做的是孔子所设计而最终为自己所发展和完善的儒家治理之道。

　　与孟子相比，荀子强调了"礼"在维护社会秩序和仁政中的政治重要性。这是荀子为什么坚持后王之道，也就是周天子之道的原因，因为周礼是古代对礼最系统的总结。对荀子来说，只有周礼能被充分地应用于国家治理中，一个国家才会保持稳定，社会才会走向和谐。同时，尽管孔子和子弓并不是后王，他们也应该被后代效仿，因为他们的知识传统已经包含了后王之道并在某种程度上发展了它。与孟子对"礼"的政治和社会功能的贬低相比，荀子对"礼"的强调更能适应于他的那个时代，因为一个混乱的时代当然需要依靠一些规范性的原则而不只是依靠道德来平息混乱的局面。这样，荀子针对他的时代，通过他关于"法后王"的学说提出了一种现实的政治策略来解决孟子在"礼"这个层面的问题。值得注意的是，荀子所主张的儒家之道和政治策略是他在先前儒家之道基础上的发展和完善，并不是对孔子学说的照搬。在荀子看来，只有遵循着将理论结合现实，"礼"结合"法"、"王"结合"霸"的思路，一个国家才能变得有秩序，而仁政才能最终实现。

　　这样，我们可以看到荀子是怎样解决这一问题的，即如果人们不愿意去学习"礼"和"法"，政府应当怎样做的问题。对荀子来说，即便人们不愿意去学习"礼"和"法"，政府仍然能够执行"礼"和"法"，使之作为一套规范性的规则和制度，兼以惩罚的强化作用，来控制人类的行为并保持一个秩序化的社会。在荀子眼中，"礼"和"法"不仅是规范性的制度，更是培养人们成为道德的手段。与孟子相比，荀子在将"礼"和"法"提倡为统治原则的过程中要更加现实。孔子和孟子都忽略了"法"的重要转化功能，这也是他们并没有认识到"法"作为实现最高仁政途径的原因。在这一方面，荀子实现了一种跨越，认为"法"是培养人们道德的必不可少的途径。

荀子在治理国家时强调"礼"和"法"、"王"和"霸"的结合，这显然更加适应于战国后期的社会与政治现实。荀子关于"法"和"霸"的观点也许受到了商鞅的影响，后者在他的那个时代也同样强调"法"和"霸"的重要性。荀子从商鞅那里吸收了一些关于"法"和"霸"的观点，并修改了它们原先的目的从而满足儒家思想的需要。在这个方面，荀子吸收了非儒学说从而解决早期儒家政治学说的问题，并在战国后期重建儒家思想。

（五）"忠"、"孝"的二律背反

"孝"这一范畴并非始自儒家，在《诗经》中，我们可以看到对"孝"的生动描绘："侯谁在矣，张仲孝友。"（《诗经·小雅·六月》）这里所谓的"孝友"，就是指孝敬父母，友爱兄弟。还有"孝孙有庆，报以介福，万寿无疆"（《诗经·小雅·北山之什·楚茨》），"威仪孔时，君子有孝子。孝子不匮，永锡尔类"（《诗经·大雅·生民之什·既醉》）以及曾被孟子引用过的"永言孝思，孝思维则"（《诗经·大雅·文王之什·下武》）。而从"父兮生我，母兮鞠我，抚我畜我，长我育我，顾我复我，出入腹我"（《诗经·小雅·蓼莪》）这种描述子女与父母真挚情感的话语中，我们可以看出"孝"的含义就是指子女对父母回报的情感。不过这一范畴到了孔子时代，又被赋予了更多意义。

孔子的最高道德理想是实现"仁"，而对实现"仁"来说，"孝"是基础和前提。《论语》中对"仁"与"孝"的关系解释得很明确："其为人也孝弟，而好犯上者，鲜矣；不好犯上，而好作乱者，未之有也。君子务本，本立而道生。孝弟也者，其为仁之本与！"（《论语·学而》）这样，要实现最高的道德理想"仁"，一个人就必须首先从对自己父母的"孝"做起。只有先实现对父母的"孝"，才有可能实现更高的道德理想——"仁"。

那么，"孝"的本质属性是什么呢？一种通常的理解是"孝"就是要对父母进行物质供养。然而，只是物质供养就够了吗？"今之孝者，是谓能养。至于犬马，皆能有养；不敬，何以别乎？"（《论语·为政》）在这里，"孝"与"敬"相连。那么"敬"又是什么呢？在《论语》中，"敬"意味着一种严肃而认真的态度。（参见《论语·学而》、《论语·卫灵公》）这种态度本身似乎带有规范性的色彩，但其本质却是子女对父母的自然情感表现。这就是说，"孝"不仅仅是对父母的物质供养，更有发自内心的情感渗透于其中。正如李泽厚先生所言："'孝'必须首先是一种心理情感的培养和展现。'敬'……本来自远古祭祖敬神的畏惧、尊敬、崇拜的感情，不只是某种仪式及外在姿态、行为的规定。"《论语》中的另一段话则更直接说明了这点："子夏问孝。子曰：'色难。有事弟子服其劳，有酒食先生馔，曾是以为孝乎？'"（《论语·为政》）这就表明，"孝"不仅仅是在物质上赡养父母，更有对情感的要求，要求子女用真挚的情感对待自己的父母。这样，"仁"看似是一种社会化的道德要求——要求一个人爱他人如爱自己，但它的基础还是在家庭，在对家庭成员的爱。也就是说，"仁"的发端处是在家庭，首先对家庭成员（父母、兄弟）"孝"和"悌"，才会有扩大的对社会中其他人的"仁"。以情感建构人格，以人格建构社会，这正是儒家道德伦理学和政治学的交融点之所在。

"孝"虽然是一种子女对父母的自发情感，但它也有其社会规范性。《论语》中记载了孟懿子问"孝"一事。对这一问题，孔子解释说："无违"。而对于"无违"，孔子的解释是："生，事之以礼；死，葬之以礼，祭之以礼。"（《论语·为政》）在这里，"孝"的具体内容体现为具体的礼制规范，通过遵循这些具体的礼制规范，"孝"才得以践行。

孟子也同样强调，"孝"是一种子女对父母的自然情感。孟子说："人少，则慕父母；知好色，则慕少艾；有妻子，则慕妻子；仕则慕君，不得于君则热中。大孝终身慕父母。五十而慕者，予于大舜见之矣。"（《孟子·万章上》）在这里，孟子清楚地道明了人在一生的成长经历中所依恋的各种对象。在小的时候，人会依恋自己的父母；在成人之后，则会依恋自己的妻子和儿女；做官以后，就会依靠自己的君主。只有最孝顺的人才会终身依恋父母。孟子认为舜做到了这一点。在这里，孟子敏锐地指出了人在一生的不同阶段中必然会有不同的依恋对象。然而尽管人在不断地社会化，但对父母的"孝"应该始终存于心。在这里，孟子实际上提出了一个深刻的问题，那就是，人应当如何维持自身社会化与内心"孝"之情感的平衡？这二者之间存在着一种张力，社会化必然会使一个人的内在情感发生变化，使原来对父母的依恋转化为对社会中形形色色人物的依赖，其中既有妻子、儿女等与自己发生家庭性联系的人，也有朋友、同事、上级等与自己发生社会性联系的人。随着一个人交际圈的扩大，他所认识的人也就越多，社会化程度也就越大。在这需要扮演种种角色的各种关系中，一个人的内心情感必然会复杂化，各种各样的情感也会交织在一起，共同影响着一个人的行为方式和社会表现。在这种情况下，如何维持最初对父母的情感依恋和"孝"，就显得格外重要。儒家是讲究由近及远地进行道德拓展的，这就是说，先从父母、自己家庭成员和内心的真实情感出发，拓展至社会中的每个个体。比方说，对自己孩子的疼爱是自发的情感，但由这种情感就可以拓展到父母对自己的疼爱，进而拓展至自己对父母疼爱的回报，也就是"孝"。

儒家是讲究实践的学派，所以千篇一律的道德说教并不是儒家所提倡的。真正的道德情感来源于实践之中，来源于对社会关系之网中各个纽结的认识和体验。但是，孟子这种将"孝"完全基于内心情感的做法似乎过于简单化了。在现实社会中，随着一个人的成长，内心的情感也必然会发生变化，原来对父母的依恋必然会转化为对自己家庭的依恋。这种情况下，仅仅期望成年子女能够像孩童一样对待自己的父母，就似乎显得有些不现实了。与此类似，孔子的"事父母几谏。见志不从，又敬不违，劳而不怨"（《论语·里仁》）说的是即便自己的心意没有被听从，仍然要恭敬而不触犯自己的父母，虽然忧愁但却不怨恨。如果说"无违"只是要求人们不要违反礼制的规范，"劳而不怨"则在情感上强调了子女应对父母持怎样的态度。然而，这种对子女情感的要求在现实生活中似乎难以实现。宰我对孔子主张"三年之丧"的质疑就充分反映了这一点。

宰我问："三年之丧，期已久矣。君子三年不为礼，礼必坏；三年不为乐，乐必崩。旧谷既没，新谷既升，钻燧改火，期可已矣。"子曰："食夫稻，衣夫锦，于女安乎？"曰："安。""女安则为之！夫君子之居丧，食旨不甘，闻乐不乐，居处不安，故不为也。今女安，则为之！"宰我出。子曰："予之不仁也！子生三年，然后免于父母之怀。夫三年之丧，天下之通丧也。予也，有三年之爱于其父母乎？"（《论语·阳货》）

在这段与宰我的对话中，孔子主张"三年之丧"，理由便是子女在出生后三年内离不开父母的怀抱，所以在父母死后，也应该用三年时间去为父母守丧。在这里我们可以看出，孔子眼中的"三年之丧"有两个维度：一是情感维度，这是子女对父母的感恩之情；二是礼仪维度，这是社会礼仪的规范。在孔子看来，礼仪维度尚在其次，而情感维度是最重要的。正是这种对父母的自然情感决定了"三年之丧"这一礼仪形式的必要性。孔子的这种推论很明显是从内心情感到外在礼仪的方向，当人的社会化需求增长时，人也应当注重这种内心情感转化而来的外在礼仪，一丝不苟地遵循它。与之相反，宰我的看法实际上代表了现实社会中的个体在面对内心情感和外在社会化的纠缠时所采取的一种态度。两种观点对比起来，宰我的观点似乎更加现实，当然并不一定是更加道德的。

不同于孔子和孟子，荀子更强调"孝"是具有规范性的道德原则。荀子说："夫行也者，行礼之谓也。礼也者，贵者敬焉，老者孝焉，长者弟焉，幼者慈焉，贱者惠焉。"（《荀子·大略》）在这里，荀子将"孝"与"礼"联系在一起，认为行礼的具体内容之一便是行孝。在荀子看来，"礼"本身是具有规范性的社会制度，"孝"既然属于"礼"这一范畴，那么它本身也就具有了规范性。"孝"规范的是子女对父母的态度和行为，通过这种规范，

荀子与儒家

荀子希望能够达到家庭的和谐，进而实现社会的和谐有序。与孔子和孟子相比，荀子似乎并不十分强调由内向外的情感衍生，他更注重的是从外在规范到内在情感的转变。荀子说："礼者断长续短，损有余，益不足，达爱敬之文，而滋成行义之美者也。故文饰、粗恶，声乐、哭泣，恬愉、忧戚，是反也，然而礼兼而用之，时举而代御。"（《荀子·礼论》）荀子认为，"礼"能够培养人们的道德和情感。可以看出，荀子明显不同于孔子和孟子，他更注重从外在礼仪到内在情感的转化。如果他也能参与到孔子和宰我的对话中，相信他也会坚持"三年之丧"的合理性。然而，荀子坚持"三年之丧"的理由不同于孔子。荀子的理由在于必要的外在礼仪形式能够促进人的道德情感的产生；而孔子的理由则是因为人的道德情感的产生，所以需要外在礼仪形式来加以表现。两者的理由虽然不一样，但其最终的结论都是一样的，即"三年之丧"是有必要的。这样，在面对内心情感和社会化的纠缠问题时，荀子的解决方案是诉诸外在的礼仪形式，通过外在的礼仪形式来达到内心情感塑造的目的。即便宰我不能发自内心地进行"三年之丧"，通过这一礼仪形式，最终他的内心也会产生"孝"的道德情感。

当然，荀子并没有因为强调"孝"的规范性就取消了"孝"的情感因素。荀子说："能以事亲谓之孝，能以事兄谓之弟，能以事上谓之顺，能以使下谓之君。"（《荀子·王制》）对荀子来说，"孝"依然意味着子女对父母的侍奉和情感的依托。荀子说："凡礼，事生，饰欢也；送死，饰哀也……事生，饰始也；送死，饰终也；终始具，而孝子之事毕，圣人之道备矣。"（《荀子·礼论》）荀子认为，在父母活着的时候，我们要用欢乐的情感对待他们；而在他们死后，我们要用悲伤的情感送别他们。在对待父母的问题上只要能够善始善终，一个人就可以被认为是孝子，而圣人的大道也就得以在孝子的身上完成了。

这样，我们可以看到，孔子和孟子尤其是后者都强调"孝"的情感性一面，孟子甚至认为人在成年之后也应当保持这种真情实感。但孔子除了强调"孝"的真情实感性，还提出了"孝"的规范性，也就是说，即使人们不能够保持对父母的真情实感，也应该保持不违反礼制的规定。荀子在这个方面发展了孔子的思想，他认为，既然人们很难保持对父母的真情实感，那就不如用"孝"这一规范性原则去规范人们的行为，从而达到"孝"所能产生的社会效果。探究孔孟荀三者在这个问题上的不同立场，我们就可以发现，他们之所以在这个问题上持有不同立场，就因为他们在这个问题的理论前提上持有不同观点。这一理论前提就是人性论。孔子对人性的问题所谈甚少，在《论语》中仅有一句提及"性"："性相近也，习相远也。"（《论语·阳货》）孔子在这一句中强调的似乎并不是人性本身的善恶，而是后天的学习和实践对人性可能造成的影响。人性本身可能或善或恶，但后天的学习和实践可以强化或弥补人性的优点或弱点。在这一前提下，孔子认为人性既有可能善也有可能恶，对父母也就有可能会有发自真情实感的"孝"或者"不孝"。在这种情况下，孔子一方面强调了"孝"的真情实感性，另一方面强调了"孝"必须具有规范性，唯有如此，才能使善人发自内心地孝敬父母，而恶人也会畏于"孝"的规范性而孝敬父母。不同于孔子，孟子认为人性本善，这就直接决定了他对"孝"的态度。既然人性本善，那么他对父母的"孝"肯定是发自内心的情感，而长大成人以后，也会产生对父母的依恋。孟子不相信人性为恶，所以他并不强调"孝"的社会规范性，只期望通过道德劝说来使人真心依恋自己的父母，即便长大成人之后。孟子的这一道德理想看似美好，实则难以实现。对一个人来说，且不论本性善恶与否，随着自己成长和周围社会环境的改变，必然会发生对父母的心理变化。从心理学的角度上说，人会随着社会化的发展，逐渐摆脱原来的家庭意识而走向自我意识。这样，人对父母的依恋心理必然不如孩提时那样强烈，而所谓的发自内心真情实感的"孝"也似乎很难真正实现。不同于孟子，荀子认为人性恶。既然人性恶，正如荀子所描述的那样，放纵的结果就是自私与贪婪，那么它必然有一种不孝的倾向。在这种情况下，人性必须要有一种外在的节制和约束才能沿着正确的轨道发展。这一外在的节制和约束正是"孝"的规范性发挥作用的地方。通过"孝"在具体原则上的规定，人们才会按照正确的原则对待自己的父母。

在孔子眼中，"孝"不仅是与人的情感道德相关的伦理规范，更是与政治、社会相关的儒家核心价值观。《论语》中有这样一段话："季康子问：'使民敬、忠以劝，如之何？'子曰：'临之以庄则敬，孝慈则忠，举善而教不能，则劝。'"（《论语·为政》）在这里，"孝"与"忠"联系在一起，这就使得伦理与政治紧密相联。这是儒家伦理政治学的显著特点。由对父母的"孝"衍生出对上司、上级的忠诚，这样的社会国家才会稳定。"孝"本身蕴涵着一种等级差别，这种等级差别或许在家庭中表现得并不明显，但如果将之投射到社会中去，则表现得分外明显。《论语》中紧接着这段话又有一段关于"孝"与政治联系的话语："或谓孔子曰：'子奚不为政？'子曰：'书云：'孝乎惟孝，友于兄弟，施于有政。'是亦为政，奚其为为政？'"（《论语·为政》）在这段话中，孔子更加清楚地点明了"孝"与现实政治的联系。孔子认为，只要将对父母的孝敬和兄弟的友爱推展至政治上，就能成就仁政的理想。李泽厚先生认为，这种儒学的"修身、齐家、治国、平天下"的观点有其真实的历史渊源，即来源于"氏族—部落—部族—部族联盟"这一政治秩序。在这种政治秩序下，以父子关系为核心的父系氏族中的首领需要首先取得本部族的承认。正因如此，"孝"才成为这种氏族政治的根本。李泽厚先生的这一观点也许需要得到更多历史学乃至考古学的证据才能完全成立，但从学理的角度上讲，这一观点的确颇有道理。

与孔子相似，孟子也认为"孝"与政治紧密相联。孟子说："王如施仁政于民，省刑罚，薄税敛，深耕易耨；壮者以暇日修其孝悌忠信，入以事其父兄，出以事其长上，可使制梃以挞秦楚之坚甲利兵矣。"（《孟子·梁惠王上》）在这里，孟子强调人们在家里要孝顺父母，敬爱兄长，在社会上要待人忠诚守信。这样，将这种个人的道德应用于朝廷之上，用来服侍君主，就可以建立强大的国家。孟子在这里表达的同样是家国一体的儒家政治理想。

然而，孔子和孟子的这种伦理学与政治学相交融的观点无限放大了内心情感与道德的功能，他们认为这种内心情感和道德只要能被延展至政治领域，国家就会长治久安。这就必然淡化对政治领域自身规律和范畴的理解。正如陈金梁（Alan K. L. Chan）分析的那样：

> 孔子和孟子都致力于弄清"孝"的伦理学意义。随着儒家传统不断发展，弄清"孝"与其他关键的伦理概念之间的相互联系就变成了知识界的一个主要关注点。将"孝"应用于政治、法律以及生活的其他领域就产生了一系列的复杂性。

事实上，政治领域有其自身的规律，它包含了很多自身特有的功能和运转方式。比方说，"法"就是政治领域不可缺少的重要因素。孔子说："父在，观其志；父没，观其行；三年无改于父之道，可谓孝矣。"（《论语·学而》）又说："不改父之臣，与父之政。"（《论语·子张》）这就是说，孝子不能轻易地更改父亲所制定下来的路径和方向。这似乎是将基于爱的"孝"置于一种至高无上的地位，远远高于对其他政治要素的考量。而在一段与叶公的对话中，孔子甚至认为一个正直的人就应当隐瞒他父亲偷羊的罪行（参见《论语·子路》）。这一行为也很显然将法律的地位淡化了。让我们再看看那段孔子与宰我的对话，在这段对话中，孔子也认为在"三年之丧"和从事其他礼乐之间，应当选择"三年之丧"这一代表孝道的行为。在这里，孔子其实并不是否认宰我所说的其他礼乐的重要性，孔子一生的奋斗目标之一就是要恢复周礼，而且行"孝"的一个重要方面就是要遵循礼制（参见《论语·为政》）。然而，在孔子看来，礼乐本身只是一种工具，它本身只是为培养人的内心情感和道德服务的。如果自己内心对待父母的道德情感已然丧失，那么即便宰我去从事其他礼乐活动，那又有何意义呢？况且"三年之丧"本身就是礼乐的一种，而且是最核心的内容。所以，孔子认为宰我的"三年之丧会荒废礼乐"只是一种逃避孝道的借口。但是，我们尽管可以认可孔子的解释，但宰我的开脱也似乎有一定道理。礼乐虽然是外在的形式，但如果外在形式在很长一段时间内都不被遵循，仁爱也就无从培养。而且，如果只是注重对父母的孝道，难道对其他礼仪就可以荒废吗？所以，这段话我们要分两个角度来看：在孔子看来，与对父母的情感回报相比，从事其他礼乐似乎就显得不那么重要了；但对宰我来说，与对父母的情感回报相比，从事其他礼乐同样重要。这正如亚瑟·韦利（Arthur Waley）指出的："很明显，这样一种实践（指"三年之丧"——引者注）不仅必然会带来对家庭和社会生活的彻底干扰，而且还降低了政府官僚体制的效率。"因此，有学者认为，虽然孔子的孝道作为起始点不仅是为了遵守某种道德规范，而且也为更加有价值和重要的道德观念的塑造创造了基础和条件，但是恰恰是这种对"孝"的极端重视导致了在孝道和其他道德规范发生冲突时，孔子会首先选择遵循孝道而使其他的道德规范让位。这对道德规范的整体培养来说十分不利。

孟子也探讨了在"孝"的前提下对待自己父母态度的问题。他说：

天下大悦而将归己，视天下悦而归己，犹草芥也，惟舜为然。不得乎亲，不可以为人；不顺乎亲，不可以为子。舜尽事亲之道而瞽瞍底豫，瞽瞍底豫而天下化，瞽瞍底豫而天下之为父子者定，此之谓大孝。（《孟子·离娄上》）

孟子认为，人如果得不到父母的欢心，便不可以做人；不能顺从父母的旨意，便不能做儿子。舜就是先取得他父亲瞽瞍的欢心，才成就了"大孝"。孟子这种对"孝"的定义强调的是子女对父母的绝对顺从，只有子女对父母绝对顺从，才可以称作"大孝"。比孔子更进一步，孟子认为真正"大孝"的人不仅应该隐瞒父亲的罪行，而且即便在父亲杀了人的情况下，也应该"窃负而逃，遵海滨而处，终身诉然，乐而忘天下"（《孟子·尽心上》）。在法律和亲情的面前，真正"大孝"的人应当选择亲

舜

情。对这一案例，刘清平先生也曾做过详细的分析，现摘录一段他的话于下：

在案例一中，舜的行为显然是把父子亲情摆在至高无上的位置，不仅将它凌驾于社会生活的法律规范之上，而且也将它凌驾于儒家的仁政理想之上，以致为了营救自己的亲生父亲，不惜牺牲正义守法的普遍准则、放弃"为民父母"的天子使命，最终在"终身訢然"中"乐而忘天下"。很明显，孟子之所以称赞舜的这种违背人类行为的几乎所有规范（包括儒家主张的仁义规范）的举动，只可能有一个理由：它完全符合儒家坚持的"父子相隐"精神，甚至可以说达到了"父不慈子也孝"的极端。

但有些学者并不这样认为，他们认为孟子并不主张对父母的绝对顺从，理由是《孟子·告子下》中的一段话："亲之过大而不怨，是愈疏也；亲之过小而怨，是不可矶也。愈疏，不孝也；不可矶，亦不孝也。"这段话是说，父母的过错大却不抱怨，是更疏远父母的表现；而父母的过错小却去抱怨，是反而激怒自己。更疏远父母是不孝，反而使自己激怒也是不孝。该学者认为既然孟子认为子女可以去抱怨父母，那就意味着"孝"并不总是意味着绝对顺从。这一观点似乎有一定道理，然而细查则有断章取义之嫌。我们要结合更多《孟子》中的文本才能认清这个问题的实质。实际上，孟子所说的对父母的抱怨并不意味着对父母的不顺从。结合孟子对杀人父亲的包庇态度，即便会有对父亲的抱怨，也并不意味着会将父亲举报给官府或将之逮捕。在这里，问题的关键在于孟子认为父母和子女之间即便有再大的问题，也是小问题、内部的问题，子女可以抱怨自己的父母，但绝对不能将父母置于法律的刀俎之下。这样，在维护孝道与恪守法律之间仍然存在着根深蒂固的矛盾。

庄锦章先生在他最近的著作中讨论了孟子"义务的冲突"问题。他认为，孟子虽然在这里将舜在公共领域和私人领域的角色加以区分之后，才作出上述的维护父亲的决定，但并不能因此而成功地平衡"亲情的依附"（affectionate attachment）与"社会的关注"（social concern）这两种义务之间的关系。实际上，孟子的决定过于理想化。

如前所述，墨家认为爱另一个家庭的成员和他自己家庭成员是同样可能的。孟子准确地批评了这种想法在心理学上是不切实际的。然而，在他焦虑地与他认为是错误的墨家观点战斗中，他似乎过分强调了"亲情的依附"（affectionateattachment），好像这一依附超越了其他任何事物。正如我们刚刚看到的，这不是非常准确的。我们已经注意到，孟子实际上关注于平衡"亲情的依附"（affectionate attachment）与"社会的关注"（social concern）。但这一理想如何在特殊案例中得以推行成功则是另外一件事情。

孔子对"孝"情感性一面的过分强调和孟子的对父母绝对服从的"孝"，在现实中往往会造成两难局面：如果选择"孝"，那么就有可能违反礼制或法律规定；而如果完全遵从礼制或法律，那就有可能违反"孝"的原则。这样，在个体私德与社会公德之间存在着一种张力，这使得个体在面对二者的选择时不知何去何从。是应该对父母绝对服从，还是应该"忠孝两难全"？在这个问题上，法家对儒家提出了批评："鲁人从君战，三战三北，仲尼问其故，对曰：'吾有老父，身死莫之养也。'仲尼以为孝，举而上之。以是观之，夫父之孝子，君之背臣也。"（《韩非子·五蠹》）

这样看起来，忠孝之间的矛盾似乎根本无法解决。如果选择对父母的绝对服从，那就无法实现对君主的忠诚；而如果服从象征社会公德的君主，那就无法实现对父母的"孝"。面对这一问题和来自法家的挑战，儒家应当如何回应并加以解决呢？

在探讨荀子的解决策略之前，我们不妨先看一个《左传》中的故事：

初，郑武公娶于申，曰武姜，生庄公及共叔段。庄公寤生，惊姜氏，故名曰"寤生"，遂恶之。爱共叔段，欲立之。亟请于武公，公弗许。及庄公即位，为之请制。公曰："制，岩邑也，虢叔死焉，佗邑唯命。"请京，使居之，谓之京城大叔。祭仲曰："都，城过百雉，国之害也。先王之制：大都，不过参国之一；中，五之一；小，九之一。今京不度，非制也，君将不堪。"公曰："姜氏欲之，焉辟害？"对曰："姜氏何厌之有？不如早为之所，无使滋蔓！蔓，难图也。蔓草犹不可除，况君之宠弟乎？"公曰："多行不义，必自毙，子姑待之。"

既而大叔命西鄙、北鄙贰于己。公子吕曰："国不堪贰，君将若之何？欲与大叔，臣请事之；若弗与，则请除之。无生民心。"公曰："无庸，将自及。"大叔又收贰以为己邑，至于廪延。子封曰："可矣，厚将得众。"公曰："不义不昵，厚将崩。"

大叔完、聚，缮甲、兵，具卒，乘，将袭郑，夫人将启之。公闻其期，曰："可矣！"命子封帅车二百乘以伐京。京叛大叔段，段入于鄢，公伐诸鄢。五月辛丑，大叔出奔共。

书曰："郑伯克段于鄢。"段不弟，故不言弟；如二君，故曰克；称郑伯，讥失教也：谓之郑志。不言出奔，难之也。

遂置姜氏于城颍，而誓之曰："不及黄泉，无相见也。"既而悔之。颍考叔为颍谷封人，闻之，有献于公，公赐之食，食舍肉。公问之，对曰："小人有母，皆尝小人之食矣，未尝君之羹，请以遗之。"公曰："尔有母遗，繄我独无！"颍考叔曰："敢问何谓也？"公语之故，且告之悔。对曰："君何患焉？若阙地及泉，隧而相见，其谁曰不然？"公从之。公入而赋："大隧之中，其乐也融融！"姜出而赋："大隧之外，其乐也泄泄！"遂为母子如初。

这个故事是说：郑武公有两个儿子，一个是郑庄公，另一个是共叔段。郑庄公后来成为郑国的国君。然而，他们的母亲姜氏喜欢共叔段而不喜欢郑庄公。于是，在母亲的支持下，共叔段不断扩大自己的势力，从而形成对郑庄公的极大威胁。郑庄公的臣子不断劝他灭掉共叔段，以除后患。但郑庄公考虑到母亲的想法，还是放弃了攻击共叔段的想法。而后，共叔段和姜氏想里应外合，攻击郑国的都城。这时，郑庄公终于起兵攻击共叔段，使其逃亡。郑庄公也把他的母亲安排到一个地方，并发毒誓不到黄泉不相见。事后，郑庄公为他所发的毒誓后悔，但也无可奈何。这个时候，一个臣子对庄公建议挖掘一条隧道，使庄公和他母亲在隧道中见面。这样，既可以不违反庄公的毒誓，也能够了结庄公想尽孝的意愿。最后，庄公和母亲在隧道中见面，重归于好。

这个故事也许为解决上面的问题提供了一种思路，即在对父母行孝时，也不能不考虑到其他的原则或因素。如果对父母绝对服从的结果会带来国家的灭亡或对国君的不忠，那就不能完全听从父母的命令。所以，在行使"孝"原则的同时，我们必须要考虑到其他也许更重要因素或原则的影响。事实上，正如《战国策》中的苏秦所言，如果一个人只专注于做一种道德行为而忽略了其他需要自己承担的义务（包括道德和政治任务），那就是所谓的"自覆之术"，而不是他所说的"进取之道"。

荀子存《子道》篇开篇就说：

入孝出弟，人之小行也。上顺下笃，人之中行也；从道不从君，从义不从父，人之大行也。若夫志以礼安，言以类使，则儒道毕矣。虽尧舜不能加毫末于是矣。孝子所不从命有三：从命则亲危，不从命则亲安，孝子不从命乃衷；从命则亲辱，不从命则亲荣，孝子不从命乃义；从命则禽兽，不从命则修饰，孝子不从命乃敬。故可以从命而不从，是不子也；未可以从而从，是不衷也；明于从不从之义，而能致恭敬、忠信、端悫、以慎行之，则可谓大孝矣。（《荀子·子道》）

在这里，荀子清楚地点明了"从道不从君，从义不从父"的主张，这就将"道"和"义"置于"君"和"父"之上。也就是说，孝子在做一件事之前，首先应该考虑的是大道和大义，只要这件事符合了大道和大义，那么即便违反了父命，也应该被认作是"大孝"。这样，荀子对"孝"的定义与孔孟颇有不同：在孔孟看来，子女应当对父母绝对顺从，即便他们违反法律的规定——这便是最大的"孝"；但在荀子看来，我们不应当以对父母顺从与否为标准判断一个人是否"孝"，在道义和亲情的面前，我们应当选择道义。这样，荀子在个体道德和社会公德的问题上，首先明确了社会公德应该成为指导个体道德标准的立场。也就是说，"孝"这一概念在荀子这里已经被道义所统摄，这个"孝"虽然还带有父子亲情关系的情感色彩，但其本质特征似乎已经发生改变。在荀子的语境中，一个人被认作"孝"，便是既符合人伦之"孝"，又符合道义之"孝"。

在这个意义上，荀子又进一步提出孝子三不从命的原则，这对破除愚孝，充实和丰富儒家"忠"、"孝"、"仁"、"义"之学说具有重要意义。在《子道》篇中还有一段话，是荀子假借孔子之口，说出了他对"孝"的看法。文中是这样说的：

鲁哀公问于孔子曰："子从父命，孝乎？臣从君命，贞乎？"三问，孔子不对。孔子趋出以语子贡曰："乡者，君问丘也，曰：'子从父命，孝乎？臣从君命，贞乎？'三问而丘不对，赐以为何如？"子贡曰："子从父命，孝矣。臣从君命，贞矣，夫子有奚对焉？"孔子曰："小人哉！赐不识也！昔万乘之国，有争臣四人，则封疆不削；千乘之国，有争臣三人，则社稷不危；百乘之家，有争臣二人，则宗庙不毁。父有争子，不行无礼；士有争友，不为不义。故子从父，奚子孝？臣从君，奚臣贞？审其所以从之之谓孝、之谓贞也。"

在这段话里，孔子认为"子从父命"不一定就是"孝"，"臣从君命"不一定就是"贞"或"忠"。国家如果有"争臣"——也就是所谓谏诤之臣，国家就会政治清明，繁荣昌盛；家中如果有"争子"，父亲就不会行无礼的事；士人如果有"争友"，就不会做不义的事。所以，看一个人是否"孝"、"贞"或"忠"，就要看他从父、从君之理。杨倞在这里注曰："审其可从则从，不可从则不从也。"所以，荀子认为子从父、臣从君需要一定的前提条件，那就是要看父命和君命是否合乎一定的道理，如果合乎道理就遵从，如果不合乎道理那就不能遵从。然而，不遵从父命和君命也并不一定就是不孝、不贞或不忠，只要这种行为符合一定的道理，那就还是"孝"、"贞"或"忠"。这反倒是对"孝"和"忠"定义的进一步深化和发展，使得"孝"和"忠"在不同的条件和境况下具有不同的内容。这样，忠孝之间的矛盾就得以解决了：即便一个人举报自己父亲犯罪的事情看似是不孝的行为，但他其实是在维护自己对国君或法律的忠诚，而这种看似不孝的行为也并非是将"孝"完全置于"忠"的统摄之下，其实，在"孝"与"忠"之上，还有道义的原则。在荀子看来，只要符合道义的原则，这种行为就能够称之为孝行。同样的道理，在忠君的问题上，如果君主行不义之事，做臣子的就要秉持道义的原则去劝谏，而不能完全听从君主的命令。这种符合道义原则的劝谏行为同样可视为忠君之举。在这个意义上，荀子解决了孔孟在忠孝问题上遇到的困境，并成功应对了来自法家的挑战。

荀子并不十分强调由"孝"到"忠"的转变。在他看来，"孝"已然是一种礼仪的规范，并具有一定的强制性。在这个前提下，"孝"与"忠"都成为了"礼"所涵盖的内容，因而，它们之间的相互关联及衍生关系也不那么明显。孔子和孟子则对由"孝"推衍出"忠"，乃至政治昌明、社会稳定十分有信心，他们都认为各种道德品质之间是相通的。一个人在家庭里为人孝悌，那么他在社会上也不会成为不稳定分子。当然，这一观点有其一定的合理性。但这一观点是基于人们愿意把对自己父母和兄弟的"孝"与"悌"推展开来，惠及社会中的各色人等这一理论前提。这一观点本身就有一定的理想性。一个人对待自己的家人可能还能够达到"孝"与"悌"，但在对待他人时，也能够这样吗？他能以忠事君、以义交友吗？这些问题在孔子和孟子的文本中都很难找到满意的答案。但是，不同于孔子和孟子，荀子认为，与其我们单纯地期望人们主动自觉地将"孝"、"悌"推展至社会中的各色人等，不如我们用一种"礼"和"义"的规范来约束人们的行为，使之能够达到礼义的要求，从而能够做到以孝事亲、以忠事君、以义交友。这是一种外在的途径，通过外在的礼义规范将"孝"这一观念规范化和具体化，从而成为人们可以依行的标准。这一方案比起孔孟的来说要更具有现实性和可操作性，也彻底实现了"孝"这一道德原则制度化特征的一面。正如庄锦章教授所说：

在这个方面，荀子提供了看上去在《孟子》中缺乏的东西，这种缺乏引起了这样一种疑问，即如果"孝"的感情优越于其他形式的爱和关怀，那它是怎样得以推延的。荀子帮助我们认识到这个问题在部分上不是一个概念问题，而是一个经验主义的问题，是有关培育礼仪过程的问题，而家庭和社会功能正是在这一礼仪过程中得以结合。

荀子对"孝"的制度化界定使得后代在法律的制定上也考虑了对"孝"

的具体规范。比方说，"法律系统对家庭关系和孝给予特别关注。不可饶恕的十宗罪之一便是不孝的行为。另外一种是谋杀一个人的父母……同样地，在跟父母保持敬重态度的条件下，一个儿子将会因为虐待他的父亲而遭受惩罚"。

荀子在这里似乎强调了"孝"的规范性一面，但这规范性的一面是不是与前面所讲的不遵从规范也可能为"孝"相互矛盾呢？其实，在荀子看来，这两个方面并不矛盾，"孝"虽然有其规范性和强制性的一面，但它并不会因此而变得僵化，只要求子女对父母的愚忠愚孝，因为这其中还有"义"的作用。"义"起着很重要的调节忠孝性质和程度的功能。正如史华兹教授指出的：

在所有这些传统中，可以肯定，没有人指望借助于预先确立的（preestablished）价值体系的认知，就能够解决生命中全部复杂的道德问题；而且他们全都注意到，所有的价值观就其自身而言全都是善的，但它们之间也存在着紧张的关系。对于孔子来说也同样如此。"礼"的规定是生活的规矩，尽管十分重要，但却很难"覆盖"所有的生活情境。在《论语》中，我们因而就发现了关键的概念"义"……生活是一片汪洋大海，每个人的生活情境都是独一无二的，在绝大多数情况下不存在简单的"能够覆盖一切情境的"规矩。

如果一个人做的事符合"义"的要求，那就也是忠孝；反过来，如果一个人只对自己的父母尽孝，尽管遵循了"孝"的规范性要求，但他也不能算作是真正的"孝"，因为他有可能没有遵循"义"的要求。所以，"忠"、"孝"、"义"三者是一个有机的整体，缺一不可。

第四章　荀子与墨家道家

一、荀子对墨子的批评

　　墨子（约前 480—约前 400 年），名翟，宋国人（一说由宋国流落到鲁国），手工业者出身，自称"贱人"、"北方鄙臣"，是墨家学派的创始人，主张兼爱、非攻、尚贤、尚同、非乐、非命、节用、节葬、尊天、事鬼等，也是一个相当技艺才能的人。

　　关于墨子的学术师承，《淮南子·要略》说："墨子学儒者之业，受孔子之术，以为其礼烦扰而不说，厚葬靡财而贫民，服伤生而害事，故背周道而用夏政。"因为夏政有俭朴从事的特点，"禹之时，天下大水，禹身执虆垂，以为民先。……烧不暇撌，濡不给扢，死陵者葬陵，死泽者葬泽。故节财薄葬闲服生焉"。墨子虽然以批儒为能事，但对孔子并不是一笔抹杀，也在内心肯定孔子有他不可易的道理。"程子曰：'非儒，何故称于孔子也？'子墨子曰：'是亦当而不可易者也。今鸟闻热旱之忧则高，鱼闻热旱之忧则下，为此虽禹、汤为之谋，必不能易矣。鸟鱼可谓愚矣，禹、汤犹云因焉，今翟曾无称于孔子乎。'"（《墨子·公孟》）意指孔子也说出了许多不能更改的道理，道出了"常道"。

　　墨子的思想与行为有明显的孔学印记。他同孔子一样，着力于救世，热忱于促进社会的发展，着眼于现实而救世，"如果他们没有对于时代现实提出解决问题的真实意见，便不会弟子遍天下，为后学所尊"。但在另一方面，作为批判者、"谢本师"的角色，墨子在许多问题上与孔子有着原则的不同。

侯外庐对孔墨之异同，曾有一个很好的说法："如果说孔子是以内容为先形式为后，而订正西周文化（诗、书、礼、乐），则墨子是以内容高于一切，形式不妨唾弃，而发展西周文化。这是孔、墨显学所争持的要点之一。"

墨子通过批评儒家建立起自己的思想体系，而荀子则为弘扬儒家思想而对墨家学说进行了大力批评。

（一）墨子忽视制度与人文，其思想不足为治理天下之法式

荀子首先是从天下理念中的制度与人文角度批评墨子。兼爱而去差等，则天下没有激励制度；上功用而非乐、薄葬，则天下没有人文色彩，天下就不是人的世界。荀子认为墨子不懂得如何治理天下，只能在一些诸如等级、节约、丧葬、爱乐等小问题上钻牛角尖，取得乡原的支持："不知一天下建国家之权称，上功用，大俭约而侵禽差等，曾不足于容辨异、县君臣；然其持之有故，其言之成理，足以骗惑愚众。"（《荀子·非十二子》）而从片面来思考，虽然有其局部的正确，能暂时得到一些短视者的喝彩，但放在大的视线中便会成为社会发展的阻碍，使人只知道小利而不知治理天下所需的制度与人文。这是没有得闻大道、只知"道之一隅"的表现。"夫道者体常而尽变，一隅不足以举之。曲知之人，观于道之一隅，而未之能识也。故以为足而饰之，内以自乱，外以惑人，上以蔽下，下以蔽上。"（《荀子·解弊》）如墨子只看到厚葬的坏处，没有发现重葬的深远意义；只论说人们热衷音乐对政事的负面影响，忽视音乐对人文教化的作用；只强调兼爱对人们可能的好处，轻视由此可能引发的问题。所以，荀子认为墨子之说虽有可观处，但不足为治世之法式。它只是"役夫之道"，根本不能相比于儒家所谨守的"圣王之道"（《荀子·王霸》），君子不为也。

（二）批评墨子"兼以易别"，提倡"明分使群"

墨子从反对儒家的爱有差等出发，强调兼爱，认为天下、国家之乱，源头在于人们皆自利，不相爱。父不慈子，兄不慈弟，君不慈臣；子自爱不爱

父、弟自爱不爱兄，臣自爱不爱君，至于天下之有盗贼、大夫之相乱家、诸侯之相攻国者，"皆起不相爱"。国家之治，就要返本清源，禁恶而劝爱。假若天下兼相爱，则"国与国不相攻，家与家不相乱，盗贼无有，君臣父子皆能孝慈"（《墨子·兼爱上》）。"兼爱"才是真正的"仁"，具有兼爱精神的人才能称为"仁人"，"仁人之事者，必务求兴天下之利，除天下之害"（《墨子·兼爱下》）。由此要"兼以易别"，人人平等。

荀子认为倡导"兼爱"就会导致人人均等，没有区分与差别，天下就没有制度，社会就会陷入混乱，"分均则不偏，势齐则不壹，众齐则不使。有天有地，而上下有差；明王始立，而处国有制。夫两贵之不能相事，两贱之不能相使，是天数也。势位齐，而欲恶同，物不能澹则必争。争则必乱，乱则穷矣。先王恶其乱也，故制礼义以分之，使有贫富贵贱之等，足以相兼临者，是养天下之本也。"（《荀子·王制》）有差别是天地之所然，圣人用礼来明差别、治天下。故而荀子提出一定要用礼义为标准进行明分，"分何以能行？曰义"（《荀子·王制》）。用礼义来确立处于群之中每一个人的名分、权利责任义务，固定每一个人的社会角色，由此使社会组织起来，成为一个有制度的完整世界。"人之生不能无群，群而无分则争，争则乱，乱则穷矣。故无分者，人之大害也；有分者，天下之本利也"，"穷者患也，争者祸也，救患除祸，则莫若明分使群矣"（《荀子·富国》）。只有明分有等，重视层级管理，加强制度规范，社会才能有序组合，才会无争无乱，和谐一统。

荀子之"明分使群"与墨子之"兼以易别"是相对立又不相对立的。二者相对立的地方是：荀子重"别"，反对"分均"与"势齐"，认为有"别"社会才能有序，意在要重视等级礼法制度，建立一个有制度的社会。没有区分，社会人人一致，则是一盘散沙的无序世界。墨子重"兼"，反对门第等级，认为亲亲就会私私，就有不平等，社会就会动乱，只有"兼爱"社会才能乐融。墨子的时代是春秋末季，社会尚以血缘亲亲为主（等级有别），世袭制度仍旧在起作用，故而墨子要以"兼"破"别"，使普通庶民也有平等的生存发展权利；荀子之时，世袭等级已破坏殆尽，各种制度混乱不堪，这时最重要的事情是重建社会的新秩序，促使社会走上规范有序的道路。两人观点的不同，源于理论产生的历史背景不同。二者不相对立的地方是：墨子的"兼以易别"，是对其"兼爱"说的论证，是要求天下人相互理解，相互关心，不要再相互设防，进行争斗与侵犯。它所诉求的是人格上的众人平等，而不是要求人在各个方面都不分彼此，同工同酬。荀子的"明分使群"，论述的是社会管理与国家治理，强调社会需要进行等级分层和职业分工，认为如果不注意到人与人的差异而强调齐同，则会使社会陷入无序的混乱，世界不成其为世界。一为情感诉求，一为管理理念，两者的针对点有所不同。

荀子"明分使群"之"分"包括等级名分之分和职业分工之分。荀子认为等级区分是必要的，有等级的差别才能促使人们锐意进取，不断向上，社会才能既有制度、有秩序，又有活力。另一方面，人各有所限，不能遍通，即便是君子，"相高下，视硗肥，序五种"不如农人，"通货财，相美恶，辩贵贱"也不如贾人（《荀子·王制》），所以必须根据技能而划分职业，各司其职，各安其位，"农分田而耕，贾分货而贩，百工分事而劝，士大夫分职而听，建国诸侯之君分土而守，三公总方而议，则天子共己而止矣"（《荀子·王霸》）。带动社会有序前进。

"分"是社会发展与谐和的基础。荀子认为，如果无分，则强胁弱，知惧愚，民下违上，少陵长，不以德为政，这样就"老弱有失养之忧，而壮者有分争之祸"；如果"职业无分"，人皆寻其所好，弃其所恶，"则人有树事之患，而有争功之祸"；如果无分，那么"男女之合，夫妇之分，婚姻娉内，送逆无礼，如是则人有失合之忧，而有争色之祸矣"（《荀子·富国》）。没有规矩，便不成方圆；没有名分与归属，则社会难有和谐之貌。慎到也曾提出要特别重视名分与规定，否则社会必定大乱："一兔走街，百人追之，贪人具存，人莫之非者，以兔为未定分也；积兔满市，过而不顾，非不欲兔也，分定之后，虽鄙不争。"（《慎子·逸文》）受慎到思想影响的荀子，将这一道理淋漓发挥："故人生不能无群，群而无分则争，争则乱，乱则离，离则弱，弱则不能胜物"（《荀子·王制》），论证人的集体合作与各有分工的重要，明确规范了序官、司徒、司马、跛击、治市、司寇、冢宰、辟公等各种职位的不同职责与要求。

要使百姓富裕、天下稳定在于明分。"兼足天下之道在明分：掩地表亩，刺中殖谷，多粪肥田，是农夫众庶之事也。守时力民，进事长功，和齐百姓，使人不偷，是将率之事也。高者不旱，下者不水，寒暑和节，而五谷以时孰，是天之事也。若夫兼而覆之，兼而爱之，兼而制之，岁虽凶败水旱，使百姓无冻馁之患，则是圣君贤相之事也。"（《荀子·富国》）农夫种地，将率调度，气候适宜，在各有分工的基础上，天下就能大治。

荀子说"墨子有见于齐，无见于畸"，认为"有齐而无畸，则政令不施"（《荀子·天论》）。"齐"，即为人人均等、没有差别，而"道"有大小之别，能工百事者，不一定能成为君子，重"齐"社会就没有制度规范，就会混乱不堪。人是有差别存在，但是这种差别是能力上的差别，而不是人格上的差等。社会管理应该按人的能力去分工，不能按人格进行安排。墨子提倡兼爱，并不是号召大家都做同一样的事，他也强调要按人之所能不同而进行劳作。《墨子·耕柱》记载治徒娱、县子硕向墨子请教："为义孰为大务？"墨子说："譬若筑墙然，能筑者筑，能实壤者实壤，能欣者欣，然后墙成也。为义犹是也。能谈辩者谈辩，能说书者说书，能从事者从事，然后义事成也。"认为"义"之头等大事是"宜"，是人适合干什么就去干什么。"凡天下群百工、轮车、鞼匏、陶冶、梓匠，使各从事其所能。"（《墨子·节用中》）墨子对理想社会的设计，由天子而三公、而百官、而男耕女织，制度安排井然有序。墨子并非提倡兼爱就抛弃必要的分工合作与必有的社会规范。荀子是用"兼爱"可能导出的结果来批墨子，强调要用等级礼制来治理社会。荀子的批评有其不当处。

（三）墨子"非乐"思想是不知礼乐意义的狭隘的功利意识

墨子非常反感儒家倡"乐"，认为行"乐"有五大害处，社会不治，沉湎于"乐"是其重要原因。

一是行乐必劳民伤财："今王公大人，虽无造为乐器，以为事乎国家，非直掊潦水折壤坦而为之也，将必厚措敛乎万民，以为大钟、鸣鼓、琴瑟、竽笙之声。"（《墨子·非乐上》）行乐会促使王公大人搜刮民财用于制乐。

二是行乐无助于民之饱暖与休息："民有三患：饥者不得食，寒者不得衣，劳者不得息，三者民之巨患也。然即当为之撞巨钟、击鸣鼓、弹琴瑟、吹竽笙而扬干戚，民衣食之财将安可得乎？"（《墨子·非乐上》）听乐不能使民温饱。

三是行乐无助于社会治理与安定："今有大国即攻小国，有大家即伐小家，强劫弱，众暴寡，诈欺愚，贵傲贱，寇乱盗贼并兴，不可禁止也。然即当为之撞巨钟、击鸣鼓、弹琴瑟、吹竽笙而扬干戚，天下之乱也，将安可得而治与？"（《墨子·非乐上》）"乐"并不能完成这些任务。

四是行乐必然荒废政事："今惟毋在乎王公大人说乐而听之，即必不能蚤朝晏退，听狱治政，是故国家乱而社稷危矣；今惟毋在乎士君子说乐而听之，即必不能竭股肱之力，亶其思虑之智，内治官府，外收敛关市、山林、泽梁之利，以实仓廪府库，是故仓廪府库不实；今惟毋在乎农夫说乐而听之，即必不能蚤出暮入，耕稼树艺，多聚叔粟，是故叔粟不足；今惟毋在乎妇人说乐而听之，即不必能夙兴夜寐，纺绩织纴，多治麻丝葛绪捆布缲，是故布缲不兴。"（《墨子·非乐上》）无论是王公大人、士君子还是农夫妇人，"说乐而听"皆会荒废政事。

五是行乐于事无辑："上考之不中圣王之事，下度之不中万民之利。"（《墨子·非乐上》）在墨子的古史系统中，乐没有价值，古代圣王不作乐，"乐者，圣王之所非也，而儒者为之过也"（《荀子·乐论》）。所以墨子自己身体力行，"生不歌，死不服"（《庄子·天下》）。

荀子认为，追求快乐是人的天性所在，而"乐"则是快乐的一种表达。"夫乐者，乐也，人情之所必不免也。"声能达言而乐能助情，人有高兴的事必行动于中而发言为声，歌之咏之，手之舞之，足之蹈之，"故人不能无乐，乐则必发于声音，形于动静。"（《荀子·乐论》）

　　"乐"是"人情之所必不免"的事情，"乐"在有制度、有人文的天下世界起着积极的作用："故乐在宗庙之中，君臣上下同听之，则莫不和敬；闺门之内，父子兄弟同听之，则莫不和亲；乡里族长之中，长少同听之，则莫不和顺。故乐者，审一以定和者也，比物以饰节者也，合奏以成文者也；足以率一道，足以治万变。""听其雅颂之声，而志意得广焉；执其干戚，习其俯仰屈伸，而容貌得庄焉；行其缀兆，要其节奏，而行列得正焉，进退得齐焉。故乐者，出所以征诛也，入所以揖让也；征诛揖让，其义一也。出所以征诛，则莫不听从；入所以揖让，则莫不从服。故乐者，天下之大齐也，中和之纪也。"（《荀子·乐论》）"礼"区分贵贱等级，使社会有分；"乐"使社会融和，消除矛盾。礼乐结合，则社会有分有合，天下才是一个包容差异而又有基本共识的世界。所以"乐"的作用非同小可。

　　荀子也主张对乐要加以节制，不能放纵而无归。"故人不能不乐，乐则不能无形，形而不为道，则不能无乱。"所以"先王恶其乱也，故制雅颂之声以道之，使其声足以乐而不流，使其文足以辨而不諰，使其曲直繁省廉肉节奏，足以感动人之善心，使夫邪污之气无由得接焉"（《荀子·乐论》）。

　　一个社会，不仅需要质朴、节俭，也需要用"文"来进行礼饰，加以表达，来体现人的自我意识与理性自觉。"文"是人类文明的标志。人之所以为人，并不是因为其质朴的天生本能，而是因为其后天的自我改造与自我进化。如果说"质"是人的自然本性，那么"文"就是人的社会属性和后天所为，是人之为人的体现，"文质彬彬"才是人的理想状态。墨子过多地强调人的质的一面，而没有注意到"文"才是历史发展的动力源泉。荀子认为"乐"就是人"文"的一种："夫声乐之入人也深，其化人也速，故先王谨为之文。乐中平则民和而不流，乐肃庄则民齐而不乱。民和齐则兵劲城固，敌国不敢婴也。如是，则百姓莫不安其处，乐其乡，以至足其上矣。然后名声于是白，光辉于是大，四海之民莫不愿得以为师，是王者之始也。"所以荀子批评说："墨子之于道也，犹瞽之于白黑也，犹聋之于清浊也，犹欲之楚而北求之也。"（《荀子·乐论》）"墨子蔽于用而不知文。……故由用谓之

道，尽利矣。"（《荀子·解蔽》）

与墨子认为上古圣王非乐不同，在儒家的学说系统中，认为历代圣王都是尚乐，且都有名作流传于后世，"黄帝有《咸池》，尧有《大章》，舜有《大韶》，禹有《大夏》，汤有《大濩》，文王有辟雍之乐，武王、周公作《武》"（《庄子·天下》）。孔子闻《大韶》三月不知肉味，乐的作用被儒家高度神圣化。荀子认为上古圣王非常重视乐，乐是圣王进行社会教化的一种重要形式："乐者，圣王之所乐也，而可以善民心，其感人深，其移风易俗。故先王导之以礼乐，而民和睦。夫民有好恶之情，而无喜怒之应则乱。先王恶其乱也，故修其行，正其乐，而天下顺焉。"（《荀子·乐论》）

荀子总结说："故乐者，治人之盛者也，而墨子非之。且乐也者，和之不可变者也；礼也者，理之不可易者也。乐合同，礼别异，礼乐之统，管乎人心矣。穷本极变，乐之情也；着诚去伪，礼之经也。墨子非之，几遇刑也。"（《荀子·乐论》）"礼"使人们遵守各种等级差别，而"乐"则促使社会成员和谐，礼乐结合，天下才是一个制度与人文相结合的世界。

（四）社会贫穷源于人们的错误行动，"节用"解决不了根本问题

社会富裕和人民温饱是墨子关心的焦点问题。墨子认为现在之世，"饥者不得食，寒者不得衣，劳者不得息"（《墨子·非乐上》），解决民生问题是社会的重要问题。

墨子的学理是：现在天下大乱，是由于人们的欲望太强。而要使社会平稳，现在的君王应该效法古时的圣王，节俭节用，作为社会的表率。"古者圣王制为饮食之法曰：足以充虚继气，强股肱，耳目聪明，则止。不极五味之调，芬香之和，不致远国珍怪异物。何以知其然？古者尧治天下，南抚交址，北降幽都，东西至日所出入，莫不宾服。逮至其厚爱，黍稷不二，羹胾不重，饭于土塯，啜于土形，斗以酌。俯仰周旋威仪之礼，圣王弗为"（《墨子·节用中》）。上古圣王一切从简，不奢侈浪费，没有过多的享受心理，不对老百姓盘剥，"凡足以奉给民用，则止。诸加费不加于民利者，圣王弗为"（《墨子·节用中》）。能省则省，"去无用之费，圣王之道，天下之大利也"

荀子与墨家道家

　　平息社会的混乱，应对人们的物质欲求，倡导节用是一种方法，但关键是要找到问题的根本进而提出解救措施。荀子也认为"足国之道"在于"节用裕民，而善臧其余"，但墨子的错误，一是没有看到问题实质：自然界有丰富的资源，足够人们食用，社会贫困是由于管理不当、治理不妥而引起；二是没有看到倡导富裕对社会发展的推动力。荀子既讲节用，又注意富裕对社会的推动，是非常辩证的。

　　首先，荀子认为墨子忧天下之贫、提倡"节用"是他思维不开阔的缘故，没有看到尽地之力足可以让人过上温饱生活："夫不足非天下之公患也，特墨子之私忧过计也。今是土之生五谷也，人善治之，则亩数盆，一岁而再获之。然后瓜桃枣李一本数以盆鼓；然后荤菜百疏以泽量；然后六畜禽兽一而剸车；鼋、鼍、鱼、鳖、鳅、鳣以时别，一而成群；然后飞鸟、凫、雁若烟海；然后昆虫万物生其间，可以相食养者，不可胜数也。夫天地之生万物也，固有余，足以食人矣；麻葛茧丝、鸟兽之羽毛齿革也，固有余，足以衣人矣。"（《荀子·富国》）

　　其次，荀子认为真正的天下公患，不是土地不能负担人们的食用，而是在错误的理论指导下进行的错误行为。"天下之公患，乱伤之也。胡不尝试相与求乱之者谁也？我以墨子之非乐也，则使天下乱；墨子之节用也，则使天下贫，非将堕之也，说不免焉。"因为"墨子大有天下，小有一国，将蹙然衣粗食恶，忧戚而非乐。若是则瘠，瘠则不足欲；不足欲则赏不行。……将少人徒，省官职，上功劳苦，与百姓均事业，齐功劳。若是则不威，不威则罚不行。赏不行，则贤者不可得而进也；罚不行，则不肖者不可得而退也。贤者不可得而进也，不肖者不可得而退也，则能不能不可得而官也。若是，则万物失宜，事变失应，上失天时，下失地利，中失人和，天下敖然，若烧若焦，墨子虽为之衣褐带索，嚽菽饮水，恶能足之乎？既以伐其本，竭其原，而焦天下矣"（《荀子·富国》）。认为墨子"非乐"、"节用"的主张是"伐其本，竭其源"，若依此而行，则将"上失天时，下失地利，中失人和，天下敖然，若烧若焦"。

荀子认为，治理天下，一定要有正确的理论指导，才能协和万民，理顺百事，进而达到衣食足天下治。"知夫为人主上者，不美不饰之不足以一民也，不富不厚之不足以管下也，不威不强之不足以禁暴胜悍也，故必将撞大钟，击鸣鼓，吹笙竽，弹琴瑟，以塞其耳；必将錭琢刻镂，黼黻文章，以塞其目；必将刍豢稻粱，五味芬芳，以塞其口。然后众人徒，备官职，渐庆赏，严刑罚，以戒其心。使天下生民之属，皆知己之所愿欲之举在是于也，故其赏行；皆知己之所畏恐之举在是于也，故其罚威。赏行罚威，则贤者可得而进也，不肖者可得而退也，能不能可得而官也。若是则万物得宜，事变得应，上得天时，下得地利，中得人和，则财货浑浑如泉源，汸汸如河海，暴暴如丘山，不时焚烧，无所藏之。夫天下何患乎不足也？"治理天下，要有文饰之礼，要有富厚之才，要有威强禁暴，要有音乐滋耳，要有美味养口，按不同的等级给予不同的享受待遇，激励人们奋发向上，使得天时地利人和，百姓也就不患于不足了。这才是真正的大思考与大忧虑，而不是如墨子那样局限于小视野。"故墨术诚行，则天下尚俭而弥贫，非斗而日争，劳苦顿萃，而愈无功，愀然忧戚非乐，而日不和。"（《荀子·富国》）

再次，荀子认为，仅仅提倡节用是不够的，不能让人们总是过着简陋的生活，关键是要让人们富裕起来。"仓廪实而知礼节"，社会富足才方便对人们进行教化，"不富无以养民情，不教无以理民性。故家五亩宅，百亩田，务其业，而勿夺其时，所以富之也。立大学，设庠序，修六礼，明七教，所以道之也。诗曰：'饮之食之，教之诲之。'王事具矣"（《荀子·大略》）。

百姓富裕是天下富裕之本源，是王道天下的标志，这是荀子的一个根本信念。"田野县鄙者，财之本也；垣窌仓廪者，财之末也。百姓时和，事业得叙者，货之源也；等赋府库者，货之流也。故明主必谨养其和，节其流，开其源，而时斟酌焉。潢然使天下必有余，而上不忧不足。如是，则上下俱富，交无所藏之。是知国计之极也。故禹十年水，汤七年旱，而天下无菜色者，十年之后，年谷复熟，而陈积有余。是无它故焉，知本末源流之谓也。"

否则，"田野荒而仓廪实，百姓虚而府库满，夫是之谓国蹶。伐其本，竭其源，而并之其末，然而主相不知恶也，则其倾覆灭亡可立而待也。以国持之，而不足以容其身，夫是之谓至贫，是愚主之极也。将以取富而丧其国，将以取利而危其身，古有万国，今有十数焉，是无它故焉，其所以失之一也"（《荀子·富国》）。君富而民贫，则国家必亡。

（五）"非葬"是知表不知本，墨子缺乏对社会的深刻认识

墨子认为，要使社会安稳，就必得尽一切可能来减少各种开支，减少各种引发矛盾的事物，如同儒家倡导"乐"会让人沉湎于享乐而误事一样，对死者厚葬也会使人产生盗墓的念头。"太古薄葬，故不扣也；乱今厚葬，故扣也。"（《荀子·正论》）墨子认为真正的孝子，不是重在对已死亲人的厚葬，而是"亲贫，则从事乎富之；人民寡，则从事乎众之；众乱，则从事乎治之"，"无敢舍余力，隐谋遗利，而不为亲为之者矣"（《墨子·节葬下》）。孝子的正确内涵是在亲人活着时努力工作，使亲人衣足食饱，而厚葬久丧，则非仁非义，非孝子所事。因为厚葬不能富贫众寡、定危理乱，不能禁止大国攻打小国，也不能得上帝鬼神之福，所以它不是圣王之道。"以厚葬久丧者为政，国家必贫，人民必寡，刑政必乱。"（同上）何况，丧葬从简也是古先圣王的传统："古者圣王制为节葬之法曰：衣三领，足以朽肉，棺三寸，足以朽骸，堀穴深不通于泉，流不发泄则止。死者既葬，生者毋久丧用哀。"（《墨子·节用中》）

荀子接墨子之言，也说圣王时期没有盗墓现象发生，但其原因不是由于薄葬，而是由于社会有教化："圣王之生民也，皆使富厚优犹知足，而不得以有余过度。故盗不窃，贼不刺，狗豕吐菽粟，而农贾皆能以货财让。风俗之美，男女自不取于涂，而百姓羞拾遗。故孔子曰：'天下有道，盗其先变乎！'虽珠玉满体，文绣充棺，黄金充椁，加之以丹矸，重之以曾青，犀象以为树，琅玕、龙兹、华觐以为实，人犹莫之扣也。是何故也？则求利之诡缓，而犯分之羞大也。"（《荀子·正论》）人有教化，自然不齿于盗墓。而现在盗墓现象的发生并不是因为送葬者厚先人、墓中有财宝，而是由于社会

不治，礼义失守，上下不和，人们没有道德羞耻感。"上以无法使，下以无度行；知者不得虑，能者不得治，贤者不得使。若是，则上失天性，下失地利，中失人和。故百事废，财物诎，而祸乱起。王公则病不足于上，庶人则冻馁羸瘠于下。于是焉桀纣群居，而盗贼击夺以危上矣。安禽兽行，虎狼贪，故脯巨人而炙婴儿矣。若是则有何尤抇人之墓，抉人之口而求利矣哉！虽此裸而薶之，犹且必抇也，安得葬薶哉！彼乃将食其肉而龁其骨也。"墨子只看到事物的皮毛而没有发现事物的实质，将盗墓现象的出现推到厚葬上，是混淆是非，舍本而逐末，"是特奸人之误于乱说，以欺愚者而潮陷之以偷取利焉"（同上）。

荀子认为，君子既重视生，也重视死。对丧葬重视，是人之为人的一个基础。如果只重生而不重死，则人还处于野蛮状态，不是人应有的情怀。"生，人之始也；死，人之终也。终始俱善，人道毕矣。故君子敬始而慎终，终始如一，是君子之道，礼义之文也。夫厚其生而薄其死，是敬其有知，而慢其无知也，是奸人之道而倍叛之心也。君子以倍叛之心接臧谷，犹且羞之，而况以事其所隆亲乎！故死之为道也，一而不可得再复也，臣之所以致重其君，子之所以致重其亲，于是尽矣。故事生不忠厚，不敬文，谓之野；送死不忠厚，不敬文，谓之瘠。君子贱野而羞瘠，故天子棺椁七重，诸侯五重，大夫三重，士再重。然后皆有衣衾多少厚薄之数，皆有翣菨文章之等，以敬饰之，使生死终始若一；一足以为人愿，是先王之道，忠臣孝子之极也。"（《荀子·礼论》）既厚生，也重死，除去"野""瘠"，生死都一样厚待，才是人文亮色。

人不是经济动物，人具有丰富的人文情感，而丧礼就有着浓重的人文熏陶与教化作用："丧礼者，以生者饰死者也，大象其生以送其死也。故事死如生，事亡如存，终始一也。……事生，饰始也；送死，饰终也；终始具，而孝子之事毕，圣人之道备矣。……大象其生以送其死，使死生终始莫不称宜而好善，是礼义之法式也，儒者是矣。"（《荀子·礼论》）"事死如事生，事亡如事存，状乎无形，影然而成文。"（《荀子·礼论》）荀子不是一味地提倡厚葬，也反对"刻生而附死"、"夺生而送死"。荀子强调的是生死相称，文礼足当。墨子批评厚葬，是"刻死而附生"，其视线只看到某些财物的损失，而没有看到丧礼中的人文关怀，不知它对人的教化影响，"蔽于用而不知文"。这种思想任其流行，只会使人长期处于贫野状态，远离文质彬彬，社会不可能有进步，所以荀子批判墨子这种论调是真正的"天下公患"。

清代汪中在《墨子序》中说："荀之《礼论》、《乐记》，为王者治定功成，盛德之事；而墨之《节葬》、《非乐》，所以救衰世之敝，其意相反而相成也。"认为荀子虽极为批判墨子，而其最终，与墨子同为社会发展中相辅相成之表现，两者并非不能相存，只不过难在同一时期实施而已。此论不无道理。

二、荀子对宋钘"情寡欲浅"的批评

宋钘，又名宋牼、宋荣，宋国人，与孟子、彭蒙、慎到等同时，和尹文游稷下，为学宫七十六"上大夫"之属。相传宋钘为杨朱门徒，其思想与老子、杨朱有渊源关系，郭沫若与杨荣国都认为宋钘与杨朱为一派。郭沫若在《宋钘尹文遗著考》中还认为"大抵宋尹是师徒关系，宋在齐当在齐威王与宣王时代，尹则当在宣王与湣王时代"，并认为《管子》书中的《心术》、《内业》篇为宋钘作品。不过学界不少人认为此说不妥，如冯友兰、张岱年等。《庄子·天下》将宋钘划为与尹文同属，《荀子·非十二子》则将宋钘与墨子合为一组，认为其思想与墨家同质。本书认为宋钘有非常明显的道墨兼容色彩。行为上为墨家，思想上道墨相融，对荀子以儒为主、兼收百家思想特点的形成有重要影响。

宋钘思想确有老子、杨朱之渊源，但在救治社会行动方面，与老子的消极无为策略、杨朱的独善其身思想有着本质的不同。宋钘积极投身社会变革，进行"禁攻寝兵"的游说活动，"周行天下，上说下教。虽天下不取，强聒而不舍"（《庄子·天下》），为促进社会的好转尽自己的最大努力，体现了墨者精神。宋钘与墨子对人类社会充满热情，对现实不是悲观而是乐观，对未来充满希望而不是绝望。其积极救世，有着儒家"四海之内皆兄弟"的情怀。为了阻止频繁的不义战争，"救民之斗"，宋钘一方面提出"见侮不辱"，使人消除争斗之念；另一方面又提出"情寡欲浅"，希望从体悟人的欲望为寡浅入手，消弭人们为满足欲望而产生的争斗，"率其群徒，辨其谈说，明其譬称，将使人知情之欲寡也"（《荀子·正论》）。

宋钘

"情欲寡浅"是说人的自然本性或生理欲求是少欲，不是多欲或贪欲。"情欲固寡，五升之饭足矣"，五升之饭就能满足人的全部生理需求。社会动荡不安，是由于人们不了解自己欲望的实质，让贪欲、多欲占据了上风。为此，宋钘身体力行，带领弟子过着半饥半饱的生活，周游各地，宣传思想。宋钘的目的，是希望由此而禁攻寝兵，社会安定。荀子认为宋钘之论前提就不成立。人之欲，非寡，而是为多。

1. 荀子通过设问指出目欲綦色、耳欲綦声、口欲綦味、鼻欲綦臭、形欲綦佚属于人的基本欲望，认为"以人之情为欲，此五綦者而不欲多，譬之是犹以人之情为欲富贵而不欲货也，好美而恶西施也"（《荀子·正论》），是一个自相违背的悖论。荀子套用战国时期论战的惯用方式——寄语先君圣王，认为古先圣王就是从人之欲望为多出发进行天下治理。"古之人为之不然。以人之情为欲多而不欲寡，故赏以富厚而罚以杀损也，是百王之所同也。故上贤禄天下，次贤禄一国，下贤禄田邑，愿悫之民完衣食"，认为"今子宋子以是之情为欲寡而不欲多也，然则先王以人之所不欲者赏，而以人之欲者罚邪?"（同上）荀子说古先圣王认为人之欲多，圣王并不扼杀、惩罚人的多欲，而是顺人之欲而制礼进行规范。《荀子·礼论》中第一段就讲明"礼"不是使人欲寡，而是使人之欲合乎一定的度量与规则："人生而有欲，欲而不得，则不能无求。求而无度量分界，则不能不争；争则乱，乱则穷。先王恶其乱也，故制礼义以分之，以养人之欲，给人之求。使欲必不穷于物，物必不屈于欲。"用制度规范人的多欲，使之合乎社会的发展。如果人欲寡，礼的发生的人性依据就有问题，礼在人的情欲方面的教化与制约功能就无所作用，等于废弃了礼义。

2. 荀子认为欲望的多少不是社会安定或动乱的原因。"有欲无欲，异类也，生死也，非治乱也；欲之多寡，异类也，情之数也，非治乱也。"（《荀子·正名》）所以治理社会不在于倡导寡欲，而在于对情欲的节制与把握。"性者，天之就也；情者，性之质也；欲者，情之应也。以所欲为可得而求之，情之所必不免也。以为可而道之，知所必出也。故虽为守门，欲不可去，性之具也。虽为天子，欲不可尽。欲虽不可尽，可以近尽也。欲虽不可去，求可节也。所欲虽不可尽，求者犹近尽；欲虽不可去，所求不得，虑者欲节求也。道者，进则近尽，退则节求，天下莫之若也。"（同上）人通过礼义等方式来节制自己的欲望，不让欲望损伤自身。所以处理好欲望，也在于人心对欲望的理性掌控："欲不待可得，而求者从所可。欲不待可得，所受乎天也；求者从所可，所受乎心也。所受乎天之一欲，制于所受乎心之多，固难类所受乎天也。人之所欲生甚矣，人之恶死甚矣；然而人有从生成死者，非不欲生而欲死也，不可以生而可以死也。故欲过之而动不及，心止之也。心之所可中理，则欲虽多，奚伤于治？欲不及而动过之，心使之也。心之所可失理，则欲虽寡，奚止于乱？故治乱在于心之所可，亡于情之所欲。"（同上）国家社会的治乱在于人们对自身欲望的规范，而并不在于欲望的多寡，靠"去欲"来治理社会，是技穷的表现："凡语治而待去欲者，无以道欲而困于有欲者也。凡语治而待寡欲者，无以节欲而困于多欲者也。"（同上）宋钘"情寡欲浅"之论是"有见于少，无见于多"（《荀子·天论》），"蔽于欲而不知得"（《荀子·解蔽》），没有历史根据与人性基础，是一种虽本欲为善、但对社会起着不良影响的学说："子宋子严然而好说，聚人徒，立师学，成文典，然而说不免于以至治为至乱也，岂不过甚矣哉！"（《荀子·正论》）

宋钘倡导人之欲寡来解决社会的争斗与动乱，荀子认为它与人之欲多相矛盾，不可能解决现实问题："假之有人而欲南，无多；而恶北，无寡，岂为夫南之不可尽也，离南行而北走也哉！今人所欲，无多；所恶，无寡，岂为夫所欲之不可尽也，离得欲之道，而取所恶也哉！"（《荀子·正名》）。荀子直视人的欲望，认为人性欲望为多，解决的办法是：发展生产力，增加人们的物质财富，满足人的欲望，同时进行礼治教育。

三、墨子、宋钘思想对荀子的影响

（一）墨子对荀子思想的影响

依据批评者受被批评者的影响这一思想发展史规律，根据对《荀子》、《墨子》的对读，本书认为：荀子在对墨子的批判中，一是完善和拓宽了他的制度与人文相结合的天下理念、"明分使群"的社会管理思想、富国思想等；二是在某些问题上，认同墨子，表现出与墨子思想的一致性，如"尚贤"思想、"非命"观念、"兼利天下"思想、性恶论等。

1. "尚贤"观念

"尚贤"是墨子的商标。儒家也倡导尊重贤能，如孔子说要"见贤思齐"，认为治政一定要"举贤才"，君子要"尊贤而容众"。《礼记·礼运》称大同之世的标志之一就是"选贤与能"，《礼记·中庸》认为"义"就是"尊贤为大"，"尊贤"为治理天下的"九经"之一。但与墨子不同的是，孔子、孟子、《春秋左传》、《礼记》都说"尊贤"，而不说"尚贤"。

儒家是自荀子才开始大量使用"尚贤"一词的。《荀子》一书，有七篇文章共 11 见"尚贤使能"，分别为《王制》2 见、《富国》1 见，《君道》3

见,《臣道》1见,《议兵》1见,《强国》1见,《君子》2见;另有4次"尚贤",分别为《成相》3见,《宥坐》1见。

荀子对"尚贤"多有论述,如"贤能不待次而举,罢不能不待须而废","尚贤使能矣,是君人者之大节也"(《荀子·王制》)。"故明主好同而暗主好独,明主尚贤使能而飨其盛,暗主妒贤畏能而灭其功,罚其忠,赏其贼,夫是之谓至暗,桀纣所以灭也。"(《荀子·臣道》)认为尚贤使能是治理天下有道的先王之道,"尚贤使能,等贵贱,分亲疏,序长幼,此先王之道也"(《荀子·君子》)。虽然不排除这是荀子对儒家"尊贤"的发挥,但孔子、孟子、《春秋左传》、《礼记》都说"尊贤"而不说"尚贤",只有荀子才大讲"尚贤",这说明荀子之"尚贤"概念确实来自于墨子。

2. 非命思想

墨子虽然讲"天志",但是否认命运天定,认为天命只是统治者骗人的把戏:"昔者暴王作之,穷人术之,此皆疑众迟朴。"(《墨子·非命下》)"我所以知命之有与亡者,以众人耳目之情知有与亡。……生民以来,亦尝见命之物,闻命之声音乎?则未尝有也。"(《墨子·非命中》)宣传命运天定的人就是对百姓、对天下不仁的人:"执有命者之言曰:命富则富,命贫则贫,命众则众,命寡则寡,命治则治,命乱则乱,命寿则寿,命夭则夭,虽强劲何益哉?以上说王公大人,下以驵百姓之从事,故执有命者不仁。"(《墨子·非命上》)批判儒家相信天命而强调学习是首尾不能两顾:"公孟子曰:'贫富寿夭,错然在天,不可损益',又曰:'君子必学。'子墨子曰:'教人学而执有命,是犹命人葆而去亓冠也。'"(《墨子·公孟》)提倡天命、强说"寿夭富贵,安危治乱,固有天命,不可损益"是毒害天下人们,因为"群吏信之,则怠于分

荀子邮票

职，庶人信之，则怠于从事。吏不治则乱，农事缓则贫，贫且乱，（倍）政之本"（《墨子·非儒下》）。

墨子坚信自己的命运自己决定："昔者禹、汤、文、武方为政乎天下之时，曰：必使饥者得食，寒者得衣，劳者得息，乱者得治。……夫岂可以为命哉？故以为其力也！今贤良之人，尊贤而好功道术，故上得其王公大人之赏，下得其万民之誉。……亦岂以为其命哉？又以为力也。"提出人之命运的改变在于自身是否强健："强必治，不强必乱；强必贵，不强必贱；强必荣，不强必辱；强必饱暖，不强必饥寒。"（《墨子·非命下》）命运并不在"天命"，而在人自身。

荀子认为天人有分，反对相信天命。"武王之诛纣也，行之日以兵忌，东面而迎太岁，至汜而汜，至怀而坏，至共头而山隧。霍叔惧曰：'出三日而五灾至，无乃不可乎？'周公曰：'刳比干而囚箕子，飞廉、恶来知政，夫又恶有不可焉！'遂选马而进，朝食于戚，暮宿于百泉，旦厌于牧之野。鼓之而纣卒易乡，遂乘殷人而诛纣。"（《荀子·儒效》）荀子说："治乱，天邪？……治乱非天也。治乱，时邪？……治乱非时也。治乱，地邪？……治乱非地也。"（《荀子·天论》）这段论述，与《墨子·非命上》所说"古者桀之所乱，汤受而治之。纣之所乱，武王受而治之。此世未易，民未渝，在于桀纣则天下乱，在于汤武则天下治。岂可谓有命哉"，表现了惊人的一致，思维轨迹完全相同。墨子的"非命"思想对荀子有明显的帮助。

3. 兼爱与兼利

"兼爱"是墨子的标志，而荀子提倡"明分使群"，反对墨子见"齐"不见"畸"。但是荀子在不少文章中，提倡"兼利"与"兼爱"，认为古代圣王就是"兼利天下"的。"一天下，财万物，长养人民，兼利天下，通达之属莫不从服，六说者立息，十二子者迁化，则圣人之得势者，舜禹是也。"（《荀子·非十二子》）"尧让贤，以为民，泛利兼爱德施均。"（《荀子·成相》）"若夫兼而覆之，兼而爱之，兼而制之，岁虽凶败水旱，使百姓无冻馁之患，则是圣君贤相之事也。"（《荀子·富国》）并认为"兼利天下"是

"明分使群"的自然结果。"故序四时，裁万物，兼利天下，无它故焉，得之分义也。"（《荀子·王制》）这表明荀子虽然反对墨子提倡"兼爱"引发的"分均"与"势齐"，但又吸收了墨子"兼爱"这一概念。

4. 性恶思想

墨子认为"古者民始生，未有刑政之进"，一人一义，所以家庭内父子、兄弟不亲而相恶，社会上"皆以水火毒药相亏害"，"天下混乱，若禽兽然"（《墨子·尚同上》）。说人在未有圣人教化前处于相互为恶状态，也即人性为恶。荀子说"人性恶，其善者伪也"（《荀子·性恶》），与墨子思想相类同，受到墨子思想的影响。这一点将在第五章《荀子与先秦诸子的人性论》中再作讨论。

（二）宋钘对荀子思想的影响

荀子与宋钘同时在稷下学宫为职，虽然宋钘是否为荀子之师难于坐实，但两人应该有较多的交往，荀子可能向宋钘请教过，否则荀子不会一直尊称他为"子宋子"。宋钘对荀子思想的影响，主要有精神独立而热心社会的君子精神、道墨兼容的学术思想和别宥的思维方式。

1. 荀子思想与思考的主旨是治理天下。他关心社会的不治，渴望能用王道来整肃天下，且对自身要求很高，以大儒、鸿儒自许。这种思想一方面与儒家精神相贯通，另一方面也与墨子、宋钘的热心救世有关系。荀子批判孔门后学，认为子夏、子张、子游、子思、孟子之流，缺乏救世的积极行动，都是期望有一个明君、有一个治世等着他们去修"礼"与完善，这与墨子、宋钘的行为有莫大的反差。墨、宋在乱世中积极主动，上说下教，别人不加理睬也不放弃。荀子对孔门后学的批判，某种意义上就是对墨子、宋钘行为的赞扬。

2. 荀子兼采百家，虽说是时代学术所趋，但也与宋钘道墨兼容的学术取向有关系。宋钘以墨家立场融道入墨，荀子则以儒家立场融合法、道、墨、兵等多家思想入儒，成为先秦学术的综合集成者。

荀子大力倡导的"解蔽"，也与宋钘的"别宥"很有联系。"别宥"就是"解蔽"，就是辨别、理清人在思维时所自我设置的局限，解开人的自我封闭，不设前提与条件，任心自然，进而可以从整体、从全局来把握物象，而不是"知效一官，行比一乡，德合一君而征一国"就沾沾自喜。否则就陷于"一曲"，不得事物之真。荀子吸收了宋钘的思考，对怎样跳出"蔽于一曲"进行了论说。

　　荀子认为："凡人之患，蔽于一曲，而暗于大理。治则复经，两疑则惑矣。天下无二道，圣人无两心。今诸侯异政，百家异说，则必或是或非，或治或乱。……德道之人，乱国之君非之上，乱家之人非之下。"接着，荀子重点解析了"人君之蔽者"与"不蔽者"、"人臣之蔽者"与"不蔽者"、"宾孟之蔽者"与"不蔽者"，认为："昔宾孟之蔽者，乱家是也。墨子蔽于用而不知文。宋子蔽于欲而不知得。慎子蔽于法而不知贤。申子蔽于势而不知知。惠子蔽于辞而不知实。庄子蔽于天而不知人。故由用谓之道，尽利矣。由欲谓之道，尽嗛矣。由法谓之道，尽数矣。由势谓之道，尽便矣。由辞谓之道，尽论矣。由天谓之道，尽因矣。此数具者，皆道之一隅也。"荀子认为要避开这些曲蔽，达到"众异不得相蔽以乱其伦"，就要"知心术之患，见蔽塞之祸，故无欲、无恶、无始、无终、无近、无远、无博、无浅、无古、无今，兼陈万物而中县衡焉"，"虚壹而静"（《荀子·解蔽》），才能认识事物之大道。

　　荀子虽然在这里对宋钘进行了批评，认为宋钘之说也是蔽于一曲，但其"解蔽"的思路与方式，就是宋钘"别宥"精神的继承与发扬。

第五章　荀子与名家

一、惠施与"辩者之徒"之怪说

（一）惠施之名理

1. 《荀子·非十二子篇》曰：

不法先王，不是礼义，而好治怪说，玩琦辞，甚察而不惠，（惠当为急），辩而无用，多事而寡功，不可以为治纲纪，然而其持之有故，其方之成理，足以欺惑愚众：是惠施、邓析也。

又《荀子·解蔽篇》曰：

惠子蔽于辞而不知实。……由辞谓之道，尽论矣。

此是荀子从儒家立场，以最早之邓析与名家中最重要之惠施为代表，而概括地责斥"治怪说玩琦辞"者。若内在于名理而观之，则自最早之邓析，以及后来之惠施、公孙龙，下及《墨辩》，甚至荀子之（《正名》，皆为一系相承者，实皆有其价值，亦各有其面貌，不可独是自己之正名而非他人之察辩也。

2. 庄子与惠施为友，故庄子之论较为中肯。

《庄子·徐无鬼篇》记庄子伤惠施之死曰：

郢人垩慢其鼻端若蝇翼，使匠石斲之，匠石运斤成风，听而斲之，尽垩而鼻不伤，郢人立不失容。宋元君闻之，召匠石曰：尝试为寡人为之。匠石曰：臣则尝能斲之。虽然，臣之质死久矣！自夫子之死也，吾无以为质矣。

吾无与言之矣！

惠于似较庄子为年长。两人甚谈得来，必有相契处。惠施是庄子所与言之"质"，惠施死，无可与言矣。

惠施

3. 两人虽有相契处，然庄子之境界与造诣自以为高于惠施。彼甚为惠施惜而悲之，盖慨叹其不至于道也。

《天下篇》曰：

"惠施多方，其书五车。其道舛驳，其言也不中。"

"惠施以此，为大观于天下，而晓辩者。天下之辩者相与乐之。"

"辩者以此与惠施相应，终身无穷。桓团公孙龙辩者之徒，饰人之心，易人之意，能胜人之口，不能服人之心。辩者之囿也。惠施日以其知，与人辩，特与天下之辩者为怪。此其柢也。然惠施之口谈，自以为最贤，曰：天地其壮乎！施存雄而无术。

"南方有倚人焉，曰黄缭。问天地所以不坠不陷，风雨雷霆之故。惠施不辞而应，不虑而对，遍为万物说。说而不休，多而无已，犹以为寡，益之以怪。以反人为实，而欲以胜人为名，是以与众不适也。

"弱于德，强于物，其涂隩矣。由天地之道，观惠施之能，其犹一蚊一虻之劳者乎？其于物也何庸？

"夫充一尚可曰愈，贵道几矣。（此句难解，亦有不同之标点）。惠施不能以此自宁，散于万物而不厌，卒以善辩为名。惜乎惠施之才！驰荡而不得，逐万物而不反，是穷响以声，形与影竞走也！悲夫！"

此为庄子对于惠施既惜且悲之总评。然两人又有相契者，是则惠施之名理必有不同于当时之辩者处。惠施之善辩，盖欲以其较高之解悟（于此与庄子相契），克服当时流俗之辩者。然则惠施在名理上较高之解悟为何？

4.《天下篇》：

惠施多方，其书五车，其道舛驳，其言也不中，历物之意曰：

四·一 至大无外，谓之大一。至小无内，谓之小一。

四·二 无厚不可积也。其大千里。

四·三 天与地卑，山与泽平。

四·四 日方中方睨，物方生方死。

四·五 大同而与小同异，此之谓小同异。万物毕同毕异，此之谓大同异。

四·六 南方无穷而有穷，今日适越而昔来；连环可解也。

四·七 我知天下之中央，燕之北越之南是也。

四·八 泛爱万物，天地一体也。

此共八事。冯友兰于四·六条分为三事，共成十事，非是（参看《中哲史》249—250 页）。兹将此八事疏解如下：

四·一 "至大无外，谓之大一。至小无内，谓之小一。""大一"是"至大之整一"，"小一"是"至小之整一"。"至大"以"无外"定，"至小"以"无内"定。此种规定是形式的规定，或逻辑的规定。至于事实上有无合乎这种规定的至大者或至小者，则颇难说。例如现实的宇宙可谓至大矣，但是否是这种无外之至大，则不能定。因为现实宇宙是事实问题，而凡属于事实问题者，皆诉诸经验，而吾人之经验如想对现实宇宙做总持的表象以决定其至大究是有外抑无外，乃不可能者，此即表示此乃超出吾人之经验以外，吾人对之不能有确定之知识者。而自理上言之，现实宇宙其大是有外之大，是可能者，是无外之大亦是可能者。因俱不矛盾故。而究是有外，抑无外，则不能知。康德在《纯粹理性之批判》中，即明此两种相反之意见，俱可证明，然而却是矛盾者。如是矛盾，则必有一为假。如是，彼进而明此两种证明俱有一种幻象在内，如实言之，乃不能证明者。此即表示吾人之理性顺经验之路进，乃不能孤总宇宙而表象其为有限抑无限者。但不管现实上有无这种无外之至大。而惠施总可给"至大"以逻辑的定义。此种定义所定者乃是"至大"之模型。此为名理之谈。至于落于具体现实上，有无合乎此种模型之至大，如有之，如何而可能，则是形上学之问题。

关于"至小"亦然。几何上之"点"似乎合乎此无内之至小。因欧氏几何定点为"无部分无量度"。此即无内也。但欧氏几何又说集无穷数如此之点可成一条有长度而无宽度之线。但既无内，如何能成有长度之线，乃不可解者。怀悌海博士（Dr A. N. Whitehead）想用一种办法将点规定为有量点。线面亦复如此。此即较为一律。但此种实在论之立场，视点、线、面、体俱为一种逻辑构造品，恐不合纯几何学之原义。故吾曾顺莱布尼兹（G. W. Leioniz）之思路，视点、线、面、体俱为一种纯形式的程态概念（modal concept），俱为无量者。亦不视线为无穷数之点所构成。无内之点就是无内者，它不是一个量概念，而是一个纯形式的程态概念。线面等亦复如此。吾名如此所论者为几何学第一义，此纯为理念主义之立场。而怀氏所论者，吾名之曰几何学第二义。详论见吾《认识心之批判》，此不能详。而惠施以"无内"所定之至小（小一），吾人即可视为"至小"之模型，亦非有量者。因如其有量，无论如何小，亦必是有内者。是以由无内所成之定义必迫使"至小"为一纯形式之程态概念。此程态概念之"至小"对现实之小而言，亦可是小之模型。现实上之至细至小者皆非此模型之自身。

与惠施相契而稍后于惠施之庄子以及庄子系之哲人，则承此至大至小之讨论，撇开名理上之形式定义，而自具体真实之境上，即道之境界上，超越此大小（此大小虽是绝对的大、小，而不是相对的大、小），而至不可言说，不可思议之浑一。《庄子·秋水篇》云："河伯曰：然则吾大天地，而小毫末可乎？北海若曰：否！夫物、量无穷，时无止，分无常，终始无故。是故大知观于远近，故小而不寡，大而不多：知量无穷。证罗今故，故遥而不闷，掇而不跂：知时无止。察乎盈虚，故得而不喜，失而不忧：知分之无常也。明乎坦途，故生而不说，死而不祸：知终始之不可故也。计人之所知，不若其所不知。其生之时，不若未生之时。以其至小，求穷其至大之域，是故迷乱而不能自得也。由此观之，又何以知毫末之足以定至细之倪？又何以知天地之足以穷至大之域?"依庄子,毫末显不足以定"至细",天地亦不足以定"至大"。然则人之"大天地而小毫末"甚无谓也。彼亦不斤斤于名理上至大之模型与至小之模型之如何定。彼意在浑化此大小之别而至无大无小之浑一,此即真实而具体之无限。在此理境中,则"小而不寡,大而不多",此即无大无小;"遥而不闷,掇而不跂",此即不远不近;"得而不喜,失而不忧",此即无得无失;"生而不说,死而不祸",此即无生无死。若不至此真实无限之境(此"真实无限"方是真实的至大,不是形式定义所表示之至大),处于对待之中,以己有对之小智求穷至大之域,必"迷乱而不能自得"。故以毫末为小,以天地为大,甚无谓也。盖犹处于对待计虑之中也。故下即继之曰:"河伯曰:世之议者,皆曰至精无形,至大不可围,是信情乎?(案:此即指惠施等辩者之徒而言)。北海若曰:夫自细视大者不尽,自大视细者不明。夫精、小之微也。垺、大之殷也。故异便。此势之有也。夫精粗者,期于有形者也。无形者,数之所不能分也。不可围者,数之所不能穷也。可以言论者,物之粗也。可以意致者,物之精也。言之所不能论,意之所不能察致者,不期精粗焉。"言、意以外,无精无粗,亦即无形,非数所及。此曰至小可,而至小不与大对;曰至大亦可,而至大不与小对:故无小无大也,此谓真实之"不可围",即具体而真实之无限(real infinite)。惠施无外之至大,虽亦"不可围",然因是形式的,名理上的,故亦是抽象的,非此无小无大之真实无限之不可围也。此是两层,由惠施之名理而进于庄子之玄理,则技也而进于道矣。名理是逻辑的,玄理是辩证的。故惠施之名理,就其所谈者之思理与倾向言(此与公孙龙不同),易消融于庄子之玄理,此两人之所以深相契,而庄子又深惜乎惠施也。

四·二"无厚不可积也。其大千里。""无厚",如照欧氏几何言,则面即是无厚者,即只有宽度而无深度。无厚即不可积,此即表示有厚之体不能由无厚之面而积成。如是,此无厚而不可积之面亦必是一纯形式之程态概念。但若如此解,则"其大千里",便不好说。其意似是:此程态概念之面虽是无厚而不可积,然若向现实上有厚之面应用,则有厚之面无论如何大,亦总可随其伸展而用得上。现实上有厚之面是有量度的，其量度无论有限或无限，模型之面总可适用。程态概念之面，对现实有厚之面言，亦可是一种模型。唯此模型之面始有此伸缩性而无限量，故虽不可积，而"其大千里"也。"其大千里"不是表示"定量"之辞（即不是说一定是千里），亦不是指示"实量"之辞（即不是指一有千里之大之实量），而乃是虚说其无限量也，岂止千里而已。定量实量是在有厚之面上，而此模型之面则无定量实量，然可随有厚之面而同其伸展，此即其大无限量也。故无厚不可积之面，如真维持其为一程态概念，则其为大必是关涉着有厚可积之面而随其伸展，而为无限量之大，不是定量实量之大。如是定量实量，则必须有厚，此则与"原是无厚"相矛盾者。

陆德明经典释文引晋人司马彪云："物言形为有，形之外为无。无形与有，相为表里。故形物之厚，书于无厚。无厚与有，同一体也。其有厚大者，其无厚亦大。高因广立，有因无积，则其可积，因不可积者。苟其可积，何但千里乎？"案：此解亦颇有意义，可供参考。此解先有形、无形对翻。有形为有，形物之有。无形为无，有外之无。此无似是虚空，空的空间（void，empty space）。故此有、无对翻不是道家所言之有无。"无形与有，相为表里"，"无厚与有，同一体也"，是则空的空间之长、宽、高（厚）是因有形之物之长宽高而成，此"成"即实量化定量化之意，而其本身固无实量定量也。此即因形物之长宽高而得一限定也。故云："其有厚大者，其无厚亦大。"（厚只是一例，长宽皆然）。反之，有形之物之长宽高必因有空的空间而始容其伸展。此所谓"高因广立，有因无积"也。"有因无积"，言有形之物之或长或宽或高皆因有虚空之空间而始能累积成或伸展成也。故云："则其可积，因不可积者。"空的空间本身则既无长亦无宽，亦无高（厚），此即为"不可积"。可积者皆有形物之有长宽高者也。苟其因不可积者而可积，则其可积之量何止千里？此解，"其大千里"似是就可积者言，不合原意，于理亦不顺。故此句当为"苟其可积，则不可积者何但千里乎？"如此，则语意方显而确，而与上文"其有厚者大，其无厚亦大"亦相贯通。

此言可积者无论如何大，不可积之空间因总可容受之，而亦必为无限量之大。故"其大千里"乃虚说之辞，其实"何但千里乎"？此显指不可积者言，如此始有意义。若指可积者言，则成无意义之赘辞。

此解是由"无厚"而显示一虚的空间，无厚只是一端，无长无宽俱在内。而"其大千里"之大则必关涉有形之有厚者而为无限量之大，则与吾解同。此解亦通。虚的空间，若予以几何学之表象，则点、线、面、体俱为纯形式之程态概念。由此作解亦可通。从虚的空间方面说，是存有地说。从几何概念方面说，是逻辑地说。两解相容而不相悖，而亦同一思理也。

四·三 "天与地卑，山与泽平。"天无所谓在上，地无所谓在下。山亦无所谓高，泽亦无所谓低。此主要在泯除因比较而显之上下高低等之差别相。比较必立一标准，而标准之立是主观的，原无定准，因比较而显之上下高低是关系词，原是虚概念，本非一物之属性。如果标准不立，则比较不成，而关系亦泯。如果立一相反之标准，则一切比较皆可颠倒。顺是而言，则天地山泽本无所谓上下高低也。顺约定俗成，以天为上，以地为下。若全反之，而曰地上天下，亦无不可。甚至谓天与地同其卑下，地与天同其高上，亦无不可。说"天与地卑"不是在一标准下实然肯定之辞，而乃是一遮拨之辞，意在明天地无所谓高下也。（标准无定准，比较所显为虚词。）此纯为名理之谈。至乎庄子，则承风接响，自修道之立场。遂视一切比较所显之差别相皆为虚妄，皆足成执，故必超越而化除之，然后始可至混一之境，此即所谓逍遥齐物也。此则由名理而进入玄理矣。名理是形式地谈，纯理地谈；玄理则是主观修证地谈，具体地谈。庄子虽惜乎惠施，而不能不受其启发。名理之辨是智者之初步开扩（开拓理境），玄理之证，则是达者之进一步的圆融。然而程明道云："愚者指东为东，指西为西，随像所见而已。智者知东不必为东，西不必为西。唯圣人明于定分，需以东为东，以西为西。"此方是道家圆成之言。最后一切归于平平。此是儒者"性理"之慧。"智者知东不必为东，西不必为西"，此智者有两型：一是惠施，名理之谈是也；一是庄子，玄理之证是也。然而庄子只向"泯除差别显混一"趋，不能成就差别相，犹未至乎"圣人明乎定分"之境也。此道家玄理之所以终于一间未达也。

名理，玄理，性理，各有其理境，不可不察也。

四·四 "日方中方睨，物方生方死。"此是从至变以明差别对立之不能立。由此而言，一切是在变之"成为过程"（becomingprocess）中，并无"是"（to be）可言。一切是而不是：日刚刚中即刚刚不中，物刚刚生即是刚刚死。依此，时间之三世不立，生死之对立不立。此与前条已进入惠施之"合同异"矣。《庄子·齐物论》言"彼此莫得其偶"，即明彼此、是非之对偶性不能成立也。对偶性不能成立，则彼此、是非皆站不住，因而可消融而为一也。故云："彼是（此）莫得其偶，谓之道枢"，言此一机窍是道之枢纽（或枢要）也。《齐物论》云："彼出于是，是亦因彼。彼是，方生之说也。虽然，方生方死，方死方生：方可方不可，方不可方可。"此"方生之说"显然是发自惠施，而庄子即承之而为玄理之谈矣。积极之名理家，如公孙龙及《墨辩》，皆必定彼此，明是非（详见另篇）。而庄子则承接惠施之名理而必化彼此，消是非。然则惠施与公孙龙虽同为善辩之士，名家之中坚，然两人之名理与思理皆有不同。公孙龙之名理是"逻辑域"，其思理是向往"存有"；而惠施之名理是倾向于"辩证域"，其思理是向往"变"而至"合同异"之一体。故惠施之名理易消融于庄子之玄理，而公孙龙则独辟一境，此在中国为特殊，故其理境不易消化，因而流于枯萎也。

四·五 "大同而与小同异，此之谓小同异。万物毕同毕异，此之谓大同异。"大同与小同之间的差别，曰小同异。小同异即相对的同、异。"万物毕同毕异"，曰大同异。大同异即绝对的同、异。如果不只笼统地泛说，此将如何明其实义？案：小同异，切实言之，即纲目层级中之同异。例如人与人之间为大同，人与动物之间即为小同。人与动物之间为大同，人与草木瓦石之间即为小同。中国人与中国人之间为大同，中国人与欧洲人之间为小同。北方人之间为大同，北方人与南方人比即为小同。此中之"同"即相似性或同一性（similarity, sameness, or identity）。"大同"即其相似性的程度很大，小同即其相似性的程度稍差。"大同"亦可以说其相似点很多，"小同"亦可以说其相似点较少。此种"同"之大小或多少皆是比较而言，故是相对的；又是抽出某一点或若干点而言，故是抽象的。无论大同或小同，其中皆含有一种异，即差异点，不相似性。既是比较的大同，同中自不能无异。大同是同性大或多，异性即比较地小或少。小同是同性小或少，异性即比较地大或多。无论同或异，皆是比较的，故总是在层级中。此种纲目层级中的同或异，惠施即名曰"小同异"。（就同属一目言，相似性大。就异目而同属一纲言，相似性小。此可层层向上，亦可层层向下。故曰纲目层级。）

万物毕同，此是"大同异"中绝对的同；万物毕异，此是"大同异"中绝对的异。毕异落在何处说？曰：落在个体处说。自个体而言，则个个不同。自抽象之某一面说，尽管有相同处，然孤总而论每一存在的个体自身，则个个不同。此即莱布尼兹所说："天下无两滴水完全相同者。"此即为绝对的异。'毕异"之"毕"是"皆"义或"都"义，意指一切个体皆个个不同。此不是说：皆不完全相同，亦不是说：皆完全相异。乃只是说：无两个体完全相同者，此即是说：一切个体皆总有异。"不完全相同"是对于"完全相同"的否定，此表示相同中有异性，此正好是属于小同异。"皆完全相异"是说相异的程度已至极高度。但"毕异"不含此义，即毕异不涉及其异之程度，只要有一点异，便足以标识个体不同。故"万物毕异"既非"万物不完全相同"，亦非"万物完全相异"，乃只是"万物个个皆不相同"，至于其不相同之异之程度则不在此陈述内。完全相异，不完全相异，完全相同，不完全相同，皆是同异之程度问题。一涉及程度，便是小同异中之同异。但此毕异，则是大同异中之绝对的异，故只是异，而不涉及程度之比较也。至于"万物毕同"之毕，则需有不同之了解。毕同不是说万物（个体）皆同也。因就个体言，明皆不同故。如于此又言同，则自相矛盾。故此"毕同"决不能落在存在的个体自身上说。乃是说：万物皆同于一同。此并非说：皆完全相同。亦非说：皆完全无异。乃只是说：万物皆在一绝对普遍性中而合同。此是从普遍性言，不是从个体性言。不是万物皆同，乃是万物皆因分得一普遍性而成其为同，或皆属于此普遍性而得"合同"。就其因普遍性皆得"合同"言，亦不涉及同之程度，故亦可曰"绝对的同"。毕同落于普遍性上说，毕异落于个体性上说。就个体言"万物皆异"不函说："皆完全相异"，亦不函说："不完全相同"。对普遍性言，"万物皆因一绝对普遍性而得一同义"不函说："万物（就其为个体）皆同"，亦不函说："皆完全相同"，亦不函说："皆不完全相异"。故毕同毕异字面上句法完全相同，然其意指却完全不同，不可不察也。

此种毕同毕异，可因纲目层级中之层层向上而至一最高之纲，得一最高之普遍性，因而使万物皆同于此，而成其为毕同，亦可因层层向下而达至个体，因而说无两物完全相同，此即所谓毕异。（毕异：无两物完全相同。毕同：万物皆同一于一绝对普遍性。）

以上为纯名理地谈。唯毕同方面尚可进而至于玄理地谈。（毕异方面较简单。）《庄子·德充符》云："自其异者视之，则肝胆楚越也。自其同者视之，万物皆一也。"庄子总是自立玄理言，亦总是自主观修证上言。故不甚注视客观存在方面个体之不同，亦不甚注视客观方面绝对普遍性之同，故其所说之"异"是肝胆楚越，此种"异"不是纯理说的个个不同之异，乃是因个个不同而起执着，因而此疆彼界互相敌对，不能相忘相得，得大自在，故虽肝胆亦若楚越。此种异实是主观执着之差别相。不是客观地辨如何异，如何同。故泯差别相，不起执着，相忘相得，即是浑同之一。"自其同者视之，万物皆一也。"此"同"好像亦不是客观的绝对普遍性之同。即或有此意义，亦因之而转化为浑同之同，不起差别见之同。故因此同而至"万物皆一"，此"一"亦不是同一于普遍性之一"，而乃是浑一之一，玄一之一，亦即"天地与我并生，而万物与我为一之一"。"唯达者知通为一。""既已为一矣，且得有言乎？"故此一乃不可思议，不可言说之一。此是玄理之大同异，结果是无同无异。无同无异，是谓至同，亦即玄同。此是文理之进于玄理处。惠施之谈大同异是名理地谈，亦是客观地谈；而庄子则进一步，是玄理地谈，亦是主观修证地谈。庄子之心灵固根本不同于惠施，但惠施之名理确可启发庄子之名理。名理与玄理之间有相当之距离。即就本条言，吾人尚不能完全以庄子文理之合同异解惠施名理之合同异也。名理之合同异，最后还是有同有异，其所合者至多是相对的小同异。绝对的同与绝对的异仍不能泯灭也。

《德充符》之言，郭象注云："……夫因其所异而异之，则天下莫不异。而浩然大观者，官天地，府万物，知异之不足异。故因其所同而同之，则天下莫不皆同。又知同之不足有，故因其所无而无之，则是非美恶莫不皆无矣。夫是我而非彼，美己而恶人，自中知以下，至于昆虫，莫不皆然。然此明乎我而不明乎彼者尔。若夫玄通泯合之士，因天下以明天下，天下无曰我非也，即明天下之无非；无曰彼是也，即明天下之无是。无是无非，混而为一，故能乘变任化，连物而不慴。"此犹符合庄子之玄理。文中"因其所异而异之"，"因其所同而同之"云云，显然是套自《秋水篇》："因其所大而大之，则万物莫不大；因其所小而小之，则万物莫不小。……因其所有而有之，则万物莫不有，则万无莫不无。……因其所然而然之，则万物莫不然；因其所非而非之，则万物莫不非。"然而"因其所异而异之，则天下莫不异。……因其所同而同之，则天下莫不皆同"并不必即同于"万物毕同毕异"。此明庄子玄理之合同异可，而不必能明惠施名理之合同异。故即以此解惠施之"毕同毕异"不可。

四·六"南方无穷而有穷，今日适越而昔来：连环可解也。"案：此条历来皆作三句独立解，即"连环可解也"亦作独立一句解。吾看似并不如此。此条说：南方无穷而有穷，今日适越而昔来，此两句表面上皆是自相矛盾之辞。然惠施暗示之曰：虽似矛盾，而实"连环可解也"。"连环可解"亦犹《天下篇》前文述庄子"其书难璩玮，而连犿无伤也"。言连环宛转而可通也。故"连环可解"是提示语，并非独立一事。《天下篇》述惠施"历物之意"，自"至大无外"起，无单辞成一事者。皆是若干句合成一小段，为一意，此与下文"卵有毛"等不同。故此条三句当为一起，而主要是在表面为矛盾之两句所表之意。吾意当惠施说此两句时，心中实有一圆圈之洞见。此即"连环可解"一提示语之所由来。（详见补注）。

"南方无穷而有穷"，此南方自不限于中国之江南或再南至江南以南，乃是就全宇宙而言，故是无穷的。此若直线思考，则"无穷而有穷"自是矛盾。但若视宇宙为圆球，曲线思考之，则不矛盾，故曰："连环可解也。"向南直走，随圆形而又转回来，故无穷而有穷。此显然有一种圆圈之洞见。此洞见，也可以说是想象，有一最佳之例证，即今日之相对论视宇宙为"无边而有限"（boundless butfinite）。从无边界言，是无穷；从有限言，是有穷。故"无穷而有穷"，如真连环可解，非是圆形不可。

但是"今日适越而昔来"，则并不如此显明可解。初次蓦然一见，似乎也是连环可解，再细一想，似乎又并不连环可解。因为今日开始适越，向南或北或任何方向走，虽可随圆形而又转回来，好似依然故吾，眼前即是，所谓"梦里寻他千百度，蓦然回首，那人却在灯火阑珊处"，然而时间却正是不可逆转的一向（irreversible），并不能随空间之圆而颠倒时序。时间可以随空间之圆而圆流，然过去、未来、现在，总不可逆转。如果我们默想时空合一，想眼前适越之时与地，再随圆形转回来而至越处，想所至之越原有之时与地，则似乎亦可说"今日适越而昔至"，因为越原在那里，已有其空间与时间，是以当吾至越之时，或今日适越之时，亦可说即是昔至也。但实则并不可如此说，因为我默想客观圆形宇宙本身的时空（或越本身的时空），是一回事，而我之"自今日起开始适越"之实际行动，义是一回事：此两者并不可混。我想当惠施说此句时，心中似有一朦胧之直觉，认为时间方面亦如空间方面，亦是连环可解。但实则并不如此。其所以认为连环可解者，是因不自觉中有一种混扰之移置：移时作空，混我之实际行动之时空过程而为客观存在之时空过程，即混行动为默想。吾亦常有此错误之直觉，认为此诡辞实有妙处。当惠施说此诡辞时，必甚得意，故以为"连环可解也"。而其实是一错觉。然而亦不可因其是错觉，便直认其为诡辩。亦不可因此句是错觉，便抹杀其圆圈之洞见，而认"连环可解"一句为独立之一事。

历来对于此条，因为分成三事，故向无善解：或语句虽有意义，而不相干；或语无伦次，根本不成义理；或简直是莫知所云，有字无义。试看以下各家之解析：

1. 成玄英疏"南方无穷而有穷"云："知四方无穷，会有物也。形不尽形，色不尽色，形与色相尽也。知不穷知，物不穷物，穷（当为知）与物相尽也。只为无厚，故不可积也。独言南方，举一隅，三可知也。"此即语无伦次，根本不成义理。

2. 释文引司马云："四方无穷也。"此根本未成解。引李颐云："四方无穷，故无四方。上下皆不能处其穷，会有穷耳。"又引："一云：知四方之无穷，是以无无穷。无穷也（案：此句似当为'无无穷，有穷也'）。形不尽形，色不尽色。形与色相尽也，知不穷知，物不穷物，知与物相尽也。独言南方，举一隅也。"案：此最后不知名氏之一说即成疏之所本。即李颐之说亦根本不成解。

3. 冯友兰云："普通人所至之处有限，故以南方为无穷。然此井蛙之见也。若从至大无外之观点观之，则南方之无穷实有穷也。"（《中哲史》249页）案：此决非惠施说此句之原义。若如冯氏所解，则惠施似单在破斥以江南之南为无穷者。一般人亦不至如此之愚蠢，而惠施亦何至如此之无聊！

①成玄英疏"今日适越而昔来"云："夫以今望昔，所以有今。以昔望今，所以有昔。而今自非今，何能有昔？昔自非昔，岂有今哉？既其无昔无今，故曰今日适越而昔来可也。"此虽成义理，但不成解。亦不可到处用佛家破三时之观念。此即根本不相干。

②《释文》解此句云："智之适物，物之适智，形有所止，智有所行。智有所守，形有所从。故形智往来，相为逆旅也。鉴以鉴影，而鉴亦有影。两鉴相鉴，则重影无穷。万物入于一智，而智无间。万物入于一物，而物无朕。天在心中，则身在天外，心在天内，则天在心外也。还而思亲者往也。病而思亲者来也。智在物为物，物在智为智。"此似乎有一种道理，但于解此句，完全不相干。又引司马云："彼日犹此日，则见此犹见彼也。则吴与越人交相见矣。"此亦根本不相干，只是乱说一气，不成义理。

③冯友兰解此句云：《秋水篇》云：夏虫不可以语于冰者，笃于时也。若知"故不暂停，忽已涉新，则天地万物无时而不移也"。（郭象注《大宗师》文）。假定今日适越，明日到越，而所谓明日者，忽焉又为过去矣。故曰：今日适越而昔来也。此条属于诡辩。……"（《中哲史》249页）。此用"故不暂停"，今即是昔，作解，此显然不成其为解。此条固是诡辞（Paracdox），但不即是诡辩（sophistic）。认其为诡辩者，乃因以"时不暂停"作解根本不相应也。

④成玄英疏"连环可解也"云："夫环之相贯，贯于空处，不贯于环也。是以两环贯空，不相涉入，各自通转，故可解者也。"案：此将"连环"解作两个环。"两环贯空，不相涉入"，此自是随便说，不成义理。

⑤《释文》引司马云："夫物尽于形，形尽之外则非物也。连环所贯，贯于无环，非贯于环也。若两环不相贯，则虽连环，故可解也。"此与成疏同，即成疏之所本。

⑥冯友兰解云："《庄子·齐物论》曰：'其分也，成也。其成也，毁也。''日方中方睨，物方生方死。'连环方成方毁。现为连环，忽焉而已非连环矣。故曰：连环可解也。"（《中哲史》250页）案：此即莫知所云，有字无义。能解则解、置之而已。焉可随意乱扯？

综观以上三条九解，无一可通。视做三事，根本非是。

四·七"我知天下之中央，燕之北，越之南是也。"案：此明是圆形之宇宙。燕本在北，越本在南。若由燕向南，由越向北，则两端相凑，即得中央。此是通常之想法。今偏不如此。不相向而凑，乃背反而驰。燕在北，即由北而北；越在南，即由南而南。若是直线则只能拉长，焉得知天下之中央？今知天下之中央在燕之北，越之南，则其为圆形可知。此为背反而凑，非相向而凑也。此亦"连环可解也"。

四·八"泛爱万物，天地一体也。"惠施之思理倾向于合同异，由名理之谈开拓吾人之理境，豁达吾人之心胸，向往于大、同、平、圆，故主"泛爱万物，天地一体也"。此语是其名理落于人生上之总结。此语本身并非名理。即不在"历物之意"中。

其名理既向往于大、同、平、圆，故《天下篇》云："惠施以此，为大观于天下，而晓辩者。"当时之辩者，见惠施如此，群起响应。有随其思理而引申者（虽不免歧出而怪），有在对辩中而别辟思理者，此如公孙龙。因此遂有《天下篇》所记之怪说二十一事。

（二）惠施与"辩者之徒"之公孙龙以及《天下篇》之怪说二十一事

《天下篇》于举惠施"历物之意"八事下即继之曰：

惠施以此为大观于天下，而晓辩者。天下之辩者相与乐之：

卵有毛。	鸡三足。
郢有天下。	犬可以为羊。
马有卵。	丁子有尾。
火不热。	山出口。
轮不蹍地。	目不见。
指不至，至不绝。	龟长于蛇。
矩不方，规不可以为圆。	凿不围枘。
飞鸟之景，未尝动也。	镞矢之疾，而有不行不止之时。
狗非犬。	黄马骊牛三。
白狗黑。	孤驹未尝有母。

一尺之捶，日取其半，万世不竭。

辩者以此与惠施相应，终身无穷。桓团、公孙龙辩者之徒，饰人之心，易人之意，能胜人之口，不能服人之心。辩者之囿也。

据此，惠施先以"善辩"为大观于天下，而"桓团、公孙龙辩者之徒"复以上列二十一条与"惠施相应"。此二十一条，如果都视作定然的陈述，而且都有相当的表意，则是否都可视为桓团、公孙龙之主张，亦有问题。至少《天下篇》的作者已不能分别清楚，都笼统地归属于"桓团、公孙龙辩者之徒"。桓团今已无可考。至于公孙龙，则似有一定之思理。此二十一条似乎不可皆视为属于公孙龙之思理。

《荀子·不苟篇》云："山渊平，天地比，齐秦袭，入乎耳，出乎口，钩有须，卵有毛，是说之难持者也，而惠施、邓析能之。"厚所举与《天下篇》所列之一部相类，而归之于惠施与邓析。此自与邓析无关，实则只归诸惠施也。荀子于《非十二子篇》斥惠施、邓析为"好治怪说，玩琦辞"。然则兹《不苟篇》所举以及上列二十一条皆所谓"怪说琦辞"者也。荀子归之于惠施，而《天下篇》则归之于桓团、公孙龙。《天下篇》说："辩者以此与惠施相应，终身无穷。"但下文复说"惠施日以其知与人辩，特与天下之辩者为怪。"辩者与惠施相应，此相应亦可是对立之应，亦可是应和之应。然则上列二十一条至少有一部分，如荀子所举者，可归于惠施，或至少与惠施有相当之关系。惠施据上节八事观之，自有其思理，而公孙龙据下第四节观之，亦自有其思理。然则上列二十一条可能有一部分是属于惠施系，一部分是属于公孙龙系。惠施之思理，可以"合同异"名之；公孙龙之思理，可以"离坚白"名之。

《庄子·秋水篇》："公孙龙问于魏牟曰：龙少学先王之道，长而明仁义之行。合同异，离坚白。然不然，可不可。困百家之知，穷众口之辩。吾自以为至达已。今吾闻庄子之言，茫然异之。不知论之不及与？知之弗若与？今吾无所开吾喙。敢问其方？公子牟隐机太息，仰天而笑曰：……且夫知不知是非之竟，而犹欲观于庄子之言，是犹使蚊负山，商蚷驰河也。必不胜任矣。且夫知不知论极妙之言，而自适一时之利者，是非陷井之蛙与？且彼方足此黄泉，而登大皇。无南无北，奭然四解，瀹（沦）于不测。无西无东，始于玄冥，反于大通。子乃规规然，而求之以察，索之以辩，是直用管窥天，用锥指地也。不亦小乎？子往矣，且子独不闻夫寿陵余子之学行于邯郸与？未得国能，又失其故行矣。直匍匐而归耳，今子不去，将忘子之故，失子之业，公孙龙口呿而不合，舌举而不下，乃逸而走。"

自庄子观之，惠施且不行，何况公孙龙？盖公孙龙之思理更远于庄子也。兹不论此。兹所欲注意者，即《秋水篇》之作者已笼统地将"合同异，

荀子诠解

荀子与名家

"离坚白"皆归诸公孙龙。此自局外人笼统如此说，不注意其内部之分别。实则公孙龙只"离坚白"，并不"合同异"。"合同异"乃惠施之说也。

近人冯友兰氏即依据此两种思理，将《天下篇》所存之二十一事，重新整理，分为两组：

1. 卵有毛。　　　　　　　　　　2. 郢有天下。

3. 犬可以为羊。　　　　　　　　4. 马有卵。

5. 丁子有尾。　　　　　　　　　6. 山出口。

7. 龟长于蛇。　　　　　　　　　8. 白狗黑。

以上八条属于"合同异"组。

1. 鸡三足。　　　　　　　　　　2. 火不热。

3. 轮不蹍地。　　　　　　　　　4. 目不见。

5. 指不至，至不绝。（一作：指不至，物不绝。）

6. 矩不方，规不可以为圆。　　　7. 凿不围枘。

8. 飞鸟之景，未尝动也。

9. 镞矢之疾，而有不行不止之时。

10. 一尺之棰，日取其半，万世不竭。　　11. 狗非犬。

12. 黄马骊牛三。　　　　　　　　　　　13. 孤驹未尝有母。

以上十三条属于"离坚白"组。（《中哲史》269 页）

但须知此种分法亦只似乎大体有此倾向，并不能确定其尽然，亦不能确定其必然。盖此二十一事皆是单辞孤义，并无理由。即使视为一种陈述，而且亦认为有相当之表意，然因不知其何所据而云然，则亦不能有确定之意义，因亦不能决定其必属于何组也。关于此点，冯友兰亦知之。彼曰："辩者之书，除《公孙龙子》存一部分外，其余均佚。今所知惠施及其他辩者之学说，仅《庄子·天下篇》所举数十事。然《天下篇》所举，仅其辩论所得之断案，至所以达此断案之前提，则《天下篇》未言及之。自逻辑言，一同一之断案，可由许多不同之前提推来。吾人若知一论辩之前提，则可推知其断案。若仅知其断案，则无由定其系由何前提推论而得。其可能的前提甚多故也。故严格言之，《天下篇》所举惠施等学说数十事，对之不能作历史的研究。盖吾人可随意为此等断案加上不同的前提而皆可通。注释者可随意与以解析，不易断定何者真合惠施等之说也。"（《中哲史》239—240 页）

然若吾人真能知惠施之思理是"合同异"，公孙龙之思理是"离坚白"，则对于此二十一事可得一理解之线索，因而亦可增加此二十一事之表意性，使之更能表意，并使其所表之意更有较确定之范围，而不至漫荡泛滥可完全随意予以解析也。即如吾上节解析惠施之八事，即已含有若干标准必须遵守，有若干界线不可逾越：

1. 需能相应。因原句总有相当表意，需对应原意而解析之，不能"不相干"。

2. 解析语句需能表意，成义理，即成个观念，成个说法。

3. 需能就原意而完成之。

4. 需明有关义理之分际，多方比论，而观其何所是，庶免含混摇摆，似是而非。

5. 可解者解，不可解者置之。不可强解，不可曲说。因原句本有根本不表意者，（惠施八事尚不见有此，下二十一事中即有之），或虽有表意，而说者本人即不清楚，或有错觉。

试本此五条界线，将《天下篇》怪说二十一事，顺冯氏之分组一一予以考察，看究竟如何。

（三）对于"合同异"组之考察

1. 先考察冯氏之说。

冯友兰根据惠施"合同异"之思理，对于上列"合同异"组之八事，（《荀子·不苟篇》所列之七事亦在内），做一总持之解析曰："此皆就物之同以立论。因其所同而同之，则万物莫不同，故此物可谓为彼，彼物可谓为此也。"（《中哲史》270 页）。

此总解若分别应用于该八事（或《荀子·不苟篇》之七事），似乎可以

荀子与名家

成立，因而可使该类句子有一确定之意义，并可使吾人决定其属于"合同异"组。然细察之，则又很难说。尚不可以如此笼统。盖惠施之合同异，若真有其真实而确定之意义，则必有其一定之思理，而此思理并不能使吾人说"卵有毛""马有卵"等等，而此等等亦并不足以明合同异也。

如上节所解，吾人已知惠施之合同异是名理地谈，客观地谈，而庄子之合同异则是玄理地谈，亦是主观修证地谈。故前者是名理之合同异，而后者则是玄理之合同异。两者有间，不能混同。吾人亦不能即以"因其所同而同之，则万物莫不同"解惠施之"万物毕同毕异"。盖惠施说大同异，小同异，实含一如何同如何异之客观地辩论。庄子之玄理，则不注意此客观之如何同如何异，而是提升一层，自主观修证上，因其同而同之，而期达到"天地与我并生，而万物与我为一"之浑同或玄同之境。"因其同而同之"实是一遮辞，即遮肝胆、楚越差别见之异。故"因其异而异之"不是说的客观之异，而是说的主观之执着，主观的差别见之异。破此执着，消此差别见，则即至浑同之一。故"因其同而同之"，亦不是说的客观之同，而是破差别见所显之浑同或等同，故郭象注云："又知同之不足有，故因其所无而无之，则是非美恶莫不皆无矣。"（见上节引）严格言之，此方是庄子所说之"同"。而此方是真正之合同异，即无同无异也。此是玄理之合同异。惠施之名理尚不至此。惠施是名理地谈，客观地谈：谈如何异，如何同。自"天与地卑，山与泽平"言，则消除因比较而显之高低上下等之差别，此则易与玄理同。自"日方中方睨，物方生方死"言，则消除时间之三世，生死之对待，此亦易与庄子"彼是莫得其偶"之玄理同。而大同异、小同异方面，则有间。

然不管是惠施之名理的合同异，抑或是庄子玄理之合同异，皆有其一定之思理，真实之意义。而其中之语句可是"诡辞"，但不是"诡辩"。此种诡辞语句，无论是惠施的，或是庄子的，皆可以只是抒意语句，或明理语句，并非经验的述事语句，或指物语句。从此种依一定之思理而形成之抒意或明理之语句，并不能使吾人落在经验实物上说卵有毛、马有卵、犬可以为羊、丁子有尾、白狗黑等语句。佛家证真，说平等性；照俗，说差别性。证真时，无任何相，一切皆空皆如。但照俗时，落于假名，仍不可说卵有毛、马有卵、犬可以为羊，等等也。即照真俗圆时，亦只能于一一假名皆见"实相"：色即是空，空即是色，而仍不能于色说"白狗黑"也。即庄子之玄理，亦只能说"天地一指，万物一马"，"天地与我并生，万物与我为一"，而不能在经验实物上说"犬可以为羊"也。即惠施之名理亦不能如此也。故此五句，很难说其属于合同异，亦难由之以明合同异。盖诚所谓"琦辞怪说"也。若以此怪说而明合同异，则直搅乱而已，并非真是合同异。若以搅乱为合同异，则只是"似是而非"之瞎说，并合同异之理境之真实意义亦丧失。故吾不主张对此等语句加以合理的解析，最好仍保留其为怪说琦辞而置之。

至于"山出口"，此于合同异难索解。亦可说根本不表意。原来如何，无从得知。

"郢有天下"，若谓"一摄一切"，或任一点可为天下之中心，此亦可通。此可谓破除空间上对待之限制所显之合同异。

"龟长于蛇"，若谓长短乃依一标准而假立，则可通，此犹庄子所谓"天下莫大于秋毫之末，而泰山为小；莫寿于殇子，而彭祖为夭"。一切大小、长短比较之差别相皆可消融而化之，此亦齐是非合同异之玄理。但若直言"龟长于蛇"，则仍是不通之怪说。盖吾人化比较之差别相可，而直言"某长于某"则不可：所断言而显示者，在差别相之消融，不在断定"某长于某"也。吾如此疏导，旨在使人明了玄理之真实意义，以及此等语句之可解不可解，可解者可通不可通，可通者可通至何程度始可谓为属于合同异。不可贸然视其表面之颠倒即认为是合同异也。盖如此，则两败俱伤也。一伤玄理，二伤本身也（所谓伤其本身即对此等语句所加之合理解析实皆似是而非，无一可通）。

至于《荀子·不苟篇》之七事：

"山渊平，天地比"，此与《天下篇》惠施八事中"天与地卑，山与泽平"同，此可通。即泯高下之差别相。

"齐秦袭"，杨注：袭、合也。即如此，亦不表合同异之玄理。

"入乎耳，出乎口"，如类"山出口"句，则根本不表意。

"钩有须"，依俞樾，钩即"姁"之假字，老妪也。即如此，亦不表示合同异之玄理。与"卵有毛"等五句，同为不可解之怪说。

妪有须，卵有毛，马有卵，丁子有尾，此四句，若视为经验命题，则因其不矛盾，亦是可能者。如是，则诉诸经验，与合同异之玄理无关。

"犬可以为羊"，如指"名无固宜"说，则是名约问题，不是合同异之玄理问题。如犬羊之实已定，则犬自是犬，羊自是羊，"犬可以为羊"是自相矛盾者。不能由"犬可以为羊"而明"合同异"。合同异之玄理自有其分际。

"白狗黑"亦是自相矛盾者。若因白狗之目黑，便谓为"白狗黑"，则为名言句法之搅乱，与合同异无关。《墨辩·小取篇》云："之马之目盼，则谓之马盼；之马之目大，而不谓之马大。之牛之毛黄，则谓之牛黄；之牛之毛众，而不谓之牛众。"正所以拆穿此种怪说也。

以上因冯友兰之总解而一一疏导之。此下再看古解。

2. 司马彪、李颐、成玄英等之疏解。

二·一 关于"卵有毛"：

①陆德明《经典释文》（下简称《释文》）引晋人司马彪（下简称司马）曰："胎卵之生，必有毛羽。鸡伏鹄卵，卵不为鸡，则生类于鹄也。毛气成毛，羽气成羽。虽胎卵未生，而毛羽之性已着矣……"案：此言卵之潜能。即就潜有而言有矣。然胎生者有毛，卵生者有羽。此言"卵有毛"，有羽乎？有毛乎？若解作潜能，则卵实有羽之潜能，而言"有毛"者悖矣。若不论是毛或羽，皆可统名曰毛，则"卵有毛"者实只有羽毛之潜能也。若如此，则问：说此语之目的何在？是在说明"潜能与实现"一义乎？抑在本无毛而故反之以明合同异乎？若属前者，则有意义，不得为怪说矣。然未能必也。若属后者，则搅乱不足以合同异。若云非搅乱也，就现实之卵言，无毛，就潜有而言，则有毛，然则直曰卵有毛亦未谓不可也。若如此，则仍是引进潜能现实之义以明之，而此并非合同异之玄理也。

②成玄英疏云（郭象无注）："有无二名，咸归虚寂。俗情执见，谓卵无毛。名谓既空，有毛可也。"案：如此破执照玄，既不合佛，亦不合道。名谓虽空，然落于假名内，仍不得谓"卵有毛"也。空者，自性空。"不有不无"之玄理非能使吾人说"卵有毛"也。如此注释，直成大搅乱。

二·二　关于"郢有天下"：

①《释文》引李颐云："九州之内于宇宙之中，未万中之一分也。故举天下者，以喻尽而名，大夫非大。若各指其所有，而言其未足，虽郢方千里，亦可有天下也。"案：此是破除空间比较所成之限制。此可象征"合同异"之义。

②成玄英疏云："夫物之所居，皆有四方。是以燕北越南，可谓天中。故楚都于郢，地方千里，何妨即天下者耶？"案：此即任一点可为天下之中心，任一中心可函摄一穷尽无漏之圆圈（即天下）。此穷尽无漏之圆圈之天下义自无关于政治统治之天下义。如此，说郢有天下，亦无不可。此条大体皆从此解，无甚问题。

二·三　关于"犬可以为羊"：

①《释文》引司马云："名以名物，而非物也。犬羊之名，非犬羊也。非羊，可以名为羊，则犬可以名羊。……故形在于物，名在于人。"案：此即命名之无固宜。此理不怪，然因此而直陈曰："犬可以为羊"，则怪。亦无关于合同异。

②成疏云："名无得物之功，物无应名之实。名实不定，可呼犬为羊。……故形在于物，名在于人也。"案：成疏与司马同，而改其头两句。头两句"名无得物之功，物无应名之实"乃僧肇《不真空论》中语。以此两语为根据明"可呼犬为羊"，乃为极失理统者。故僧肇说此，乃极顺适而如理，而成疏引之，则为不伦不类者（失义）。

二·四　关于"马有卵"：

①《释文》引李云："形之所托，名之所寄，皆假耳，非真也。故犬羊无定名，胎卵无定形。故鸟可以有胎，马可以有卵也。"案：不可因名无固

宜即谓"鸟可以有胎，马可以有卵也"。亦不可因无定名即谓物无定形也。佛家言假名，亦不谓"马可以有卵"也。不可滥用"假名"义，"名无固宜"义，以文饰怪说。盖如此，则既乱真，亦使其所文饰者无义理之真实（即不成义理）。

②成疏云："夫胎卵湿化，人情分别。以道观者，未始不同。鸟卵既有毛，兽胎何妨名卵耶？"案：亦不可滥用"虚妄分别"义以明"马可以有卵"也。以道观者，天地一指，万物一马，然不因此便谓"马有卵"也。

错金银青铜戈

二·五 关于"丁子有尾"：

①《释文》引李云："夫万物无定形，形无定称。在上为首，在下为尾。世、人为右行，曲波为尾。今丁、子二字，虽左行、曲波亦是尾也。"案：此解丁子是指字体说，故视为二字。波，磔义，即书法所谓波磔，今亦谓之捺。如世、人二字，最后一笔向右曲斜，丁、子二字，最后一笔向左曲勾。此指最后一笔之曲屈言，故曰"曲波为尾"。此解显然非是。

②成疏云："楚人呼虾蟆为丁子也。夫虾蟆无尾，天下共知。此盖物情，非关至理。以道观之者，无体非无。非无，尚得称无，何妨非有可名尾也？"案：非有非无之玄理不指有尾无尾言也。亦不含无尾者可以说有尾也。此种文饰皆不成义理。

二·六 关于"山出口"：

①《释文》引司马云："形声气色，合而成物。律吕以声兼形，元黄以色兼质。呼于一山，一山皆应。一山之声入于耳，形与声并行。是山犹有口也。"案：此解语意不通。"一山之声入于耳，形与声并行"，此只表示形声不相外（相盈），何能推至"山有口"耶？

②成疏："山本无名，山名出自人口。在山既尔，万法皆然也。"案：此以"山名出自人口"解"山出口"，此与普通所意谓者完全相反。此句语意

究何所指乎？无能定也。

二·七　关于"龟长于蛇"：

①《释文》引司马云："蛇形虽长，而命不久。龟形虽短，而命甚长。"案：此舍形而言命，恐非原意。

②成疏："夫长短相形，则无长无短。谓蛇长龟短，乃是物之滞情。今欲遣此昏迷，故云龟长于蛇也。"案：此若破除长短之差别相，则犹庄子所谓"天下莫大于秋毫之末，而泰山为小"，可通。但直陈曰："龟长于蛇"，则仍是怪说。此句因有庄子之齐是非为背景，故易说得通。此句若视为经验命题，则龟长于蛇，蛇短于龟，皆是可能的，虽不必是现实的。此则有名理之意义。"卵有毛，马有卵，丁子有尾，蚴有须"四句亦然。但出此怪说者，其背后之义理根据究是合同异乎？抑是经验命题之不矛盾即为可能乎？中国思理中虽无综合命题、分析命题之说，然天下怪现象甚多，所谓无奇不有，则说"卵有毛"亦并非逻辑上不可能者，而辩者之精察就"无奇不有"之观念而说"卵有毛"亦非决定不可者。但因惠施与庄子相契接，而传统思想之气氛又皆向合同异趋，故解此诸怪说之义理根据皆在合同异也。

二·八　关于"白狗黑"：

①《释文》引司马云："狗之目眇，谓之眇狗。狗之目大，不曰大狗。此乃一是一非。然则白狗黑目，亦可为黑狗。"案："一是一非"例，取自《墨辩·小取篇》。既知一是一非，一可说一不可说，则白狗不因目黑即可谓为黑狗也。《小取篇》正以此明辞义之不可乱，而司马竟引之以推"白狗黑目，亦可为黑狗"，岂非悖乎？

②成疏："夫名谓不实，形色皆空。欲反执情，指白为黑也。"案：不能因"执情"即可"指白为黑"。

案以上八句，吾可重新整列如下：

Ⅰ卵有毛，马有卵，丁子有尾，龟长于蛇；此四句为一组。

Ⅱ犬可以为羊，白狗黑；此两句为一组。

Ⅲ郢有天下，山出口；此两句为一组。

关于 I 组，其义理根据不外（1）合同异，（2）经验命题不矛盾即为可能。以前无向（2）想者。就"合同异"想，其所根据之观念不外：（1）名无固宜，物无定形；（2）虚妄分别，执而无实。名无固宜不函物无定形。前者可，后者不可。前者虽可，但不能因"名无固宜"即可合同异。故此义是不相干者。"物无定形"，若解为某形之如此或不如此皆无必然（无逻辑上之必然性），则即归于"经验命题不矛盾即为可能"一义，而此亦与合同异无关。如是，"合同异"一义之成立，必只有两面：一是惠施名理之合同异，此是名理地说，亦是客观地说。二是庄子玄理之合同异，此是主观地说，亦是修证地说。成玄英自"虚妄分别，执而无实"说，是属此主观地说。两者皆可以成就"合同异"之思理。然须知此种思理皆只是超越之玄意，或由破执而显之清净如如之心境，或由万物为一而显之浑同，然皆不能使吾人落于经验对象上随便颠倒经验对象之特殊内容，而亦不能由此以明合同异也。超越之玄意乃无涉于经验对象之特殊内容者。两者间有一距离，不能将此玄意应用经验对象上随便颠倒之以为合同异也。若如此，则正是搅乱，既丧失玄理之真实义，亦使对于经验对象之随便颠倒之解析为不成义理，所谓两败俱伤也。玄意是玄意，而 I 组之四句却正是落于经验对象上而随便颠倒其特殊内容也。故所有解说皆不成义理，此真所谓戏论也。若谓此即是合同异，则并合同异之真实义亦丧失。故庄子之齐是非可以畅达无碍，惠施之名理亦可自然向玄理趋，而此四句则终不免于为怪说也。

II 组中"犬可以为羊"，如犬羊物类定义已成，则此句为自相矛盾。如言犬不定什么时候在偶然世界中可以变成羊形，则此说亦是可能的。但此无与于合同异。若说名无固宜，呼犬呼羊皆无不可，则此义亦无与于合同异。而且名以定实，命名虽无固宜，但既如此命名以后，约定俗成，则于说犬时，舍名取实，而于实仍不可以说犬为羊。故此怪说总与合同异无关。"白狗黑"亦如此，见上解。

III 组中"山出口"一句不表意，不能瞎猜。"郢有天下"，一义，即取消政治空间之限制，任一点为中心皆可函摄一穷尽无漏之圆圈，此可表象空间方面之"合同异"。

综上以观，则似只有"郢有天下"一句容易表示合同异。其次"龟长于蛇"一句，若以庄子为背景（理解上），从破除长短之对待说，亦可指向合同异。除此两句以外，其余皆无合理而成义理之解析，故终于为怪说也。从此亦可得一理解合同异之消息，即合同异必从破除一切对待限制所成之差别相而显：时间、空间、大小、长短、高下乃至是非、善恶、美丑诸价值观念之对待，皆可成一虚妄之差别相，亦即皆可成一主观之执着，故破除之而后浑同之一见。然须知此种种对待之差别相皆是因比较而显的属于关系之虚概念（甚至同异亦是属于关系之虚概念），故合同异只能在破除虚概念上显，而不能在存在之经验对象之特殊内容上施以随便之颠倒而显。"郢有天下"之所以可通，正因其表示空间对待之破除也（根据惠施"我知天下之中央，燕之北，越之南是也"一义而说）。"龟长于蛇"之所以勉强可通，正因其所说乃龟蛇间之长短关系也。其余则即无可解矣。

揆其余诸句之怪说亦不必即是惠施之所执。乃因惠施"为大观于天下，而晓辩者，天下之辩者相与乐之"，遂于承风接响之间有许多怪说出现，惠施有大名于天下，遂皆归之惠施矣。所谓"惠施日以其知与人辩，特与天下之辩者为怪"是也。实则此怪不必皆出之惠施也。而揆之惠施"历物之意"之八事，可知惠施自有其思想，并不怪也。

冯友兰之所以列上八句为合同异组，亦只恍惚见其似如此。即其气氛之倾向似乎是如此。实按之，除"郢有天下""龟长于蛇"两句外，其余皆不足以明合同异也。吾以上之疏解不在想对于此诸怪说提出新解析，乃在明以往一切向合同异一路所作之解析无一而可成义理，并进而明此诸怪说不必想与以合理之解析，留其为怪说之姿态可矣。（若以经验命题视之，则不矛盾即为可能，此则不怪。此是一有名理意义之新解析。但此恐不在以往辩者之思理中。）

（四）对于"离坚白"组之考察

《天下篇》怪说二十一事，除上节所讨论之八事似乎属于"合同异"组外，尚有十三事似乎也可以划归于"离坚白"组。"离坚白"是公孙龙之主张，大意是坚白不相盈，相外；坚与白是两个独立之概念，可以离而自存自有，各有其独立之自性。此是离坚白说所透露之思理。假定以此思理为原则，再反观《天下篇》怪说二十一事中所余之十三事，吾人觉其与此思理有相类处，因此遂可以约束之于一起而成为一组，名曰"离坚白"组。吾人兹可考察之，看其如何。

1. 关于"火不热"：

①《释文》引司马云："木生于水，火生于木。木以水润，火以木光。金寒于水，而热于火；而寒热相兼无穷，水火之性有尽。谓火热水寒是偏举也。偏举，则水热火寒可也。一云：犹金木加于人，有楚痛。楚痛发于人，而金木非楚痛也。如处火之鸟，火生之虫。则火不热也。"案：司马彪云："寒热相兼无穷。"其意是在参伍错综种种条件制约之下，火亦可不热，水亦可不寒。此非"火不热"一句直接所表之意，亦非属于"离坚白"所含蕴之思理，故此说非是，而"一云"之说是也。

②成疏云："火热水冷，起自物情。据理观之，非冷非热。何者？南方有食火之兽，圣人则入水不濡。以此而言，固非冷热也。又譬杖加于体，而痛发于人，人痛，杖不痛。亦犹火加体，而热发于人，人热火不热也。"案：成疏是也。"火不热"即表示"热"不是火之属性，乃是人之感觉，如冷与痛等皆然。热既不是火之属性，则热与火当然离，各是一独立之概念，独立之"存有"。

③近人冯友兰曰："此条若从形上学方面立论，则火之共相为火，热之共相为热，二者绝对非一。具体的火虽有热之性质，而火非即是热。若从知识论方面立论，则可谓火之热乃由于吾人之感觉。热是主观的，在我而不在火。"（《中哲史》272 页）。案：此后一义是。前一义措辞不妥，若照"火不热"之句意言，不唯不妥，亦可说非是。盖"火不热"并不表示火之共相与热之共相不等，所谓"绝对非一"也。此句中"不"字所含之是与不是，不是等与不等义。与"白马非马"中"非"字所含之是与不是，意义不同。

此句中"不"字所含之"是"与"不是"是表示"内容的论谓"（intension-alpredication），而"白马非马"中之"非"字所含之是与不是，是表示类属关系（class－membership）："是"表示"属于"，"不是"表示"不属于"，而在属于情况下，说"白马非马"，此"非"字即"不等"义。（当然在"不属于"情形下，两概念自不相等。）而"火不热"一句，其直接所表示的是：热不是火之属性，故不能解为热不等于火也。当然火既与热离，各是一独立之存有，则两者自亦不相等：但此是另一义，不是"火不热"一句之直接原意（本义）。又冯氏云："具体的火虽有热之性质，而火非即是热。"此皆未能明彻，故迂曲纠结而不直截。若承认具体的火有热之性质，此即是"火热"矣，而"火热"却正是此句之所否定者。结果，冯氏之解析是承认火热，此乃直接与原句相违者，故只好以火不等于热（火非即是热）解"火不热"。结果乃成：火热，而火不等于热；可是原句的意思乃是：火不热，火与热离，故亦可说火不等于热。

2. 关于"目不见"：

①《释文》引司马云："……目不夜见，非暗。画见、非明。有假也。所以见者明也。目不假光，而后明无以见光（"而后"字，于句法不通）。故目之于物，未尝有见也。"案：此解亦是。

②成疏云："夫目之见物，必待于缘。缘既体空，故知目不能见之者也。"案：此依佛家义解析，大体亦通。此句之意只是：目之成见待许多条件，单一条件本身皆不能成见，目亦是条件之一，故单是目亦不能见。依佛家义乃是：目之成见待缘而成，每一缘自身皆不成见。缘会，则幻成见；缘离，则见灭。见无自性，不可理解。并非"缘体既空，故知目不能见"也。缘体虽空，而众缘和合，仍幻成见。唯缘离，单目不能成见也。

③冯友兰云："目不见者，《公孙龙子·坚白论》云：'白以目以火见，而火不见；则火与目不见，而神见；神不见而见离。'吾人之能有见，需有目及光及神经作用。有此三者，吾人方能有见。若只目，则不能见也。"（《中哲史》273页）案：此解是，引《坚白论》中语作证尤明。

3. 关于"矩不方，规不可以为圆"：

①《释文》引司马云："矩虽为方，而非方；规虽为圆，而非圆。譬绳为直，而非直也。"案：此解是。"矩虽为方"之"为"是"成为"或"作成"义，非"是"义。"为圆""为直"之"为"亦同。此言虽可由矩而做成方物，而"矩"究亦非"方"之自身也。虽可由规而画成圆物，而"规"究亦非"圆"之自身也。犹之乎虽可由绳而把物拉直，而绳亦非"直"之自身也。在此种解析中，有三个概念出现：（1）矩；（2）由矩而成之"方者"；（3）方之自身。由矩而成之"方者"固是具体之方物，即"矩"本身亦是具体物。唯"方"之自身方是真正的方，依柏拉图，此即方之理或方性也。依此言之，具体物之矩自不即是方，亦自不能至于"方之理"之程度，即方不到家，而即可谓不是方。"矩不方"之"不"字含有两义：（1）不等；（2）方不到家即可不是方，此即"不是"义。两义皆可说。"规不可以为圆"言画成圆形所借之圆规并不可认为即是"圆"之自身。

②成疏云："夫规圆矩方，其来久矣。而名谓不定，方圆无实，故不可也。"案：此解不相干，只是浮辞。

4. 关于"凿不围枘"：

①《释文》引司马云："凿枘异质，合为一形。枘积于凿，则凿枘异围。凿枘异围，是不相围也。"案：此解亦通，即各是各，两不相涉义。

②成疏云："凿者孔也。枘者内孔中之木也。然枘入凿中，木穿空处，两不关涉，故不能围。此犹连环可解义也。"案：此解亦是。唯末句不相干。惠施"连环可解也"一句并非独立一事。解见惠施八事节（第一节）。

③冯友兰云："凿不围枘者，围枘者事实上个体之凿耳。至于凿之共相，则不围枘也。"案：冯氏此解太呆滞，以至于不成义理。机械地固执一共相之观念到处死用，而不知其不成辞也。凿不围枘，只是两物之各自是其所是，拆穿其虚的关系，固是"离"之思理也。此含有一种各物自存自是之体性学或存有论的洞见。"离坚白"之说即由此洞见而成。焉可动辄以柏拉图之原本与仿本之关系"或共相与具体物之关系"以解之？

5. 关于"指不至，至不绝"：

案：此句颇不好解。《释文》引司马彪之说及成疏，"指"皆作以手指物之指，是则指为动词，而对于"不至""不绝"皆讲不通，其所说皆不成义理。兹略而不引。如以公孙龙《指物论》为准，则"指"似乎不是动词，而是名词，即意旨之指，指代表"意义"或"概念"。即有动词意，亦是"指谓"之指，即指而谓之，此即着重"谓"，即叙述词之意，而叙述之词皆是一概念，一意义。《指物论》全篇甚隐晦，几乎不表意，极难索解。冯友兰即视"指"为共相（意义、概念），《指物论》即论共相与具体物之关系。如此似乎开一索解之线索。今假定此说大体不误，即以《指物论》之指而看此句，如是此句究如何解析始可通其意？此句似乎是如此：以一概念来指谓（论谓）一存在物，此概念与存在物之间似乎总有一点距离，而不能即至于物，即不能贴体落实而与物为冥合无间；即至于物矣，而亦不能尽。截然而止谓之"绝"。不绝者，即不能截然而止之谓。此似乎说一概念即至于物矣，亦不能尽其意，似乎总有余蕴不尽。如此解而信，则说此句之人似乎对于概念与存在之间有一种分别。莱布尼兹（Leibniz）说一个体物是无穷的复杂。其所以为无穷的复杂，正因其是"存在"。如抽象地单看其"本质"（essence），则不是无穷的复杂。如是，本质（概念）与存在间自有一种距离，此为西方哲学所雅言。难说"离坚白"系的辩者对于存在与概念即无一种存有论的洞见也，而"指不至，至不绝"亦正表示存在物与概念间之"离"也。

冯友兰根据其对于《指物论篇》之理解，将此句中"至不绝"改为"物不绝"。其证据是《列子·仲尼篇》引公孙龙云"有指不至，有物不绝"。如是"指不至，至不绝"乃成为"指不至，物不绝"。盖"公孙龙之徒以指物对举，如《公孙龙子·指物论》所说。柏拉图谓概念可知而不可见。盖吾人感觉者乃个体，至共相只能知之而不能感觉之，故曰：指不至也。共相虽不可感觉，而共相所与现于时空之物，则继续常有，故曰：物不绝。"（《中哲史》273页）如是，"指不至"乃成为"共相不可感觉"，即吾人之感官不能感觉之。但虽不可感觉，而可知之，是仍可"至"也。焉得谓决定不可至耶？岂必限于感觉之，始可云"至"耶？故此解不可通。至于"物不绝"，则解为"共相所与现于时空之物，则继续常有"。此真能继续常有乎？有一具体物，必有其所以为物之理，但有此理不函必有表现此理之具体物。是则物未必不绝矣。物之绝不绝，共相不能负责任。共相亦不必参与具体物而现于时空之内。故此解亦不可通。若如此解，则"指不至，物不绝"一句乃全成为莫名其妙之不相干之观念之杂凑。何以忽而说一个"共相不可感觉"之观念，忽而又说一个"物继续常有"之观念？此乃全无思路者。（指不至，解为不可感觉，即全无思路）。是故《列子》所引不可为凭。反不如今本《庄子》所保存之"指不至，至不绝"为较有思理也。

又《世说新语·文学篇》第四云："客问乐令（乐广）旨不至者。乐亦不复剖析文句，直以麈尾柄确几曰：至不？客曰：至。乐因又举麈尾曰：若至者，那得去？于是客乃悟服。乐辞约而旨达，皆此类。"案：此解"不至"是从运动上之至不至说，只解至不至义，"指"反成为不相干者。此虽无当于此句之本意，然于至不至，却较顺适；而应用于运动上尤见理趣。故刘孝标于《世说新语》此条下注之曰："夫载舟潜往，交臂恒谢。一息不留，忽焉生灭。故飞鸟之影，莫见其移；驰车之轮，曾不掩地。是以去不去矣，庸有至乎？至不至矣，庸有去乎？然则前至不异后至，至名所以生；前去不异后去，去名所以立。今天下无去矣，而去者非假哉？既为假矣，而至者岂实哉？"此即从至变之立场以明来去之不可能也。来（至）去不可能，即动不可能，而来者去者亦假而无实矣。是即至动即至静，而动相不可得也。由此，吾人可过渡到下四条之考察。

6. 关于"轮不蹍地"：

①成疏云："夫车之运动，轮转不停。前迹已过，后涂未至。除却前后，更无蹍时。是以轮虽运行，竟不蹍于地也。犹《肇论》云：旋风（岚）偃岳而常静，江河竞注而不流。野马飘鼓而不动，日月历天而不周。复何怪哉！复何怪哉！"案：成疏完全以僧肇《物不迁论》之义解之。上条乐广谈

"不至"，刘孝标注亦是取"不迁"义以解之。"藏舟潜往"，事见《庄子·大宗师篇》云："夫藏舟于壑，藏山于泽，谓之固矣。然而夜半有力者负之而走，昧者不知也。若夫藏天下于天下，而不得所遁，是恒物之大情也。""交臂恒谢"，言交臂失之；新陈代谢，恒不留住也。事见《庄子·田子方篇》，孔子语颜回曰："吾终身与汝交一臂而失之，可不哀与！"藏舟潜往，交臂恒谢，皆言至变，而即于至变中明无来无去，至静不动之理。僧肇即于此言"物不迁"。物不迁之主要意思即在"不驰骋于古今""各性住于一世"两语。"昔物自在昔，不从今以至昔。今物自在今，不从昔以至今。""今而无古，以知不来。古而无今，以知不去。若古不至今，今亦不至古。事各性住于一世，有何物而可去来？"此即至变不变之大意也。此中自有一种"存有如如"之直觉（此亦是存有论之洞见）。过去、现在、未来，谓之三世。细分之，有九世。再细分之，可有无穷世。此中即函无"世"可得，无刹那（瞬）可得。唯僧肇言不迁，并非"释动以求静"，乃"求静于诸动"。"必求静于诸动，故虽动而常静。不释动以求静，故虽静不离动。"此虽直下如如，而实以"辩证之诡辞"以通之。自"直下如如"言，"各性住于一世"。自"不释动以求静"言，则虽静不离动，此是辩证之圆慧。吾人尚不能以如此之玄义解"轮不蹍地"。成疏亦只能粗略地以"前迹已过，后涂未至，除却前后，更无蹍时"解之。此实以"刹那至变，而并无刹那可得"解之，此即函有一无穷之分析。揆当时辩者之说"轮不碾地"，并贯下三条而观之，似是偏于"释动以求静"之方式。此中亦自含有一种直觉。但不必像僧肇那样圆通。（僧肇虽云："各性住于一世"，借"世"之观念以表示其"当体即如"之直觉，然在其"当体即如"之圆慧中，亦并无"世"可得，甚至超越一切时间之形式。）

轮之转也，虽至动，然一息不留，忽焉生灭"，则"瞬"（刹那）不能成立。瞬不可得，来去亦不可能。是即至动变成至静之存有（being）。时间相之"瞬"不可得，则空间相之"点"亦不可得，是即时间空间不能有一一相应之关系。此关系建立不起，则轮固不动，而"碾地"亦不可说矣。此是此语之较为切实可理解之解析，虽稍嫌滞笨，不如僧肇之圆融，然较合"离坚白"之思路。

②《释文》引司马云："地平轮圆，则轮之所行者迹也。"案：此不能成解。

③冯友兰云："轮不辗地者，轮之所辗者，地之一小部分耳。地之一部分非地，犹之白马非马。亦可谓：辗地之轮，乃具体的轮；其所辗之地，乃具体的地。至于轮之共相则不辗地；而地之共相，亦不为轮所辗也。"（《中哲史》273页）案：此两说，皆不成解。空间之全体与部分，不能以"白马非马"比。马与白马有内容外延之别，而空间之全体与部分（whole and pans）无内容外延之问题。轮蹍一小部分，（蹍冯书皆写作辗），即蹍一小部分之地。焉得谓为"不蹍地"？又，共相根本无所谓动，既无所谓动，自亦无所谓蹍不蹍。说"共相不跟地"乃无意义者。原句"轮不蹍地"必牵涉其"动"言。"动而不蹍"始成一自常识观之为怪之观念，因而成一需有理由以解之之义理。若谓"轮之共相不蹍"，则根本不涵动，乃成废辞耳。"具体的轮蹍地"，是一事实命题，是则承认"轮蹍地"，而与"轮不蹍地"根本相违，而亦对于"轮不蹍地"根本未有解释也。冯氏本无"存有论之直觉"，只知执一死观念做机械地形式地死套。故不成义理也。

7. 关于"飞鸟之景，未尝动也"：

①成疏云："过去已灭，未来未至。过未之外，更无飞时。唯鸟与影，巍然不动。是知世间，即体皆寂。故论（僧肇《物不迁论》）云：'然则四象风驰，璇玑电卷，得意毫微，虽迁不转。'（当作'虽速而不转'）。所谓物不迁者也。"案：此解与上条全同。不但影不动，即鸟与影俱不动。若只说影不动，则并不怪。若飞鸟动，而飞鸟之"影"不动，亦并不怪。唯飞之鸟，连同其动影，一起不动，则始与常识相违，而被认为怪说。实则并不怪，有其可通之理。鸟飞过去，其影亦随之而移动过去。于此言不动，决不单指影本身说，必连带飞鸟说。若承认飞鸟是动，而只于影本身说不动，则实亦是可说之事实而并不为怪。因为影并不是一实物，说它本身不会动，自

是可以。而其动者，实不是它本身会动，只是因飞鸟之动而有不同之影（随时空不同而移徙）连续出现而已。动在鸟，而不在影也。若如此，则说"影不动"是一事实命题，即指陈一实然之事实，而并不算怪。此恐非此句之本意。故此否定影之动，实即否定飞鸟之动也。如此方有思理。如能明飞鸟之动而实无动可言，则其影子之移徙之动自亦无可言矣。此实类于希腊伊里亚派之芝诺（zeno）以无穷分析明运动不可能也。故成疏俱以三时不可得明之。时间关系建立不起，则与之相应之空间关系亦建立不起。如是，焉有运动可言？凡明运动不可能者，基本关键即在拆除时空之架格。依中国心灵之玄思言，凡拆除时间相与空间相者即无动静可言，故云"当体即寂"也。言当体即寂实含一超越心境之泯绝时空相。故惠能云："不是风动，不是幡动，仁者心动。"心若一止，则一切皆止。超越时空相，虽动而常静。其实亦无动亦无静，连静亦不可言，而只是"如如之存有"也。（依佛家言，只是如如之空。此说"如如之存有"是逻辑地说，元任何内容之颜色，即真如，实相，亦是"存有"。）今若舍主观修证之牵连不言，只从纯理上说"不动"，则只是拆除时空之关系。

②《释文》引司马云："鸟之蔽光，犹鱼之蔽水。鱼动蔽水，而水不动。鸟动影生，影生光亡。亡非往，生非来。墨子曰：影不徙也。"案：此从一物之蔽光成影言。蔽光，光非亡也。只是隐而不显耳。非亡，故亦无所谓往（无动意）。光既无所谓动而往，则因蔽而生之影自亦无所谓动而来也。只从蔽言，则所牵连之光与影自不含有动意。但如此，则不必说"鸟动影生"，即不动，亦可蔽而成影。无论动与不动，其由蔽而牵涉到之光与影皆不函有动意也。盖蔽之关系为静的关系也。但此解恐非原意。因对一本无动意者而说其不动，乃是一就实论实之事实命题，并非怪也。而原句之本意乃实就动而言其不动耳。动亦非单就影本身说，实并鸟动而言之也。若舍鸟动不言，只就蔽而言影本身，则动者仍承认其动，而无所谓动者即言其不动，则皆为一事实之指出，根本不是一解析也。

③《墨辩·经下》云："景不徙，说在改为。"《经说下》云："景、光

至景亡。若在，尽古息。"司马彪已引及此语以明飞鸟之影不动。冯友兰驳之曰："说者皆以为此即《庄子·天下篇》飞鸟之影未尝动也之意。其实《天下篇》所说，乃飞鸟之影，此则但为影。谓飞鸟之影不动，乃与常识相违之说；谓影不徙，则否。譬如一日规上指午时之影，吾人皆知其为非指巳时之影。何者？生此影之针不动，故其影亦不动。指巳时之影，因光至而亡。指午时之影，乃新生之影也。指巳时之影，若在，当尽古停留，因其本为一不动之影也。若飞鸟之影，本为动影，故与此绝不相同。"（《中哲史》340页）案：此分别实不成立，乃系一错觉。若从实物之蔽言，无论光与景皆不函有动意。实物无论动与静，其蔽皆然。飞鸟之影亦非动影，鸟动而影根本无所谓动。若单从影本身说皆可谓不动也。日规之指针不动，而影之不动则非因指针不动而为不动也。影本身根本不会动，其不动与实物之动静无关也。若谓其不动乃因指，针不动而为不动，则岂不可说因日光之动而又为动也？太阳之光有移动，指针虽不动，而其影却随光之动而有不同之位置（即移纱）。此岂非亦为动影耶？实物动，影可随之动，实物不动，影可随光之动而动。如是，若说动，皆为动；若说不动，皆为不动。如实言之，影本身皆无所谓动也。岂有动影与静影之别乎？动影即动的实物所照之影，静影实即不动的实物所照之影，动静在物，而影本身皆无所谓动也。唯《墨经》说"影不徙"，单就影本身说。其不徙、诚为不徙也。故为事实命题。而《天下篇》之怪说，则实连飞鸟而言之，意在否定飞鸟之动也。故鸟动与影分说，动者承认其动，而影本身之无所谓动者承认其不动，不算是该句之解析也。若就影本身言，飞鸟之影与指针之影同也。对指针言为不动，对日光言，岂不为动耶？故冯氏之分别实无谓。而《墨经》能照察出无论对指针言或对日光言，影本身皆无所谓动，此是依分解而指陈一事实，故不违常识，常识不以为怪；而"飞鸟之影未尝动也"，则实不单就影本身说，乃并鸟动而言之，意在就动而明其不动，故常识始认其为怪也。故分开言之，动者归动，不动者归不动，不算是该句之有意义的解析也。故成玄英之疏，刘孝标之注，皆由至变而不能建立三时以明动不可能，乃为一恰当相应之思路，如是方能获得一恰当相应之解析。

8．关于"镞矢之疾，而有不行不止之时"：

①成疏云："镞，矢端也。夫机发虽速，不离三时。无异轮行，何殊鸟影？既不蹔不动，镞矢岂有止有行？亦如利刀割三条丝，其中亦有过去未来见在之者也？"案：此解即明此条与上两条意义全同（唯疏中末句辞意不甚合，可略之）。"不行不止"，不行即不动，不止即不静，即表示虽如镞矢之速疾，亦实无所谓动与不动，即根本无所谓动也。此句显然是对速疾之动而明其实为不动。不是明其有不动时，亦有动时也。亦不是明其就某方面言为动，就某方面言为不动也。若如此，则是两个不同事相之指陈，亦不需要解析矣。

②《释文》引司马云："形分止，势分行。形分明者，行迟；势分明者，行疾。目明无形分，无所止，则其疾无间。矢疾而有间者，中有止也。质薄而可离，中有无及者也。"案：此解"目明"以下，观念杂乱，语意不清。若无脱误，何忽引出许多歧义而又无一清楚者耶？故"目明"以下可略而不论。就首数语言之，则是显然将一物分为形分与势分。就形分言，为止。就势分言，为动。此种由分属以言动与不动，显非原句之意。

③冯友兰曰："谓镞矢之疾而有不行不止之时者，兼就其形分与势分而言也。（案：此承上司马之说而言者）。亦可谓：动而有行有止者，事实上之个体的飞矢及飞鸟之影耳。若飞矢及飞鸟之影之共相，则不动而无行无止，与一切共相同也（案：此不成解）。亦可谓：一物于一时间内在两点谓为动（案：此句不通。一物不能于同一时间占两点）。一物于两时间内在一点谓为止。一物于一时间内在一点谓为不动不止。谓飞鸟之影未尝动也者，就飞鸟之影不于一时间内在两点而言也。谓镞矢之疾而有不行不止之时者，就飞矢之于一时间内在一点而言也。……"（《中哲史》，274页）。案：此后一说无谓烦琐。所谓动必历一时间过程，经一空间距离。若此时间过程能分成瞬（instant），因而能建立起一时间过程，空间距离能分成点（point），因而能建立起一空间距离，则运动即可能。然而在分成瞬时，即含一无穷之分割，

而无穷之分割实建立不起瞬，因而亦建立不起一时间历程，空间方面亦如此，如是点与瞬俱建立不起，时间历程（或关系）与空间距离（或关系）亦建立不起，如是则运动即不可能。故虽至动而实一至静之存有。所谓飞矢之疾不行不止，实即飞矢之疾根本无所谓动与静也。有动与静，动可能，静亦可能：经历一段时间，经过一段距离，即是有动有止。而所谓不行不止实即根本否定动之可能也。冯解中所引末一义，只"一物于一时间内在一点谓为不动不止"一句为有相应之意义。实则此语并未完成，其所函之意是如此：若连续地于一时间内在一点，则有一瞬之系列与一点之系列，如是则有动有止，动为可能；若是瞬与点为无穷的连续，则瞬中有瞬，点中有点，永远分下去，即无停止，则瞬与点即建立不起，时间历程与空间距离亦建立不起，如是则无动无止，动不可能。故动之是否可能，若不从物理的动力方面想，单从表象运动之时空条件方面想，则关键即在时空关系之能否建立起。而时空关系之能否建立，则单视是否是一无穷之分割。如果是，则运动不可能。如果不是，则可能。如果单从时空条件方面想，则无理由于瞬点之分割可以停止也。当时辩者于动而谓为不动，实含有一无穷分割之思想。"一息不留，忽然生灭"云云，此说之直接意义即是至变即可转成不变，此虽是不动之具体的表示，似不同于无穷分割之抽象的表示，然其中实自然函有一无穷分割之抽象的表示。当时辩者之思路究倾向于哪一面，现难断定，也许两者俱有而易倾向于无穷之分割。观下条可知。

9. 关于"一尺之捶，日取其半，万世不竭"：

此显然是一无穷之分割。此当然是将一量度抽象化而视为一数学量。但此抽象化亦同样可应用于时间与空间。此运动不可能之问题发生于中国之辩者，亦发生于希腊之伊里亚派。此问题入近世以来，并非不可解决。此需别论。然当时之辩者能思及此，自有其思理。而公孙龙系之说此义，亦可谓于运动方面表示"离坚白"所透露之"存有"理境也。

成疏："……问曰：一尺之杖，今朝折半，逮乎后夕，五寸存焉。两日之间，捶当穷尽。此事显著，岂不竭之义乎？答曰：夫名以应体，体以应

名。故以名求物，物不能隐也。是以执名实，实名曰尺捶。每于尺取，何有穷时？若于五寸折之，便亏名理，乃曰半尺，岂是一尺之义耶？"案：问者不知此乃是就抽象化之数学量而言，而成之答辞亦不知此义，反纠缠于名实之中，歧出而争半尺一尺之别，遂乃使最显明之义理弄成不明者。

《释文》引司马彪云："若其可折，则常有两。若其不可折，其一常存。故曰万世不竭。"此则反简明扼要。

10. 关于"狗非犬"：

冯友兰云："《尔雅》谓犬未成豪曰狗。是狗者，小犬耳。小犬非犬，犹白马非马。"（《中哲史》，275页）此解是。狗非犬，言狗不等于犬耳。名各止于其实。一名立，必有其一定之定义。按定义，可个个不同者。此即每一概念各自是一存有也。然若如此，则总是相非（不等）。若总是非，则不能有肯定之命题。故言"狗非犬"，此是概念之离，因"不等"而为离；但亦可言"狗是犬"，此"是"字表示类属关系，非内容的论谓关系，是则表示概念之合，因类属关系而合。然"不等"之离与"类属"之合，两者并不相违（并不矛盾），故"狗非犬"并不妨碍"狗是犬"。亦犹"白马非马"并不妨碍"白马是马"。因两者并非矛盾对当也。盖"不等"之"非"字所含之是与不是与类属关系中所含之是与不是，意义并不相同故也。故"离坚白"系之辩者说"狗非犬""白马非马"时，并不妨碍"狗是犬""白马是马"也。盖只洞见"各自是一存有"一义耳。然"各自是一存有"之离并不妨碍其有某种关系之合。看概念间能建立某种关系，或不能建立某种关系，此亦是离合，此为柏拉图所讨论者。（见《辩士篇》）"关系"之义，先秦辩者并未注意。此影响逻辑真理之发见甚大。古解语意不清，略。

11. 关于"孤驹未尝有母"：

《释文》引李颐云："驹生有母，言孤则无母。孤称立，则母名去也。母尝为驹之母，故孤驹未尝有母也。"案：此解亦是。此亦自孤驹一概念之定义言。自驹之出生之来历言，有母；自孤驹之定义言，则无母。盖"孤"之本义即是无母也。如此，"若孤驹而有母"，则自相矛盾者。此亦明每一概念皆有其独立之自性也。以上两条，亦是由离之思路而透露一种对于"存有"之洞见也。

12. 关于"黄马骊牛三"：

《释文》引司马云："牛马以二为三：曰牛，曰马，曰牛马，形之三也。曰黄，曰骊，曰黄骊，色之三也。曰黄马，曰骊牛，曰黄马骊牛，形与色为三也。故曰一与言为二，二与一为三也。"案：此由两形两色，分别说与合说合起来而为三。即由分别连合之发展而成三。故引《庄子·齐物论》"一与言为二，二与一为三"为喻也。实则两者并不相同，不可混而为一，亦不可以庄子语解此。《齐物论》云："既已为一矣，且得有言乎？既已谓之一矣，且得无言乎？一与言为二，二与一为三。自此以往，巧历不能得，而况其凡乎？故自无适有，以至于三，而况自有适有乎？无适焉，因是已。"庄子意以为一落于执着，则即可无限地葛藤下去，故最后云："无适焉，因是已"，其目的是在保持"达者"所证至之玄冥之一，此是不可说，不可思议者。而此处则是分解的表示，以为两个个体而可分解成三个概念也。此"三"不必由分别连合之发展而成。说牛与马，是分别；说"牛马"是拼合。而由分别拼合以明三，不合存有独立之思理。故"黄马骊牛三"，很可以是两个个体而加上黄、骊之色而为三。但如此，亦可以说"黄马骊牛四"。四个独立概念也。

13. 关于"鸡三足"：

①成疏云："数之所起，自虚从无。从无适有，三名斯立。是知二三，竟无实体。故鸡之二足，可名为三。鸡足既然，在物可见者也。"案：此解不相干。顺此解言，"鸡三足"有类于"卵有毛""犬可以为羊"等，很可以列入合同异组。

②《释文》引司马云："鸡两足，所以行，而非动也。故行由足，发动由神御。今鸡虽两足，需神而行，故曰三足也。"案：此解亦不成解。若如此解，则类乎"目不见"，只明由神而行，不能明三足也。犹两目以神见，不能谓三目也。

③冯友兰引《公孙龙子·通变论》云："谓鸡足，一。数足，二。二而一，故三。谓牛羊足，一。数足，四。四而一，故五。"（《中哲史》，272页）案《通变论》之言是承"羊合牛，非马；牛合羊，非鸡"而来。故承上引之文而结之曰："牛羊足五，鸡足三，故曰牛合羊，非鸡。"此只言"牛合羊"所成之积类不是鸡，不但不等于鸡，而且根本非鸡类也。亦犹"羊合牛"所成之积类非马类也。其"非鸡"之理由甚简单，即就鸡之足与"牛合羊"之足说，亦可明其不同。"谓鸡足，一"，此是说"总言鸡足，是一"，此只表示"足"一概念，即抽象地单言"足"也。"数鸡足，二"，则是说鸡足之数目二，此仍承认鸡足之数为二，不为三也。二一而一，故三"，是承上两步，加起来为三，此三是虚说，只是数目意义，并无实指也。此句实乃不相干者。并非说鸡足之数是三也。"牛羊"足处亦然，而且句法全同。故结语云："牛羊足五，鸡足三。"此并非说牛羊足之数五，鸡足之数三，乃是说在牛羊足处，可以说到五，在鸡足处可以说到三也。其所以有此差别，理由甚简单，只因"鸡"是二足，"牛羊"皆是四足而已。即因此足数之不同，即可明"牛合羊，非鸡"也。不能由此文以明"鸡三足"也。《通变论》之"牛羊足五，鸡足三"并非"鸡三足"之意也。（关于《通变论》，详解见另篇。）

故此条实为误传。若成玄英之疏稍有意义，则此条不当属"离坚白"组，当属"合同异"组。即划归于合同异组，亦并不真能明合同异之思理，与"卵有毛""犬可以为羊"同。就合同异言，皆貌似有此倾向，而实则皆似是而非之怪说也。

总上以观，一、二、三、四、五为一组，六、七、八、九为一组，十、十一、十二为一组：此三组皆能明"离坚白"之思理。至于十三条，则为误传。如依成疏解，则当划归于合同异组，如是合同异组当为九条。而此九条中，除"郢有天下"，"龟长于蛇"外，余皆不能明合同异也。由是观之，合同异组中之怪说大体终于为怪说，而离坚白组中之怪说则可并不为怪也。此见合同异并非易解，其恰当而最成熟之发展，则在庄子之玄理。此则中国哲人心灵之所擅长者。至于离坚白组，则较合同异组为可理解，此中思理为公孙龙之所独着，而不易消融于儒道两家者，而其本身亦无善继，故终于式微而不彰也。

公孙龙离坚白说以及其他诸义，详解见另篇。

二、公孙龙之名理

（一）《名实论篇》疏解

天地与其所产焉，物也。物以物其所物，而不过焉，实也。实以实其所实，［而］不旷焉，位也。［王启湘《校诠》（此下简称"王校"）谓："不旷上当有而字"兹据补。］

案："物以物其所物"意即：物，就其为物而物之。"不过"即"当"义。"不过"是反面说，"当"是正面说。过则虚，当即实。"不过"即"如其为物而物之"之引申义。此是由物以定实。"物"是客观指目之词，表"存在"。"实"是主观论谓之词，表称谓。"物以物其所物"，亦可等于说："物之存在之是而是其所是。"此即如其所是而是之也。

公孙龙

"实以实其所实"意即：实，就其为实而实之，或：如其不过之实而实其所实。"不旷"亦"不过"义，言不失不荡也。实恰如其实而不过便是"位"。凡实物皆有定位。虚恍游荡者无定实，亦无定位。譬如有笔于此，就笔之存在之是言，为物。假若因心理或生理关系，于此笔上而起种种游荡不定之幻象以环绕之，则即为"过"。此即不是"物以物其所物"。故剥落此环绕之幻象，笔如其为笔，则即为"实"。实与物最邻近，故凡物曰实物。若分言之，则只是一虚一实。"物"是实指，"实"是虚谓。"实"并非一指目之独立概念也。"实"可融化于物。故有时"实"即指物言。如名实对言，则"实"即实指之物。

但是"位"则稍不同。"位"虽亦是一虚谓，但可是一独立之概念：它或指一物所占有之空间言，此即其位置；或指一物本身所呈现之态势言，此即其样相。但不管是位置或态势，总指其形式特性言。就物言，"位置"是一空间概念，此比较抽象，而亦外在于物，故此可曰外在的形式特性；至于态势，则比较具体，而亦附着于物，故此可曰内具的形式特性。就人言，位置是由其社会关系对比而成，此亦是其外在的形式特性；态势则是其位置之实，及所以充实其位置（地位）而使人有如此之位置者，此可不由关系对比而显，而是此人本身所具之属性，故此亦可曰内具的形式特性。如君是对臣而言，由此而了解君位，则君之位置便是其外在的形式特性。但若由其某种道德知识才能所形成之总态势言，则位便是其内具的形式特性。朝廷有朝廷之位，社会有社会之位，乡党有乡党之位。所谓朝廷以爵，社会以贤，乡党以齿，是也。中国思想中以前提到位字，都比较具体。即就物言，亦很少单言其所占有之空间者。此抽象之空间观念，中国思想中并未形成，大都是连属于其内具的形式特性而具体地言之。人在社会上之地位，尤其如此。如《易经》乾卦之"六位时成"，此"位"便不单纯是那抽象的空间观念，而实在是连属阳九发展之态势而具体地言之。就人言，如《中庸》："君子素其位而行，不愿乎其外。素富贵，行乎富贵，素贫贱，行乎贫贱。"此中之位便都是比较具体，即各人之内在的固具情况。公孙龙此处所言之位，就一物之"实其所实"言，亦是此种具体言之之位。即连属于其内具的形式特性而具体地言之之位也。故以"实其所实"而定，不以空间关系或比较关系而定。此似是偏重于"位"之"自性"，即内在于自己而显之位，而不偏重于其"他性"，即对他之关系而显之位。

以上是由物以定实，由实以定位。物是存在，实是称谓，位是如其实之

荀子与名家

情况（Situation），样相（Form）或态势（Modality），即如其实而自持其实，不过不旷，不失不废。

出其所位，非位。位其所位焉，正也。以其所正，正其所不正，"疑"其所正。（俞樾云："疑，当读如诗靡所止疑之疑。毛传曰：疑，定也。"）

其正者，正其所实也。正其所实者，正其名也。

案："出其所位"，即离其实所定之位。离其实所定之位而游荡，则无论在任何处，居任何情况，皆非其固有之实，即非其固有之位，此即所谓"非位"。"非位"即不当其位，不当其位即不正。《易》艮卦《象》曰："君子以思不出其位。"无论人或物皆有其定实定位。出其位，则无实，亦根本无位。故归于其实所定之位，则有实有位，此即是"正"。"位其所位"即处其所同有之位而不游荡，故正。此是由位以定正。正者恰当之谓也。"以其所正，正其所不正"，即以其所以为恰当者纠正其所以为不恰当者，即遮拨其游荡。既遮拨其游荡，则归于其自身所固有之位，而其自身之所以为恰当者亦得而定焉。此以遮拨游荡来定其"所正"，即以排拒而限定出其自身之"正"，是以"正"之"定"是通过一种排拒（Exclusion or negation）而成者。在排拒关系中，始有一种限制（Limitation），一种决定（Determination）。借此限制或决定来表示正之"定"。"定"者稳定义，贞定义，固定或凝定义。定其所正，则正成其为正。"正者正其所实也"，即以"正其所实"表示正（实正，位亦正）。名实对言，正其所实即"正其名也"。实正则名定。名以指实，实以定名。名与实间有一—对应之关系（One–One cor-trespondence）。

由物定实，由实定位，由位定正，此皆是由客观面直接推演而成。由实之正而至名之正，则是主客两面对待说。逻辑言之，物、实、位、正，皆是属于存在一面之词，而"名"则是符号一面之词。

其名正，则唯乎其彼此焉。谓彼，而彼不唯乎彼，则彼谓不行。谓此、而"行"不唯乎此，则此谓不行。（王校：而下"行"字，当为"此"字之误。此说是。）其以当，不当也。（王校：此句当做"其以不当当也"非。）

不当，而乱也。（俞樾曰：此句当做"不当而当，乱也"。亦非。）故彼彼当乎彼，则唯乎彼，其谓行彼。此此当乎此，则唯乎此，其谓行此。其以当而当也。以当而当，正也。

案：此正式讲名实之间之关系。此关系是"指谓"关系。以名名之曰"谓"。此处公孙龙所意谓之"谓"即普通所谓"叫做"之意。如"大而化之之谓圣"之"谓"，"天命之谓性"之"谓"，等等。"以名名之曰谓"亦可以说为"以名名之之谓谓"，此中"之谓"之"谓"亦可以是此处所说"谓"字之意。此是"谓"字之最一般的意义。若进一步详细分别，则有待于"名"之分别与"实"之分别。但公孙龙并未做此工作。《墨辩》亦未有此分析。后来荀子稍有接触，但亦不尽。

名之正不正以何而定？名本身无所谓正不正。其正不正是以其对于实之关系而定，依公孙龙之意，"唯乎其彼此"曰正，不唯乎其彼此，则不正。"唯"者应诺也。即普通所说之"是"或"对"。"唯乎其彼此"即"是乎其所名于彼或所名于此者"。如果名谓之以彼（谓彼），而他不应乎此"彼"，则"彼"之谓便不能施行（"彼谓不行"即"彼"这个名谓不行）。如果名谓之以"此"（谓此），而他不应乎此"此"，则"此"之谓便不能施行。"不行"即不当也。

以彼或此谓之而不行，便是以为当而实不当也（"其以当，不当也"）。不当，而谓之，便是乱也（"不当而乱也"）。原文"其以当，不当也。不当，而乱也"，无误。王校及俞校皆非。"其以当"是承上文"谓彼""谓此"而言，"不当也"是承上文"彼谓不行""此谓不行"而言。谓彼谓此，即以为是当而可谓之。彼谓此谓不行，即实则并不当也。语意甚顺。此语意并非"以不当为当也"。乃是"以为当而实不当也"。"不当，而乱也"，即"不当，乃乱也"，或"不当，则乱也"。此语意亦不同于"不当而当，乱也"。"不当即乱"，此是客观地说。"以不当为当"（不当而当），此是主观地说。公孙龙原文是前意，不是后意。

以上从反面说，即从"不唯"说"其以当，不当"。下即从正面说"其以当而当"。如果以彼彼之（"彼彼"），而"当乎彼"，则即是应乎彼之谓（"唯乎彼"）。在此情形下，彼之一谓便能行乎彼，（"其谓行彼"）。如果以此此之（"此此"），而"当乎此"，则即是应乎此之谓（"唯乎此"）。在此情形下，此之一谓便能行乎此，（"其谓行此"）。其谓行乎此或行乎彼，便是"其以当，而当"。"其以当"承"彼彼，此此"而言，"而当"则承"其谓行彼，行此"而言。即"其以为当而谓之，而实当也"。实当，则正也。"以当而当，正也"。"以当不当"，乱也。

故彼彼止于彼，此此止于此，可。彼此而彼且此，此彼而此且彼，不可。

案：此综结上文。故以彼彼之，而止于彼；以此此之，而止于此：可。所以"可"者，以其当也。此承上文"彼彼当乎彼，则唯乎彼，其谓行彼。此此当乎此，则唯乎此，其谓行此"而言。彼实是彼，而我以彼之一谓谓之亦当于彼，则此名谓即恰当而不乱。"止于彼，，即定于彼。定于彼，则彼谓行也，或其彼之谓即行乎彼也。"此此"句亦同此解。

若此而彼之，则彼也而实此；彼而此之，则此也而实彼；此则不可。其所以"不可"者，以其"不当而乱也"。此承上文"谓彼，而彼不唯乎彼，则彼谓不行"等而言。"彼谓不行，此谓不行"，即名实不当也。故正名实者，即正实以正名，而求名实间指谓关系之当也。

案：《墨经》亦有与此相应之讨论。

《墨经下》："循此，循此与彼此同，说在异"

《经说下》："彼：正名者彼此。彼此可：彼彼止于彼，此此止于此。彼此不可：彼且此也。彼此亦可：彼此止于彼此，若是而彼此也，则彼亦且此，此（亦且彼）也。"（依孙诒让，当补"亦且彼"三字。）

此《经说》显与公孙龙《名实论》相接谈，但不如《名实论》之清楚。《经》文尤其隐晦不明。依《经说》观之，"循此"即顺此，似即"此此"之意。但"此此"与"彼此"不同，何以说"同"？笼统言之，"此此"只就一项言，"彼此"是说两项，义亦可同。但若细察之，其中亦有分别。故曰："说在异。"（"循此"之循改为"彼"亦可。如是，《经》文当为："彼此：彼此与彼此同，说在异。"意即同是彼此，而有分别，故曰"说在异"。此"异"即《经说》中所解析之可与不可也。此似亦可通。但无校刊训诂上之根据。从义理上说，依《经说》观之，似不出上两解析。）

关于《经说》，若完整言之，首句似当为："彼此：正名者彼此。"原文脱一"此"字。"正名者彼此"显指公孙龙之《名实论》言。其意是：言正名者，常就"彼此"而言。或"彼彼止于彼，此此止于此"。或"谓彼而彼不唯乎彼，则彼谓不行。谓此而此不唯乎此，则此谓不行。"或"彼此而彼且此，此彼而此且彼"。如上所解。今《经说》即顺此而言之。有三层分别：

1．"彼彼止于彼，此此止于此。"此为"彼此可"。此是分别地说彼或此俱有当也。故曰"彼此可"。意即：对于"彼此"，若是如此说，则可。此《经说》句显从公孙龙来。

2．"彼且此也，（此亦且彼也）。"（依孙诒让，当补后一句，不补亦可。）此为"彼此不可"，言谓彼而又是此，谓此而又是彼，彼不止于彼，此不止于此，彼此无当，故"不可"。言若说"彼此"而如此，则不可。此显然同于公孙龙所说"彼此而彼且此，此彼而此且彼，不可"。

3．若真彼此分不清，即不能彼止于彼，此止于此，而实是彼此混，则此时"彼此止于彼此"（不是彼止于彼，此止于此，而是彼此混止于彼此混），彼此混当于彼此混，则"彼亦且此，此亦且彼"便可。此层意思，公孙龙未言及。

以上三层分别言可不可，即明《经》文"说在异"之"异"也。

公孙龙与《墨经》俱主张定彼此、正名实。此可曰积极的名家。然庄子依玄理之立场，则不以为彼此能定，是非能正。彼用惠施"物方生方死"之"方生之说"以明"彼此莫得其偶"。《齐物论》云："物无非彼，物无非是（此）。自彼则不见，自知则知之。故曰：彼出于是，是亦因彼。彼是、方生之说也。虽然，方生方死，方死方生。方可方不可，方不可方可。因是因非，因非因是。是以圣人不由，而照之于天，亦因是也。是亦彼也，彼亦是也。彼亦一是非，此亦一是非。果且有彼是乎哉？果且无彼是乎哉？彼是莫得其偶，谓之道枢。枢始得其环中，以应无穷。是亦一无穷，非亦一无穷也。故曰：莫若以明。"此整段意思主要是"彼是莫得其偶"一句。此显然由公孙龙《名实论》中之"彼此"，及《墨经》中"正名者彼此"而来。但庄子旨在明玄理，齐是非，故不顺他们之立场以辩。而是采用惠施"方生方死"之说以混彼此与是非。其不同甚显。孙诒让《墨子间诂》于上引《经说》文之下，节引庄子此段文，而谓庄子所说"亦与此义略同"。实则根本不同，焉得谓为"略同"？是训诂家于校刊训诂有章法，而于义理全无章法也。

惠施、庄子、桓团、公孙龙以及墨子集团中之辩者，其时代前后相差不远。有名辩之兴趣者，则参与问题内部相接谈或相反对。至如庄子者，则是另一境界，根本无此名辩之兴趣。彼只处于局外，冷眼以观，道听途说而拾取辩者之口实以抒发别义。（彼对于辩者内部问题根本无兴趣，故亦不对之负责。故其道听途说，随便取用，可无碍。否则，不可。此不可不知。）如指马，彼此，皆拾取当时辩者（公孙龙系）之口实而别发玄义者也。

儒家孟子亦处于此时，但更不参与其中，根本不与闻问。庄子之灵魂是玄理，其根底是道家。能大畅玄理，而不能开辟名理。孟子之灵魂是性理，其根底是儒家。能大畅性理（心性，性命天道），而不能开辟名理。名家辩名实，定彼此，独能开辟"纯名理域"。虽不及孟、庄之成熟，然要亦有价值。公孙龙尤其著者也。惜乎无孔、老者为之前，亦无如孟、庄者为之后，故"名理域"在中国遂枯萎而不振也。

以上就彼此，分别言可不可，以定名实间之指谓关系。此下即总结名实关系而言之。

夫名，实（之）谓也（当补"之"字）。知此之非（此）也（俞樾谓当补"此"字，是），知此之不在此也，"明"不谓也（俞氏谓"明"当为"则"）。知彼之非彼也，知彼之不在彼也，则不谓也。

案：此综言名实间之指谓关系也。如果吾人能知此不是此，或此不在此，能知彼不是彼，或彼不在彼，则便不可以此谓之，或以彼谓之。譬如说，假定知牛实不是牛，或牛并不在这里（"不在此"之"此"似乎只好做"这里"讲，与"此之非此"句中"非此"之"此"不同），则便不能以"牛"去谓之。牛实不是牛，（此之非此），即说它是牛而它实不是牛，则"牛谓"不行。既知牛谓不行，（知"牛之非牛"），则便不可以牛谓之（"知"字重要，不可忽）。知"牛不在此"，（知此之不在此），则便无对象可指。既知无对象可指，则亦不能以"牛"谓之。"则不谓也"意即在此情形下，不以某某名谓之也。对应"知此之非此"言，"则不谓也"是"不可以此去谓之"。对应"知此之不在此"言，"则不谓也"是"不能以此去谓之"。"不可以此去谓"是表示有实而实不对，实不对而谓之，是乱。不当之谓"乱"。故"不可"也。"不能以此去谓"是表示无实而名无所施，无所施而名之，是空。无所有之谓"空"。既空矣，又焉能以此或彼去谓之？故"不能"也。"不能"者，言谓之而无意义也。"知彼之非彼"方面亦如此解。

至矣哉！古之明王！审其名实，慎其所谓。至矣哉！古之明王！

案：此赞古之明王既能审察其名实，又能谨慎其所谓，故能得事理之正，而天下以治。此其所以为明王也。古之明王既如此，而自春秋战国以来，贵族政治渐趋崩解，周文罢弊，礼乐不兴，名实多乖，名器多滥。故易引发人注意名实问题也。然直就政治而言政教方面之名实问题，则始于孔子之正名，并发展而为儒家之春秋教；以政教方面之名实乖乱为现实之缘，引发而为更一般化抽象化之纯名理之辩，则始于战国时之名家，惠施、公孙龙其选也，《墨辩》继之，而以荀子之《正名篇》为殿。故公孙龙之归赞明王，亦只明其纯名理之辩之现实因缘，并明其纯名理之辩亦有实用之意义而已。实则此实用之意义并不直接，只提及之以壮声势而已。名家之本质的意义实在其进一步而为纯名理之谈也。由现实之因缘解放而为一般化抽象化之名实，纯名理地谈之，不为政教方面之名实所限，此则更显"理智之俊逸"。公孙龙之《名实论》即名家名理意义之名实之典型也。然后之论名家者，概从孔子之正名说起，以现实因缘为本质，而于名家内部名理之辩则大都视为"苛察缴绕""怪说琦辞"，不复知有名理之境，亦不复能欣赏其"理智之俊逸"也。是则既失名家之所以为名家，亦失孔子言正名之发展为春秋教之义也。孔子之言正名，不只被借以徒为名家之现实因缘，其本身即有其本质之引发，此即单言政教方面之名实，滋长壮大，发展成熟，而为儒家之春秋教也。孔子固非名家，儒家亦非纯名理之谈者。然而其直就政治而言政教方面之名实，特显价值判断之名实而为春秋教，则是儒家客观精神之表现，亦即义道之客观地建立或名理地建立，此则固有其本质之意义，亦显儒家"道德之庄严"。故孔子之正名若只牵引而为名家之现实因缘，复以此现实因缘为名家之本质，则既失名家理智之俊逸，亦失儒家春秋教道德之庄严。兹判而分之，儒、名两得，义智双彰，而于政教方面之名实，则只视为名家之现实因缘，而非其本质，如是苛察缴绕之讥，怪说琦辞之责，亦可以不作矣。以下试略言儒家正名实之意义。

《论语·第十三》：

子路曰：卫君待子而为政，子将奚先？子曰：必也正名乎？子路曰：有是哉！子之迂也！奚其正？子曰：野哉！由也！君子于其所不知，盖阙如也。名不正，则言不顺；言不顺，则事不成；事不成，则礼乐不兴；礼乐不兴，则刑罚不中。刑罚不中，则民无所措手足。故君子名之必可言也，言之必可行也。君子于其言，无所苟而已矣。

此为孔子言正名最完整之一段，亦正名观念之最早者。此虽就卫国政治之特殊情形而发，然亦实反映春秋时代之普遍现象，即周文罢弊，名实乖乱。孔子言正名，主要目的是在重典礼乐，重整周文之秩序。其所意指之名实主要是就政教人伦说，不是纯名理的名实。最简单而显明的表示当该是："齐景公问政于孔子。孔子对曰：君君，臣臣，父父，子子。"有君之名，即要尽君之道。君之道即君之实。父子等亦然。此名实显然就人伦说。就卫国所言之正名，亦是此种名实。盖卫国当时之情形亦实是君不君、臣不臣、父不父、子不子也。故云"名不正，则言不顺；言不顺，则事不成"等等也。

就基本之人伦名实再扩大而求一切名器之不紊，不僭不滥，一切恰如其分，则礼乐可兴矣。其言正名实之标准主要是礼。而当紊乱无礼之时，此中即有一种褒贬进退之正名实之工作，由之而表现客观之价值判断，以显示一义道之树立。此即所谓春秋教也。此是另一领域之开辟，即所谓客观精神（义道）之开辟也。故司马迁云："春秋者，礼义之大宗也。"此中之正名实是依附于义道之建立而显，由此特显"道德之庄严"，不显"理智之俊逸"。故此正名实非纯名理的，故亦不能开辟"名理领域"也。

《春秋》本有一种"正言析辞"之工作。孔子就鲁史而修《春秋》，首先是修辞润文。《春秋公羊传·庄公七年》："不修春秋曰：雨星不及地尺而复。君子修之曰：星陨如雨。"此"君子修之"即孔子对于原文之修润。不只是修辞上之修润，且有"当名辨物"之修润，此亦几近于名理矣。如《公羊传》十六年经"陨石于宋，五。是月，六鹢退飞，过宋都"。传："曷为先言陨而后言石？陨石，记闻。闻其磌然（磌音田，石落也），视之则石，察之则五。……曷为先言六而后言鹢？六鹢退飞，记见也。视之则六，察之则鹢，徐而察之，则退飞。五石六鹢何以书？记异也。外异不书，此何以书？为王者之后记异也"。于陨石，则先陨后五；先闻其声，视之则石，察之则五。于六鹢退飞，则先六而后鹢；先见其数，察之则鹢，再察则退飞。此亦几近于一种名理之秩序，言之极审而慎也。"为王者之后记异"，则表示不只是"当名辨物"之正言析辞，且亦进而显示"道德之庄严"。其余褒贬进退，书不书，所谓春秋笔法，皆是以显示义道为主，其正言析辞自必甚谨，即甚有逻辑之秩序（逻辑的，而非逻辑本身）。《穀梁传》于此则云："先陨而后石，何也？陨而后石也。……后数，散辞也。耳治也（即《公羊》之"记闻"）。……六鹢退飞过宋都，先数，聚辞也。目治也。（即公羊所谓"记见"）。子曰：石无知之物，鹢微有知之物。石无知，故曰之。鹢，微有知之物，故月之。君子之于物，无所苟而已。石鹢，且犹尽其辞，而况于人乎？"经文之书法固不必尽如公谷之所传，然孔子作《春秋》总不能谓其无"正言析辞"之工夫与褒贬进退之义法也（褒贬进退，人皆知之。至

荀子与名家

"正言析辞"之名理精神，则后之董仲舒甚能注意及之。参看《春秋繁露·深察名号篇》)。自"当名辨物，正言断辞"(《易传》语)而言，则有一种"名理之秩序"；自"褒贬进退，礼也，非礼也"而言，则有一种"道德之庄严"。春秋以后者为主，而以前者为从，故终为儒家之春秋教，而非名家之纯名理也。"君君，臣臣，父父，子子"，即春秋教之正名实，而"彼彼止于彼，此此止于此"，则是纯名理之正名实。两者间固有极显著之差别。纯名理之正名实是就政教人伦之正名实进一步而来之解放（理智之解放)，解放而为更一般化，抽象化之纯名理之谈，故能开辟"名理域"，而显理智之俊逸。就儒家之春秋教言，其政教人伦之正名实并非不足而需要解放，而乃其本身即甚足者，其本质即是义道之建立。纵使是解放，亦是义道之解放，不，乃是义道之充分发展，发展而为春秋教，而非向纯名理域解放也。名理域之开辟是纯理智之解放，是智性之独立发展。而于春秋教中，则智属于义，摄于仁，而为仁道义道之建立，而非名理之建立。故春秋时代孔子之正名实乃向两路发展：一是发展而为儒家之春秋教，义道之建立；一是稍后发展而为名家之纯名理，名理域之开辟。此两者决不能混一说。不幸后之记载学术流派之史家全不了解此中之分别，全无了解"名理域"之独立意义之能力，遂只以笼统之"正名实"说名家，而于"名理域"之名理则视为苛察缴绕而泯没之，如是则名家之所以为名家全不显，而于儒家道德之庄严与名家理智之俊逸遂亦两俱失之矣。试看以下之记载：

司马谈《论六家要旨》曰："名家苛察缴绕，使人不得反其意。专决于名，而失人情。故曰使人俭而善失真，若夫控名责实，参伍不失。此不可不察也。""控名责实，参伍不失"，此只是正名实。儒家春秋教亦正名实，法家综核名实亦正名实。此岂名家之所以为名家者哉？"苛察缴绕，使人不得反其意"云云，正是不解"名理域"之独立意义之不相干评语。若只是"苛察缴绕"，则亦只是病而已。病不可以说家。若去其病，则所余者只是正名实。只是正名实，又岂足以名为名家哉？

班固《汉书·艺文志》说名家云："名家者流，盖出于礼官。古者名位

不同，礼亦异数。孔子曰：必也正名
乎？名不正，则言不顺。言不顺，则事
不成。此其所长也。及譤者为之，则苟
钩鈲析，乱而已。""此其所长也"句
以上，说儒家之春秋教，则更恰当。对
名家言，若只视为现实之因缘，亦可。
但现实之因缘是一事，其所开辟之独
立之本质又是一事。而班固于此独立
之本质完全不能了解。只以"苟钩鈲

青铜鼎（春秋战国）

析，乱而已"，一语抹去之。如是，所余者只是孔子之正名。若如班固所云，
孔子是名家不亦更恰当乎？且无"譤者"之病！

《隋书·经籍志》说名家云："名者，所以正百物，叙尊卑，列贵贱，各
控名而责实，无相借滥者也。《春秋传》曰：古者名位不同，节文异数。孔
子曰：名不正，则言不顺；言不顺，则事不成。周官宗伯以九仪之命，正邦
国之位，辩其名物之类是也。拘者为之，则苟察缴绕，滞于析辞，而失大
体。"此皆沿袭司马谈、班固之说，而稍异其辞。用之以说儒家春秋教，最
为恰当，而于名家，则全不沾边。此见史家叙学术流派，常对于学术内容全
无所知，只望文生义而已。故史家之记载名家，记来记去，名家归于消灭而
不知其何所在。

此病不自汉之史家始。荀子虽能做正名，于名理域之纯名理亦有贡献，
然对于其前辈所开辟之"名理域"则完全不能赏识。《非十二子篇》云：
"不法先王，不是礼义，而好治怪说，玩琦辞，甚察而不惠（王念孙云：惠
当为急），辩而无用，多事而寡功，不可以为治纲纪，然而其持之有故，其
言之成理，足以欺惑愚众：是惠施、邓析也。"若如荀子所言，其《正名篇》
所言之名理亦是无用者。只春秋教即可以为治之纲纪矣。此足见荀子理趣之
不广也。是以礼义纲纪自是礼义纲纪，名理自是名理。荀子之正名犹是名家
所开辟之"名理域"中之事也。荀子既"隆礼义"，又可以言正名，然则惠

施、公孙龙之名理又何碍于礼义纲纪乎?

(二)《白马论篇》疏解

公孙龙为赵平原君家之客。食客无事,以闲谈为事。假若不是"饱食终日,无所用心",亦不只是"好行小慧,言不及义",则虽不谈政治道德之"义",亦可及于名理之义。此示于闲谈中,智思清朗,而于学问亦有价值者。故前谓名家显理智之俊逸。

公孙龙当时所谈者必甚多。如《天下篇》所记二十一事中,其属离坚白组者,如:火不热;目不见;矩不方,规不可以为圆;凿不围柄;指不至;至不绝;轮不辗地;飞鸟之影未尝动也;镞矢之疾而有不行不止之时;一尺之棰,日取其半,万世不竭;狗非犬;孤驹未尝有母等,虽不必皆是公孙龙之所发,然彼亦必参与其中而有分焉,而衡之其思理,彼亦实可主张如此之怪说。至于有辩说之理由而著成文篇者,则有"白马非马"之辩,"羊合牛非马""羊牛而牛而羊"之辩,"坚白离藏"之辩,此皆其著者也。本文先疏解《白马论》,以明"白马非马"之意。

就"白马非马"言,空竟谁是首先创始者,则不易断定。当时宋人儿说亦持"白马非马"之说。《韩非子·外储说左上》云:"儿说,宋人,善辩者也,持白马非马也,服齐稷下之辩者。乘白马而过关,则顾白马之赋。故借之虚辞,则能胜一国。考实按形,不能谩于一人。"韩非谓儿说持"白马非马"之说。并以为无论如何辩,当其"乘白马而过关",则仍需缴纳马税,是则白马仍需照马办,不能巧辩其为"非马"而不缴税也。故云:"借之虚辞,则能胜一国。考实按形,不能谩于一人。"以韩非之校练,固不契辩者之虚辞。[关于"乘白马而过关,则顾白马之赋"句,王先慎曰:"顾,视也。古人马税当别毛色,故过关视马而赋,不能辩也。"陈奇猷谓:"顾、雇通。《后汉书·桓帝纪》注:雇、酬也。又下白字当删。乘白马而过关,则顾马之赋,谓:乘白马而过关,则仍酬马之赋,不能谓其非马而不赋也。王说非。"(陈奇猷:《韩非子集释》下,630 页)。]

谁始创，且不问。兹所注意者，乃"白马非马"之意。今本《公孙龙子·迹府篇》云："龙与孔穿会赵平原君家。穿曰：素闻先生高谊，愿为弟子久。但不取先生以白马为非马耳。请去此术，则穿请为弟子。龙曰：先生之言悖，龙之所以为名者，乃以白马之论尔。今使龙去之，则无以教焉。且欲师之者，以智与学不如也。今使龙去之，此先教而后师之也。先教而后师之者，悖！且白马非马，乃仲尼之所取。龙闻楚王张繁弱之弓，载忘归之矢，以射蛟兕于云梦之囿，而丧其弓。左右请求之。王曰：止！楚人遗弓，楚人得之。又何求乎？仲尼闻之曰：楚王仁义而未遂也。亦曰人亡弓、人得之而已。何必楚？若此，仲尼异楚人于所谓人。夫是仲尼异楚人于所谓人，而非龙异白马于所谓马，悖，先生修儒术，而非仲尼之所取；欲学，而使龙去所教，则虽百龙固不能当前矣。孔穿无以应焉。"

据此，则知"白马非马"只是白马异于马，"非"字乃"异"义。故此句并非"白马是马"之否定，只是另立一义耳。白马与马之间当然有一种差别。就此差别而谓其"异"，并不含对于"白马是马"之否定，而谓其不是马也。楚人与人之间亦有一种差别。异楚人于人，并不含否定"楚人是人"也。然则"白马非马"之辩，此中真正问题乃在"是"字与"非"字之意义。而"白马非马"一语之逻辑意义与价值亦在其所显示之"是"字"非"字各有不同之意义，以及其所显示之共名与别名或个体名之不同，而不在"白马非马"一语本身也。依《迹府篇》所记载之故事，"白马非马"之意是如此，然则《白马论篇》之往复辩难，是否亦显此意？以下便是原文之疏解。

第一问答

白马非马，可乎？

曰：可。

第二问答

曰：何哉？

曰：马者所以命形也，白者所以命色也。命色者非命形也。

荀子诠解

荀子与名家

故曰：白马非马。

案：以上第一问答首先肯定"白马非马"可。"可"，是言此句可以成立。第二问答即明所以可之故。其故即在："白马"是形与色合，而"马"则只是"形"名。如果视"白马"为个体名，则此差别即是个体名与类名之不同。如果视"白马"为别名（依荀子）或种名（或目名），则白马与马之差别，即是别名与共名之差别，或种名与类名之差别，或目名与纲名之差别。即依此差别而言"白马非马"。故此"非"字显然只明此两名之不同。所谓异白马于马，异楚人于人也。

关于"命色者非命形也"句，意即：命色之名非命形之名，此即意函说："白马"是色名与形名合，而马则只是形名，故白马异于马，不等于马也。谭戒甫将此句改为"命色形非命形也"，则为多事，实可不必（谭戒甫：《（公孙龙子）形名发微》16页）。

第三问答

曰：有白马，不可谓无马也。不可谓无马者，非马也？有白马为有马，白"之"非马，何也？

案："之"字误，当为"马"，或"之"字上脱一马字。此显然是问："白马非马何也？"并非问："白之非马何也？"白当然非马，故此问为不必须。而旧注曰："白与马连，而白非马，何故？""白与马连"成白马，只能因之而问"白马非马，何故？"焉能因之而问"白非马，何故？"故此旧注亦是不通之强说。

谭戒甫谓："且白为马之色，无白固有马，白之，亦犹是马。今白之谓为非马，何耶？言不可也。"（同上17页）。此似是将"白"作动词用，"白之"即"白它"（以白白之）。此亦是强为之解。不可从。

案：此第三问难是从"有白马"确定"有马"，由"有马"确定"白马是马"。此是难者不求解公孙龙说"白马非马"之意，只管说"白马是马"。

曰：求马，黄黑马皆可致。求白马，黄黑马不可致。便白马乃马也，是所求一也。所求一者，白者不异马也。所求不异，如黄黑马有可有不可，何也？可与不可，其相非明（矣）。故黄黑马一也，而可以应有马，而不可以应有白马，是白马之非马审矣。

案：此第三答难进而申明"白马非马"之故。白马既是色名与形名合，马只是形名，故求"马"，黄黑马皆可至，求"白马"，黄黑马不可至，只有白马可至。此明示白马不等于马。此"不等"即是共名与别名之不等。公孙龙既认"非"为"异"，复认"是"为"同"（等）。"使白马乃马也，是所求一也"，此一反驳之句，即示以同视"是"。言假使白马就是马或等同于马，则所求而至者何以有不同？言当该是同，即"一也"。如果所求而至者是一，则白亦无以异于马。此恶乎可？其实纵使白马是马，所求而至者亦不必是"一"，亦可达到"求马、黄黑马皆可致，求白马、黄黑马不可致"之结论。是则"是"字必有另一种意义。当吾人说"白马是马"，不必意谓白马等同于马。今公孙龙未能察及此中之分别，遂只以习等同"视"是"矣。"是"字之不同意义，详解见后。

第四问答

曰：以马之有色为非马，天下非有无色之马也，天下无马，可乎？

曰：马固有色，故有白马。使马无色，有马如已耳。安取白马？故白（马）者非马也。白马者，马与白也。马与白马也，故曰：白马非马也。

案："故白者非马也"句，原文脱"马"字，顺文意当补。白非马乃无问题者，岂待因、故之辩？"白马者，马与白也"，即承上"白马者非马也"句而重新说明之。"马与白马也"句，是另起，下接"故曰"。言依以上之说明，此乃是马与白马之异也，"故曰：白马非马也"。

普通是"白马者，马与白也，马与白马也"连读，语意遂不通。俞樾谓："此两句中，各包一句。其曰马与白也，则亦可曰白与马也。其曰马与白马也，则亦可曰白马与马也。总之离白与马言之也。"案此解迂曲纠缠，只是强为之说，全不顾"白马者"起句之语意，亦泯灭论辩中主从本末之轻重。

谭戒甫亦是将此两句连读，并谓："此马与白马也句，当做白与马也。

荀子诠解

荀子与名家

……下文马未与白为马，白未与马为白，即承此二句申言之，可证。兹删马字，乙转白字。"（谭著 17 页）并谓"故白者非马也"一句"为起下之辞，当连下读。"（谭著 18 页）如此，据其读法与删改，此答辞之后半段几句当做："故白者非马也；白马者马与白也，白与马也；故曰：白马非马也。"此亦可通。唯删改较多。与吾之读法，各有利弊。吾未能决定何者必为较好。故亦介绍谭说，两存之，以供读者参考。

若一字不改，保存原文，而读法则于首句采谭说，于"马与白马也"句，则取吾之读法，此亦可通。如是当为："故白者非马也，白马者，马与白也。马与白马也，故曰：白马非马也。"如是读，好处在不变动原文。

又案："有马如已耳"，旧注曰："如，而也。"此可从。"有马如已耳"意即"只是有马而已"。冯友兰谓："已似当为己。如已即 as such 之意"（《中哲史》，256 页）。此在义理可通，而于语意，则不必如此改。"只是有马而已"意即含"只是马自己"也。此句足示公孙龙确有抽象的思考。具体的马自有种种具体的颜色，乃至种种其他具体的特征。如将此种种具体特征尽行抽去，则只是马而已。此"只是马"即是"马自己"，即马之大共名。此只是一"纯普遍性"之自己。即白马不做具体的个体看，亦视做一类名，即白马类，或别名，则亦不是"马"这一纯普遍性之自己。"马自己"只是一个纯普遍性之"存有"，并无具体之存在，现实之存在，或时空中之存在。推之坚、软、黄、黑、白等性之自己亦皆是一纯普遍性之存有。再推之，即使是白马、黄马、黑马等，如视做类名，虽增多颜色之内容，亦仍是概念之存有。此意即函唯有当下在时空中这个具体的特殊个体方有现实的存在。此亦即函"存有"与"存在"之分别。此即《坚白论》中"离藏"一思想之所由。故"白马非马"之辩实不只是两者之不同（异）而已，且由此不同中能进而显露出所不同者之是什么之分辨，并显示公孙龙对于概念之存有确有一种存有论的洞见。故白马非马之辩，其逻辑意义与价值有以下之三点：

一、显示"是"字与"非"字各有不同的意义。

二、显示"存在"与"存有"之区别，个体名与别名共名之区别。

三、显示对于"概念之存有"有一种存有论的洞见（Ontologicalinsight）。

第五问答

曰：马未与白为马，白未与马为白。合马与白，复名白马。是相与以不相与为名，未可，故曰：白马非马，未可。

案：此是难者以马与白两独立概念之离合为难。意言若如汝所说，马与白可离，各自独立，则马即不因与白合而为马，白亦不因与马合而为白，是即马与白离而不相与也。既不相与，今复"合马与白"，而名曰"白马"，是又"相与"也。然则是岂非"相与以不相与为名"乎？此则大不可矣。此既不可，则汝之论辩有病，故主"白马非马"，亦不可。意言：此既不可，则不若白与马不离，如是，则虽"白马"，而毕竟仍是马也。是故汝言"白马非马，未可"。

此难者之辩并不成立。马与白当做概念看，虽可各自独立，然并不妨碍其相与而为"白马"。难者之意似是马与白既抽象而离矣，即永不可再合。故有"相与以不相与为名"之难。实则马与白是就"白马"抽离而言之，其离而为二，各自独立，是抽象中概念之存有事，而"白马"则是实际之事实，焉可因抽象之离即谓其永不可再合耶？凡言抽离，皆是有所凭有所据，并非寡头不相干之星散概念，突如其来，因而始可发生如何能"相与"之问题。故此难实表示难者并无抽象之思考力。唯此中实含有认识论之问题与存有论之问题，此将在《坚白论》中讨论之，现暂不涉及。

曰：以有白马为有马，谓有白马为有黄马，可乎？曰：未可。曰：以有马为异有黄马，是异黄马于马也。异黄马于马，是以黄马为非马。黄马为非马，而以白马为有马，此飞者入池，而棺椁异处，此天下之悖言乱辞也！

案：此答难亦有问题。兹且不论。此整个之答辞似与难者之意并不相对应。人固可曰：暂不作答，别起诱敌。但此径直之一问一答之论辩似不应完全不相涉。又察下文最后之问答，答辞亦与难意不相对应。谭戒甫以为此最后之问答并非一难一答，乃皆为论主自己追述或引申之意，此尤离奇。兹察最后之答辞倒反与此处上列之问难相对应，而此处之答辩倒反与下文之问难相对应。故吾以为似有错简。试移最后之答辞于此，看是否较为通顺：

曰：白者，不定所白，忘之而可也。白马者，言白定所白也。定所白者，非白也。马者无去取于色，故黄黑（马）皆"所"以应。白马者，有去取于色，黄黑马皆"所以"色去，故唯白马独可以应耳。无去者，非有去也。故曰白马非马。

案：此方像是对此第五问难而辩。盖此第五问难以马与白两独立概念之离合为难，此是就论主之意姑先子而后夺之。难者之意既如此，故此答辩即就马与白两独立概念之自性，分辨白与"定所白"而答之。"白"即白之自己，亦可曰"不定所白"之白。"定所白"者，言白规定其"所白"之物，如马、纸、笔之类，而其自身即得一附着处；而为白所定之物亦因而得一限定而有一特殊之内容，此若就马而言，即所谓"白马"是也。故"白马"者，就马而言，则马即因为白所定，而得一限定、具一特殊内容之马也。此时马即不是一纯普遍性之自己，而是一有限定，有特殊内容之"白马"。就白而言，则白亦非"白之自己"（即非"不定所白"之白），而是一"定所白"而有附着处之白。故曰："白者不定所白，忘之而可也（案：此即《坚白论》中所谓"离藏"）。白马者，言白定所白也（案：此就白而言，亦函就马而言）。定所白者，非白也。"此几句甚扼要而亦甚具逻辑意义之答辩，即答难者"白、马两独立概念何以能相与而为白马"之难也。此答复中之说明是一逻辑之说明。此或不甚能满足有哲学追问之兴趣与有训练之读者，例如尚可提出认识论之说明与存有论之说明等，然此种逻辑之说明要亦是相干之说明，而非如前列原有之答辞似全不对应也。吾将此答辞移于此，固无版本之根据。然此种少有整理之书，年代久远，早已错简乃可能者。吾以义理之关联衡之，移于此而可使问答较为对应，并能使问答之意更为显明而顺适，且亦不背原有之思理与意指，则移置之当无不可，亦且有助于读者之理解。

以上基本观念既明，则此答辞后半段诸句皆极显豁而易解，亦且直顺而下，无有曲折隐晦之处，故不需做义理之详解。唯字句中稍有待于声明者如下：

一、"马者，无去取于色，故黄黑（马）皆'所'以应。""黄黑"下原脱"马"字，今据下文"黄黑马皆所以色去"句补。此易见，解者类能知之，非自我始。又"皆所以应"中之"所"字与"可"同。谭戒甫云："上文言'皆所以应'，下文言'独可以应'，'所'犹'可'也。见王引之《经传释词》。古人自有此互文耳。"（谭著20页。）

二、"白马者，有去取于色，黄黑马皆'所以'色去。"此中"皆所以色去"当做"皆以所色去"。言皆以所有之色不同于白马而被排去也。或例上句"所"作"可"解亦得。

三、"无去者，非有去也。"此句指"马自己"言。"无去"即马自己"无去取于色"。其所以"无去取于色"，即因马自己为一纯普遍性之自己，乃根本无所简别于色，故亦非有所去于色或有所取于色也。此其所以"黄黑马皆可以应"之故也。

第六问答

曰：有白马不可谓无马者，离白之谓也。"不离"者，有白马不可谓有马也。故所以为有马者，独以马为有马耳，非有白马为有马。故其为有马也，不可以谓马马也。

案：此段仍当是难者申辩之辞。唯其意颇隐晦，故解者惑焉，鲜有当也。其意实如此：吾之所以主有白马为有马者（即"有白马不可谓无马"），乃是撇开白不计之谓也（即所谓"离白之谓也"）。若计在内（不离），则自可如汝所说："有白马不可谓有马"，即"白马非马"。故吾所以谓"有白马为有马者"（即"白马是马"），唯是以其"有马"（是马）而谓之耳，非以其为白马而谓之为有马也。即，白马之是马与否，不在其为白不白也。（此即"离白之谓"。此"离"是撇开不计义，非公孙龙《坚白论》中所说之"离"。撇开不计即涵说白不是马之所以为马者。）虽如此，但于白马上，不能只说马是马（即"马马"），故需连其色而谓"白马是马"，即"白马，马也"。此有何不可乎？吾以为此难辞之意确是如此。旧注及俞樾皆仿佛得其一二：一，皆认为是宾难之辞，此不误；二，皆能知但论马不论白，此亦见到此要点。但因未能透彻，思理不精，故措辞不谛，转说转谬，或根本无义，莫知所云。兹不详检，读者取而对校，历然可知。

惟谭戒甫最为悖谬。彼不得其解，乃谓此段是"论主远追宾语，重申本意"。故其所解，适成相反。彼云："名家（彼指难者及《墨辩》返言）认离白，故曰有白马不可谓无马。形名家（彼指公孙龙言）以为不离，谓之守白，故曰有白马不可谓有马也。此因有马之称，乃以独马而然（彼将"独以马为有马"句妄改为"以独马为有马"），非以白马而然。盖白马不可以谓有马，倒装言之，即有马不可以谓白马。有马不可以谓白马，犹之有马不可以谓马马也（案此根本不通）。盖白马为色形二指，马马为形形二指，感觉皆二，正与相埒。若独马者仅一形之指，为二之一，岂能等乎？故马马既非马，则白马亦非马矣。"（谭著20页）。案：此根本不成义理，直是胡说！

又案："不离者，有白马不可谓有马也。"此句中之"不离"今本作"是离"：道藏本及陈本作"不离"。盖如对上句而言，作"不离"，始可言"有白马不可谓有马"。若作"是离"，则重复上句之意，句中"有马"之"有"当做"无"。俞樾知"有"字误是也。王启湘《＜公孙龙子＞校诠》，认为"有马二字不误，俞说非"。是其根本不懂故也。

曰：以有白马为有马，谓有白马为有黄马可乎？曰未可。

曰：以有马为异有黄马，是异黄马于马也。异黄马于马，是以黄马为非马。以黄马为非马，而以白马为有马，此飞者入池，而棺椁异处，此天下之悖言乱辞也。

案：此处之答辞，原为"白者不定所白"一段，即全文最后一段，今已将此段移做前第五难之答辞，故原文之前第五难之答辞即移于此做最后之答辞。此盖甚显然也。一，直承上列难者"有白马不可谓无马"云云而作答辩，故此即以"以有白马为有马"云云为起句也。二，此答辞最后一句"此天下之悖言乱辞"是情感语，以此作最后之结束似更合对辩行文之习惯。以此二故，故移此段于最后。

此答辞虽与前难相对应，然所谓对应亦只是笼统地对应，实则并不曾扣紧其"离白"（即撇开白不论）之论点而辩其是或非，而仍是归于自己之主张：白马异于马，而辩"白马有马"之为非。而此辩虽步步追问，好似理直气壮，故最后直斥之曰"此天下之悖言乱辞"，而其实则并不能服人之心，其中必有不足处。盖彼既认"白马非马"为"白马异于马或不等于马"，故反过来亦认"白马有马"为"白马同于马或等于马"。所以彼反问难者曰：如果以白马为等于马，则试问"白马等于黄马"可乎？此当然不可。此既不可，则根据汝之"白马等于马"，吾人即可推至黄马异于马。何以故？试看：

一、已定：白马等于马。

二、又认：白马不等于黄马→黄马不等于白马。

三、是故：黄马不等于马。

此"黄马不等于马"即"以有马为异有黄马，是异黄马于马也。异黄马于马，是以黄马为非马。以黄马为非马，而以白马为有马，此飞者入池，而棺椁异处，此天下之悖言乱辞也"。即自相矛盾。但此答辩之反诘实有不尽处。尽管依自己之规定，认"是"为等（同），认"非"为异（不等），而做如是之推理，然难者之说"白马有马"（是马），此中之"是"字不必是等同义。彼虽未能自觉而申明之，然汝之推理反诘，以明其为"悖言乱辞"，则固不足以服彼之心也。此即问题之所在。

以上是顺原文逐句疏解。今兹再作总疏解以明其意。

公孙龙依其对于共名与别名之分别以及其使用"非"字之意义，彼自可成立"白马非马"一主断。但虽可成立，却不能由此以否定"白马是马"。彼若能知"白马非马"之所由立，并进而复能辨明"白马是马"之逻辑的所以然，则可无争辩。文中之难者自是主张"白马是马"者。此虽是公孙龙自己之设难，然亦代表一般人之见解。惟文中之设难只是借以辩"白马非马"之成立，并未能积极地说明"白马是马"之逻辑的所以然。此足示当

荀子诠解

荀子与名家

时并无人能就"白马是马"而详辩其所以者，而后之人亦无继起作此工作者。故不独文中之设难于"白马是马"一主断之意义无所开辟，即社会上亦无所开辟。最后之设难中由"离白"与"不离白"之说以明"白马是马"与"白马非马"之两立，此稍有意义，然文中并未就此引申发展而详辩之，社会上亦无人就此引申发展而详辩之。公孙龙只顾成立"白马非马"一义，对于"白马是马"则无暇辨明其所以。"白马非马"一主断本身并无若何逻辑之意义与价值，唯公孙龙可以借此而抒发新义。其所借此而抒发者，乃在由此可以使吾人知：

1. 别名与共名，或个体名与类名，或个体与共相之不同；

2. "非"字之特殊意义；

3. 对于"概念之存有"有一存有论的洞见。

与本篇问题本质的相干者乃在第二点。兹以此为中心而讨论之。

提出"非"字之特殊意义，吾人自然容易想到"是"字与"非"字之不同的使用与不同的意义。由此两字各有其不同的意义，自然亦可想到命题（句子）性质之不同。"白马是马"与"白马非马"之关键全在此。

"是"字有以下不同之意义：

1. "自身相函"义：如牛是牛，马是马：$a \supset a$。此亦函"等"义：$a = a$，在"牛是牛"中，后一牛字并不是前一牛字之谓词，而前一牛字亦不是后一牛字之主词。故此命题不是主谓式，乃是关系式：自身相函的关系式。"是"字即表示这种关系式。

2. "内容的论谓"义：如花是红的，笔是白的。红的、白的，乃是一种性质，可以论谓其所隶属者，而其所隶属之主体即是主词。故此等命题是主谓式，而"是"字即表示内容的论谓。

3. 主谓式句子中主宾类间的"包含关系"：在主谓式上，内容的论谓是从内容方面说，主宾类间的包含关系是从外延方面说。如"人是有死的"，若从内容方面说，此"是"字表内容的论谓：人有"有死"的特性，"有死"一特性可以论谓主词"人"。若从外延方面说，此"是"字表主词类包含于谓词"有死类"中。"孔子是圣人",从外延说,"是"字表示个体分子与类间的包含关系。"凡人有死",此中所隐藏之"是"字表示副类与类间的包含关系。从类方面说,有层次不同,"是"字不受影响。

4. "积类"与其所包含的分子间之"涵蕴关系":如"牛马是牛""牛马是马"。此中"是"字既不是主谓间的论谓关系,因为牛不是"牛马"一积类(絜和词)之属性(谓词),马也不是"牛马"一积类之属性(谓词);亦不是主宾类间的包含关系,因为我们不能说"牛马"包含在牛类里面,也不能说"牛马"包含在马类里面,但吾人在此亦用"是"字,此"是"字便只是函蕴义:牛马函牛,牛马函马:$ab \supset a$,$ab \supset b$。

"是"字既如此,则"非"字亦随之而有不同的意义:

1. "异"义:此即公孙龙所使用者。"白马非马"即"白马异于马",因概念之内容外延不同而异。此"非"字无所否定,因而亦不能与"白马是白"形成矛盾。此只是另一义而已。

2. 内容的论谓上之"不论谓"、有是事实的指出,如这枝花事实上的确没有红色,我说:"这枝花不是红的。"这"不是"之否定只表示主词没有这属性,不是对于"是"之否定。有是对于主张"是"者的否定,即:如果对这同一枝花,同时一说"它是红的",一说"它不是红的",这"不是"所表示之否定乃是对于另一主张"是"者之否定,如是这"不是"所表示之"不论谓"与"是"所表示之"论谓"便形成一矛盾。更明确地说,如果一主张"有花是红的",一主张"所有的花都不是红的",这便形成一矛盾。这是内容的论谓上之矛盾。

3. 主宾类间的"排拒关系":如"人不是有花的",此若从外延方而说,这"不是"便表示排拒,即"不包含于"。此若对"是"(包含于)而言,亦足以形成一矛盾。

4. 积类与其所包含的分子间之"不等关系":如"牛马非牛",此"非"(不是)字即"不等"义。即:牛马不等于牛,牛马不等于马:$ab \neq a$,$ab \neq b$。此若对"牛马是牛","是"字是函蕴义而言,便不是一矛盾。

设根据以上"是"字与"非"字之各有四种意义，看下列诸命题：

1. 牛是牛，马是马。

2. 牛不是牛，马不是马。

3. 白马是白的，白马是马。

4. 白马不是白，白马不是马。

5. 牛马是牛，牛马是马。

6. 牛马不是牛，牛马不是马。

以上六组命题，可分成三个组对。试考察如下：

1 与 2 是相矛盾的一对，不但"牛是牛"与"牛不是牛"，两命题相矛盾，而且"牛不是牛"这一命题本身即表示一矛盾，即自身相矛盾。唯这种自相矛盾既不是内容的论谓命题之自相矛盾，亦不是主宾类含命题的自相矛盾，而是自身相函的关系式命题之自相矛盾。因为"牛是牛"之"是"字所表示的是自身相函的关系式，故"牛不是牛"即直接表示一自身相函的关系式命题之自相矛盾。"马是马"方面亦然。

3 与 4 需分别论。先看"白马是白的"与"白马不是白的"这一对。"白马是白的"不但是主谓式，而且是分析命题的主谓式，故若"白马不是白的"，则不但可以与前者形成矛盾，且最显明而且重要的，乃是它自身形成自相矛盾，此即是主谓式的分析命题之自相矛盾。可是若说"白马不是白"，而此中之"不是"又取"异"义，则"白马"一概念所表示的内容与外延就不同于"白"一概念所表示的内容与外延。此时"白"是白性自己，不是当作属于"白马"的一属性看，故只可曰"白"，而不曰"白的"。此时"白马不是白"即无所否定，亦不与"白马是白的"为矛盾，而且其自身亦无所谓自相矛盾，即不是主谓式的分析命题之自相矛盾。此就是公孙龙所宣扬之义。

再看"白马是马"与"白马不是马"这一对。"白马是马"，直接最显明的，它表示类间的包含关系，或视做个体与类的包含关系，或视做副类与类的包含关系。其中之"马"不容易视做"白马"的属性，至少不能直接地说其是属性，所以只能说"白马是马"，而不能说成"白马是马的"，因为这是不通的。若从内容的观点看，说白马也具有"马性"，故也可说是属性，这也可以，但却总不能说"白马是马的"。可见马与白不同，马是物名，白是质名。但无论如何，"白马是马"与"白马不是马"，若看成类间的包含关系与排拒关系，则即可形成一矛盾。但若"白马非马"，非字做"异"或"不等"解，则它不表示类间的排拒关系，如是则"非"字即无所否定，与"白马是马"亦不构成矛盾，其自身亦无所谓自相矛盾。此亦即公孙龙所宣扬之义。依此，"白马非马"中之"非"字可有两义：一，类间的排拒关系；二，不等义。但"白马是马"中之"是"字在此却不能有两义，它只能表示类间的包含关系，无人能于此说"等"也。故公孙龙文中最后之答难认难者所说之"白马有马"为"白马等于马"，乃显然是无理之误认。

5与6中，"牛马是牛"与"牛马不是牛"这一对，情形便有不同。这两个命题既不是主谓式，也不是主宾类间的包含关系。它们与"白马是白，白马不是白""白马是马，白马不是马"皆不同。在此后者两对语句中，其中之"不是"，若非特别声明是"异"的意义，如公孙龙之所使用，则说"白马不是白""白马不是马"，那是很不通的。不但不通，而且是自相矛盾——主谓式的分析命题之自相矛盾，或可解为主谓式的分析命题之主宾类间的包含关系之自相矛盾。此所以公孙龙当时说出此语时，人皆以为怪说也。尽管他表明那个"非"字是"异"义，但纵使如此，说此语亦无多大意义或价值，徒为惊世骇俗而已。此足见"白马不是白""白马不是马"，在正常的逻辑语句或逻辑秩序中是不能说的。纵使特别声明"不是"（"非"字）只是"异"义，这两句话本身亦无逻辑的意义，虽然可借之以抒发新义，如前文所说之三点。

但是在"牛马是牛""牛马不是牛"，情形便不同。

一、"牛马"与"白马"不同。在"白马"一概念中，白是形容词，表示性质，这性质附着于马，而为马所具有；马是物名，即公孙龙所谓"命形"者，是形体之名，它是主，而白是从。因此，"白马"一概念是白之性质附着于一形体而成为一个单一的整一，这只是一个单一物，因此也只是一个单一概念，虽然表面它有白与马两个词。白与马这表面的两个词并不是两个并列的独立体并积在一起，而是主从的统一体——统一而成为一个单一物。但是"牛马"却不同，它是两个并列的独立体并积在一起，我们不能说牛是主，马是从，也不能说马是主，牛是从。因为牛与马都是独立的形体名，其中并无一个是性质名。因此"牛马"这一个合词，若用现在的逻辑词语说，它是牛与马并积在一起所成的一个"积类"（product），用符式写出来，它当该是："a·b"或"ab"。这是一个"絜和词"（conjunction）。

二、"牛马"既是一絜和词，所以当说"牛马是牛"时，此中之"是"字既不表示"内容的论谓"，亦不表示主宾类间的"包含关系"，它根本不是一个主谓式。这与"白马是白的"，"白马是马"，根本不同。我们也不能把它看成是一个全称肯定命体（A）的表示。例如"所有的 a 是 b"，这是 A 命体的表示。若依西方传统逻辑的讲法，在此命体中，a 周延，b 不周延，所以若从外延的观点，把此命体解为"a 类含在 b 类里"，则 a 并不等于 b。在"牛马是牛"中，牛马自不等于牛，但我们却不能说"牛马"积类含在牛类里。所以"牛马是牛"根本不是主谓式的主宾类间的包含间系。若依逻辑代数，"所有的 a 是 b"，我们自可把它写成："a⊂b"（a 含在 b 中，所有是 a 类的分子亦都是 b 类的分子），但依逻辑代数，

"a⊂b" = "a·b = a" Df（定义）。

而 "a·b = a" 亦函着 "a·b = b"，这就表示在逻辑代数里，a 并不必小于 b，而可等于 b，而依那定义，实际上就是等于 b。若以此模型为准，我们自不能把"牛马是牛"写成：牛马⊂牛；（牛马积类含在牛类中）。既不能如此写，自亦无那定义的情形。如果依那定义，我们把"牛马是牛"写成"牛马·牛 = 牛马"（牛马积类与牛类积等于"牛马"类），这好像是可以的，但这却不能函着"牛马·牛 = 牛"。依此，"牛马是牛"总不能是"所有的 a 是 b"这种命体式。所以"牛马是牛"中之"是"字根本是表示另一种关系，其意似乎是函蕴，函着（implication，imply），至少用"函着"去

表示它，是可通的（但不要以为 A 命体也可用含蕴去表示，便以为它们是相同的）。"牛马是牛"是表示"牛马积类里含有一部分是牛"。就"函蕴"说，"牛马"是既牛且马，所以"牛马是牛"即表示说："如果牛马积类成立，则牛类亦成立"，"如果既有牛又有马，则亦有牛"，"如果牛真而且马真，则牛真"。用符式写出来乃是：

牛马⊃牛，牛马⊃马；ab⊃a，ab⊃b。

此即公孙龙《通变论篇》所说："羊不二，牛不二，而羊牛二。是而羊而牛，非马，可也。"（详解见下章）。

三、在"牛马"一积类上，我们也可以说："牛马非牛"，"牛马非马"。这"非"字同样不是主谓式上的"不论谓"，亦不是主宾类间的"排拒关系"，它只是"不等"义。其式如下：

牛马≠牛，牛马≠马；ab≠a，ab≠b。

此即《墨经·经说》下所说："且牛不二，马不二，而牛马二，则牛不非牛，马不非马，而牛马非牛、非马，无难。"（详解见下章。）公孙龙从正面说：羊牛是羊，羊牛是牛："羊牛二，是而羊而牛可也。"《墨经》从反面说：牛马非牛，牛马非马："牛马非牛非马，无难。"在这里，说牛马非牛，牛马非马，有逻辑的意义。但若说，白马非马，白马非白，则无逻辑的意义。若非特别声明，则根本不通。当然，人可以问"牛马非牛"即牛马不等于牛，则在"白马非马"，若声明"非"字即"异"义，即"不等"义，则"白马非马"亦即白马不等于马，何以在"牛马非牛"便有逻辑意义，在"白马非马"便无逻辑意义？曰：白马非积类故，牛马是积类故。故"白马非马"这一语句本身并无逻辑的意义与价值，因为要是"异"，天下无两物相同也。通可以用"非"（异）字去表示，岂但白马与马？这在惠施说"万物毕同毕异"之玄学名理上有意义，在逻辑上无意义。它的逻辑上之作用是在借之可以引我们去分别概念的不同（这种分别不只是泛说的"异"），辨明"是"字与"非"字之各有不同的意义。还有一点便是引入对于概念自性的存有，有一种存有论的洞见，这是哲学上的价值。

以上是《白马论篇》之所函。它有两方面的发展：

①由是非两字各具有不同的意义一点，它向通变论发展，在那里，公孙龙讨论类的别异问题，与"积类与其所包含的分子"之关系问题。在此问题上，墨经派也参加辩论。因为文字的简略，更形成这问题的隐僻难解。可是如果我们记住以上的分解，把握住以上所说的纲领，则一看便知他们所讨论的问题是什么。尽管有隐僻难解处，而大纲领不会错也。我们将在下章，合并《墨》《经》一起讨论之。

②由概念自性的存有，它向《坚白论》发展，在那里，公孙龙接触了认识论与存有论的问题。

前一支的发展是逻辑，后一支的发展是哲学。

（三）《通变论篇》疏解

第一上半篇原文疏解

曰：二有一乎？

曰：二无一。

案：数目"二"是由两个单一合成，如是。亦可说"二"中包含有一。若但就"二"之自身观之，二是二，一是一，二是个单一数，一也是个单一数，如是，亦可说二中没有一。当公孙龙说"二无一"时，似乎是通着下文二无右亦无左。但此两者并不完全相同。

曰：二有右乎？

曰：二无右。

曰：二有左乎？

曰：二无左。

曰：右可谓二乎？

曰：不可。

曰：左可谓二乎？

曰：不可。

曰：左与右可谓二乎？

曰：可。

案：单是右不可说二，单是左亦不可说二。但"左与右"合可以说二。可是左与右合所成之"二"有二义：一是由两个东西所成的"二"本身，此即数目"二"本身；另一是由两个东西所成的数目二本身以外的积类，而积类就包括两物而言是物类，此义之"二"即是"两者"之义。前者就是罗素所说的"类之类"。数是所有的类所成之类。例如"二"就是所有的偶类所成之类。通俗一点说，每两个东西是一对，所有的两个东西对所成之类便是数目"二"。"二"比偶类更高一层，更抽象一点。在此情形下，不但右不可谓二，左不可谓二，即"左与右"两者亦不可谓"二"，乃是所有的两者所成之类方是"二"。"左与右"不过是其中一个对（一个偶类）而已。如此自可说二中亦无左亦无右。犹之说男女是一个对，但"二"中亦无男亦无女；两只桃子是一个对，但"二"中亦无这只桃，亦无那只桃。因为"二"是所有的这些对之综括，故更抽象，更高一层。但是右不可谓二，左不可谓二，左与右可谓二，此"二"若只是"左与右"两者，则此"两者"之二亦可以说既有右又有左。如是，公孙龙如果真想维持其"二无右"、"二无左"之义，则"二"必须不只是"两者"义，而是更高一层的那个数目二本身。二中无左无右是很显明的，但二中无一却不这样显明。因为"一"与左、右不同。数目二虽不包含有左与右、男与女，但可包含有一。若一是"此一彼一"之一，则二中自不包含"此一"，亦不包含"彼一"。但是那个抽象的"一"只是一个单一，二是"一加一"，则二中自包含有一。故一对于二的关系和左与右对于二的关系并不相同。一对于二的关系好像部分空间对于全体空间的关系，全体包含有部分。（如果就全体整一本身说，则全体是全体，分割了后的部分自是部分，亦可以说全体中无部分。但此义并不妨碍说有部分。）"左与右"对于二的关系好像个体人对于"人"的关系。我们不能说那个抽象的"人"包含有孔子、孟子于其中，只能说孔子、孟子等个体人概括于"人"这概念之下。（此分别康德已说到）。

公孙龙对于数目"二"之抽象性似有一种直觉，但对于"一对于二之关系"以及"左与右对于二之关系"，未能审辨，是其粗略。吾人未可多求，予以疏导即可。

曰：谓变非不变，可乎？（俞樾谓："不"字衍。谭戒甫改"非"为"而"。皆非。）

曰：可。

案：变自非不变，即自是变。若变而不变，便成矛盾。何以有此不必问之问耶？盖欲兴起下文矛盾之问难，故此问亦甚有意义，焉可动辄妄改？

曰：右有与，可谓变乎？

曰：可。

案："右有与"，即与物相与而变成"右者"。

曰：变"只"？（俞樾谓："只"为"奚"字之误。此说是。）

曰：右。

案："变奚"即"奚变"，言"何所变耶"？或"变成什么"？答曰变成"右"，实即变成"右者"。问者以辞害意，故有下问。

曰：右苟变，安可谓右？苟不变，安可谓变？"曰"二苟无左又无右，二者左与右，奈何？（此三问是问者一气问下，中间之"曰"字当移于下作答者之"曰"。）

（曰）：羊合牛非马，牛合羊非鸡。

案：此"曰"字原误置在上问中，今移于此。以上问答中，问者连发三问：一，"右苟变，安可谓右？"言既认可"右有与"为变，何以当吾问何所变时，复答曰"右"。此岂非变而未变乎？若真是变，又何得说"右"？此是矛盾一。二，"苟不变，安可谓变？"假若"右有与"为变后而仍是"右"，是即等于未变。既"不变"，何以又承认"右有与"为变乎？不变而谓变，岂非矛盾乎？此是矛盾二。前问："谓变非不变可乎"？诱答者说"可"，即伏此矛盾之难也。（俞、谭等，未能看懂，随意妄改。）三，"二苟无左又无右，二者左与右，奈何？"此"奈何"之问，亦明其为矛盾也。既认二中既无左亦无右，何以又说"二者左与右"？岂非既肯定有左与右又否定有左与右乎？此是矛盾三。

实则此三矛盾皆似是而非。关于一，"右有与"之变，所谓变成"有"，实即变成"右者"。右与右者不同，故不矛盾。（此"不同"中即含有一种转化——变。）关于二，既已变成"右者"，并非不变。故亦无"不变而变"之矛盾。关于三，"二"若是"左与右"两者，则可以既有左又有右。若是数目"二"本身，则既无左亦无右，如上所解。公孙龙所谓"二"实指（二）本身言。难者只知"两者"之义。

但是公孙龙当时并未察及"两者"义与"二本身"义之不同，由此不同以答之，却转而别举一例以答之，即："羊合牛非马，牛合羊非鸡。"以"羊合牛"中无马，因而亦非马，来比那个抽象的二中无左无右。此类比并非健全。羊合牛非马，马自亦非"羊合牛"。从马非"羊合牛"方面说，可比二无左无右。但马并非由"羊和牛"而成，此根本是两个不同的并列类。但二却由"左与右"所成，此是高低之两层（左与右所成之二是数目二，始能反过来说二无左无右）。故此类比为不恰也（少分相似）。并不真能说明数目二对于左、右之关系。但由此例之说明，乃牵连及类之别异问题以及积类与其所包含的分子之关系问题，此复引生一新的逻辑真理也。

曰：何哉？（此问即要求对于上所举例之说明）。

曰：羊与牛唯异：羊有齿，牛无齿；"而羊牛之非羊也，之非牛也"，未可。是不俱有，而或类焉。

案：孙诒让云："'而羊牛之非羊也，之非牛也'，子汇本及钱本并做'而羊之非羊也，牛之非牛也'，与谢注相合。然以文义校之，疑当做'而牛之非羊也，羊之非牛也'。下文云：'羊有角，牛有角，牛之而羊也，羊之而牛也，未可。是俱有，而类之不同也。'文正相对。《墨子·经说下篇》云：'以牛有齿，马有尾，说牛之非马也，不可。是俱有，不偏有，偏无有。'墨子说牛非马不可，犹此说牛非羊，羊非牛，不可。文异而意同，可互证也。明刻与钱校，皆非其旧。"（王启湘：《〈公孙龙子〉校诠》引）。据此，此句本有两种不同的刊载，再加上孙之校刊，共有三种读文：

一、"而羊之非羊也，牛之非牛也，未可。"

二、"而羊牛之非羊也，之非牛也，未可。"

三、"而牛之非羊也，羊之非牛也，未可。"

第一种读文显然不通。因首句开始说："羊与牛唯异"，而此忽说："羊之非羊也，牛之非牛也，未可"，显然文不对题。而旧注（即谢希深注）则强为之说曰："牛之无齿，不为不足。羊之有齿，而比于牛为有余矣。以羊之有余，而谓之非羊者，未可。然羊之有齿，不为有余，则牛之无齿，而比于羊，固不足矣。以牛之不足，而谓之非牛者，亦未可也。是皆禀之天然，各足于其分而俱适矣。故牛自类牛而为牛，羊自类羊而为羊也。"此皆乱说一气，根本不成义理。只是闭眼作文章。"是皆禀之天然，各足于其分而俱适矣"，此是郭象注《庄》之逍遥义。旧注据此以解此文，根本是风马牛不相及。

第二与第三两种，表面观之，似皆可通，然实按之，孙校实有不可通处，而保存原文倒可解通。

依孙校，读之似较顺。以下文说"俱有，而类不同"，此说"不俱有而或类焉"。两相对言，似是明羊与牛两类间之所以同与所以异。不因"俱有"，而即谓其同；亦不因"不俱有"，而即谓其异。此似甚顺。以《墨经》下"狂举不可以知异，说在有不可"一经之《经说》作证，更显此改有据。然细察之，则不然：

① "是不俱有，而或类焉"句不好讲。下文"羊有角，牛有角，牛之而羊也，羊之而牛也，未可，是俱有，而类之不同也"。此甚显明，即不因同有角而即谓羊是牛，牛是羊；虽"俱有，而类不同也"。此明"角"不是牛之所以为牛，羊之所以为羊之独特的特性。亦犹牛羊同吃草，而不能因此即谓牛是羊、羊是牛也。如以此为准，则"是不俱有，而或类焉"，当该是说：羊与牛虽不俱有齿，而或可能是同。即不能因"羊有齿，牛无齿"，即谓"牛之非羊，羊之非牛"（依孙校）。牛自非羊，羊自非牛，但齿之有不有，

不是其所以异之必要条件。究竟什么是其所以异之必要条件不必说，但齿之有不有总非其所以异者。就事实上说，牛亦非完全无齿，只是无上齿而已。所以羊与牛，不能因齿之有无，而谓"牛非羊，羊非牛"。如此改过后的论辩显然是在明齿之有无不足以别牛羊之异。但是结语却是"是不俱有，而或类焉"。此是向"牛羊类同"说。牛羊本异，如何能同？或是说："而或类焉"之"类"是说牛羊有相似处，因而可划归于一更高之类，如兽类，不是说"牛是羊，羊是牛"。但如此解，则与上句"不因齿之有无而即可谓牛之非羊，羊之非牛"之句意相冲突。盖因此上句，若如孙校，明是表示：牛羊不能因齿之有无而即可谓牛非羊、羊非牛。故结语之"或类焉"不能解为牛羊有相似处。因虽有相似处，可划归于兽类，亦仍不碍其异也。即，仍不碍牛之非羊，羊之非牛。但上句何以说"牛之非羊，羊之非牛，未可"？故如孙校，此结语不好讲。

②《墨经》"狂举不可以知异"，明是言牛马之所以别异。如举非其要，不足以别异，即为狂举。如该《经》之《经说》解云："牛与马唯异；以牛有齿，马有尾，说牛之非马也，不可。是俱有，不偏有，偏无有。曰：（牛）之与马不类（'牛'字补）；用牛有角，马无角：是类不同也。若举牛有角，马无角，以是为类之'不'同也（'不'字衍），是狂举也。犹牛有齿，马有尾。"此《经说》之文，无论从"俱有"方面或"不俱有"方面，语意似皆甚顺，易知其是在表示"狂举不可以知异"，亦函"狂举不可以知同"。详见下。而公孙龙此文则却向"是不俱有，而或类焉"方面说。此似不在明羊与牛之别异。羊与牛自不同，但此似是进一步说另一层意思。依孙校，自是向别异方面说。但"而或类焉"句又不好讲。我们以《墨经》做例，自是希望其向别异方面说，因为如此，可与下文相对称，甚整齐，可使别异观念之表示甚显明而完整。但是公孙龙当年却并未这样完整，彼当时之观念似乎多一点，而又承上文"羊合牛，非马；牛合羊，非鸡"而说，似乎并未完全集中注意于牛羊之别异问题（《墨经》是如此）。故《墨经》"狂举不可知异"一条似乎不能作为校改此文之根据。

第二种读文是不变动原文。此将如何顺通？主要是将"羊牛之非羊也，之非牛也，未可"句中之"羊牛"视做"积类"。"是不俱有，而或类焉"之"类"亦指牛羊并积而成一积类言。如是，此整段文意似当如此："羊与牛唯异（唯、惟、虽通用）：羊有齿，牛无齿；但若说"羊牛"积而非羊、非牛，则不可。盖因牛与羊虽异，但亦可类而并积于一起而成一积类"。羊虽不是牛，牛虽不是羊，但牛羊积而成积类（即"羊合牛"），则可以既是羊，又是牛。此是由羊牛之异推进一步说，正承上文"羊合牛非马"，先说"羊合牛"之逻辑意义，至于"非马"一层则留在下文说。"羊合牛"即是"羊与牛"，简单言之，即是"羊牛"，此即是"羊牛"积而成一积类："羊与牛两者"，"既是羊又是牛"。即依此而说："羊牛之非羊也，之非牛也，未可"，此即等于说："羊牛"积，不是羊不可，不是牛亦不可；而此即等于说：羊牛是羊，羊牛是牛，而此"是"字是"涵着"意。其式如下：

"羊·牛"⊃羊，"羊·牛"⊃牛；a·b⊃a，a·b⊃b。

而此亦即呼应下文："羊不二，牛不二，而羊牛二，是而羊而牛，非马，可也。"

由牛羊之异推进一步说牛羊积类，亦并非不可，不必与下文"是俱有，而类之不同也"之别异问题完全对称也。一说异，一推进一步说积类，亦未尝不可。不必与《墨经》完全相似也。唯人常总以为此是讲羊牛之异，故易顺此异读下去。若忽然又推进一步说积类，则心理上觉有突兀之感。实则此感亦容易祛除。盖何以必不可推进一步说积类耶？而何况此正承上文"羊合牛非马"而来耶？

又如此讲，尚有一点不利处，即"羊牛之非羊也，之非牛也"，此种句法不甚合乎通常之习惯。古人尤其少有此种句法。故人总觉此句不甚通顺而思有所改正。实则若改作"而羊牛之非羊、非牛也，未可）"，将当中之"也"字与"之"字删去，或只去"之"字，亦甚通顺。比亦即《墨经》"而牛马非牛非马、无难"之句法也（句意虽不同。见下）。

如是，第二、第三两种读文，虽似各有利弊，而两相比较，利取其大，弊取其小，则孙氏之校改实不如不改之可通也。孙校，读之虽较顺，而不知其名理难通也。此即利小而弊大，故不取焉。彼之所以必加校改者，以彼无"积类"之逻辑知识也。但原文"二者左与右"，"羊合牛、非马"，"羊不二，牛不二，而羊牛二"：凡此明皆是积类之观念。人于此最简单之观念反不能正视，却专向隐僻处穿凿，故愈讲愈乱也。

羊有角，牛有角，牛之而羊也，羊之而牛也，未可。是俱有，而类之不同也。

案：前文由牛羊之异，进一步说积类，并不因其异即不可说积类也；而此段则正说羊牛之异，不因其同有角，而即可说羊是牛、牛是羊。此亦未尝不相当对称也。

羊牛有角，马无角。马有尾，羊牛无尾。故曰：羊合牛，非马也。非马者，无马也。无马者，羊不二，牛不二，而羊牛二；是而羊而牛，非马，可也。若举而以是，犹类之不同。若左右，犹是举。

案：此即正式讲"牛合羊、非马"句。前文言"羊牛之非羊、非牛也，未可"，这是因为"羊合牛"之积类中"既是羊又是牛"（羊与牛两者），故逻辑地言之，"羊合牛"不能不是羊，亦不能不是牛。即：羊牛含着羊，羊牛含着牛。但是现在我们可以进一步说"羊合牛"之积类一定"非马"。（不必管所举之别异之特征有当否，如有尾无尾并非显明之差别。但总有其不同处，此即是说，只要有一点异，即可区别"牛羊"积类与马之不同，因而可说"羊合牛非马"）。所谓"非马"者是说"羊牛"积类中并无马一成分。故曰："非马者，无马也。"此言"非马"与"白马非马"根本无关。吾人同亦可说"羊合牛"异于马，不等于马，但主要地却是"羊合牛"中并无马之成分，因而"非马"，并不只是异或不等也。又"白马非马"可以引起争辩，若非特别声明"非"字是"异"义，则"白马非马"不但与"白马是马"形成矛盾，而且其自身即自相矛盾。但"羊合牛非马"乃无可争辩者。"羊合牛"一积词与"白马"一概念亦根本不同者。故此处"羊合牛非马"一主断与"白马非马"一主断乃根本是两会事，不可拉在一起说。

因为"羊牛"积类中根本无马一成分，故曰："无马者，羊不二、牛不二，而羊牛二，是而羊而牛，非马，可也。"此即表示：羊牛积类等于"而羊而牛"，等于"既是羊又是牛"等于"羊与牛两者"。而"羊与牛两者"意即等于："非羊或非牛"是不可的。其式如下：

"羊·牛"＝非（非羊或非牛）；$a \cdot b = -(-aV-b)$

这自然无马，亦因而"非马"。就"羊牛"积类说，这是说积类本身之意义；而上文"羊牛之非羊也、非牛也，未可"，则是说此积类本身之义所含的两个命题：羊牛含着羊，羊牛含着牛。故此两段相呼应。

但"羊牛"积类之无马、非马，亦可进而说这是类之不同。羊与牛本亦类不同，但羊牛合而成积类，与马亦仍是类不同。（成积类不必靠有相同之特征，即全异亦可积。但若全同，则只是一物："$a \cdot a = a$"，而不是两物积："$a \cdot b$"。但是个体物无完全相同者。）故曰："若举而以是，犹类之不同。"但此中类之不同与二无左无右，二者左与右"不完全相似。若左与右所成之二是"左与右两者"，则此"两者"亦左亦右。若所成之二是数目二本身，则此二中无左无右。二中虽无左无右，但却由左与右乃至男与女，夫与妇等所抽成（此即"二者左与右"）。但却不能说马由"羊与牛"所抽成。又数目二本身由左与右等所抽成，此亦可含说"左与右"不同于二，故似亦可说"左与右"非二，但此"左与右"之非二并不同于"羊合牛"之非马。故"二"与"左与右"之关系不甚同于马与"羊合牛"之关系。公孙龙云："若左右，犹是举。"实则不全相似也。举例以明，少分相似亦可。但此中确有不同。"羊合牛"是两独立物之并积，结果只是"羊与牛两者"，而此两者与马之不同类亦是并列地相排拒之不同类，马并非高一层。而由左与右，男与女等抽成数目二，则却是抽象上之不相同层次，"二"确是高一层。故以马喻二，并不完全相同也。主要是在：一是数目问题，一是物类之并积问题。此两者需要分别处理。公孙龙虽未察及，但其辩论却已显示出此中之歧义。

牛羊有毛，鸡有羽。谓鸡足，一；数足，二。二而一，故三。谓牛、羊足，一；数足，四。四而一，故五。牛、羊足，五；鸡足，三。故曰：牛合羊、非鸡。非有，以非鸡也。

案：此是解析"牛合羊非鸡"一句。此句与"羊合牛非马"句完全相同。为说明"二者左与右"之问题，只上句之说明即可。但古代好辩之名理家不似近人之严整，故随时有精察，亦随时有琦辞出现。"牛合羊非鸡"之说明，即其例也。"牛羊"之非鸡固然由于一有毛，一有羽，但亦可以从它们之"足"不同而表示。但说到足不同，却又不简单地只说鸡足二，牛、羊足四，而却由其无谓之精察又引出一些在名理上并非无谓之新观念，此即"谓鸡足"与"数鸡足"之别是也。"谓足"是总持地说足，"足"是一抽象之概念，即足自己，故一。"数足"是数某物之足之数目，此是"足"之落实说，散于其数上说，故有足数之不同。即由此差别，亦可表明"牛合羊，非鸡"。从鸡足起，可以说到三（如文）。并非说鸡足之数是三。《天下篇》载有"鸡三足"一条，此是社会上之误传。遂成为怪说。按之此处，显然并非说鸡足之数是三。但合并一与二为三，而说"鸡足，三"，合并一与四为五，而说"牛羊足，五"，全是无渭的"玩琦辞"，故遂有误传之"怪说"。从牛或羊之足说起，可以说到五（如文）。并非说牛或羊之足数是五。而不管牛羊与鸡、其足数之内容如何，或毛、羽之内容如何，此目的是在说"牛合羊"之积类非鸡。不是讨论它们间的内容差别如何也。即，总目的是在借内容之异而明"牛合羊"一积类之非鸡，此"非"是着重在积类之非，不是着重在因内容不同而分类也。说非鸡，非马，是说"牛羊"积类与其所包含的分子以外之类相非。故前云"非马者，无马也"。而此亦可曰"非鸡者，无鸡也"。此处言"非有、以非鸡也"，意即言："牛合羊"之所非鸡，正因其中无有鸡而非鸡也。本即前句"非马者，无马也"之意。旧注犹能就此意解此句，故云："牛羊之中无鸡，故非鸡也。"而其他解者，则离奇古怪，荒谬百出。既着重在"牛合羊"积类之非鸡，故就"牛羊"积类本身说，则亦可说："牛不二，羊不二，而牛羊二，是而牛而羊，非鸡，可也。"

由以上之讨论，总而言之，设置其非鸡、非马一层不论，此已显示出积类之意义，并已显示出函有两组引申之结论：

一、就"牛合羊"是"而牛而羊"言，则可函有两命题："牛羊是牛"，"牛羊是羊"。此"是"字是"函蕴"义。此即"羊牛之非羊也，非牛也，未可"一句之所示。如下式：

"牛·羊"⊃牛，"牛·羊"⊃羊；a·b⊃a，a·b⊃b。

二、"羊牛"积类既只函着牛，而不就是牛，既只函着羊，而不就是羊，故又可引申出两个命题："羊牛非羊"，"羊牛非牛"。此"非"字是"不等"义。如下式：

"羊·牛"≠羊，"羊·牛"≠牛；a·b≠a，a·b≠b。

以上是《通变论》之上半篇。此下开端别起，无甚逻辑意义。恐隔断文气，兹暂置之。且继续讨论与上有关之《墨经》。上文已常提及《墨经》。盖《墨经》中有两条与此相对应也。《通变论》通，则《墨经》中相对应之两条亦通矣。故愿附于此合并讨论之。

第二　与《墨经》比观

《墨经下》云：

狂举不可以知异，说在有不可。

《经说下》云：

牛"狂"与马唯异；以牛有齿、马有尾，说牛之非马也，不可。是俱有，不偏有，偏无有。

曰："之"与马不类，用牛有角，马无角：是类不同也。若举牛有角，马无角，以是为类之"不"同也，是狂举也。犹牛有齿，马有尾。

案：此《经说》分两段。首段中之"狂"字与"牛"字倒。依《经说》所表现之一般体例，"狂"是标牒字，即"牒经标题"之意（梁启超首撰此句）。"狂"即"狂举"之简单化。如是，当为"狂（举）：牛与马唯异。……"俞樾与孙诒让皆认"狂"为"性"字之误，是犹未能识此体例也。近人大抵类能知之，无异议。

此首段是说：牛与马虽异（孙诒让谓：唯、惟、虽三字通用），但"以牛有齿，马有尾，说牛之非马也，不可"。何以故？因齿与尾是牛与马所"俱有"故，不是某一有，某一无有。孙诒让谓："按《大戴礼记·易本命》云：戴角者无上齿，无角者膏而无前齿。盖牛有下齿，马有后齿也。《公孙龙子·通变论》谓牛无尾者，以其有尾而短耳，非实无尾也。"《墨经》以为齿与尾是牛马之所俱有，唯有法不同耳。此是从肯定其为"俱有"方面明齿尾之有法不同不足以别牛马之异。若举此而谓牛非马，则是"狂举"。公孙龙以羊与牛言，"羊与牛唯异：羊有齿，牛无齿；而羊牛之非羊、非牛也，未可。是不俱有，而或类焉"（依前文疏解）。纵使牛亦有下齿，但毕竟与羊之全有者不同。公孙龙即依此不同而说"是不俱有"。但不能因此"不俱有"，即谓"羊牛"不可成积类。盖彼是推进一步而说："是不俱有，而或类焉。"此类是积类，不是因其同为兽类而可划归为兽类之类。盖如是兽类，则不能说"羊牛之非羊、非牛也，未可"。《墨经》所说之意与公孙龙所说者并不相同，不可混为一谈。

次段，"之与马不类"句中"之"字当为"牛"之误，解者皆认"之"字前脱"牛"字，当补一"牛"字。

此段有两种讲法：一，"不类"是说不属于同一兽类；二，"不类"是说牛类与马类不同。

依第一种讲法，此第二段之意当如此："有人曰：牛与马不是属于同一类的，因为牛有角，马无角，是即表示其不是属于同一类的（"类不同"）。如果真有人以牛有角马无角之故而说牛马不属同一类（"以是为类之不同"），则是狂举。其为狂举犹之乎上文以牛有齿马有尾说牛马之异。高亨《〈墨经〉校诠》取此解。吾人当不能以"牛有角马无角"、牛马之异，而即谓其不属于同一之兽类。牛马既可以对待地为异类，又可以越过其对待而同属于兽类。欲想证明其不属于兽类，或任何其他更高之类，必须能证明牛与马无任何相似处。若不能证明此点，只因牛有角，马无角，便谓牛马不属于同一类，则便可说为狂举。此解于名理可通。但把类字解为高一层之类似与原文语意不合。原来"类不同"明是指牛马类不同言，不是说不属于同一兽

荀子与名家

类。"类不同"与"不属于同一类",两语意并不相同。"以是为类之不同"亦明是指牛类与马类不同而言,此亦不可解为"牛马不属于同一类"。故此解与原文使用"类"字之语意似有不合。此是此解之不妥处。

依第二种讲法,此第二段之意是如此:"今谓:牛与马不类(即异),因'牛有角,马无角'故。此即表示牛类与马类不同也。('是类不同也。')如果有人以'牛有角马无角'而谓牛类与马类同,则是狂举('以是为类之'不'同也',"不"字衍)。其为狂举犹之乎上文牛有齿马有尾之不足以别异。"孙诒让取此解,但必须删一"不"字。此与"类"之语意较合。若如此解,则原文之意是如此:牛有角,马无角,此很显明地足以表示牛类与马类不同。若有人想用"牛有角马无角"来表明牛类与马类同,那此人定是失心疯,其举自然是狂举。此函说:要想证明牛类与马类同(同是两类相同,不是同属于一更高之类),必须能证明它们无一异处。你不能从异点来证明它们相同。从异点证明它们相同,乃是南辕而北辙,是自相矛盾的。

以上两解各有利弊。高解的利处是不删字,但语意不合。孙解之利处在语意较合,而需删字。然利取大,弊取小,孙较似更合原意。盖此两段经说,首段似在从别异方面说狂举,即要想别异,不能举其同处(俱有)。次段则似从相同方面说狂举,即要想说同,不能举其异处。此则甚为对称。如是,《经》辞"狂举不可以知异"亦函说"狂举不可以知同"。解者常以为《经》辞只说"异",故以为《经说》两段亦必须皆就"异"说。实则此亦不必。

又,首段说"异",当然亦可进一步就其相似处说其属于一更高类,这是另一义。但要说其异,则必须举其异处,不能举其同处。惟首段所举之例并不甚恰。尽管"牛有下齿,马有后齿",牛亦有尾,惟形短耳,然此上下之异,尾形不同,亦是牛马之本质的差异,并不可笼统地认其为"俱有",便谓此不足以别牛马之异。故《墨经》举此例以明"狂举"实不算妥。次段说"同",当然亦可进一步说其属于一更高类之同,但原文似不说此义。属于一更高类之同,当然不碍其异。但若想说两类相同,则固不能就其异说，且必须能证明其全无异，不只说其有相同处而已也。只说其有相同处，只能明其属于更高类，而不能谓其无异也。

《墨经下》云：

牛马之非牛，与可之。"同"。说在兼。

《经说下》云：

（牛马）：或不非牛而非牛也，则或非牛"或牛"而牛也，可。故曰：牛马非牛也，未可，牛马牛也，未可，则或可或不可，而曰：牛马牛也，未可，亦不可。且牛不二，马不二，而牛马二，则牛不非牛，马不非马，而牛马非牛非马，无难。

案：经文中"同"字疑涉此条下经文"循此与彼此同，说在异"中之"同"而衍。可删去。高亨《（墨经）校诠》解此条则以为"与可之同"疑当做"与可未可"。篆文"未"与"之"形同，遂误为"之"。"可"与"同"形似，遂误为"同"。"说中可与未可对言，即其证。"高氏此说亦通。其解"与可、未可"意即"可与未可"两情形，不是对于"与可"之否定。其诠此《经》文曰："牛马者两物之兼名也。牛者一物之单名也。谓牛马之非牛，就逻辑形式上推断，有时而可，有时而不可。但其是与非，宜从牛为单名，牛马为兼名论断之。故曰：牛马之非牛，与可未可，说在兼"，此解颇顺适，可谓得之。即作"牛马之非牛，与可之，说在兼"，亦甚简单明了。牛马非牛，何以可"与可之"？正因牛马为积类，兼有牛马两者，故可也。牛马非牛即不等于牛，当然亦可说牛马非马（不等于马）。说中最后一句"牛马非牛非马无难"即呼应此义。与可之，亦可不与可之。不与可之，即函说"牛马是牛"，"牛马是马"，此"是"字是函蕴义，意即"函着"。故高氏校为"与可、未可"亦不悖"说在兼"之意也。而且亦必函此"与可、未可"之两可。如果当时原文真是"与可、未可"，则《说》中许多可与不可之说法正是承此"与可、未可"之两可而展开者，不可能有异解。如果当时原文不必是"与可、未可"，而只是"与可之"，则"与可、未可"之两可亦必为"说在兼"所必出，只说"与可之"亦只简说一端而已。既为

"说在兼"所必函，则说中许多可与不可之说法亦必相应此积类之兼而展开，不能离积类之兼而有异解。盖此决然是积类与其所包含之分子之关系问题也。

关于《经说》，开头原脱"牛马"二字，此是标题字。普通只补一"牛"字，兹为完整，补"牛马"二字。又第二句（则或非牛"或牛"而牛也），孙氏《闲诂》谓：疑当做"则或非牛而牛也"。此疑是。"或牛"二字衍，当删。如是，此《经说》之意当如下顺通：

牛马：如果一方面"牛马不是非牛而又实可非牛"，则另一方面"牛马非牛而又实可是牛"，这也是可的。依此，故可曰：说牛马不是牛（不函牛），不可；说牛马就是牛（等于牛），亦不可。如是，则"是"与"不是"两可能皆有"或可或不可"之两情形，（此亦函"是"与"不是"两俱可，两俱不可），因而若一定说"牛马牛也、未可"，这亦是不可的（此亦函说：一定说"牛马非牛也、未可"，这亦是不可的）。虽有如许之出入转换，但若牛不二，马不二，而牛马二，则牛不非牛，马不非马，而牛马这一积类非牛非马，则总是可以说的（无难）。

在此，吾人可取《通变论》中所说与此《经说》两相比较。

公孙龙说：不管羊与牛之特征如何有异，但若羊合牛共成一积类，则"羊牛之非羊、非牛也，未可"，即"羊牛"既可以是羊，又可以是牛，而此"是"字是函蕴义，意即"函着"。如下式：

"羊·牛"⊃羊，"羊·牛"⊃牛；a·b⊃a，a·b⊃b。

此即必函说："羊不二，牛不二，而羊牛二，是而羊而牛、非马，可也。""非马"一层可置不论，此段意思，简言之，即"羊牛二"是"而羊而牛也"也。"羊牛"之积类等于"既是羊又是牛"，等于"羊与牛两者"。其式是：

"羊·牛"＝"而羊而牛"；a·b＝a与b两者（both a and b）。

此是说的积类本身，故"而羊而牛"不能分开说成两命题，而只能说成"羊与牛两者"（"既是羊又是牛"，为一整句）。而上面"非羊非牛未可"，则需分别写成两函蕴式。

但《墨经》则说："牛马非牛非马、无难。"此似与龙说冲突而反对龙说者。然实不相冲突，亦不能反对。盖此处"牛马非牛非马"之"非"字所表示的是"不等"义，即"牛马"不等于牛，"牛马"不等于马。其式如下：

"牛·马"≠牛，"牛·马"≠马；a·b≠a，a·b≠b。

而公孙龙说"非羊非牛未可"，其所表示的乃是"羊牛"函着羊，"羊牛"函着牛。而"函着"即表示"不等"也。故不冲突，亦不能反对。《墨经》亦并未表示"反对"意。如解者以为反对，则是解者之不懂。

"牛马"既不等于牛，而可函着牛，既不等于马，而可函着马，故《墨经》云："牛马：或不非牛而非牛也，则或非牛而牛也，可。"牛马"不非牛"即"牛马函着牛"，牛马"非牛"即"牛马不等于牛"。如是此句意即："如果一方面'牛马函着牛'，而又实可'牛马不等于牛'，则另一方面'牛马不等于牛'，而又实可'牛马函着牛'，自是可的。"

由上可知："牛马不非牛，而非牛也"即是："牛马牛也，未可"。"牛马非牛、而牛也"即是："牛马非牛也，未可"。而"牛马牛也、未可"是说："牛马"积类中确又包含有一"非牛"之副类即马，故不能即是牛；此即表示说："牛马不等于牛。""牛马非牛也未可"是说："牛马"积类中确又含有牛一副类，故不能说不函着牛；此即是说"牛马函着牛"。故此两"未可"句即表示：

"牛·马"⊃牛，"牛·马"≠牛；a·b⊃a，a·b≠a。

同时成立。

由此同时成立，即可知无论牛马牛也，或非牛也（即无论是与不是），每一面皆有"可"或"不可"两情形，此即"或可或不可"句之所示。"牛马牛也"是"可"，这是"牛马函着牛"；而"不可"，则是"牛马不等于牛"。"牛马非牛也"是"可"，这是"牛马不等于牛"；而"不可"，则是"牛马函着牛"。故此每一面之"或可或不可"根本就是"不等"与"函"

之两义。此两义随可与不可相出入相转换。如从"牛也"说起,"可"是函着,"不可"即出而向"不等"转,转入于"不等"。如从"非牛也"说起,"可"是"不等","不可"即出而向"函着"转,转入于"函"。此种出入转换实为"说在兼"(积类)所必含。当时写此《经说》之人,实朦胧见到此"兼"中"函"与"不等"之两义,而未能用专名确定地标志出,故用了许多"可"与"不可"之字样来回转,遂把人转糊涂,而陷入迷乱矣。其实甚简易。

因为每一面皆有或可或不可两情形,故若一定说"牛马牛也未可",这亦是不可的。而此也即函还有另一句"牛马非牛也未可",亦是不可的。故有云:"而曰:牛马牛也未可,亦不可。(牛马非牛也未可,亦不可。)"《经说》只说一句是简约之辞。"牛马牛也"是函着,"未可"是向"不等"转;不等(非牛)再加上一"未可",则又向"函着"转。这还是不等与函来回转。"牛马非牛也"一面同。

不管如何出入转换,且落实回应经文,而说:"牛马非牛非马",总是可以的(无难)。因为函与不等同时成立,不矛盾故。

吾信以上所说是此《经说》之确解,完全是积类与其所包含的分子之关系问题。

《墨经》"说在兼"与《经说》最后一句"牛马非牛非马无难"是着眼于:牛马不等于牛,牛马不等于马。

公孙龙则是着眼于:牛马含着牛,牛马含着马。

《经说》全文则用许多可与不可之句将函与不等之同时成立完全表现出,此则比通变论为完备也。

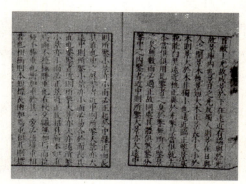

《墨经》书影

第三　略评众解

适言"说在兼"本是积类与其所包含的分子之关系问题。此关系是函与不等，本甚简易。但因《经说》中用许多可与不可来回转，遂使人陷于迷乱。《易传》曰："夫乾，天下之至健也，德行恒易以知险；夫坤，天下之至顺也，德行恒简以知阻。"本甚简易，而如用文字表之，则不免于缴绕，此亦所谓险阻也。若能易以知险，简以知阻，则不为险阻所困而不失其简易。若不能知本简易，又不能知险知阻，则为险阻所困，而又丧其简易，是即迷乱之所由也。以迷乱故，遂离奇古怪，荒谬百出。若复疏而通之，又需费更多之笔墨，不免益增读者之险阻。然不能自默，略述历来讲此经者之困如下。

1. 从孙诒让说起

以上所解两《经》文及两《经说》文原相连属。张惠言将后一条《经》文并前而为一经，孙诒让知其非。然于《经说》，则不知随《经》文之分而分，盖未能明此两《经说》之意也。孙诒于后一《经说》"而牛马非牛非马无难"句下，引《公孙龙子·通变论篇》云云，而结之曰："但两书文义皆冗复奥衍，不可尽通耳。"是孙氏根本未能明此《经说》与《通变论》所说为何事也。然不知不强解，犹不失为平实。

2. 冯友兰之含混

冯友兰略以含混笼统之语解此《经说》，而结之曰："此与公孙龙白马非马之说有相同处。"（《中哲史》，327 页）案：此与"白马非马"根本不同。"白马非马"是名之内容与外延问题，而此《经说》则是积类与其所包含的分子之关系问题。何不曰与《通变论》所说有相同处耶？此足见根本未明，以含混游移之辞左闪右躲，以掩饰其不谛之见。凡与"白马非马"混在一起而从事纠缠者，皆当如此指出。

3. 沈有鼎之错谬

沈有鼎解此《经说》云：

"'牛马非牛'这论题引起了难者的反驳。难者说：牛马一部分不非牛，一部分非牛，而你认为'牛马非牛也'这话是正确的，那么牛马一部分不是牛，一部分是牛，你也该认为'牛马牛也'这话是正确的了。〔案：此解

'或不非牛而非牛也，可（一本有'可'字），则或非牛或牛、而牛也，可'。他把此句解为难者复述论主之意。]

"所以照我看来，'牛马非牛也'这话不正确，'牛马牛也'这话也不正确。（案：此解'故曰：牛马非牛也，未可，牛马牛也，未可'。他把此句视为难者的主张。）

"《墨经》答难者说：'牛马非牛也'与'牛马牛也'是一对矛盾命题，必有一正确，一不正确。（因为在这里只有两句话，所以'或可或不可'等于'一可一不可'。）你既认为我的'牛马非牛也'这话是不正确的，那你又认为'牛马牛也'这话是不正确的，显然不行。（案：此解'或可或不可，而曰：牛马牛也未可，亦不可'。他把此两句视为《墨经》的反驳。把'而曰'之'而'解为'你'。）

"说'牛马非牛也'与说'牛马非牛也，可'是完全一样的。说'牛马牛也，未可'与说'牛马非牛也'也是完全一样的。

"'牛马'兼牛与马两样东西（牛马二），而牛则不兼两样东西（牛不二），所以'牛马非牛'。这里难者把'牛马非牛'解成'牛马尽非牛'，而《墨经》所说'牛马非牛'只是'牛马非尽牛'的意思。换言之，难者把'牛马牛也'与'牛马非牛也'认做全称肯定与全称否定，因此排中律就不适用于这样一对反对命题，而二者之间还容许一个两不可的立场。《墨经》则把'牛马牛也'与'牛马非牛也'认做全称肯定与特称否定，因此排中律就适用这样一对矛盾命题，而二者必有一可一不可了。'牛马'一词项在这两个命题中也是一周一不周。"（见其《墨辩的逻辑学》一文。载某报。）

案：此解完全不行。

①读法语气问题。他首先设想此《经说》为主宾双方之论难，因此他以一难一答的语气读此《经说》。《经说》是简单地说明经辞，大抵是直陈径说，很少（几乎根本没有）表现为一难一答的曲折辩说。此《说》从开头起，继之以"故曰"，"则"，以至于"而曰"，诸连结词，亦不足以表示是一难一答之曲折辩说。若非沈氏如此添加，则很少有能读成如此曲折的。

②如此读法的内容问题。他认为《墨经》只主张"牛马非牛也",而不主张"牛马牛也"。因此,他认为这是一对矛盾命题(也正因为他把这两命题看成是矛盾的,所以才认为《墨经》只主"牛马非牛")。他把"则或可或不可"这个"则"字句视为《墨经》方面的申明语,其中之"或"就是说的这一对矛盾命题间的"或",是一个矛盾的"或",因此必有一可一不可,"或可或不可"就等于二可一不可"。这两命题不能两俱可,两俱不可。因此,"故曰:牛马非牛也、未可,牛马牛也、未可"这两"未可"的"故"字句便视为是难者的主张。

③进一步,他复讲明《墨经》何以把那一对命题视为矛盾的一对,一可一不可,而难者又何以把那一对视为两不可,不是矛盾关系。他认为《墨经》说"牛马非牛也",其意不是"牛马尽非牛",而是"牛马非尽牛",因此这是一个特称否定命题(O),而"牛马牛也"则是全称肯定命题(A)(案:这种比法在命题形式上是不伦不类的)。他认为难者视"牛马非牛"是"尽非牛",是全称否定(E),"牛马牛也"是全称肯定(A),因此这是A与E,是大反对的一对,可以俱假(两不可),而不是矛盾的一对,不是一可一不可。

读者显然可以看出,这解法是错误的。"牛马非牛","牛马牛也",这根本不是主谓式,亦不是主宾类间的包含关系与排拒关系。而且"牛马非牛"意即"牛马不等于牛(非尽牛)"。这句子本身,从形式上说,不能解为O命题:你不能说"有牛马非牛",只能说"牛马中有一部分是牛,有一部分非牛,故不能尽非牛",这如何是O命题?你不能因"非尽牛"故,而说"牛马非牛"是O命题。同样,"牛马牛也"也不是A,也不能解成A。你不能说:"所有的牛马都是牛。"你既知"牛马非牛"是"非尽牛",何以硬说"牛马牛也"就"尽是牛"?岂不可只有一部分是牛耶?"牛马牛也"只是"牛马函着牛"。这也不是主谓式,也不是主宾类间的包含关系。任何人一见便知"牛马牛也"中所隐含之"是"字是"函着"义,不是主宾类间的包含关系。故这种比法不伦不类。

荀子与名家

　　"牛马"既是"兼牛与马两样东西（牛马二）"，则"牛马非牛"显然是"牛马不等于牛"，即沈氏所说的"非尽牛"，无人能讲成"尽非牛"。何以硬假想一难者，而又硬派给他视"牛马非牛"为"尽非牛"一罪名？《经说》文中能显示此意吗？沈氏认为"故曰：牛马非牛也，未可；牛马牛也，未可"这两"未可"即显示难者视"牛马非牛"为"尽非牛"，为否定（不通的比法）。就"牛马"是一积类说，这两"未可"根本与 A 与 E 无关。且根本能视为 A 与 E 的表示。这是硬设想一难者，又硬派给一罪名。根本毫无根据。

　　"牛马"既是一积类，则"牛马牛也未可"即表示"牛马不等于牛"。（"未可"是否定那"就是牛"、"等于牛"，不是说"不函着牛"）。"牛马非牛也未可"即表示"牛马函着牛"。（这"未可"是否定那"不函着"，不是说"等于牛"）。"牛马不等于牛"不是 O 命题，而"牛马函着牛"也不是 A 命题。因而也无所谓矛盾。此即表示此两命题同时成立。牛马"牛也"与"非牛也"，任一面皆有可与不可两情形，即"函"与"不等"之两义："牛也"是"函"，"未可"是"不等"；"非牛也"是"不等"，"未可"是"函"。故曰"或可或不可"。这"或"字不是表示此两命题是矛盾的一对，一可一不可，乃是表示此两命题任一命题皆有可与不可两情形。《经说》中两"未可"句亦函两"可"，此即表示任一面（牛也与非牛也）皆有可与不可两情形。

　　《经》与《经说》既俱以"牛马"积类与其所包含的分子之关系之说明为主旨，则《经说》从头起到"而曰"句止，乃是一条鞭相承而下，即在说明此两俱可两俱不可之意，因任一面皆有"含"与"不等"两义故。既是两俱可两俱不可，则"牛不非牛，马不非马，而牛马非牛非马无难"，自无问题。"牛马非牛非马无难"（此说"不等"），则亦意许"牛马而牛而马无难"（此说"函"）。何以故？"说在兼"故。

　　总之，既确定这是积类与其所包含的分子之关系问题，则"函"与"不等"之两义同时成立乃系必然者。即依此义而说"牛也"与"非牛也"

两俱可两俱不可。因此任一面而有"或可或不可"之两情形。《经说》即顺此纲领而说。虽用许多可与不可来回转，未能确定道出其所以，然总是在此纲领下，则无可疑。依此，这决不是一难一答的两种主张对戡，也不是"一可一不可"与"两不可"的对辩，而《墨经》也决不是只主张"牛马非牛"一面，因为这与"积类"的含义相冲突。积类与其所包含的分子之"函"与"不等"的关系式不是"凡人有死"与"凡人不死"或"有人不死"这种命题式，也不是"白马是马""白马不是马"这种命题式。

沈氏的错误是在未能握住这纲领，他不知这是积类与其所包含的分子之关系问题。因此，他首先认为《墨经》只主张"牛马非牛"，而不主张"牛马牛也"。他不知就积类而想，这是同时成立的，不是矛盾的一对。如果《墨经》真如沈氏所说，则《墨经》自身不一致，不知其所说的"说在兼"是什么意义。我们自当指出。但《墨经》并不表示此意，《经说》之可与不可之来回转亦不表示此意。我们只能就"积类"之观念而顺畅之，不能由一错误的想法想一错误的主张而再错误地曲成此错误的主张。沈氏设想一难者主张"两不可"，并以 AO 与 AE 来说明他所认为的《墨经》之"一可一不可"一主张之是与他所设想的难者之"两不可"一主张之非，这都是再错误地曲成此错误的主张，因而愈说愈谬，终陷于逻辑的自困而不觉。

依此，此《经》及《经说》实当如下顺通：

《经下》：牛马之非牛，与可之。"同"。说在兼。（"同"衍。或如高亨校："与可之同"为"与可、未可"之误。）

《经说下》：（牛马）：或"不非牛而非牛也"，则或"非牛而牛也"可。（如果一方面"牛马不非牛而亦实可非牛"，则另一方面"牛马不是牛而亦实可是牛"也是可的。）

故曰："牛马非牛也"未可，"牛马牛也"未可。（"牛马非牛也"未可，此是承上"牛马不是牛而亦实可是牛"而言。"牛马牛也"未可，此是承上"牛马不非牛而亦实可非牛"而言。）

则或可或不可，而曰："牛马牛也未可"亦不可。（此是结上两俱可两俱不可。）

　　且牛不二，马不二，而牛马二，则牛不非牛，马不非马，而"牛马非牛非马"无难。（此证成《经》意。）

　　4. 余不暇辨

　　其余如高亨作《墨经校诠》，于此《经》文之校诠尚顺适无误，而于《经说》则妄改首句为"或非牛而非牛也可，或牛而牛也可"，而其诠解则又不能相应"说在兼"而顺通之。看似仿佛，略得一二，因无逻辑知识，故杂乱乖违，转说转谬。不暇一一辨正。

　　又谭戒甫既作《墨辩发微》，又作《（公孙龙子）形名发微》，可称专家。而于此《经》及《经说》以及《公孙龙子·通变论》，则根本一字不懂，莫知所云。犹不如高亨远甚。其解《白马论》虽多乖谬，尚沾边，至解《通变论》及此《墨经·经说》，则连边不沾。夫错亦并不要紧，若能自成观念，尚有可说。今乃无一语成伦次，岂不可叹！

　　最差谬者为汪奠基。彼作《中国逻辑思想史料分析》第一辑《先秦部》，彼不分析尚好，一经分析，几无一语中肯。撷拾浮词，东拉西扯，误用滥用，似是而非；错谬乖违，不可究诘。此书唯一好处，在搜集原料完备周详，可称方便，余无可取。

　　（四）《坚白论篇》疏解

　　第一原文疏解

　　1. 认识论的论辩

　　第一问答

　　坚白石三，可乎？

　　曰：不可。

　　曰：二，可乎？

　　曰：可。

　　曰：何哉？

曰：无坚得白，其举也二；无白得坚，其举也二。

案：以上为标宗问答。综三问答而为一问答。坚、白、石虽有三词，从其表现上说，则只有二：或坚与石二，或白与石二，总要藏一个，故只可说二，不可说三，坚与白不能同时相盈，并着于石，此即所谓坚白离。以下申辩其理由。

第二问答

曰：得其所白，不可谓无白；得其所坚，不可谓无坚。而之石也之于然也，非三也？

曰：视不得其所坚，而得其所白者，无坚也；拊不得其所白，而得其所坚。得其坚也，无白也。

案：问中"而之石也之于然也，非三也？"意即：如上所说，此石之于如此情形，这岂非三乎？"得其所白"，自然有白，不在此说白离。"得其所坚"，自然有坚，不在此说坚离。公孙龙意是如此：视得白而不得坚，即在此视觉上坚离，并非白离。拊得坚而不得白，即在此触觉上白离，并非坚离。因此，故曰坚白石二。

第三问答

曰：天下无白，不可以视石。天下无坚，不可以"谓"石。坚白石不相外，藏三可乎？（"谓"，失义，当为"拊"。）

曰：有自藏也，非藏而藏也。

案：此渐透露出问者客观主义之立场。白与坚都是客观地存在于石上。"不相外"之"外"有歧义。问者之意是如此：坚、白两者相与并存于石上。"不相外"、正面说，即下文之"相盈"。"相盈"意即"相与并着"，并无缺陷。盈，充盈也。故此"外"字既不是内容上的相排拒，如坚不是白，白不是坚，亦不是空间上的隔离异处，如坚在此一区，白在另一区。因此，"不相外"亦不是内容上的相即，如坚即白，白即坚。坚当然不是白，白亦当然不是坚。但坚白两属性（特征）可以相与并着（并存）于石上。又"不相外"亦不必限于同一空间，同一区域。对应公孙龙所说之"离"或

"藏"言，"不相外"只是相与并着，而偏于"并着"。"并着"言坚对白不离，白对坚亦不离。不离即不隐藏，不泯灭：白呈现，坚同时亦可呈现，不因视觉不得即不呈现；于白亦然，坚呈现，白同时亦可呈现，不因触觉不得即不呈现。故"不相外"与空间之异处不异处无关。《墨经》上："坚白不相外也"。《经说》云："坚（白）得二：异处不相盈，相非，是相外也。"此《经说》之意似是如此："异处"若白雪坚石，此坚白可谓不相盈，相非，相外。若在同一石，则必相盈，相得，相尽（相得、相尽，依《墨经》上及《经说》上之词语说）。此似是将隐不隐之相外不相外转而为空间之异处不异处：异处相外，不异处不相外。此非此处问者所说"不相外"之意。若依隐不隐言，即使空间不异处，公孙龙仍可说其隐藏，即使空间异处，问者仍可说其不隐藏。故知此处问者所说之"不相外"与空间之异处不异处无关也。

以上是问者所说"不相外"之意。既不相外，何以"藏三"？"藏三"依公孙龙意，即从表现上不可说三，只可说二。不可说三，即无三，而"三"亡之义泯。泯即隐离而匿藏也。今既不相外，而相与并着，则"三"何以隐泯而离藏耶？答曰：其藏是其自己自然而如此（意即理上本就如此），非我叫它藏。何以见得理上就是如此？以下第四问答即进而申辩之。

关于此"藏三"一词，社会上不解其意，复误传而为一怪说，即"臧三耳"之说。此亦犹不解《通变论》中"鸡足，三；牛、羊足，五"之意，误传而为"鸡三足"也。关此，《吕氏春秋·淫辞篇》云："孔穿公孙龙相与论平原君所，深而辩，至于臧三耳。公孙龙言臧之三耳甚辩，孔穿不应。少选，辞而出。明日，孔穿朝。平原谓孔穿曰：昔者公孙龙之言甚辩。孔穿曰：然，几能令臧三耳矣。虽然，难！愿得有问于君：谓臧三耳，甚难，而实非也；谓臧两耳、甚易，而实是也。不知君将从易而是者乎？将从难而非者乎？平原君不应。明日，谓公孙龙曰：公无与孔穿辩。"（《孔丛子·公孙龙篇》此下尚有"其人理胜于辞，公辞胜于理。辞胜于理，终必受绌。"四句。）王启湘首指出臧与藏古通。将"藏三"与否之辩，误传而为臧获两耳或三耳之辩。案：此说是。然其就《坚白论》所作之解析则全非。其言曰："又《孔丛子》载龙之言，有所谓臧三耳者，疑亦不达古义者所为。盖《孔丛子》伪书，固不足信。而斯言，今见于《吕氏春秋·淫辞篇》。其原文当云：'谓臧两耳、甚易，而实是也。谓臧三，甚难，而实非也。'因臧获之臧及藏匿之藏，古均作臧。浅人不知臧为藏匿之藏，耳为而已之义，乃疑臧为臧获之臧，耳为耳目之耳，遂于'臧三'下亦增耳字。此'臧三耳'之说所由来也。（案：只要指出臧、藏通用，《吕氏春秋》已是误传之记载，即可。不必改'臧三耳'为'臧三'。盖衡之《坚白论》，公孙龙只言藏三，不言藏两，而问者亦只反对藏三，不言藏两也。此下王解全非。）殊不知所谓'臧两耳'即指坚白之辩而言。《坚白论》云：'坚白石三，可乎？曰：不可。曰：二可乎？曰：可。'又曰：'坚白石不相外，藏三可乎？'（案：此是问者之难语）。又曰：'坚白域于石，恶乎离？'（案：此亦问者之难语）。盖以手拊石，知坚不知白。以目视石，见白不见坚。石则手拊之而知，目视之而见。是所藏者不过坚白而已。故仅可谓坚藏于白石之中，白藏于坚石之中，而不可谓石藏于坚白之中。此即所谓'藏两耳'之义。"（《公孙龙子校诠》叙）。案：此直闭眼瞎说。彼以问者之意误作公孙龙正面之意，又误以为龙不主藏三，主"藏两"；而其解"藏两"，则谓："是所藏者，不过坚白而已。"意即"坚藏于白石之中，白藏于坚石之中，而不可谓石藏于坚白之中"。此全非原文之意。问者云："坚白石不相外，藏三可乎？"此是对应开头公孙龙以为"坚白石"从表现上只可说二，不可说三，而问。"藏三"即无三，问者之意是坚白石三者相与并着，一起呈现，何得言"藏三"（无三，不可说三）？不藏三，非主藏两也。焉得有所谓"藏两"之说？问者固不主"藏两"，即公孙龙亦非主"藏两"者。公孙龙只主"坚白石"不可说三。只可说二。只可说二者，对触觉之坚言，白即藏；对视觉之白言，坚即藏。结果只有坚与石二，白与石二，而无所谓"坚白石三"也。此即所谓"藏三"。公孙龙主"藏三"，焉有所谓"藏两"之说乎？若如王解，则是主"藏两"，非主"藏三"，正成相反。故知王氏根本未明公孙龙"坚白离"之意。其改《吕氏春秋》亦妄改耳。盖欲符合其"藏两"非"藏三"之误认也。是以知公孙龙"藏三"之辩，社会上误传为"臧三耳、两耳"之辩，《吕氏春秋》即记载此误传而视为"淫辞"。"藏两耳"乃对"藏三"之误传而发者，非坚白之辩中原有"藏两"之义也。白马之辩、坚白之辩、"牛合羊非鸡"中"鸡足三、牛羊足五"之辩，社会上道听途说皆误传而失其意，故荀子视为"琦辞怪说"，而《吕氏春秋》亦视为"淫辞"也。名理学未能自立，亦未能成一传统，遂一现而即为误传所折杀。后人不复能解原意，遂就社会上之误传，或只视为怪说淫辞而忽之，或就其为怪说淫辞而妄解，而益成其为怪，而益淫。实则即就今所存者而观之，其原意又何曾怪乎？是以知社会上晓晓之口之害事，而又何足为凭乎？柏克莱主所知者为观念，彼亦拟想到有吃观念穿观念之难而辩解之。若社会上闻其吃观念穿观念之辩说，而即声言曰："柏克莱主吃观念穿观念，此诚'琦辞怪说'也。"此亦何尝不可哉？然在西方，此却并未成为误传，亦并未折杀柏克莱之哲学（虽解者不多），盖因有一哲学传统故也，不因道听途说或茶余酒后之笑料而影响学问之独立性也。然而中国之名家则亦不幸甚矣！

第四问答

曰：其白也，其坚也，而石必得以相"盛"盈，其自藏奈何？（俞樾云："盛"，衍字也。案：此说是。）

曰：得其白，得其坚，见与不见，离。"不见，离"，一一不相盈，故离。离也者，藏也。（"不见，离"三字，孙氏所据本无。删亦可，不删亦可。重此三字，亦并非不通也。又俞樾及谭戒甫皆读作"不见离一，一不相盈"非是。其所解皆迂曲妄解。）

案：此第四问仍续前表示石之白与坚相盈并着，不但坚与白相盈并着，即石与坚白亦相盈并着，而得成一具体之石。此明是"坚白石三"，一时并现，云何"藏三"？又云何"有自藏也"？

答辞仍续前视不得坚而得白，拊不得白而得坚，以申明离藏之意。"得其白，得其坚，见与不见，离"，意即视觉得白不得坚，触觉得坚不得白，故在任一面皆有现与不现之情形，即在此情形上，即可表示一"离藏"之意。"见与不见"之"见"，若就视觉言（举视觉以概括触觉），即作"见"本字讲；若赅视觉与触觉而言之，则作"现"讲。若分别详细言之，依下文，于视觉、则言见不见，于触觉、则言知不知，总言之，则言现不现。即就此不现者（不知者，或不见者），而言离藏。离即与现者不相盈，藏即隐藏而不现。"不见，离。——不相盈，故离。"此言：即在不现上说离，此亦即表示现者之"一"与不现者之"一"两不相盈，依此之故，故言离。离，不只是分离开不相盈之意，而且是离而藏，而偏重于藏，故结句云："离也者，藏也"，即以"藏"字训"离"。（"不见离"三字，保留可，删去亦可，原意皆能充分表现。）

《墨经下》云：不可偏去而二，说在见与"俱"：一与二，广与修。（张纯一说："俱"上脱"不见"二字。高亨谓："俱"疑当做"不见"二字。（参看高著《（墨经）校诠》）两说皆通。不改亦可。）

《经说下》云：（不）：见不见（不）离，一二"不"相盈，广修、坚白。[高亨谓："说首当有'不'字，转写误脱。不，标牒字也。今依例补。'相'上'不'当在离上，盖转写误窜耳。"（同上）。案此说是。]

盖墨经派主张坚白盈，系客观主义，与公孙龙相反者。故云"不可偏去而二"，以"广与修"之相盈不离为例。经中"一与二"句，普通是：一指石言，二指坚白言。不但坚白相盈，石与坚白亦相盈。此在义理上无碍。但若对应首句"不可偏去而二"之只就"二"而言，则"一与二"，似当解为一是坚，二是白，此二是第二。首坚决白，综起来是二，此"二"中不可偏去其一。若对应公孙龙之"坚白离"言，此解较恰当。若如普通所解，则不是"不可偏去而二"，而是"不可偏去而三"矣。若"一与二"指石与坚白说，则此经文之恰当的意义是如此：坚白不可偏去而二，说在见与不见俱：此如石与坚白俱，广与修俱。此亦甚通也。

又《经说》中，依高亨校，当为："见不见不离，一二相盈：广修、坚白。"如此校，《墨经》自身一致，若不校改，则不一致。或以为后期《墨辩》（指《经下》及《经说》下言），关于此问题，与前期《墨辩》（指

荀子与名家

《经上》及《经说》上言）实有不同之主张。若如此，则后期《墨辩》投降于公孙龙矣。此说非是，不可从。而且《经下》亦有相盈之主张。如《经》下另一条云："于一，有知焉，有不知焉，说在存。"《经说下》云："于石一也，坚白二也，而在石。故有知焉，有不知焉，可。"又《经下》另一条云："坚白，说在因。"《经说下》云："无坚得白，必相盈也。"此皆相盈之主张，焉有异说，故知上列《经说下》必有错简，以高亨校改为是。

依是，《墨经》说"一二相盈"，又说"一与二"，此无论指石与坚白说，或即指坚白二者本身说，皆可通，而其意旨总是主相盈，与公孙龙之"不相盈"说相反。公孙龙此处说"一一不相盈"，即指坚白二者本身说，不必依《墨经》改为"一二不相盈"。（孙诒让主改。参看王启湘《公孙龙子校诠》。）

以上之论辩皆从官觉之得不得言，此可曰"认识论之论辩"。此下则是"存有论之论辩"。而问者之立场如一。

2. 存有论的论辩

第五问答

曰：石之白，石之坚，见与不见，二与三，若广修而相盈也。其非举乎？

曰：物白焉，不定其所白。物坚焉，不定其所坚。不定者兼，恶乎其石也？

案：此问者之辞与上举《墨经下》"不可偏去而二"一条意同。唯该条言"一与二"，此则言"二与三"。"二"指坚白言，"三"指坚白之二与石之一合而为三，即"坚白石三"之三。此言无论"见与不见"，坚白二者总是相盈并着，而与石同时呈现，故总而为三也。此"坚白相盈，与石为三"之同时呈现，一若广与修之相盈也。（广修相盈例坚白相盈。正因坚白相盈，始得为三也。言不得藏三。）焉能离藏其一而云"坚、白石二"乎？"其非举乎"？言此"坚白石三"岂非同时全举（呈现）乎？此"举"字是对应"藏三"之不举（不表现）而言。谭戒甫谓："'其非举乎'？犹言举之正是也。此举字，即《墨子·上经》第三十一条'举，拟实也'之举。"（谭著：

《〈公孙龙子〉形名发微》33 页)。案：此解非是。此"举"作"起"解，即"呈现"之意。亦即第一问答中"其举也二"之举。"其举也二"是藏三，今不藏三，则是"其举也三"。

答辩之辞不再如上作认识论之论辩，乃转而作存有论之论辩。其意是如《白马论篇》分别"白"与"定所白"而辩之。"物白焉，不定其所白。"此言物之白，如单说此白，乃是"白之自己"。白之自己即白之不定其"所白者"。坚亦如此。"不定者，兼"，言"不定所白"之白，"不定所坚"之坚，乃是可以兼白其他之白，兼坚其他之坚，是一个普遍性，即所谓"共相"。兼即"普遍者"之意，由副词转为名词。"不定者兼"，则是坚、白之处于其自己，此亦是离藏意，但此离藏是存有论之离藏，即坚白自己之潜存。坚白既潜存，不附着于石而限定石，焉有所谓石（具体石）耶？此答不是对应问者之直答，似是别举一义，以言离藏。然对问者之意而言，不是恰当之辩。通下文，窥龙之意，似是由认识论之离藏（官觉之得不得上之离藏）滑转而为存有论之离藏（此两者于义不同，不能滑转）；复由存有论之离藏，坚白不附着于石不限定于石，遂言"石之无有"。一切属性皆抽离而自存，自无现实而具体之石。既无具体之石，自亦无具体之坚白。但此种离藏并无助于"坚白石二"（坚白不相盈）之主张。此中确有甚为复杂之问题。公孙龙未能精详。详解见下第二、问题之总疏导。然彼确有洞见，故时有新义。至于明其分际而条贯之，则未能也。

又案：旧注注此答辞曰："万物通有白，是不定白于石也。（王启湘谓："此当做'万物通有白坚，是不定于白也。'陈本、钱本不误，当据改。"案：此改非是。原注不误。唯"万物通有白"句，于义理不通。）夫坚白岂唯不定于石乎？亦兼不定于万物矣。万物且犹不能定，安能独与石为尔乎？"案：此注虽恍惚，大意亦得之。原文是区别"白自己"与"定所白"之白。白自己是"不定所白"之白。"不定者兼"是言白之为共相。共相之坚或白（坚白自己）不为石所限，亦可兼白或兼坚其他之物，不言"万物通有白"或"通有白坚"也。故此句不妥。坚白自己既不限定于石，当然亦不为任何其他可能有坚白之物所限。此即坚白离藏之意。坚白既离藏而潜存，不附着于石而限定石，此就石言，即是抽离其一切属性。既抽离其一切属性，自无现实而具体之石。此是原文之原意。旧注未甚能切合也。"万物且犹不能定"之"且"字句尤无意义。只是作文章。

第六问答

曰：循石，非彼无石，非石无所取乎白。（坚白）石不相离者，固乎然，其无已。

曰：于石一也，坚白二也，而在于石。故有知焉，有不知焉，有见焉，有不见焉。故知与不知相与离，见与不见相与藏。藏，故孰谓之不离？

案：此间辞中"循石"之循，谭戒甫曰："当与上文'拊不得其所白'之拊同义。古书每拊循二字连文，见《史记·晋世家》。《晏子春秋·问下篇》第四云：'坚哉石乎落落！视之则坚，循之则坚，内外皆坚。'循之则坚，犹云以手拊石而得坚也。"（谭著 34 页）。此说是。

又，"非彼无石"之"彼"，旧注曰："彼，谓坚也。""石不相离"句，依旧注"石"上脱"坚白"二字，当据补。

答辞之辩离藏仍是认识论之论辩。此第六问答移于上作第五问答，则与前第二、三、四问答，更为一律。而上第五问答"存有论之论辩"移于此作第六问答，则与下第七问答亦更相承接。

第七问答

曰：目不能坚，手不能白，不可谓无坚，不可谓无白。其异任也，其无以代也。坚白域于石，恶乎离？

曰：坚未与石为坚，而物兼。未与（物）为坚，而坚必坚。其不坚石、物而坚，天下未有若坚，而坚藏。（甲）

白固不能自白，恶能白石物乎？若白者必白，则不白物而白焉。黄黑与之然。石其无有，恶取坚白石乎？故离也。离也者因是。力与知（智）、果！不若因是。（乙）

且犹白以目（见，目）以火见，而火不见，则火与目不见而神见。神不见而见离。（丙）

坚以手，而手以捶。是捶与手知而不知，而神与不知。神乎！是之谓离

焉。离也者，天下故独而正。（丁）

案：此第七问答中之问辞，意仍与前同。言手目异任，不能因异任之得不得，即谓其所不得者为离藏。推而广之，官觉异任，亦不能因异任之得不得，即谓其所不得者为不存在。此与前同，仍是实在论之立场。故最后云："坚白域于石，恶乎离？"此种疑难，本极合理。而答辞则并不能就此疑难而中肯地答辩之，乃滑转而为存有论之答辩。

答辩分四段（甲乙丙丁）。关于甲段，标点如正文，其意是承上第五问答中"不定者兼"之意而来。意甚显豁。旧注得之。曰："坚者不独坚于石，而亦坚于万物。故曰：'未与石为坚，而物兼'也。亦不与万物为坚，而固当自为坚。故曰：'未与物为坚，而坚必坚'也。（依此注，知正文'未与'下脱'物'字）。天下未有若此独立之坚而可见，然亦不可谓之为无坚。故曰：'而坚藏'也。"坚不只与石为坚，亦可兼与其他物为坚。抑且亦可不兼与其他物（或任何物）为坚，而只自为其坚。此即坚之自己。既不坚石，亦不坚其他物，而只自为坚，则"天下未有若此独立之坚而可见"者。既不可见，即非具体之坚。此即坚自己之潜存也。即依此义，说"坚藏"。此为存有论的离藏。

俞樾未能看懂此段原文，对于注文亦未看懂，故其读法极为离奇，不通之至。其解此段曰："'物兼未与'当做'兼未与物'。此言坚自成其为坚之性耳。非与石为坚也。岂独不与石为坚，兼亦未与物为坚也。（此解虽不合原文句意，然于义尚可通。原文'坚未与石为坚，而物兼；未与物为坚，而坚必坚。'此是作两层说，有两步转进。而俞解则只说成一层。故其读法是如此：'坚未与石为坚，而兼未与物为坚。'而原文之'而坚必坚'句，则连下，遂成不通。）'而坚必坚其不坚'者，如土本不坚，陶焉则坚；水本不坚，冰焉则坚。如此，则其坚见矣（案：此解极荒谬可笑）。今以石之为物而坚，天下未有坚于此也。坚其坚者，坚转不见，故曰'坚藏'也（此亦极无理）。"依此解，原文当如下断句：

坚未与石为坚，而兼未与物为坚。而坚必坚其不坚。石物而坚，天下未有若坚，而坚藏。

此读首两句尚可通，余全不过。王启湘《〈公孙龙子〉校诠》即据俞解点句，全非。其于旧注亦全未看懂，故妄疑其有衍脱。

谭戒甫《〈公孙龙子〉形名发微》，则作如下读：

"坚未与石为坚，而物兼未与为坚。而坚必坚，其不坚石物而坚，天下未有若坚，而坚藏。"

此读，首两句据俞解，并以为"俞说是"。继之曰："唯'物'字似可不必乙转，以'物兼未与为坚'及'兼未与物为兼'文义本同耳。但旧本似有两物字，因其注中两'故曰'下皆引原文，读作'未与石为坚而物兼'句绝，'未与物为坚而坚必坚'句绝。今各本正文皆无第二物字，盖无者是也。"实则旧注不误。谭于首两句从俞解，"而坚必坚"句以下，则不从俞读，亦不引其说，盖似亦见出其太不成说也。但据其所加之标点符号，以及并无一字之解，则知其亦根本不懂也。

本极显豁之文意，然于名理、义理、一窍不通者，则乱读乱解，引出无谓之烟幕。若不廓而清之，将迷误益甚。旧注虽多无谓之辞，然犹胜于今之校训者远矣。

关于乙段，旧注曰："世无独立之'兼'乎？（王启湘《校诠》：兼当为坚之讹。陈本、钱本均作坚。案：自当为'坚'。）亦无孤立之白矣。故曰：'白固不能自白。'既不能自白，安能'自'白于石与物？（案：'自'字衍）。故曰：'恶能自''物乎'？（王校：自当为白之讹。疑当做'故曰：恶能白石物乎？'案：此校是。）若使白者必能自白，则亦不待白于物而自白矣。岂'坚'白乎？（王校：疑当做'岂唯白乎'？案：此校是。）黄黑等色，亦皆然也。若石与物必待于色，然后可见也，色既不能自为其色，则石亦不能自显其石矣。天下未有无色而可见之物，故曰：'石其无有'矣。石既无矣，坚白安所托哉？故曰：'恶取坚白石？'反复相见，则坚白之与万物，莫不皆离矣。夫离者，岂有物使之离乎？莫不因是天然而自离，故曰'因是'也。"

案：此注亦大体得之。唯自"若石与物"以下，则不恰。"石其无有"不是因"色既不能自为其色"而然，乃是承上"白者必白，则不白物而白焉"而然。"不白物而白"即白之独立自持其自己，白之自性。白之自性，不与石为白。坚之自性，不与石为坚。不与石为坚白，则石与坚白离。此时，不独坚白离，即石亦离，即无具体之石。故曰"石其无有"。"无有"是无此具体而现实之石。此时即是石之自己。如是，石是石，坚是坚，白是白，三者皆自藏而离，焉有所谓"坚白石"乎？既无坚白石，则"坚白石三"，相盈并着，亦无有矣。此是存有论之离藏。原文"白固不能自白"是退一步说之夺辞。其正意是在"若白者必白，则不白物而白焉"。其意是：若白本不能自成其为白，则焉能白石物乎？若白必自成其为白，则即不需待白于石物而为白。不但坚白如此，其他种种属性概念亦皆然。如此，一切属性概念皆是自存，皆是自持其独立之存有。此时，自无现实而具体之石，亦无现实而具体之坚白。故个个皆离而独存也。公孙龙是由各概念之"自是其是"而言离藏。即由其独立之"是"而言离，此似乎甚自然而顺适，径直而不费力。故曰："离也者因是。"又继之曰："力与智、果，不若因是。"旧注曰："果，谓果决也。若如也。夫不因天然之自离，而欲运力与智、而离于坚白者，果决不得矣。故不如因是天然之自离也。""因是天然之自离"，其实际意义乃是：即就每一概念之"自是其是"即可径直地、自然地推出"离藏"之结论。依此注，"果"当属上，即《论语》"果哉！末之难矣"之"果"。此注亦不误。此种对于离藏之辩论，显然是存有论之辩论。

俞樾以文人之陋习，完全无名理哲理之头脑，其解此段尤为荒谬。俞氏曰："此与上文言坚，文字不同，而意则相近（案：上文从坚言，此段从白言）。言使白而不能自白，安能白石之为物乎？（严格言之，原文"白石物"之意是"白石与物"，并不是"白石之为物"。此尚不是重要者。）若白者必能白物，则就不白之物而白焉。（案：此解"若白者必白，则不白物而白焉"两句。完全非是。）或即黄者而与之，或即黑者而与之。人必曰黄者白矣，黑者白矣。如此，则其白见矣。（案：此解"黄黑与之然"。完全瞎说，不成义理。）然石无此黄黑之色，又何从而取之乎？（案：此解"石其无有，恶取坚白石乎"两句。完全瞎说，不成义理。）白其白者，白转不见，故离也。"

俞氏于上段言坚者，不得其读，以"坚必坚其不坚"为句，遂就如此点句之意而言坚必待不坚者而见（必坚其不坚）。石最坚，"坚其坚者，坚转不见，故曰坚藏也"。如此解"藏"，离奇之至！全不知公孙龙言"离藏"之意。解"石物而坚，天下未有若坚"，为"今以石之为物而坚，天下未有坚于此也"。此亦离奇，金刚岂不更坚于石乎？石焉得为天下之最坚者？此直不成义理！

解上段言坚者如此，解此段言白者亦比照上解而为谬解。以为白必"就不白之物而白"，必待白其不白者而见。解"黄黑与之然"为"或即黄者而与之，或即黑者而与之。人必曰黄者白矣，黑者白矣。如此，则其白见矣。"夫就黄者而与之，就黄者而与之，白色焉得而见乎？此直闭眼瞎说，令人慨叹！解"石其无有"为"石则无此黄黑之色"。夫石岂必定为白乎？其不通，亦犹解上段以石为天下之最坚。以石有白色，白转不见，依此说白离。世间焉得有如此无思理之白痴！清人考据之流风，其痴騃有如此，真可慨也！

关于丙段，"且犹白以目以火见，而火不见"句，孙氏曰："《墨子·经说下篇》云：智以目见，而目以火见，而火不见。此文亦当作：且犹白以目见，目以火见，而火不见。今本脱见目二字，遂不可通。"案：此说是，当补"见、目"二字。

关此，旧注曰："神，谓精神也。人谓目能视物，而目以因火见。是目不能见，由火乃得见也。然火非见白之物，则目与火俱不见矣。然则见者谁乎？精神见矣。夫精神之见物也，必因火以'见'，乃得见矣。（王校：陈本'以见'做'以目'。'以'犹'与'也。谓必因火与目，乃得见也。汇函本同。案：此校是。'见'为'目'字之误。）火目犹且不能见，安能与神而见乎？则神亦不能见矣。推寻见者，竟不得其实，则不知见者谁也？故曰'而见离'。"

案：此注亦得之。唯"火目犹且不能见，安能与神而见乎"？此句措辞不妥。原文之意是：单目、单火、单神，皆不能成见，而"见"离，见离即白离，以明坚白离也。此亦是存有论之论辩，由个个独立拆散"见"而明离藏。单目、单火、单神，不能成见。然目以火与神见，神以目与火见，而火亦因目与神而得成其照功。是则拆开，各持其自己，皆不能见。合起来，则可成见。故"火目犹且不能为见，安能与神而见乎？"于义为不妥也。此可与佛家《中论》所说相比较："诸法不自生，亦不自他生，不共不无因，是故知无生。"依佛家义，诸法不能自生，亦不能他生，亦不能自他共生，然亦不是无因而生。四者皆不可能，故曰"无生"。菩萨修行，要者在得"无生法忍"。前三者皆不可能，即表示"离"。亦非"无因"，则众缘合和，生相宛然。然生之定因，则不可得（就前三项言）。是则生不可理解，故缘起性空也。一切概念皆假名而已。若以此例公孙龙之"见离"，目不见，火不见，神不见，是"见离"也。然目以火与神见，神以与目与火见，火助神与目见，是则众缘和合而成见也。唯公孙龙此处只就概念自存而说离，未说"和合成见"一层（并非否定此层），亦未说"见相幻现"一层（虽未说，恐亦不至此）。

关于丁段，"坚以手，而手以捶"，谭戒甫曰："《说文》：'捶，以杖击也。'引申盖亦上文附循之义。然龙似以手对目言，捶对火言，则捶当假为棰。"此说是。此段从知坚方面说，与上段义同。唯简约其辞，转换表示耳。坚以手知，实则单是手并不能知。手有待于拊，或假借于杖（棰）而知，而单是杖亦并不能知。是则杖与手合则知，分则不知。而公孙龙要说离，故个个自己皆不能知。故曰："是棰与手知而不知。"单棰或手不能知，必有神明始能知。而神明自己亦不能知。故曰："神与不知。"即言：神自己亦同样不能知也。神又何用？故曰："神乎！是之谓离焉。"此言：拆开，各顺其自是，皆不能知。既不能知，则坚藏。此亦是存有论之论辩。坚藏，白藏，乃至其他种种属性皆离藏而自存，焉有所谓坚白石乎？一切属性皆离藏而自存，亦即皆自持其自性而自在。一切平铺，不相凌驾，此亦离正而皆如如也。故曰："离也者，天下故（固）独而正。"故、固通用，言离则天下一切事物皆自独立而平正也。此是由对于"概念自性之存有"之洞见而达至平正如如之境界也。此种单握"概念自性"之抽离境界，是一种存有论之思路。若顺西方哲学讲，则可以走上柏拉图之哲学以及近世胡塞尔之哲学。此非中国一般心灵之所喜，故亦不甚能契解。中国正宗之心灵是具体之心灵：

讲理必通着事或情，讲体必通着用，讲形而上必通着形而下，讲天必通着人，讲超感觉，超经验，必通着感觉与经验。不但是通着，而且总混在一起讲，故是具体之心灵，并没有表现出抽离之分解。今公孙龙因言"白马非马"及坚白离，"坚白石二"，乃不期而引出此种存有论之抽离思路，虽未能通透贯彻，然亦甚可贵矣。惜乎既不合于中国正宗之具体心灵，故讲义理者不复措意及，而无义理训练之文人及校训家，则又根本不能解而乱讲一气也。

关于此段，旧注亦大体得之。而有所引申以终斯篇，则又驰骋文辞，落于具体之心灵，不复真能相应公孙龙离藏之思想而作的解也。其言曰："手捶与精神不得其知，则其所知者弥复不知矣。所知而不知，神其何为哉？（案：以上笼统作解，可。）夫神者，生生之主，而心之精爽也。然而耳目殊能，百骸异通，千变万物，神斯主焉。而但因耳目之所能，任百骸之自通，不能使耳见而目闻，足操而手步。又于一物之上，见白不得坚，知坚不得白。而况六合之广，万物之多乎？（案：以上不相干，可删去。由"神其何为哉"直接下"故曰"句，则为注当更简练而相应。）故曰：神乎神乎！其无知矣！知而不知，而知离也。推此以寻天下，则何物而非离乎？故物物斯离，不相杂也。各各趋变，不相需也。（案：此句之意固甚美，然非可用以注龙之思理。用之以注庄之独化，则可。此所谓具体心灵也。读者至此，当知其只为行文之俪偶。）不相需，故不假彼以成此。不相杂，故不持此以乱彼。是以圣人即物而冥，即事而静。即事而静，故天下安存。即物而冥，故物皆得性。物皆得性，则彼我同亲。天下安存，则名实不"存"也！（王校：陈本作"名实不浮"。案："存"字自误，于义当做"乱"或"悖"。此最后之注语又极类道家之境界。然在公孙龙则必须知此是由概念存有之抽离的思路而至者，非是老庄之具体心灵也。读者当知有所简别，不可混同向郭注《庄》之玄义。盖公孙龙由各概念自存而言"独而正"，乃是名理之谈也。）

第二　问题疏导

以上为原文疏解。近时解者，荒谬离奇，不成义理者，触目皆是，不暇

——辨正。兹进而做问题之总疏导。

《坚白论》通篇分两半。前半篇第二、三、四问答，是从官觉上辩离藏，此可说是认识论之论辩。但此种由主观感觉来论辩，光说视不得坚而得白，拊不得白而得坚，尚不能证明客观方面坚白不相盈，即离藏。难者于后半篇第七问答中，以手目"异任"来辩，并非不合理。官觉"异任"上之离藏只是某官觉上见不见得不得的问题，并不能由此证明客观方面坚白不相盈。如果五官同时并用，则声色香味触同时呈现，无一离藏。焉能以"异任"上之见不见得不得而即谓其不见不得者为离藏耶？

设问：目不视，手不触时，尚有白与坚否？此问题方是于离藏否为相干之问题。光说视得白不得坚，拊得坚不得白，对于离藏否不是相干之辩论。公孙龙要在官觉认识上辩离藏，必须进一步能证明"眼不视时即无白之存在"方可。因为视得白，拊得坚，并不含"不视即无白，不拊即无坚"。而视得白不得坚亦不涵即无坚，（坚藏），拊得坚不得白亦不函即无白，（白藏）。此所谓"异任"也。但公孙龙并未注意此层。

如果"不视即无白"，则"白色"一感相即无客观之存在，全依存于视觉中。如是，当目不视时，或当目不见，火不见，神不见，而"见离"时，则白色一感相亦必随之而离藏。而且此离藏之意即是"无有"之意。（注意，在此，离藏是"无有"意。而在后半篇转另一立场来辩，则离藏并不即是"无有"。）

然则公孙龙全部思想中含有此义否？此则不易决定。

①并无明文说此义。

②由视得白不得坚，拊得坚不得白，亦不能证明函有此义。

③如果此义与后半篇另一立场即存有论之立场之辩论有逻辑的因依关系，则虽未明说，亦必函此义。如果无逻辑之因依关系，则亦可不函有此义。如果此两者间无逻辑之因依关系，而此一义是一事实问题，事实如此，不说亦不行，则公孙龙亦可主此义。但此种道理，很难简单是一事实问题，大体有赖于一种解析。即如陆克之初性次性说，亦是依据当时之科学或科学方面之某一义而主次性纯是主观的，亦非单纯事实问题。

唯若从官觉认识方面辩，必须主此义方能极成坚白离藏义。如是，公孙龙不能逃以下三端：

①或者舍弃此认识论之论辩；

②或者如不舍弃，则必主此义；

③或者停止于此不极成之论辩。

当难者根据"异任"主坚白相盈时（此亦函坚白是客观的存在），公孙龙并不能予以恰当对应之答辩，而却转为另一立场以辩之。此立场即"概念自存"义，此可说是"存有论之论辩"。此即后半篇之所说。

在第五问答中，公孙龙提也"不定其所白"之白自己，"不定其所坚"之坚自己之说。（此观念，《白马论》已提到。）"不定者兼。"兼即表示坚、白自己是普遍者，亦可以说是共相：可以到处应用，即可兼与任何有坚有白之物而为坚为白，亦可以不与任何物为坚为白而抽离地只自持其自己，此即共相自存义，或一般言之，概念自存义，即每一概念皆有一独立自存之意义，皆是一独立之自存体，亦即所谓潜存体。此义自甚精。此中含有一种凌空地对于"存有"之洞见，此是公孙龙思理之特别处，此是一种抽象思考之心态。当人类心灵能进至此境，把握此义时，自是人类智思之解放。在一特富具体心灵之民族中，唯公孙龙特显此异彩。

不与任何物为坚为白而抽离地只自持其自己，此即是坚白之离藏。此离藏义是如此：

①其自身是"存有"，概念的"存有"；

②不与任何物相与，即不表现为具体的坚，具体的白，不表现为一具体物如石之性质。

此为存有论的离藏。唯此种离藏并不能答复官觉"异任相盈"之论难。

①此种离藏不含坚白现象纯是主观的，故不能有助于"认识论之论辩"之极成。此只能说是另一种论辩。认识论的论辩不极成，因此处所说之离藏只是见不见得不得的问题，并未证明坚白现象纯是主观的。而此存有论之论辩亦无助于认识论之论辩。

②此存有论之离藏只能说明概念自存或共相潜存，并不能说明于具体的

石上坚白二性质不相盈（离）。其所说者是一切共相皆离（潜存），并不是于具体的石上坚白二性不相盈。故此存有论之论辩亦不能答复主"坚白石三"（坚白相盈）者之论难。如此，此存有论之论辩亦不能极成"坚白石二"（坚白不相盈）之主张。

概念自存是一义，官觉异任之见不见得不得又是一义，此两者竟不能证明"坚白石二"之主张。坚白概念之自存与官觉异任之见不见得不得毫无关系。因为概念自存之坚白并不是眼所能见，手所能拊。而眼之所见与手之所拊者亦不是那概念自存之坚白，而是具体的白与坚，具体的性质或官觉现象。概念自存不函官觉现象之不相盈，而见不见得不得亦不函官觉现象之不相盈。

然则至少必须在以下之情形下，始能证明于具体的石上坚白不相盈，即：官觉现象纯是主观的，如白依存于视，坚依存于拊。但此义，公孙龙并未触及。

至于第七问答中最后说到"火与目不见而神见，神不见而见离"；手与捶不知而神知，神不知而知离。此由各概念之"自是其是"以明"见"离与"知"离（"知"是触知之知），由见离与知离以明坚白离。见离知离之离藏义是泯灭义，即根本没有见，没有触（此不函说见与触根本不可能），并不是见触之自存。假定说见离即见隐，则此隐亦是泯灭义，无有义。假定在此亦可说隐显，亦是有无之隐显，而不是一"自存之有"之隐显。如果见与触根本没有，则假定官觉现象纯是主观的，即依存于见与触，官觉现象自亦全部不能呈现（离藏、无有）。此又超过"坚白不相盈"之义，不但"不相盈"，而且根本没有坚白。故见触无有之义亦非足以证明"坚自石二"之主张者。

《坚白论》辩来辩去，说了好多离藏之义，而竟无一能证明"坚白石二"之主张者。

"坚白石二"之义是说于一具体之石上坚白两官觉现象不能同时相盈并着，而是一现一不现。坚白离等于坚白不相盈。是以坚白离并不是说坚白全离，而是说一离一不离。此是公孙龙所欲证成之宗义。但其辩论，如上所说，却无一能证明此宗义。《通》篇所说之离藏有三义：

①官觉异任之见不见，得不得：此处所说之离藏是不见义，不得义。不见不得并不函"即无有"，亦不函两官觉现象不相盈。

②概念自存义：此亦不函坚白两象不相盈。官觉现象之坚白，吾人可说是"定所白"之白，"定所坚"之坚，由此吾人可直接推证一"不定所白"之白自己，"不定所坚"之坚自己。无官觉现象之坚白，当然不能因之即说无坚白之自己。反之，有坚白之自己，不必就有官觉现象之坚白。此即是坚白自己之自存、潜存，此亦是离藏，此是存有论之离藏。但此种离藏并无助于坚白两官觉现象不相盈一主张。

③因各概念之自是其是，见离触离：此离藏是泯灭义，无有义。见离触离只直接函坚白不主观地呈现于吾，并不含客观地坚白之无有，即并不函坚白纯是主观的。如进一步肯定坚白纯是主观的，则在见离触离之下，官觉现象全部泯灭，此超过"坚白不相盈"之义。如是，"坚白石二"之主张只在以下三假定之下始能成立：

①须假定有见有触，即官觉之知可能。

②须假定官觉现象纯为主观。

③须假定五官觉知不能同时有。

关于第一假定，亦容易成立。因为公孙龙在辩"见离"时，只表示单目不见，单火不见，单神不见，并不表示三者和合亦不见。此即是说，并未表示"见"根本不可能，如龙树《中论》之所说，亦未表示"见"是不可解之幻现。公孙龙尚未进至此。当然他亦可进至此。即使进至此，亦可有见有触，只不过是"虽不可解而见相宛然"而已。

关于第二假定，亦是可能之一说。例如洛克即说次性（声色臭味触等）纯是主观的，并非客观之实有。唯依近代心理学及实在论之主张，虽在认识上是主观的，然仍有一客观的根据，即仍有种种条件制约而成之客观背景。虽依存于"见"，而仍是一客观之事实，并非一心理之幻象。但无论如何，在认识上是主观的，似总可说。

关于第三假定，则不易成立。依此假定，五官觉知不但异任，而且必须异时。五官异任，固有时不同时，不同时则不相盈，但亦有时同时，同时则相盈矣。但必限制于不同时，而禁止其同时，乃无理由者。故此假定实不可能。但此假定实为"坚白石二"一主张所必不可少之条件。依此，"坚白不相盈"之说恐终是诡辩而不可执持。

如果认识论的论辩中，"坚白不相盈"之说不能成立，则存有论的论辩中，"不定者兼"之坚白自身还能说否？即，概念自存义之离藏还能说否？曰：可说。只要一成概念，总可自存。唯当官觉现象纯为主观时，则此时之概念只是一逻辑的抽象之概念，而不必是存有论的实有之概念。如是很易走上概念唯名论，而不必是实有。因为当视时，白呈现而有，当不视时，白即不呈现而无，白纯依于主观之视觉，并非一客观而独立之实有之白，则虽就其"呈现而有"可抽撰成一个白自身之概念，但此概念并不代表存有论之实有，而可只是一象征性与一般性之符号或空名。此是公孙龙之原意否？揆之第七问答中最后一句"离也者，天下故独而正"，其存有论之离藏义似是客观主义与实在论。但此义之离藏并无助于"坚白石二"之主张。概念自存之概念，无论是唯名的，或是实有的，似皆与"坚白不相盈"之主张无关。其存有论之离藏甚有精义，而"坚白石二"之主张则只是诡辩。墨辩派能否定其"坚白石二"之主张，但不必能否定其存有论之离藏义。

揆公孙龙当初朦胧间实是有一种存有论之洞见，他直觉到个个概念之自存，其初所见者似乎即是此种意义之离藏，及至落于具体物上而欲作具体的说明，则将其所洞见之概念自存之离藏滑转而为官觉认知上见不见得不得之离藏，以为可以主张"坚白不相盈"，而不知该两种离藏义并不相同。亦未细审"坚白不相盈"一主张如何始能极成，未知此中之复杂。《坚白论篇》提出并函有许多观念，而此等观念间之逻辑关系，归结如何，则未能深入辨明。是以吾人必须予以疏导，以复其义理滋长之生机，未可顺其混扰滑转，而强为之说，以增其怪也。

"白马非马"之辩，"坚白石二"之辩，其价值不在此两主断本身，乃在由之可以引发出许多逻辑真理以及认识论与存有论之问题。

第六章 《荀子》原典详解

劝学第一

【题解】

《劝学》是《荀子》开宗第一篇，旨在劝导人们勤奋向学、修身养性，力争使自己成为一名品行操守高尚的君子。篇中所讨论的学习问题，不仅仅只是向书本学习，还应主动向前人、向良师益友、向社会实践学习，这种学习态度和方法是值得提倡的。在文中，荀子借用靛青、兰草、寒冰、绳墨、低谷、深溪、涉水、驾车等现实生活中的鲜活事例，用以论证一个人学习、修养对自己成长成才成人的重要性和意义，并借助环境的变化、风俗的不同、居处的转换等，进一步论证了学习、修身、养道等的途径、方法、目的、意义和效果等。全篇以"学"与"礼"二字统领，细细品读，令人回味无穷，受益终生。

海龙马铜镜（春秋战国）

【原文】

君子曰①：学不可以已②。青，取之于蓝③，而青于蓝；冰，水为之，而寒于水。木直中绳④，輮以为轮⑤，其曲中规，虽有槁暴⑥，不复挺者，輮使之然也。故木受绳则直，金就砺则利，君子博学而日参省乎己⑦，则知明而行无过矣。故不登高山，不知天之高也；不临深谿，不知地之厚也；不闻先王之遗言，不知学问之大也。干、越、夷、貉之子⑧，生而同声，长而异俗，教使之然也。《诗》曰⑨："嗟尔君子。无恒安息。靖共尔位⑩，好是正直。神之听之，介尔景福⑪。"神莫大于化道，福莫长于无祸。

【注释】

①君子：指懂礼仪，有才智、有道德的人。

②已：停止，终止。

③蓝：即蓼蓝，一年生草本植物，其叶经过发酵后可以提制深蓝色的有机染料靛蓝。

④中：符合。绳子：木匠用来测定直线的墨线。

⑤輮：通"煣"，用微火熏烤木料使它弯曲。

⑥有：通"又"。槁：通"熇"，烤。暴：古"曝"字，晒。

⑦参：检验。省：考察，反省。

⑧干：同"邗"，古国名，在今江苏扬州东北，此指代吴国。夷：我国古代居住在东部的民族。貉：通"貊"，我国古代居住在东北部的民族。

⑨引诗见《诗经·小雅·小明》。

⑩靖：安。共：通"供"。

⑪介：给予。景：大。

【译文】

君子说：学习不可以故步自封。靛青，是从蓼蓝中提取出来的，但比蓼蓝颜色更青；冰，是由水凝结而成的，却比水更寒冷。木料笔直得合于墨线，但把它熏烤弯曲而做成车轮，它的弯曲度就与圆规画的相合，即使再烘烤暴晒，它也不再伸直了，这是熏烤弯曲使它这样的啊。所以木料受到墨线的弹划校正才能取直，金属制成的刀剑在磨刀石上磨过才能锋利，君子广泛地学习而又能每天检查省察自己，那就会见识高明而行为没有过错了。所以不登上高高的山峰，就不知道天空的高远；不俯视深深的山谷，就不知道大地的深厚；没有听到前代圣明帝王的遗言，就不知道学问的渊博。吴国、越国、夷族、貊族的孩子，生下来啼哭的声音都相同，长大了习俗却不同，这是教化使他们这样的啊。《诗经》上说："哎呀，你们这些君子啊，不要常常歇息着。安心供奉你的职位，爱好正直行为。上帝知道了这些，就会给你们大福气。"精神修养没有比融化于圣贤的道德更高的了，幸福没有比无灾无难更大的了。

【原文】

吾尝终日而思矣，不如须臾之所学也：吾尝跂而望矣①，不如登高之博见也。登高而招，臂非加长也，而见者远；顺风而呼，声非加疾也，而闻者彰。假舆马者，非利足也，而致千里；假舟楫者，非能水也，而绝江河。君子生非异也②，善假于物也③。

【注释】

①跂：踮起脚后跟。
②生：通"性"，指人的资质。
③这句喻指君子凭借学习贤师益友来提高自己的修养。

【译文】

我曾经整天地思索，但不如学习片刻之所得；我曾经踮起脚跟眺望，但不如登上高处所见之广阔。登上高处招手，手臂并没有加长，但远处的人能看得见；顺着风向呼喊，声音并没有加强，但听见的人觉得很清楚。凭借车马的人，并不是善于走路，却能到达千里之外；凭借船、桨的人，并不是善于游泳，但能渡过江河。君子生性并非与人不同，只是善于凭借外物罢了。

【原文】

南方有鸟焉，名曰蒙鸠①。以羽为巢，而编之以发，系之苇苕②，风至苕折，卵破子死。巢非不完也。所系者然也。西方有木焉，名曰射干③，茎长四寸，生于高山之上，而临百仞之渊。木茎非能长也，所立者然也。蓬生麻中，不扶而直；白沙在涅，与之俱黑④。兰槐之根是为芷⑤，其渐之滫⑥，君子不近，庶人不服。其质非不美也，所渐者然也。故君子居必择乡，游必就士，所以防邪僻而近中正也。

【注释】

①蒙鸠：即鹪鹩，又称巧妇鸟，全身灰色，有斑，常取茅苇毛毳为巢。

②苕：芦苇的花穗。

③射干：又名乌扇，一种草本植物，形似树木，所以荀子称它为"木"。

④《荀子集解）（清朝光绪年间的王先谦编著的，很有权威性，以下简称《集解》。）中没有"白沙在涅，与之俱黑"八个字，根据《尚书·洪范》"时人斯其惟皇之极"《正义》的引文补正了。

⑤兰槐：香草名。古人称其苗为"兰"，称其根为"芷"。

⑥渐：浸。滫：人尿。

【译文】

南方有一种鸟，名叫蒙鸠，它用羽毛做窝，还用毛发把窝编结起来，把窝系在芦苇的花穗上，风吹来，苇穗折断，鸟蛋打破，小鸟摔死。它的窝不是不完善，是窝所系的地方使它这样的。西方有一种草，名叫射干，茎长四寸，生在高山之上。因而能俯临七百多尺的深渊。它的茎并非能长到这么高，是它所处的位置使它这样的。蓬草长在大麻中，不去扶持它也挺直；雪白的沙子混在黑土中，就会和黑土一样黑。兰槐的根就是芷，如果把它浸在尿中，君子就不再接近它，百姓也不再佩带它。它的本质不是不美，而是所浸泡的尿使它这样的。所以君子居住时必须选择好的地方，外出交游时必须接近有道德学问的贤士，这是防止自己误入邪途而接近正道的方法。

【原文】

物类之起，必有所始；荣辱之来，必象其德。肉腐出虫，鱼枯生蠹。息慢忘身，祸灾乃作。强自取柱①，柔自取束。邪秽在身，怨之所构②。施薪若一，火就燥也；平地若一，水就湿也。草木畴生③，禽兽群焉，物各从其类也。是故质的张而弓矢至焉④，林木茂而斧斤至焉⑤，树成荫而众鸟息焉，醯酸而蚋聚焉⑥。故言有召祸也，行有招辱也。君子慎其所立乎！

【注释】

①柱：通"祝"，折断。

②构：结，造成。

③畴：通"俦"，类。

④质：箭靶。的：箭靶的中心。

⑤斤：斧子。

⑥醯：醋。蚋：飞虫名。

【译文】

各种事物的兴起，一定有它的起因；荣誉或耻辱的来临，必定与人的德行相应。肉腐烂了就生蛆，鱼枯死了就生虫。懈怠疏忽而忘乎所以，灾祸就会发生。刚强的东西自己招致折断，柔弱的东西自己招致约束。邪恶污秽的东西存在于自身，是怨恨集结的原因。铺开的那些柴草都好像一样，但火总是向干燥的柴草烧去；平整的土地好像一样，但水总是向低湿的地方流去。草木按类生长，禽兽合群活动，万物都各自依附它们的同类。所以箭靶一张设，弓箭就向这里射来了；森林的树木一茂盛，斧头就来这里砍伐了；树木一成荫，群鸟就来这里栖息了；醋一变酸，蚊子就汇集到这里了。所以说话有时会招来灾祸，做事有时会招致耻辱，君子要小心自己的立身行事啊！

【原文】

积土成山，风雨兴焉；积水成渊，蛟龙生焉；积善成德，而神明自得，圣心备焉。故不积跬步[1]，无以至千里；不积小流，无以成江海。骐骥一跃[2]，不能十步[3]；驽马十驾[4]，功在不舍[5]。锲而舍之，朽木不折；锲而不舍，金石可镂。蚓无爪牙之利、筋骨之强，上食埃土，下饮黄泉，用心一也；蟹六跪而二螯[6]，非蛇、鳝之穴无可寄托者[7]，用心躁也。是故无冥冥之志者，无昭昭之明；无惛惛之事者[8]，无赫赫之功。行衢道者不至，事两君者不容。目不能两视而明，耳不能两听而聪。螣蛇无足而飞[9]，鼫鼠五技而穷[10]。《诗》曰[11]："尸鸠在桑，其子七兮。淑人君子，其仪一兮[12]。其仪一兮，心如结兮[13]。"故君子结于一也。

【注释】

①跬：行走时两脚之间的距离，等于现在所说的一步、古人所说的半步。步：古人说一步，指左右脚都向前迈一次的距离，等于现在的两步。

②骐骥：骏马。

③步：长度单位，六尺为步。

④驾：古代马拉车时，早晨套上车，晚上卸去。套车叫驾，所以这里用"驾"指代马车一天的行程。十驾：套十次车，指十天的行程。此指千里的路程。⑤舍：舍弃。指不放弃行路。

⑥跪：脚。螯：螃蟹等节肢动物身前的大爪。

⑦鳝：同"鳝"。

⑧冥冥、惛惛：昏暗不明的样子，形容专心致志、埋头苦干。昭昭：明白的样子。

⑨螣蛇：古代传说中的一种能飞的神蛇。

⑩鼫鼠：原作"梧鼠"。鼫鼠能飞但不能飞上屋面，能爬树但不能爬到

树梢，能游泳但不能渡过山谷，能挖洞但不能藏身，能奔跑但不能追过人，所以说它"五技而穷"。穷：窘困。

⑪引诗见《诗经·曹风·鸤鸠》。

⑫仪：通"义"。

⑬结：结聚不散开，比喻专心一致，坚定不移。

【译文】

积聚泥土成了高山，风雨就会在那里兴起；积蓄水流成了深潭，蛟龙就会在那里生长；积累善行成了有道德的人，自会心智澄明，而圣人的思想境界也就具备了。所以不积累起一步两步，就无法到达千里之外；不汇积细小的溪流，就不能成为江海。骏马一跃，不会超过十步；劣马跑十天也能跑完千里的路程，它的成功在于一刻也不停脚。雕刻东西，如果刻一下就把它放在一边，那就是腐烂的木头也不能刻断；如果不停地刻下去，那么金属和石头都能雕空。蚯蚓没有锋利的爪子和牙齿，也没有强壮的筋骨，但它能吃到地上的尘土，喝到地下的泉水，这是因为它用心专一；螃蟹有六只脚两只螯，但如果没有蛇、鳝的洞穴就无处栖身，这是因为它用心浮躁。所以没有潜心钻研的精神，就不会有洞察一切的聪明；没有默默无闻的工作，就不会有显赫卓著的功绩。徘徊于歧路的人到不了目的地，同时侍奉两个君主的人不能被双方所接受。眼睛不能同时看两个东西而全都看清楚，耳朵不能同时听两种声音而全都听明白。腾蛇没有脚却能飞行，鼫鼠有五种技能却陷于困境。《诗经》上说："布谷鸟住在桑树上，七只小鸟它喂养。那些善人君子啊，坚持道义一个样。坚持道义真专一，思想就像打了结。"所以君子学习时总是把精神集中在一点上。

【原文】

昔者瓠巴鼓瑟而沈鱼出听①，伯牙鼓琴而六马仰秣②。故声无小而不闻，行无隐而不形。玉在山而草木润，渊生珠而崖不枯③。为善不积邪，安有不闻者乎？学恶乎始？恶乎终？曰：其数则始乎诵经④。终乎读《礼》⑤；其义则始乎为士，终乎为圣人。真积力久则入，学至乎没而后止也⑥。故学数有终，若其义则不可须臾舍也。为之，人也：舍之，禽兽也。故《书》者⑦，政事之纪也；《诗》者⑧，中声之所止也⑨；《礼》者，法之大分、类之纲纪也⑩。故学至乎《礼》而止矣。夫是之谓道德之极。《礼》之敬文也⑪，《乐》之中和也⑫；《诗》、《书》之博也。《春秋》之微也⑬，在天地之间者毕矣。

【注释】

①瓠巴：楚国人，善于弹瑟。沈：同"沉"。

②伯牙：古代善于弹琴的人。六马：古代天子之车驾用六匹马拉，这里指拉车之马。仰秣：《淮南子·说山训》高诱注："仰秣，仰头吹吐，谓马笑也。"一说"秣"通"末"，头。

③崖：岸边。

④数：指学习的具体科目。

⑤《礼》：汉代称为《礼经》，是春秋战国时代一部分礼制的汇编。

⑥没：通"殁"。死。

⑦《书》：《尚书》，汉以后又称《书经》，是上古历史文献的汇编。

⑧《诗》：汉代以后又称《诗经》，是我国现存最早的一部诗歌总集。

⑨中声：和谐的音乐。止：存。

⑩大分：要领，总纲。类：与"法"（规范）同义，但它与"法"字相对使用时，则指法的类属，即依规范类推出来的具体准则。

⑪文：文采，花纹，引申指表现义的礼仪制度。

⑫《乐》：《乐经》，六经之一，亡于秦。

⑬《春秋》：是春秋时鲁国史官记载当时史事的编年史，相传孔子曾修订过。微：精深隐微，这里是指微言大义的《春秋》笔法。

荀子诠解

《荀子》原典详解

【译文】

　　从前瓠巴一弹瑟而沉没在水底的鱼都浮出水面来听，伯牙一弹琴而拉车的六匹马都抬起头来咧着嘴听。所以声音没有小得听不见的，行动没有隐蔽得不显露的。宝玉蕴藏在山中，山上的草木都会滋润；深潭里生了珍珠，潭岸就不显得干枯。是不能坚持做好事因而善行没有积累起来吧！否则，哪有不被人知道的呢？学习从哪里开始？到哪里终结？答案是：从学习的科目来说，是从诵读《书》、《诗》等经典开始，到阅读《礼》为止；从学习的意义来说，是从做一个读书人开始，到成为圣人为止。诚心积累，长期努力，就能深入，学到老死然后才停止。所以从学习的科目来说，是有尽头的；但如果从学习的意义来说，那么学习是片刻也不能丢的。致力于学习，就成为人；放弃学习，就成了禽兽。《尚书》，是政事的记载；《诗经》，是和谐的音乐所附丽的篇章；《礼记》，是行为规范的要领、具体准则的总纲。所以学到《礼记》就到头了，这可以叫做达到了道德的顶点。《礼记》的肃敬而有文饰，《乐》的中正而又和谐，《诗》、《书》的内容渊博，《春秋》的词意隐微，存在于天地之间的道理都包括在这些典籍中了。

【原文】

　　君子之学也，入乎耳，箸乎心①，布乎四体②，形乎动静；端而言③，蠕而动④一可以为法则。小人之学也，入乎耳，出乎口。口、耳之间则四寸耳⑤，曷足以美七尺之躯哉？古之学者为己，今之学者为人。君子之学也，以美其身；小人之学也，以为禽犊。故不问而告谓之傲⑥，问一而告二谓之囋⑦。傲，非也；囋，非也；君子如响矣⑧。

【注释】

①箸：通"著"，附着。
②布：分布。四体：四肢。

③端：通"喘"，微言。

④蠕：微动。

⑤则：才。

⑥傲：通"躁"。

⑦嗾：唠叨。

⑧响：回声。

【译文】

君子的学习，有益的东西进入耳中，记在心中，贯彻到全身，表现在举止上；所以他稍微说一句话，稍微动一动，都可以成为别人效法的榜样。小人的学习，只是从耳中听进去，从口中说出来。口、耳之间才不过四寸罢了，怎么能够靠它来完美七尺长的身躯呢？古代的学者学习是为了提高自己，现在的学者学习是为了给别人看。君子的学习，是用它来完美自己的身心；小人的学习，只是把学问当作家禽、小牛之类的礼物去讨人好评。所以别人没问就去告诉的叫做急躁，别人问一件事而告诉两件事的叫做唠叨。急躁，是不对的；唠叨，也是不对的；君子回答别人，就像回声应和原声一样。

【原文】

学莫便乎近其人。《礼》、《乐》法而不说，《诗》、《书》故而不切，《春秋》约而不速。方其人之习君子之说①，则尊以遍矣②，周于世矣。故曰：学莫便乎近其人。学之经莫速乎好其人③，隆礼次之。上不能好其人，下不能隆礼，安特将学杂识志，顺《诗》、《书》而已耳④，则末世穷年。不免为陋儒而已！将原先王，本仁义，则礼正其经纬、蹊径也⑤。若挈裘领，诎五指而顿之⑥，顺者不可胜数也。不道礼、宪，以《诗》、《书》为之，譬之，犹以指测河也，以戈舂黍也，以锥餐壶也，不可以得之矣。故隆礼，虽未明，法士也；不隆礼，虽察辩，散儒也。

【注释】

①方：通"仿"，仿效。

②以：而。

③经：通"径"，途径。

④安：语气助词。特：只。识：了解。

⑤经纬：纵横的道路，南北向的叫经，东西向的叫纬，这里指四通八达。蹊径：小路，此指途径。

⑥诎：通"屈"。弯曲。顿：上下抖动使整齐。

【译文】

　　学习没有比选择一个贤人做老师更便利的了。《礼》、《乐》记载了法度而未加详细解说，《诗》、《书》记载旧事而不切近现实，《春秋》文简辞约而不易迅速理解。仿效贤师而学习君子的学说，那就能养成崇高的品德并获得广博的知识，也能通晓世事了。所以说：学习没有比选择一个贤人做老师更便利的了。学习的途径没有比心悦诚服地受教于贤师更迅速有效的了，尊崇礼仪就比它差一等。如果上不能心悦诚服地接受贤师的教导，下不能尊崇礼仪，而只学些杂乱的知识，搬弄《诗》、《书》中的一些教条而已，那么直到老死，也不过是个学识浅陋的书生罢了。至于想要追溯先王的道德，寻求仁义的根本，那么遵行礼法正是那四通八达的途径。这就好像提起皮衣的领子，然后弯着五个手指去抖动它一样，那数不清的裘毛就全理顺了。不遵行礼法，而只是依照《诗》、《书》来立身行事，将它打个比方来说，就像用手指去测量河流的深浅，用长戈去舂捣黍子，用锥子代替筷子到饭壶中吃饭一样，是不可能达到目的的。所以尊崇礼仪，即使对其精义领会得还不够透彻，不失为一个崇尚礼法的士人；不尊崇礼仪法度，即使智慧过人，能言善辩，也不过是一个思想涣散的文人罢了。

【原文】

问楛者①，勿告也；告楛者，勿问也；说楛者，勿听也；有争气者，勿与辩也。故必由其道至，然后接之；非其道，则避之。故礼恭，而后可与言道之方；辞顺，而后可与言道之理；色从，而后可与言道之致。故未可与言而言谓之傲，可与言而不言谓之隐，不观气色而言谓之瞽。故君子不傲、不隐、不瞽，谨顺其身。《诗》曰②："匪交匪舒③，天子所予④。"此之谓也。百发失一，不足谓善射；千里跬步不至，不足谓善御；伦类不通⑤，仁义不一，不足谓善学。学也者，固学一之也。一出焉，一入焉，涂巷之人也⑥；其善者少，不善者多，桀、纣、盗跖也⑦；全之尽之，然后学者也。

【注释】

①楛：粗劣，这里指粗野恶劣而不合礼法的事情。
②引诗见《诗经·小雅·采菽》。
③匪：同"非"，不。交：通"绞"，急。
④予：通"与"，这里是赞许的意思。
⑤类：法，规范。
⑥涂：通"途"。
⑦跖：传说中的春秋战国之际人，传统的典籍中都把他当作是贪婪的典型，称他为"盗跖"。

【译文】

问粗野恶劣之事的人，就不要告诉他；告诉你粗野恶劣之事的人，就不要去问他；谈论粗野恶劣之事的人，就不要去听他；有争强好胜脾气的人，就不要和他争辩。所以，必须遵循礼义之道来请教，然后才接待他；如果他不合乎礼义之道，就回避他。所以请教的人礼貌恭敬，然后才可以和他谈论有关道的学习方法；他说话和顺，然后才可以和他谈论有关道的具体内容；

他的面色流露出谦虚顺从，然后才可以和他谈论有关道的最精深的意蕴。还不可以跟他说却说了，叫做急躁；可以跟他说却不说，叫做隐瞒；不观察对方的气色就和他说了，叫做盲目。所以君子不急躁、不隐瞒、不盲目，谨慎地顺着那说话的对象来发言。《诗经》上说："不急躁啊不怠慢，天子称是又赞叹。"说的就是这种情况。射出一百支箭，只要有一支没有射中，就不能称之为善于射箭；赶一千里路程，即使还有半步没能走完，就不能称之为善于驾车；伦理规范不能贯通，仁义之道不能一心一意地奉行，就不能称之为善于学习。学习这件事，本来就要一心一意地坚持下去才行的。一会儿不学习，一会儿又学习，那是市井中的普通人；好的行为少，不好的行为多，那就成了夏桀、商纣、盗跖那样的坏人；全面地了解伦理规范与仁义之道，又完全地遵奉它，这样才能成为一个真正的学者。

【原文】

君子知夫不全不粹之不足以为美也，故诵数以贯之，思索以通之，为其人以处之，除其害者以持养之；使目非是无欲见也，使耳非是无欲闻也，使口非是无欲言也，使心非是无欲虑也。及至其致好之也，目好之五色，耳好之五声，口好之五味，心利之有天下[①]。是故权利不能倾也，群众不能移也，天下不能荡也。生乎由是，死乎由是，夫是之谓德操。德操然后能定。能定然后能应。能定能应，夫是之谓成人。天见其明，地见其光[②]，君子贵其全也。

【注释】

①利：贪。
②光：通"广"。

【译文】

君子知道在学习时不全面不纯粹是不能够称之为完美的，所以他们诵读群书以求融会贯通，思考探索以求领会通晓，效法良师益友来实践它，去掉自己有害的作风来保养它；使自己的眼睛不是正确的东西就不想看，使自己的耳朵不是正确的东西就不想听，使自己的嘴巴不是正确的东西就不想说，使自己的脑子不是正确的东西就不想考虑。等到了那极其爱好学习的境地，就好像眼睛喜爱青、黄、赤、白、黑五种颜色，耳朵喜欢宫、商、角、徵、羽五种音调，嘴巴喜欢甜、咸、酸、苦、辣五种味道，心里贪图拥有天下一样。因此权势利禄不能够使他倾倒，人多势众不能够使他变心，整个天下不能够使他动摇。活着遵循这礼义，就是死也是为了遵循这礼义，这就叫做道德操守。有了这样的道德操守，然后才能站稳脚跟；能够站稳脚跟，然后才能应付各种复杂的情况。能够站稳脚跟，又能够应付各种情况，这就叫做成熟完美的人。天显现出它的明亮，地显现出它的广阔，君子的可贵就在于他德行的完美无缺。

【解读】

十八世纪法兰西思想家提出了"人类依赖于教育"的命题。其实，远在两千年以前，我国的思想家孔子和荀子就已经把教育和学习提升到本体论的高度来认识了。《学而》为《论语》首篇，《劝学》冠《荀子》全书，一脉相承，强调了教育和学习对于人生的意义。荀子曰："为之，人也；舍之，禽兽也。"把教育和学习作为人与动物的分界线、作为人类的生存方式来提倡，具有终极的意义，从而就能高屋建瓴，得出深刻的见解。于是，在"学不可以已"这一总论断下，本篇具体阐述了下列几个问题：

学习能改造人的本性，由恶入善。正像用蓝草做成染料、由水变为冰、輮木制作车轮、砺金变为刀剑一样，人若经过学习和教育，必会"知明而行无过矣"。于越、夷貉之子虽然"生而同声"，但由于"教使之然"而形成不同的社会习俗。这说明，人性本恶，而先王的教化之道神力广大，可以赋予人知识、品德、才能，可以移风易俗，避灾免祸，给人类带来幸福。

学习能助人改造环境，适应生存。"善假于物也"是人的本能和特性，

荀子诠解

因为只有如此，人类才能事半功倍，更好地适应其生存的环境。所以，借助外物以发展自己，是人类长期学习中摸索出来的成功经验。欲博见而"登高"，欲见者远而"登高而招"，欲闻者彰而"顺风而呼"，欲致千里而"假舆马"，欲绝江河而"假舟楫"，都是人类智慧的运用。君子牢记蒙鸠"风至苕折，卵破子死"的羞辱，学习射干"生于高山之上，而临百仞之渊"的荣耀。避免"兰槐之根是为芷，其渐之滫"的悲剧，这才"居必择乡，游必就士，所以防邪僻而近中正也"。人的品质的美与丑，道德的善与恶，是环境造就的，但更重要的是人选择环境的主动性、改造环境的能动性，有了这个努力学习的主观条件，才能创造出好的环境，成为中正之人。

对学习能使人修养言行，避灾免祸。"物类之起，必有所始"，是客观的规律。依照这一规律来观察人的荣辱，总是有人的品行在起内因的作用，每当某种客观条件具备，某种特定的品行就会给人带来或荣或辱的结果。肉出虫在于"腐"，鱼生蠹在于"枯"，柱物须"强者"，束物须"柔者"，"薪燥"而火就，"地湿"而水就，草木因"畴"而生，禽兽因"群"而居，质的"张"而弓矢至，林木"茂"而斧斤至。树"成荫"而众鸟息，醯"酸"而蜹聚。同样的道理，"怠慢忘身"是前因，"祸灾乃作"是后果；"邪秽在身"是前因，"怨之所构"是后果；言与行是前因，祸与辱是后果。所以要努力学习，修养身心，谨言慎行，从根本上避灾免祸。荀子将灾祸耻辱的原因归之于自身的品行邪秽怠慢，而不是由先天决定；又将言行修养提升到人生命运的高度来认识，以"言有召祸也，行有招辱也，君子慎其所立乎"这一警语告诫人们，意在强调学习与修养关乎人的事业与幸福。

对学习的意义的重视要比对学习的方法的掌握更重要。"故学数有终。若其义则不可须臾舍也。"学习的方法总是有止尽的，而学习的意义十分重大，具有永恒的价值，关系到人类生存发展的大事。"其数则始乎诵经，终乎读礼；其义则始乎为士，终乎为圣人。"《书》、《诗》、《礼》、《乐》、《春秋》等经典文献是学习的科目，礼法仁义是学习的内容，由士做到君子，最后成为圣人，才是学习的目标。"古之学者为己，今之学者为人。君子之学也以美其身，小人之学也以为禽犊。"古今学者的区别，君子小人的差异，是由学习的内容是否合乎礼法仁义、学习的目标是否把自己造就成贤圣来决定的。那些只能给《诗》、《书》的文义做些注脚的"陋儒",虽然明察善辩而行为却不受检束的"散儒",都应当在小人之列了。所以,"学"什么?"为"什么?答案是,"隆礼"是学习和践履的中心内容。"《礼》者,法之大分,类之纲纪也。故学至乎《礼》而止矣。夫是之谓道德之极。"将礼与法并提,并视之为"道德之极",显然已由孔孟的内在自省的伦理标准,转变为外在行为的道德规范了。虽然学礼、为礼而能迈入礼法之士的"道德之极",却还不是最终目的,最高境界是由"全粹之美"而"成人",即做到圣人。"学之经,莫速乎近其人,隆礼次之",这句话的深刻意蕴,就在于贤师的地位应当在"隆礼"之上,因为礼法之士和圣人是"隆礼"的楷模,圣人之道是追求的终极目标。学习不能停留在初始阶段,应当超越一般知识摄取的范围,超越个人修养的局限,矢志不渝地去追求和实现圣人之道,达到"天见其明,地见其光"的"全粹之美"。

修身第二

【题解】

本篇为《荀子》第二篇,主要讨论了身心修养的问题。修养身心的准则是符合礼义,荀子认为人没有礼就不能生存,事情没有礼就不能成功,国家没有礼就不得安宁。修养身心的方法是:学礼,要求自己按照礼义行事;得到贤能的老师的教导;个人努力,要专心致志,坚持不懈。修养身心有三个层次,即士、君子和圣人。

【原文】

见善,修然①必以自存也;见不善,愀然必以自省也②;善在身,介然必以自好也;不善在身,菑然③必以自恶也。故非我而当者,吾师也;是我

荀子诠解

《荀子》原典详解

而当者，吾友也；谄谀我者，吾贼也。故君子隆师而亲友，以致恶其贼；好善无厌，受谏而能诫，虽欲无进，得乎哉？小人反是，致乱，而恶人之非己也；致不肖，而欲人之贤己也；心如虎狼，行如禽兽，而又恶人之贼己也；谄谀者亲，谏争④者疏，修正为笑，至忠为贼，虽欲无灭亡，得乎哉？《诗》⑤曰："噏噏呰呰⑥，亦孔⑦之哀。谋之其臧，则具是违；谋之不臧，则具⑧是依。"此之谓也。

青铜箭头（春秋战国）

【注释】

①修然：整饬的样子。

②愀然：忧虑惧怕的样子。省：省察。

③蓄然：遭受灾害的样子。

④争：同"诤"，规劝。

⑤《诗》：这里指《诗·小雅·小旻》。

⑥噏噏：这里指胡作非为的意思。呰呰：通"訾訾"，诋毁的意思。

⑦孔：程度副词，很、非常的意思。

⑧具：通"俱"，都的意思。

【译文】

见到美好善良的行为，一定一丝不苟地根据这种行为来对照检查自己，使这些美好的行为也出现在自己身上；见到不好的、丑恶的行为，一定要心怀忧虑地根据这种行为来反省自己；如果自身具有善良的品行，那么一定要坚定不移地珍惜自己；如果自身具有不良的品行，一定要心存羞愧地厌恶自己。因此，对我批评指责得非常恰当的人，就是我的老师；对我夸奖得十分恰当的人，就是我的朋友；对我阿谀奉承的人，就是我的敌人。因此，君子尊崇老师、亲近朋友，而非常憎恨那些奉承自己的敌人；向往美好善良的品行而永不满足，受到别人的规劝就能够引以为戒，这样，即使自己不想取得进步，又怎么可能呢？小人的做法与此正好相反，自己已经胡作非为到极点了，却还憎恨别人责备自己；自己已经非常无能了，却还希望别人把自己当成贤人；自己的心地像虎狼一样狠毒，行为像禽兽一样无耻，却又憎恨别人指出自己的罪恶；对阿谀奉承自己的人就亲近，对规劝批评自己的人就疏远，把纠正自己错误的话当作笑料，把极端忠诚的规劝当作是对自己的陷害，这样的人即使不想自取灭亡，怎么可能呢？《诗经》说："胡作非为，诋毁诽谤，这些行为实在令人感到非常悲哀。凡是正确的提议，他全都拒绝；凡事错误的主张，他反而都顺从。"说的就是这种小人。

【原文】

扁善之度①，以治气养生则后彭祖②；以修身自强③则名④配尧、禹。宜于时通⑤，利以处穷，礼信⑥是也。凡用血气、志意、知虑，由礼则治通，不由礼则勃乱提僈⑦；食饮、衣服、居处、动静，由礼则和节，不由礼则触陷生疾；容貌、态度、进退、趋行，由礼则雅，不由礼则夷固僻违，庸众而野。故人无礼则不生，事无礼则不成，国家无礼则不宁。《诗》⑧曰："礼仪卒度，笑语卒获⑨。"此之谓也。

【注释】

①扁：遵循。度：法度。

②治气：这里指调养血气。彭祖：传说中最长寿的人。

③强：《集解》本作"名"，后根据《韩诗外传》卷一改为"强"。

④《集解》 "配"上本无"名"字，后根据《韩诗外传》卷一补"名"。

⑤时：通"莳"，处于。时通就是处于顺境的意思。

⑥信：的确，确实。

⑦勃：通"悖"，意思是荒谬，荒诞不经。提：通"偍"，舒缓、松弛的意思。侵：通"慢"，懈怠、怠慢。

⑧《诗》：这里指《诗·小雅·楚茨》。

⑨卒：全，都。获：恰当，得当。

【译文】

遵循善行的法度，用来调养血气，保养身体，就可以使自己长寿，以至于跻身彭祖之后；用来修身自强，就能使自己的名声和尧、禹相媲美。真正既适宜于顺境，又有利于在逆境中立身处世的是礼义。凡是在血气、意志、思虑等方面遵循礼义的人就能和顺通达，不遵循礼义就会荒谬错乱、松散懈怠；在饮食、衣着、处所、言行举止方面遵循礼义的人就得体合适，不遵循礼义的人就会生病；凡是在容貌、态度、进退、行走等方面遵循礼义的人就能显得温文儒雅，不遵循礼义就显得固执傲慢、庸俗粗野。因此人如果不讲礼义就不能生存，做事不讲礼义就不会成功，国家不讲礼义就不会安定。（《诗经》说："礼仪全都合乎法度，说笑就都会得当。"说的就是这个意思。

【原文】

以善先①人者谓之教，以善和人者谓之顺；以不善先人者谓之谄，以不善和人者谓之谀。是是、非非谓之知，非是、是非谓之愚。伤良曰谗，害良曰贼。是谓是、非谓非曰直。窃货曰盗，匿行曰诈，易言曰诞，趣②舍无定谓之无常，保利弃义谓之至贼。多闻曰博，少闻曰浅。多见曰闲③，少见曰陋。难进曰偍④，易忘曰漏。少而理曰治，多而乱曰耗⑤。

【注释】

①先：引导。

②趣：通"取"。

③闲：博大，这里指见识广博。

④偍：迟缓、缓慢的意思。

⑤耗：通"眊"，指昏乱不明。

【译文】

用善良美好的言行来引导别人的做法被称作教导，用善良美好的言行来协调人们之间的关系的做法被称做顺应；用不好的言行来引导别人的做法被称作谄媚，用不好的言行来协调人们之间关系的做法被称作阿谀。以是为是、以非为非的思想被称为明智，以是为非、以非为是的做法被称为愚蠢。中伤贤良的作为被称为谗毁，陷害贤良的做法被称为残害。对就说对、错就说错的做法被称为正直。偷窃财物的做法被称为盗窃，隐瞒自己行为的做法被称为欺诈，说话轻浮不诚实被称为荒诞，进取或退止没有个定规被称为无常，为了保住自己的利益而背信弃义的做法被称为奸邪。听到的东西多被称为渊博，听到的东西少被称为浅薄。见到的东西多被称为广博，见到的东西少被称做鄙陋。不易取得进展被称为迟缓，容易忘记被称作遗漏。措施不多而有条有理被称作治明，措施繁多而混乱没有条理被称作昏乱。

【原文】

治气、养心之术：血气刚强，则柔之以调和；知虑渐深①，则一之以易②良；勇胆猛戾，则辅之以道顺③；齐给便利④，则节之以动止；狭隘褊小，则廓之以广大；卑湿重迟贪利，则抗⑤之以高志；庸众驽散，则劫之以师友；怠慢僄弃⑥，则炤⑦之以祸灾；愚款端悫，则合之以礼乐，通之以思索。凡治气、养心之术，莫径由礼，莫要得师，莫神一好。夫是之谓治气、养心之术也。

【注释】

①知：通"智"，心智。慚：通"潛"，与"良"相对，渐深的意思是

城府太深、胸怀不坦荡。

②易：这里是坦率、率直的意思。

③道：通"导"，沿着，遵循。道顺：依顺，不越轨。

④齐给便利：这里是行动快速敏捷，不够稳当慎重的意思。齐，疾的意思。

⑤抗：通"亢"，原本是高傲的意思，在这里有激发、激励的意思。

⑥僄弃：轻薄而自暴自弃。

⑦炤：通"昭"，昭示，使明白的意思。

【译文】

理气养心的方法是：对血气刚强的人，就用心平气和的做法来柔化他；对思想智虑过于深沉的人，就用坦率忠诚来感化他；对勇敢胆大凶猛暴戾的人，就用训诲的道理来引导他；对行为不够稳当慎重的人，就用安详的举止来节制他；对胸怀不够宽广、气量很小的人，就用宽宏大量的言语来开导他；对卑贱迟钝贪利的人，就用高远志向来激励他；对庸俗普通、才能低劣而又散漫的人，就让良师益友来改造他；对懈怠轻佻自暴自弃的人，就用将会导致的灾祸来昭示他；对愚钝诚恳端庄拘谨的人，就用礼乐来调和他，用思考探索来开导他。一般说来，大凡理气养心的方法，没有比遵循礼义这一途径更直接的了，没有比得到良师这一途径更重要的了，没有比爱好专一这一途径更能产生神妙的作用了。这就是理气养心的方法。

【原文】

志意修①则骄富贵，道义重则轻王公；内省②而外物轻矣。传③曰："君子役④物，小人役于物。"此之谓矣。身劳而心安，为之；利少而义多，为之；事乱君而通，不如事穷君而顺焉。故良农不为水旱不耕，良贾不为折阅⑤不市，士君子不为贫穷怠乎道。

【注释】

①修：完美，美好。

②内省：从内心进行反省，这里指重视自身的修养。

⑥传：这里指古书。

④役：支配，役使的意思。

⑤折阅：亏损贱卖。

【译文】

志向美好远大就能傲视富贵，道义崇高就能藐视王公贵族；注重内心修养就会把身外万物看作微不足道的事物。古书上说："君子可以支配外物，小人却被身外之物所役使。"就是说的这个道理啊。导致身体劳累而内心安定的事，就值得做；所得利益少而道义多的事，也值得做；侍奉昏庸的君主从而获得显贵，不如侍奉处境窘困的君主从而遵行道义。因此，好的农夫不会因为水灾旱灾就不耕种土地，好的商人不会因为亏损价贱而不做买卖，有操行和学问的人不会因为生活的贫穷困顿而懈怠道义。

【原文】

体恭敬而心忠信，术①礼义而情爱人，横行天下，虽困四夷，人莫不贵；劳苦之事则争先，饶乐之事则能让，端悫诚信，拘守而详，横行天下，虽困四夷，人莫不任。体倨固②而心势诈，术顺墨③而精杂污，横行天下，虽达四方，人莫不贱；劳苦之事则偷儒转脱④，饶乐之事则佞兑而不曲⑤，辟违而不悫⑥，程役而不录⑦，横行天下，虽达四方，人莫不弃。

【注释】

①术：效法，遵循。

②倨固：这里是傲慢固执的意思。

⑥顺墨：指慎到和墨子。慎到是战国中期赵国人，主张法治、势治，是一个由黄老学派演变而来的早期法家人物。墨指墨翟。

④儒：通"懦"，指懦弱、怕事。偷儒：是苟且偷安，懒惰的意思。

⑤佞：原意指口齿伶俐，这里指为了施展自己的口才不顾一切地争抢。兑：通"悦"，喜悦的意思。不曲：不转弯，这里指不知曲直，一味地拿取的意思。

⑥辟：通"僻"，邪恶。违：也是邪恶的意思。

⑦程役：通"逞欲"，一味地追求个人欲望的满足。录：通"禄"，善，美好的意思。

【译文】

行为恭敬而内心忠诚，遵循礼义而又有博爱的思想，这样的人如果遍走天下，即使困于四方边远的荒蛮之地，人们也无不尊重他们；遇上劳累辛苦的事就争着去做，遇上享乐的事却能谦让给别人，端庄谨慎忠诚厚道，严守礼法而明察事理，这样的人如果遍走天下，即使困于四方边远的荒蛮之地，人们也无不信任他们。行为傲慢固执而内心险恶诡诈，遵循慎到、墨翟的一套理论而思想驳杂污秽，这样的人如果遍走天下，即使显达于四方，人们也无不鄙视他们；遇上劳苦的事就偷懒逃脱，遇上享乐的事就施展快嘴利舌不顾一切地去争抢而不退缩，邪恶而不诚实，贪求奢欲而不检束，这样的人如果遍走天下，即使显达于四方，人们也无不厌弃他们。

【原文】

行而供翼①，非渍淖也；行而俯项，非击戾②也；偶视③而先俯，非恐惧也。然夫士欲独修其身，不以得罪于此俗之人也④。

【注释】

①供：通"恭"，恭敬，这里引申为小心的意思。翼：恭敬。

②击戾：疲惫之极以至于背都弯了。

③偶视：指两个人对视。

④此：《集解》作"比"，根据宋浙本改为"此"，这些的意思。俗，指世俗。

【译文】

走路的时候小心恭敬，不是害怕沾染污泥；走路时低下头，不是腰背累弯了；与别人对视而先把头低下，不是害怕对方。这样看来，那些读书人只是想独自修养身心，而不是去得罪这些世俗的人们。

【原文】

夫骥一日而千里，驽马十驾则亦及之矣。将以穷无穷①、逐无极与，其②折骨、绝筋，终身不可以相及也。将有所止③之，则千里虽远，亦或迟、或速、或先、或后，胡为乎其不可以相及也？不识步道者④将以穷无穷、逐无极与？意⑤亦有所止之与？夫"坚白"、"同异"、"有厚无厚"之察⑥，非不察也，然而君子不辩，止之也；倚魁⑦之行，非不难⑧也，然而君子不行，止之也。故学曰："迟，彼止而待我，我行而就之，则亦或迟、或速、或先、或后，胡为乎其不可以同至也？"故跬步而不休，跛鳖千里；累土而不辍，丘山崇⑨成；厌⑩其源，开其渎，江河可竭；一进一退，一左一右，六骥不致。彼人之才性之相县⑪也，岂若跛鳖之与六骥足哉？然而跛鳖致之，六骥不致，是无它故焉，或为之、或不为尔！

【注释】

①穷无穷：这里是穷尽无穷的意思。

②其：那么，则。

③止：止境，这里是范围、尺度的意思。

④步道者：指走路的人。

⑤意：同"抑"，选择连词，或者、还是的意思。

⑥坚白：指石头所具有的坚硬和白色两种属性。它是战国时期各家争论的一个重要命题。以公孙龙为代表的"离坚白"论者认为"坚"和"白"是两种各自独立，互相分离的属性，因为眼睛看到石头的"白"而看不出其"坚"，手能摸到其"坚"而不能感知其"白"，公孙龙是想借此说明事物的共性和个性之间的区别。后期墨家则主张"坚白相盈"，认为"坚"和"白"不能离开具体的石头而独立存在。关于这一场争论，可以参见《公孙龙子·坚白论》以及《墨子》的《经上》、《经说上》、《经说下》。同异：指庄子的"同异论"。他认为事物的同异是相对的。对具体的事物来说，它们之间有"小同"、"小异"；但是，从根本上来看，万物又莫不"毕同"、"毕异"。参见《庄子·天下》。有厚无厚：指庄子的"有厚无厚论"。庄子说："无厚不可积也，其大千里。"指的是总体空间的无限性和具体空间的有限性。参见《庄子·天下》。也有人说"同异"、"有厚无厚"都是战国时期名家惠施的命题，也有人说是春秋时期邓析的命题，见《邓析子·无厚篇》。

⑦倚魁：通"奇傀"，奇异、奇怪的意思。

⑥难：这里是责难的意思。

⑨崇：通"终"，终究、最终的意思。

⑩厌：同"压"，堵塞，阻挡的意思。

⑪县：同"悬"，这里是差别很大的意思。

【译文】

好马一天能跑千里，劣马跑十天也能赶上。但是想要走尽那没有尽头的道路、追赶那没有终点的目标，那么，即使跑断了筋骨，一辈子也不可能到达。这样说来，如果有个奔跑的终点，那么纵使是迢迢千里的路程，也不过是有的跑得慢一点、有的跑得快一点、有的先到、有的后到罢了，怎么会达不到这个终极目标呢？不懂得行路的人是要穷尽那无穷的道路、追求那没有终点的目标呢？还是应该有一定的范围或者限度呢？那些对"坚白"、"同异"、"有厚无厚"等命题的考察分析，不是不了解，只是君子不去辩论，因为凡事都有一个限度；奇异怪癖的行为，不是不应该责难，而是君子不愿意去责难，也是因为凡事都有限度啊。因此，学者们说："我速度放慢以至于落后了，在他们停下来等我时，我努力赶上去靠近他们，那也只不过是或者迟缓一些、或者迅速一些、或者先到、或者后到的问题，为什么不能同样到达目的地呢？"因此，一步两步地走个不停，即使跛足的乌龟也能走到千里之外；不停地堆积泥土，土山终究能形成；塞住水的源头，挖开流水的沟渠，江河也会干涸；一会儿前进一会儿后退，一会儿向左一会儿向右，即使是六匹骏马拉的车也到达不了目的地。各人的资质与本性之间的差异，即使相距遥远，难道会像跛足的乌龟和六匹骏马之间的差别那样悬殊吗？然而，跛足的乌龟能够到达目的地，六匹骏马拉的车却达不到，没有别的缘故，只是一个去做了，而另一个却不去做罢了！

【原文】

道虽迩①，不行不至；事虽小，不为不成。其为人也多暇日②者，其出人③不远矣。

好法而行，士也；笃志而体④，君子也；齐明而不竭⑤，圣人也。

人无法，则伥伥然⑥；有法而无志⑦其义，则渠渠然⑧；依乎法而又深其类，然后温温然⑨。

【注释】

①迩：近。

②多暇日：指有许多空闲日子，这里指懒惰不做事。

③人：《集解》作"入"，根据《删定荀子》改为"人"，普通人的意思。

④笃志：指意志坚定。体：与"行"同义，实行的意思。

⑤齐：这里指思虑敏捷。齐明：意思是思虑敏捷又明智。竭：穷尽。不

竭：指其想法左右逢源，不但能明察一切，而且能深入了解。

⑥怅怅然：指不知所处、无所适从的样子。

⑦志：通"识"，知道、了解的意思。

⑧渠：通"遽"，匆忙。渠渠然，指窘迫不安的样子。

⑨温温然：指轻松自如，得心应手的样子。

【译文】

路途即使非常近，然而，不走就不能到达目的地；事情即使非常小，然而，不去做就不会成功。那些活在世上而非常懒惰的人，即使他们能做得比别人好，也决不会好很多的。

爱好礼法而去行动的一类人是士；意志坚定而身体力行的一类人是君子；思想明智敏捷而又永不枯竭的一类人是圣人。

人没有礼法就会变得迷惘无助、不知所措；有了礼法而不懂它的旨意，就会手忙脚乱、窘迫不安；遵循礼法而又能深入地把握它的具体准则，这样才能轻松自如、得心应手。

【原文】

礼者，所以正身①也；师者，所以正礼②也。无礼，何以正身？无师，吾安知礼之为是也？礼然而然③，则是情安④礼也；师云而云，则是知若师也⑤。情安礼，知若师，则是圣人也。故非礼，是无法也；非师，是无师也。不是⑥师法而好自用，譬之，是犹以盲辨色、以聋辨声也，舍乱妄⑦无为也。故学也者，礼法也；夫师，以身为正仪⑧而贵自安者也。《诗》⑨云："不识不知，顺帝之则。"此之谓也。

【注释】

①正身：端正身心，清除掉不合礼法的思想行为。

②正礼：正确地阐释礼义。

③然而然：怎样的规定的便怎样去做。

④安：指习惯于，安于。

⑤知：通"智"，理智。若：顺从，服从。

⑥是：认为正确，肯定。

⑦乱妄：指思想混乱行为狂妄自大的人。

⑧正仪：正确的标准，在这里指典范、表率。

⑨《诗》：这里指《诗·大雅·皇矣》。

【译文】

礼法是用来端正身心的；老师是靠他正确阐明礼法的。没有礼法，用什么来端正身心呢？没有老师，我哪能知道礼法的正确内涵呢？礼法是怎样规定的就怎样做，这是在性情上安于礼法；老师怎样说便怎样去做，这就是从理智上顺从老师。性情上安于礼法，理智上顺从于老师，这就是圣人。因此，违背礼法就是没有法度，违背老师就是无视老师的存在。不遵循礼法和老师的教导而喜欢自行其是，打个比方，那就好像让瞎子来辨别颜色、让聋子来分辨声音一样，除了思想混乱行为狂妄的人，是没有人会做出这种事的。因此，学习就是学习礼仪法度；那老师就是以身作则而又贵在坚持这样做的人。《诗经》说："不知道为什么要这样做，但是这样做符合自然的法则。"就是说的这种情况。

【原文】

端悫顺弟①，则可谓善少者矣；加好学逊敏焉，则有钧无上②，可以为君子者矣。偷儒惮事，无廉耻而嗜乎饮食，则可谓恶少者矣；加惕③悍而不顺，险贼而不弟焉，则可谓不详④少者矣；虽陷⑤刑戮可也。

【注释】

①弟：同"悌"，尊重、顺从兄长。

②有钧无上：只有与其相等的人，没有高于他的人。钧，通"均"，相等。

③惕：同"荡"，放荡的意思。

④详：通"祥"吉祥。

⑤陷：遭受，遭到。

【译文】

端正谨慎地顺从兄长，就可以被称为好少年了；如果再加上好学谦虚敏捷，那么，就只有和他相等的人而没有超过他的人了，这种人就可以被称为君子了。苟且偷安懒惰懦弱，没有廉耻之心而贪图吃喝，这样，就可以被称为坏

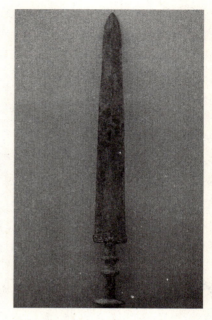

错金青铜剑（春秋战国）

少年了；如果再加上放荡凶狠、不顺从道义，阴险可怕而不尊重兄长，这样，这种人就可以被称为不祥的少年了；这种人即使遭受刑罚杀戮也是应该的。

【原文】

端悫顺弟①，则可谓善少者矣；加好学逊敏焉，则有钧无上②，可以为君子者矣。偷儒惮事，无廉耻而嗜乎饮食，则可谓恶少者矣；加惕悍而不顺③，险贼而不弟焉，则可谓不详少者矣④，虽陷刑戮可也。老老而壮者归焉，不穷穷而通者积焉，行乎冥冥而施乎无报，而贤不肖一焉。人有此三行，虽有大过，天其不遂乎！

【注释】

①弟：同"悌"，敬爱兄长。

②钧：通"均"，相等。

③惕：豪放，放荡。悍：放荡，凶悍。

④详：通"祥"。

【译文】

　　正直恭谨敬爱兄长，就可以称为好少年了；再加上好学谦虚敏捷，那就只有和他平等的人，而没有超过他的人了，这种人就可以称为君子了。苟且懒惰、胆小怕事，没有廉耻而贪图吃喝，就可以称为坏少年了；再加上放荡凶悍而不顺从礼法，阴险奸诈而不敬爱兄长，就可以称为不祥的少年了，这种人即使遭受刑罚杀戮也是可以的。敬重老人，那么壮年人就会来归附了；不轻视、侮辱处于困境的人，那么显达的人就会会聚过来；暗中做好事，施舍不求回报，那么贤能和无能的人都会聚拢来了。人有了这三种品行，即使有大的过失，上天难道不会成全他吗？

【原文】

　　君子之求利也略，其远害也早，其避辱也惧，其行道理也勇。君子贫穷而志广，富贵而体恭，安燕而血气不惰①，劳倦而容貌不枯，怒不过夺②，喜不过予③。君子贫穷而志广，隆仁也；富贵而体恭，杀势也④；安燕而血气不惰，柬理也⑤；劳倦而容貌不枯，好交也⑥；怒不过夺，喜不过予，是法胜私也。《书》曰⑦："无有作好，遵王之道；无有作恶，遵王之路。"此言君子之能以公义胜私欲也。

【注释】

①安燕：安逸。

②夺：剥夺，引申为惩罚。

③予：赐予，引申为赏赐。

④杀：减少，减弱。

⑤柬：选择，挑选。

⑥交：当作"文"，指礼仪。

⑦引文见《尚书·洪范》。

【译文】

君子对于追求利益是忽略的，对于远离祸害是早有预见的，对于避免耻辱是戒惧的，对于奉行道理是勇敢的。君子贫穷困窘但志向远大，富裕高贵但体貌恭敬，安逸但精神并不懈怠，疲倦但容貌并不憔悴，愤怒也不过分地惩罚别人，高兴也不过分地赏赐别人。君子贫穷困窘但志向远大，是因为尊崇仁德；富裕高贵但体貌恭敬，是因为他要减弱威势；安逸但精神不懈怠，是因为他选择了合理的事去做；疲倦但容貌不憔悴，是因为他爱好礼仪；愤怒也不过分地惩罚别人，高兴也不过分地赏赐别人，这是因为他奉行法度胜过了私情。《尚书》说："不要有所偏好，要遵循先王的大道；不要有所偏恶，要遵循先王的正路。"这是说君子能用公正的义理来战胜个人的欲望。

【解读】

《劝学篇》提出学习与道德并进，学习的过程就是修身的过程，要将人类的自然之恶性改造成为道德之善性。《修身篇》即论修身养性的内容和方法，于是为学之道和修身养性之道珠联璧合，相互发明。

学习的内容是礼义，修身的内容也是礼义。《劝学篇》说礼义是法律的最大界限，各种事理的准绳；《修身篇》则进一步从个体存在、行事成败、国家命运的高度，说明礼义不仅是道德手段，更是政治管理的工具。如是，礼义与法度联成一体，成为上为君主下为庶民的行为准则和社会利益分配的调节器，否则人们将在社会混乱和纷争中"伥伥然"、"渠渠然"，迷惘而不知所措，警惕而不得其安。只有遵行礼法，深究事理，首先从心灵和行动上变成礼法之人，人们才会"温温然"，即温和宽厚、礼让大度，如此安定和谐的社会也就会不期而至。即荀子所谓的"礼治"社会。由此，以礼义为中心的修身，就由个人道德问题，变成了治国平天下的大事了。

追求"全善"，亦即"全粹之美"，是修身的最高目标。首先是道德的完善，其次是道德的纯粹，能够在"血气、志意、知虑"，"食饮、衣服、居住、动静"，"容貌、态度、进退、趋行"等三个方面都有具体的表现特征。第一方面属生理机能、精神活动，由礼调节而能使全善"治通"；第二方面属生理需求、生活行为，由礼调节而能使全善"和节"；第三方面属待人接物、社会交往，由礼调节而能使全善"雅正"。以上生理的、心理的、精神的、行为的修养问题，都要拿到社会实践中去解决。荀子认为，在现实生活中，全善必然会面临善与恶、是与非、利与义、智与愚、信与诈、明白与昏暗、博义与浅陋、勤勉与怠惰等诸多矛盾，解决好这些问题，就形成了全善修养的具体内容。荀子详细地论列全善修养的范围和具体内容，强调全善修养的现实性和践履性的要求，就会使修身变成可知可为的道德践履，而不再是抽象和空洞的说教。

　　荀子论"治气养心之术"，无疑属心性修养问题，而且他也主张"内省而外物轻矣"，但这并不是向内心求证，而是向外界、外物求援，是将内省出来的疑难拿到社会实践中寻求答案。对于"血气刚强"则"调和"而"柔之"，对于"知虑渐深"则"易良"而"一之"，对于"勇胆猛戾"则"道顺"而"辅之"。对于"齐给便利"则"动止"而"节之"，对于"狭隘褊小"则"广大"而"廓之"，对于"卑湿重迟贪利"则"高志"而"抗之"，对于"庸众驽散"则"师友"而"去之"，对于"怠慢僄弃"则"祸灾"而"炤之"，对于"愚款端悫"则"礼乐"而"合之"、"思索"而"通之"。总之，求之于礼义则快捷，求之于师教则明畅，求之于致神专一则变化奇妙。和孟子向上翻、向内转的修身进路相反，荀子强调向下转、向外开，归向现实，到实际生活中践行礼义。这是可知可为的，可是道、墨、名家，还有思孟之流，却热衷于不可知不可为的论辩；荀子嘲讽他们是"穷无穷，逐无极"，"终身不可以相及也"。

荀子诠解

《荀子》原典详解

不苟第三

【题解】

荀子在本篇中主要讨论一个人如何立身行事的问题。荀子指出，人生活在社会中，所作所为一定不能苟且，必经遵循礼义，淡泊名利，讲求信誉，廉洁自律，如此才能求得好名声，才能得到人们的推崇、尊敬和爱戴。在本篇中，荀子还通过古往今来一系列现实生活中的事例，充分论证了礼义是衡量、评判一个人的行为道德的最高准则，只有符合礼义的才是值得推崇的。评价一个人的行为道德的高低、为人处世的态度、立身行事的品行，不能光看其言行和声望，而应着重看其内心信念和修为是否符合礼义的要求和标准。因此，荀子强调，具备合乎礼义的行

三铜币（春秋战国）

为道德对于社会的和谐稳定起着决定性的作用。

【原文】

君子行不贵苟难，说不贵苟察，名不贵苟传，唯其当之为贵。故怀负石而赴河，是行之难为者也，而申徒狄能之①；然而君子不贵者，非礼义之中也。山渊平，天地比，齐、秦袭②，入乎耳，出乎口，钩有须③，卵有毛，是说之难持者也，而惠施、邓析能之④；然而君子不贵者，非礼义之中也。盗跖吟口，名声若日月，与舜、禹俱传而不息；然而君子不贵者，非礼义之中也。故曰：君子行不贵苟难，说不贵苟察，名不贵苟传，唯其当之为贵。

《诗》曰："物其有矣，惟其时矣。"此之谓也。

【注释】

①申徒狄：殷朝末年人，因恨道不行而抱石跳河自杀。

②袭：合。

③鉤：通"姁"，妇女。鉤有须：妇女生出来的儿子长胡须，说明她体内也有胡须的基因，所以说妇女有胡须。

④惠施：战国中期宋国人，曾任魏相，名家的代表人物之一。邓析：春秋时郑国人，刑名学家。

【译文】

君子的行为，不以做了不合乎礼仪的难事为可贵；君子的学说，不以不合乎礼仪的明察为可贵；君子的名声，不以不合乎礼仪的流传为可贵。君子的所作所为一切只以符合礼仪为可贵，所以，怀抱石头投河自杀，这是一般行为所难以做到的事情，但是殷末的申徒狄能够做到；可是君子并不推崇这种行为，因为这是不符合礼仪的。高山和深渊是相平的，天和地一样高，齐国和秦国是相连的，从耳朵里进去，从嘴巴里出来，妇女长有胡须，蛋上生有羽毛，这是学说中难以承认的事情，然而惠施和邓析却能这么说，君子不这么说，是因为它不符合礼仪。盗跖为民间所传颂，名声好比日月，与舜、禹齐名，流传不息；然而君子不看重这样的名声，因为它不符合礼仪。所以说，君子的行为，不以做了不合乎礼仪的难事为可贵；君子的学说，不以不合乎礼仪的明察为可贵；君子的名声，不以不合乎礼仪的流传为可贵。《诗经》上说："多么丰富的物产啊！都是适时而生的啊！"说的就是这种道理。

【原文】

君子易知而难狎①，易惧而难胁，畏患而不避义死，欲利而不为所非，交亲而不比②，言辩而不辞。荡荡乎！其有以殊于世也。

君子能亦好，不能亦好；小人能亦丑，不能亦丑。君子能则宽容易直以开道人[3]，不能则恭敬缚绌以畏事人；小人能则倨傲僻违以骄溢人，不能则妒嫉怨诽以倾覆人。故曰：君子能则人荣学焉，不能则人乐告之，小人能则人贱学焉，不能则人羞告之。是君子、小人之分也。

【注释】

①狎：亲近而不庄重。
②比：勾结。
③道：通"导"。

【译文】

君子容易了解而难以不庄重地亲近，容易恐惧而难以胁迫，害怕患难但不逃避为仁义去死，追求利益而不为非作歹，和人亲近但不狼狈为奸，言语富有哲理而不华丽。君子的胸怀多么坦坦荡荡啊！君子就是由于这样遗世独立，与世人有所不同。

君子有才能是美好的，没有才能也是美好的；小人有才能是丑陋的，没有才能也是丑陋的。君子有才能就可宽容平和地教导别人，没有能力的也可恭敬地尊重侍奉他人；小人有了才能就倨傲不逊对人骄横无礼，没有才能就嫉妒埋怨，排挤他人。所以说，君子有才能的，别人就以向他学习为荣，没有才能的别人也乐于教导他；小人有才能的，别人以向他学习为卑贱，没有才能的，别人也羞于告诉他。这是君子和小人的区别。

【原文】

君子宽而不僈[1]，廉而不刿，辩而不争，察而不激，寡立而不胜[2]，坚强而不暴，柔从而不流，恭敬谨慎而容。夫是之谓至文。《诗》曰："温温恭人，惟德之基。"此之谓矣。

①僈：通"慢"，怠慢。

②寡：指出众。寡立：鹤立鸡群的意思。

【译文】

　　君子宽宏大量，但不懈怠马虎；方正守节，但不尖刻伤人；能言善辩，但不去争吵；洞察一切，但不过于偏激；能力出众却不盛气凌人；坚定刚强，但不粗鲁凶暴；宽柔和顺，但不随波逐流；恭敬谨慎，但待人宽容。这可以称为最文雅最合乎礼义的了。《诗》云："温柔谦恭的人们，是以道德为根本。"说的就是这种人了。

【原文】

　　君子崇人之德，扬人之美，非谄谀也；正义直指①，举人之过，非毁疵也；言己之光美，拟于舜、禹，参于天地，非夸诞也；与时屈伸，柔从若蒲苇，非慑怯也；刚强猛毅，靡所不信②，非骄暴也。以义变应，知当曲直故也。《诗》曰："左之左之，君子宜之；右之右之，君子有之。"此言君子以义屈信变应故也。

【注释】

①义：通"议"，议论。

②信：通"伸"，伸展。

【译文】

　　君子崇尚别人的道德，宣扬他人的美德，这不是谄媚。匡正正义，勇于指出他人的过错，这不是毁谤。说起自己的道德高尚，可以和舜、禹相比拟，和天地相并列，这不是过于夸大。在时事不利的时候能屈能伸，柔顺得好像芦苇蒲草一样，这不是胆小怯懦。刚强猛毅，勇往直前，任何时候都不屈服，这不是骄傲狂暴。这些都是君子用义来变化适应事情，知道是非曲直的缘故。《诗经》上说："该在左就在左，君子在左无不可；该在右就在右，君子在右也常有。"这就是君子用义来融会贯通权变的原因。

【原文】

君子，小人之反也①。君子大心则敬天而道，小心则畏义而节；知则明通而类，愚则端悫而法；见由则恭而止，见闭则敬而齐；喜则和而理，忧则静而理；通则文而明，穷则约而详。小人则不然，大心则慢而暴，小心则淫而倾；知则攫盗而渐②，愚则毒贼而乱；见由则兑而倨，见闭则怨而险。喜则轻而翾③，忧则挫而慑；通则骄而偏，穷则弃而偏儳④。传曰："君子两进，小人两废。"此之谓也。

【注释】

①反：与"对"相对。
②攫：夺。渐：工于心计。
③翾：急躁。
④儳：不公正。

【译文】

君子和小人是相对应的。君子大的方面敬天道，小的方面知道义和礼节；有智慧的明白事理，愚笨的端正诚信而遵纪守法；如果被起用，就会恭敬而不放纵；如果不被起用，就会戒慎而整治自己；如果高兴了，就会平和地去治理；如果忧愁了，就会冷静地去处理；如果显贵，就会文雅而明智；如果困窘，就会自我约束而明察事理。小人就不是这样，如果心往大的方面用，就会傲慢而粗暴；如果心往小的方面用，就会邪恶而倾轧别人；如果聪明，就会巧取豪夺而工于心计；如果愚钝，就会狠毒残忍而作乱；如果被起用，就会高兴而傲慢；如果不被起用，就会怨恨而险恶；如果高兴了，就会轻浮而急躁；如果忧愁了，就会垂头丧气而心惊胆战；如果显贵，就会骄横而不公正；如果困窘，就会自暴自弃而志趣卑下。古书上说："君子在相对的两种情况下都在进步，小人在相对的两种情况下都在堕落。"说的就是这种情况。

【原文】

　　君子治治①，非治乱也。曷谓邪？曰：礼义之谓治，非礼义之谓乱也。故君子者，治礼义者也，非治非礼义者也。然则国乱将弗治与？曰：国乱而治之者，非案乱而治之之谓也②，去乱而被之以治；人污而修之者，非案污而修之之谓也，去污而易之以修。故去乱而非治乱也，去污而非修污也。治之为名，犹曰君子为治而不为乱，为修而不为污也。

【注释】

①治：治理得好，太平，与"乱"相对。
②案：通"按"，依据。

【译文】

　　君子治理有秩序的国家，不整治混乱的国家。为什么这么说呢？我认为，有了礼仪就会治理得好，没有礼仪就会天下大乱。所以君子治理符合礼义的国家，而不整治违背礼义的国家。既然这样，那么国家混乱的时候将怎么治理呢？我说，国家混乱而去整治它，并不是说在那混乱的基础上去整治它，而是要除去混乱，再给它加上秩序。就像人的外表或思想肮脏了而去整治一样，并不是说在那肮脏的基础上去整治，而是要除去肮脏而换上美好的外表或思想。除去混乱并不等于整治混乱，除去肮脏并不等于整治肮脏。整治作为一个概念，就等于说，君子只为秩序的治理而不搞混乱的、只为美好的工作而不搞肮脏的。

【原文】

君子絜其辩而同焉者合矣①，善其言而类焉者应矣。故马鸣而马应之，非知也，其势然也。故新浴者振其衣，新沐者弹其冠，人之情也。其谁能以己之潐潐②，受人之掝掝者哉③？

【注释】

①絜：通"洁"。
②潐潐：明察。
③掝掝：昏聩不明。

【译文】

君子思想纯洁高尚所以志同道合的人会汇聚到一起；言语美好公正所以相同的人都会做出呼应；所以马发出叫声就有马来应和，不是他们有智慧，而是客观形势的存在。所以刚洗过澡的人会抖抖自己的衣服，刚洗过头的人会弹弹自己的帽子，这是人之正常表现。谁也不愿意以自己明察过的道理去接受他人因昏聩做出错的事情。

【原文】

君子养心莫善于诚，致诚则无它事矣。唯仁之为守，唯义之为行。诚心守仁则形，形则神，神则能化矣；诚心行义则理，理则明，明则能变矣。变化代兴，谓之天德①。天不言而人推高焉，地不言而人推厚焉，四时不言而百姓期焉。夫此有常，以至其诚者也。君子至德，嘿然而喻②，未施而亲，不怒而威。夫此顺命，以慎其独者也。善之为道者，不诚则不独，不独则不形，不形则虽作于心，见于色，出于言，民犹若未从也③，虽从必疑。天地为大矣，不诚则不能化万物；圣人为知矣，不诚则不能化万民；父子为亲矣，不诚则疏；君上为尊矣，不诚则卑。夫诚者，君子之所守也，而政事之本也，唯所居以其类至^④。操之则得之，舍之则失之。操而得之则轻，轻则独行，独行而不舍则济矣。济而材尽，长迁而不反其初，则化矣。

【注释】

①天德：合乎自然规律的德行。

②嘿：同"默"。

③若：然。

④唯所居以其类至：指天地诚则能化万物，圣人诚则能化万民，父子诚则亲，君上诚则尊。

【译文】

君子修养身心莫过于诚信了，诚信做到极致就万事大吉了。只要保持一颗仁爱之心，行为符合道义就行了。真心实意地坚持仁德，仁德就会在行为上表现出来，仁德在行为上表现出来，就显得神明，显得神明就能感化别人了；真心实意地奉行道义，就会变得理智，理智就能明察事理，明察事理就能改造别人了。改造感化轮流起作用，这叫做天德。上天不说话而人们都推崇它的高远，大地不说话而人们都推崇它的深厚，四季不说话而百姓都知道春、夏、秋、冬变换的时期，这些都是有了常规因而让人感到诚信。君子有了极高的德行，虽沉默不言，人们也都明白；没有施舍，人们却亲近他；不用发怒，就很威严，这是因为君子顺从了天道，因而能在独自一人时也谨慎不苟。君子之道是这样改造感化人的：如果不真诚，就不能慎独；不能慎独，道义就不能在日常行动中表现出来；道义不能在日常行动中表现出来，那么即使发自内心，表现在脸色上，发表在言论中，人们仍然不会顺从他；即使顺从他，也一定迟疑不决。天地是最大的，不真诚就不能化育万物；圣人是明智的，不真诚就不能感化万民；父子之间是亲密的，不真诚就会疏远；君主是尊贵的，不真诚就会受到鄙视。真诚，是君子的操守，也是政事的根本。只有真诚，同类才会聚拢来；保持真诚，才会获得同类；丢掉真诚，就会失去同类。保持真诚并获得了同类，那么感化他们就容易了；感化他们容易了，那么慎独的风气就能流行了；慎独的风气流行了再紧抓不放，那么所作的事情就会成功了。事情成功了，他们的才能就会完全发挥出来，永远前进而不后退，他们就完全被感化了。

【原文】

君子位尊而志恭，心小而道大，所听视者近而所闻见者远。是何邪？则操术然也。故千人万人之情，一人之情是也；天地始者，今日是也；百王之道，后王是也。君子审后王之道而论于百王之前，若端拱而议。推礼义之统，分是非之分，总天下之要。治海内之众，若使一人。故操弥约而事弥大。五寸之矩，尽天下之方也。故君子不下室堂而海内之情举积此者，则操术然也。

【译文】

君子的地位尊贵而内心恭敬，心虽小，但理想却很远大；能听到、能看到的很近，而听见、看见的东西又因其类同而可以达到很远。这是为什么呢？这是由于君子掌握了方法。所以那成千上万人的心情，和一个人的心情是一样的；天地开辟时的情况，和今天是一样的；上百代帝王的统治之道，和后代帝王是一样的。因此君子考察了当代帝王的统治方法，从而再去考查上百代帝王之前的政治措施，就像端正身体拱着手来议论一样，从容不迫。推究礼义的纲领，分清是非，总揽天下的要领，用来治理天下的民众，就像役使一个人一样。所以掌握的方法越简约，能办成的事业就越大。就像拿着只有五寸长的曲尺，能够画出天下所有的方形一样。所以君子不用走出厅堂，而天下的情况就都聚集在他这里了，这是因为他掌握了方法。

【原文】

有通士者，有公士者，有直士者，有悫士者，有小人者。上则能尊君，下则能爱民，物至而应，事起而辨①，若是，则可谓通士矣。不下比以暗上，不上同以疾下，分争于中，不以私害之，若是，则可谓公士矣。身之所长，上虽不知，不以悖君②；身之所短，上虽不知，不以取赏；长短不饰，以情自竭，若是，则可谓直士矣。庸言必信之，庸行必慎之③，畏法流俗，而不敢以其所独甚④，若是，则可谓悫士矣。言无常信，行无常贞，唯利所在，无所不倾，若是，则可谓小人矣。

【注释】

①辨：治理。

②悖：掩蔽，引申为隐瞒。

③庸：常也，谓言常信，行常慎。

④以：为。甚：通"耽"，特别爱好。

【译文】

有通达事理的人，有公正无私的人，有耿直爽快的人，有拘谨老实的人，还有小人。上能尊敬君主，下能爱抚民众，事情来了能应付，事件发生了能处理，像这样就可以称为通达事理的人了。不在下面互相勾结去愚弄君主，不向上迎合君主去残害臣民，在一些情中有了分歧争执，不因为个人的利益去陷害对方，像这样就可以称为公正无私的人了。本身有长处，君主即使不知道，也不将它瞒过君主；本身的短处，君主即使不知道，也不靠它骗取奖赏；长处短处都不加掩饰，将真实的情况主动地暴露无遗，像这样就可以称为耿直爽快的人了。说一句平常的话也一定老老实实，做一件平常的事也一定小心谨慎，不敢效法流行的习俗，也不敢干他个人特别爱好的事，像这样就可以称为拘谨老实的人了。说话经常不老实，行为经常不忠贞，只要是有利可图的地方，就没有不使他倾倒的，像这样就可以称为小人了。

【原文】

公生明，偏生暗，端悫生通①，诈伪生塞，诚信生神，夸诞生惑。此六生者，君子慎之，而禹、桀所以分也。

欲恶取舍之权：见其可欲也，则必前后虑其可恶也者；见其可利也，则必前后虑其可害也者；而兼权之，孰计之，然后定其欲恶取舍。如是，则常不失陷矣。凡人之患，偏伤之也。见其可欲也，则不虑其可恶也者；见其可利也，则不虑其可害也者。是以动则必陷，为则必辱，是偏伤之患也。

【注释】

①通：通达。

【译文】

公正会产生明察，偏私会产生愚昧，端正谨慎会产生通达，欺诈虚伪会产生闭塞，真诚老实会产生神明，大言自夸会产生糊涂。这六种情况，君子要谨慎对待，这也是禹和桀不同的地方。

衡量追求和厌恶、摄取和舍弃的标准是：看见想要追求的东西，就必须前前后后考虑一下它令人厌恶的一面；看到有利益的东西，就必须前前后后考虑一下它的危害性。权衡两方面的利害，仔细考虑一下，然后决定是追求还是厌恶、是摄取还是舍弃，像这样往往就不会陷于被动的局面了。大多人的祸患，往往是片面性害了自己：一看见想要追求的东西，就不考虑它令人厌恶的一面；一看到可以得利的东西，就不去考虑一下它可能造成的危害。因此行动起来必然出错，做事必然受辱，这是片面性造成的祸患。

【原文】

人之所恶者，吾亦恶之。夫富贵者则类傲之①；夫贫贱者则求柔之②。是非仁人之情也，是奸人将以盗名于晻世者也③，险莫大焉。故曰：盗名不如盗货。田仲、史鰌不如盗也④。

【注释】

①类：皆，都。

②求：尽，都。

③晻：同"暗"。

④田仲：又叫陈仲子，战国时齐国人，其兄在齐国做官，他认为兄之禄为不义之禄，兄之室为不义之室，便离兄独居，不食兄禄，故以廉洁清高著称。史鳅：字子鱼，故又叫史鱼，春秋时卫国大夫，曾劝说卫灵公罢免弥子瑕。

【译文】

他人厌恶的，我也厌恶。对富贵的人一律傲视，对贫贱的人一味屈就，这并不是仁人应该采取的态度，这只是奸邪的人用来在黑暗的社会里盗取名誉的做法，用心最险恶了。所以说："欺世盗名的不如偷窃财物的。"田仲、史鳅还不如那些偷盗的人呢！

【解读】

《劝学》第一，《修身》第二，《不苟》第三，如此一体构筑，是儒家的通常之论。先说为学之道，次说修身养性之道，最后以立身处世贵在诚守礼义作结，于是三篇形成一个严整的单元，对《荀子》全书起到统领作用。

以礼义为标准来检验君子的行为、学说、名声，是荀子为学与修身之论的题中之意。申徒狄或为周末人，恨道不能行，便抱石于怀中而投河自尽；田仲以其兄之禄为不义，避兄离母而隐居，史称廉士；史鳅见卫灵公不用蘧伯玉而用弥子瑕，便死而以尸谏，孔子称赞他正直如矢。但战国以来，对这些名士多有非议，如孟轲、赵威王即认为他们的操守不合伦常仁义。荀子也同样站在儒家维护伦常道德的立场而发议论。富与贵是人们所共同喜好的，贫与贱是人们所共同厌恶的。而维护尊卑贵贱的等级差别，正是礼的基本原则。见到富贵就一律傲视之，见到贫贱就一味迁就之，这不合常人之情，也违背仁人常情，而是奸人之情。荀子将申徒狄、田仲、史鳅之辈斥之为欺世盗名，可与天下大盗的跖相提并论，甚至等而下之。这些，表明荀子看出礼义也要受人情、时势的制约，违情而行，违时而行，必然不在礼义之中。荀子以"非礼义之中也"为理由，来评论惠施、邓析等人的名辨命题，以纠正礼义被僭越，这种理论上的拨乱反正，具有超学术的意义。

"君子养心莫善于诚，致诚则无它事矣，唯仁之为守，唯义之为行。"这是荀子修身理论中最精微独到的观点。《中庸》以"诚"为核心观念："诚者，天下之道也；诚之者，人之道也。"孟子也讲"诚"："反身而诚，乐莫大焉。"二者都是从内在心理，从主体内在的道德修养具有决定性作用的角度看待"诚"。荀子则从政事，从现实的外在修炼的功夫讲"诚"，所以他关于"心"、"诚"、"天德"、"慎独"的概念，跟孔孟与《中庸》的理解有较大的区别。荀子的"天地"并没有意志，是指客观的物质世界，其运行也是有规律可循的。他讲的"变化代兴"，是天地的本性，这是自然之道，故谓之"天德"，并没有宗教的神秘意味。"夫此有常"，是说天之高、地之厚、四时之行都有不改其常的规律，证明它们都是"至其诚者也"。君子要"夫此顺命"，即顺应自然界的运行规律，然而做到这一点并非易事，首先得真诚专一地奉行仁义，才能具备顺应天命的能力。"慎其独者也"，并非说慎言慎行，并非"君子戒慎乎其所不睹，恐惧乎其所不闻，莫见乎隐，莫显乎微，故君子慎其独也"之类。孔孟和《中庸》讲的那种纯心性的天人相通，带有准宗教的色彩。荀子所用"慎"，当训为"诚"；所用"独"，当训为"一"或"专"。合而言之，是诚其独，即诚于独守仁义。"不独则不形"，所用"形"，不训"见形于外"，当训"型范"，是说内心里若不真诚，就不可能成为人们效法的型范。这是强调心与行的一致，诚与独的一致，说明外在行为的典范作用，决非看不见摸不着的所谓"至诚如神"，而是本篇篇首所说的行、说、名的"唯其当之为贵"，三者均应诚守礼义，决不可苟且妄为。

荣辱第四

【题解】

荀子在本篇中较为系统地讨论了荣辱观的问题。荀子从人性的角度出发，以《劝学篇》提出的"荣辱之来，必象其德"为基本观点立论，通过一系列现实生活中的事例，如骄傲轻薄，以言招祸，记恨诽谤，口舌是非，争强好胜，尖刻寡情，贪图私利，交友不当，独断专行等，全面讨论了荣辱与耻辱之间的界限以及人为什么会获得荣誉或招至耻辱的原因，比较全面地阐述了一个人在社会中为人做事、立身处世应遵循的有关原则，论述了在现实社会中，人与人之间应建立的基本伦理关系以及个人对待荣誉、名利、地位等时应注意的一些基本问题。在荀子看来，人的本性是趋利避害、好荣恶辱的，在这一点上，圣人与盗跖、君子与小人没有什么区别，只是由于后天的修养不同，才使得君子与小人在道德品质

青铜器（春秋战国）

上产生了重大差别。所以，荀子特别强调，在社会中，每个人必经遵循礼法，尊师重教，切实加强道德修养，力行仁义道德，节制个人欲望，知荣明耻，才能获取尊敬、荣耀和平安，也只有如此，人与人才会和睦相处，社会才会和谐稳定。

【原文】

忿泄者①，人之殃也；恭俭者，偋五兵也②，虽有戈矛之刺，不如恭俭之

利也。故与人善言，暖于布帛③；伤人以④言，深于矛戟。故薄薄⑤之地，不得履之，非地不安也；危足无所履者⑥，凡在言也。巨涂则让⑦，小涂则殆，虽欲不谨，若云⑧不使。

【注释】

①忬：通"骄"，傲慢。泄：通"媟"，轻浮，不庄重。

②恭俭：恭敬谦卑。俕：同"摒"，屏除，排除。五兵：指古代的五种兵器，即刀、剑、矛、戟、箭，这里泛指兵器。俕五兵：指免除杀身之祸。

③布帛：麻布和丝织品，这里指衣服。

④以：《集解》作"之"，后来根据《太平御览》卷三百五十三引文改为"以"。

⑤薄薄：同"溥博"，广大无边的样子。

⑥危足：踮起脚跟。危，高，使高。

⑦涂：通"途"，道路。让：通"攘"，拥挤的样子。

⑧云：有的意思。

【译文】

傲慢轻浮，是人的祸殃；恭敬谦卑，可以使自己免除杀身之祸，由此可见，纵然有戈矛的锋芒，也不如恭敬谦逊锐利。因此，用好的言语赞扬别人，比给人布帛更令人感到温暖；用恶语伤害别人，比矛戟伤人更深。因此，对有的人来说，宽广的大地上却没有自己的立足之地，这并不是因为地面不平稳；即使踮起脚跟也没有可以踩下去的地方，都在于言语太伤了人啊。大路非常拥挤，小路又非常崎岖危险，即使想不谨慎，又好像有什么迫使其不得不谨慎。

【原文】

快快而亡者，怒也；察察而残者，忮①也；博而穷者，訾也；清之而俞^②浊者，口也；豢之而俞瘠者^③，交也；辩而不说者^④，争也；直立而不见知者，胜也；廉而不见贵者，刿也；勇而不见惮者，贪也^⑤；信而不见敬者，好剸^⑥行也。此小人之所务^⑦，而君子之所不为也。

【注释】

①忮：忌恨。

②俞：同"愈"，更加。

③豢：喂养，饲养，这里指以酒肉结交朋友，而不是以仁义结交朋友。瘠：瘦弱，这里指友情淡薄。

④辩：善于辩论。不说：不能说服别人。

⑤勇而不见惮者，贪也：人如果想贪利的话就会委曲求人，所以这种人即使非常勇猛，人们也不会害怕他。惮，恐惧。

⑥剸：同"专"，这里指独断专行。

⑦务：所作所为。

【译文】

肆意妄为而死亡，这是由一时的愤怒导致的；明察一切反而遭到残害，这是由忌恨导致的；知识渊博而处境窘困，这是由喜好毁谤别人导致的；想要使自己的名声清白反而愈来愈糟糕，这是由话太多导致的；供养款待别人而交情却越来越淡薄，这是由待人接物不当导致的；能言善辩而不受别人的欢迎，这是由喜好争执导致的；待人处事正直无私而不被人理解，这是由气势太盛导致的；端庄廉洁而不被人尊重，这是由说话尖刻伤人导致的；勇猛无比而不受人敬畏，这是由贪婪导致的；诚信而不被人尊敬，这是由喜欢独断专行导致的。这些行为都是小人所做的，是君子所不做的。

【原文】

斗者^①，忘其身者也，忘其亲^②者也，忘其君者也。行其少顷之怒，而丧终身之躯，然且为之，是忘其身也；室家③立残，亲戚不免乎刑戮，然且为之，是忘其亲也；君上之所恶也，刑法之所大禁也，然且为之，是忘其君也。忧④忘其身，内忘其亲，上忘其君，是刑法之所不舍也，圣王之所不畜⑤也。乳彘不触虎⑥，乳狗不远游，不忘其亲也。人也，忧忘其身，内忘其亲，上忘其君，则是人也，而曾狗彘之不若也。

【注释】

①斗者：指战国末期为个人利益而斗杀的人。
②亲：原意指父母，在这里泛指亲人。
③室家：指妻子儿女。
④忧：根据上下文，疑为"下"。
⑤畜：收容。
⑥乳彘不触虎：正在哺乳的母猪不会触犯老虎。

【译文】

为了个人利益而争斗的人，是忘记自己生命的人，是忘记了自己亲人的人，是忘记了自己君主的人。发泄了他一时的怒气，而丧失了一生的生命，但是还是去争斗，这便是忘记了自己的生命；妻子儿女立刻会遭到残杀，亲戚也不免遭受刑罚杀戮，但是还是去争斗，这便是忘记了自己的亲人；争斗是君主所厌恶的事情，是刑法所严格禁止的事情，然而还是去争斗，这便是忘记了自己的君主。在下忘记了自己的生命；从家庭内部来说，是忘记了亲人，对上忘记了自己的君主；这种事情是刑法所不容许的，也是圣明君主所不能容忍的。正在哺乳的母猪不去冒犯老虎，正在喂奶的母狗不会到远处游逛，这是因为它们没忘记自己的亲人啊。作为一个人，在下忘记了自身的生命；从家庭内部来说，忘记了自己的亲人，对上忘记了自己的君主，那么这种人就连猪狗也不如了。

【原文】

凡斗者，必自以为是而以人为非也。己诚是也，人诚非也，则是己君子而人小人也。以君子与小人相贼害也，忧①以忘其身，内以忘其亲，上以忘其君，岂不过②甚矣哉？是人也，所谓以狐父之戈镉牛矢也③。将以为智邪，则愚莫大焉；将以为利邪，则害莫大焉；将以为荣邪，则辱莫大焉；将以为安邪，则危莫大焉。人之有斗，何哉？我欲属之狂惑疾病邪，则不可，圣王又诛④之。我欲属之鸟鼠禽兽邪，则不可，其形体又人，而好恶多同。人之有斗，何哉？我甚丑⑤之。

【注释】

①忧：根据上下文的意思，疑为"下"。
②过：过失，错误。
③狐父：古代的地名，在今天江苏砀山附近，据说那个地方盛产一种优质的戈。镉，砍。
④诛：惩罚，惩处。
⑤丑：憎恶，厌恶。

【译文】

凡是为了自己的利益而争斗的人，肯定认为自己的做法是正确的，别人的做法是错误的。自己如果确实是对的，别人确实是错的，那么自己就是君子，别人就是小人了。如果凭借君子的身份去和小人互相残杀，对下来说，忘记了自己的生命；从家庭内部来说，忘记了自己的亲人；对上来说，忘记了自己的君主；这样的错误岂不是太严重了吗？这种人，其行为就像人们平常所说的用狐父出产的锋利的戈来斩牛屎一样。要是把其看作聪明的举动吧，其实没有比这种做法更愚蠢的了；如果把其看作有利的举动吧，其实没有比这种做法这更有害的了；如果把其看作光荣的举动吧，其实没有比这种做法更让人觉得耻辱的了；如果把其看作安全的举动吧，其实没有比这种做法更危险的了。人们有争斗的行为，到底为什么呢？我想把这样的行为归属于疯狂、惑乱之类的精神疾病，但又不可以，因为圣明的君主还是会惩处这种行为的；我想把他们归到鸟鼠禽兽中去，但是也不可以，因为他们从形体容

青铜风铃（春秋战国）

貌上看还是人，而且他们的喜好憎恶大多和别人的相同。人们会发生争斗，究竟是为什么呢？我认为这种争斗的行为非常让人讨厌。

【原文】

　　有狗彘之勇者，有贾盗之勇者，有小人之勇者，有士君子①之勇者。争饮食，无廉耻，不知是非，不辟②死伤，不畏众强，恈恈然③唯利饮食之见，是狗彘之勇也。为事利，争货财，无辞让，果敢而振④，猛贪而戾⑤，恈恈然唯利之见，是贾盗之勇也。轻死而暴，是小人之勇也。义之所在，不倾于权，不顾其利，举国而与⑥之不为改视，重死、持义而不桡⑦，是士君子之勇也。

【注释】

①士君子：指有德操和学问的人。

②辟：通"避"，躲避。

③恈恈然：贪欲非常强烈的样子。

④振：根据上下文应为"狠"。

⑤戾：凶残暴戾。

⑥与：对付，在这里是反对的意思。

⑦重死：非常爱惜生命，不轻生。桡：通"挠"，屈从，屈服的意思。

【译文】

世上有狗和猪的勇敢，有商人和盗贼的勇敢，有小人的勇敢，有士君子的勇敢。争夺食物，没有廉耻之心，不懂是非曲直，不顾死伤，不畏惧强大的众人，贪婪无边，只看到吃喝，这是狗和猪的勇敢。做事只知道贪图利益，争夺财物，毫不谦让，行动果断大胆而残暴，心肠狠毒、贪婪而暴戾，贪婪得只看到财利，这是商人和盗贼的勇敢。不害怕死亡而行为残暴，是小人的勇敢。只要合乎道义，就不屈从于权势，不顾自己的私利，即使全国上下都反对他，他也不会改变自己的观点，虽然爱惜自己的生命，但是为了坚持正义而不屈不挠，这才是士君子的勇敢。

【原文】

鲦鲜者①，浮阳之鱼也；肽②于沙而思水，则无逮矣。挂③于患而欲谨，则无益矣。自知者不怨人，知命者不怨天；怨人者穷，怨天者无志④。失之己，反⑤之人，岂不迂⑥乎哉？

【注释】

①鲦鲜：是两种鱼名。

②肽：通"阹"，阻隔，遮挡。

③挂：牵连，遭到。

④志：通"识"，知识。

⑤反：责怪，责备。

⑥迂：远的意思。

【译文】

鲦鲜是喜欢浮在水面上晒太阳的鱼；但当它被搁浅在沙滩上的时候才想要得到水，却已经来不及了。遭到祸患才想起要小心谨慎，但是那时已经没有用了。有自知之明的人不怨恨别人，知晓命运的人不会埋怨老天；怨恨别人的人就会走投无路，埋怨老天的人没有见识。过失出在自己身上，反过来去责怪别人，岂不是背离得太远了吗？

【原文】

荣辱之大分①、安危利害之常体②：先义而后利者荣，先利而后义者辱；荣者常通，辱者常穷；通者常制③人，穷者常制于人：是荣辱之大分也。材④愨者常安利，荡悍者常危害；安利者常乐易④，危害者常忧险；乐易者常寿长，忧险者常夭折：是安危利害之常体也。

【注释】

①大分：指根本区别。
②常体：指常规，一般情况。
③制：驾驭，统治。
④材：通"才"，指资质、才能。
⑤易：心情平和。

【译文】

光荣和耻辱的根本区别，安危利害的通常规律是：把道义放在前面而把利益放在后面的人是光荣的，把利益放在前面而把道义放在后面的人是可耻的；光荣的人通常是非常通达的，耻辱的人通常非常穷困；通达的人往往统治别人，穷困的人往往受别人的统治：这就是光荣和耻辱的根本区别。才能出众而又小心谨慎的人往往安全得利，放荡凶悍的人往往遭到危害；安全得利的人常常快乐平易，遭受危害的人常常忧愁且有危机感；快乐平易的人往往长寿；忧愁且有危机感的人往往夭折：这就是安危利害的通常规律。

【原文】

夫天生蒸①民，有所以取之。志意致②修，德行致厚，智虑致明，是天子之所以取天下也。政令法，举措时，听断公，上则能顺天子之命，下则能保百姓，是诸侯之所以取国家也。志行修，临官治③，上则能顺上，下则能保其职，是士大夫之所以取田邑④也。循法则、度量、刑辟、图籍⑤，不知其义，谨守其数⑥，慎不敢损益也，父子相传，以持⑦王公，是故三代虽亡，治法犹存，是官人百吏之所以取禄秩也。孝弟愿悫⑧，軥录疾力⑨，以敦比其事业⑩，而不敢怠傲，是庶人之所以取暖衣饱食、长生久视⑪以免于刑戮也。饰邪说，文奸言，为倚⑫事，陶诞突盗⑬，惕⑭悍憍暴，以偷生反侧⑮于乱世之间，是奸人之所以取危辱死刑也。其虑之不深，其择之不谨，其定取舍楛僈⑯，是其所以危也。

【注释】

①蒸：众多的样子。

②致：最，极点。

③临官治：做官的时候能把事情办好。

④田邑：这里指封地。

⑤图籍：地图、人口册子。

⑥数：原意是程序，这里指条文。

⑦持：通"侍"，侍奉。

⑧弟：同"悌"。愿：诚实。

⑨軥录：通"劬碌"，勤劳。疾：急切地从事。

⑩敦：勉力。比：通"庀"，治理，整治。

⑪视：活，生存。

⑫倚：通"奇"，奇异，怪异。

⑬诞：欺骗，撒谎。突盗：欺凌强夺。

⑭惕：同"荡"。

⑮反侧：辗转不安，这里指违背法度、不安于位，为非作歹。

⑯楛：这里指心思粗疏，行为草率。僈：同"慢"，怠慢，懈怠。

【译文】

自然界创造了众人，众人都可以在社会中找到相应的位置。意志思想极为美好，德操行为极为宽厚，谋虑极为明智，这是天子之所以取得天下的原因。政令合乎法度，措施合乎时宜，处理公事公正，上能听从天子的命令，下能保全百姓，这是诸侯之所以取得国家的原因。意志行为非常美好，当官的时候能够管理好政事，上能顺从国君，下能恪守自己的职位，这是士大夫之所以取得封地的原因。遵守法律准则、度量、刑法、地图户籍来办事，即使不懂它们所蕴涵的意思，也严格地遵守具体的条文，小心谨慎不敢删减或增加，父亲将它们传给自己的儿子，用来辅佐王公；因此，虽然夏、商、周三代都灭亡了，但是其政策法规仍然保存了下来，这是各级官吏之所以取得俸禄的原因。孝顺父母、敬爱兄长，诚实谨慎，勤劳努力，以此来勉力自己从事自己的事业，而不敢懈怠傲慢，这是平民百姓之所以能够丰衣足食、健康长寿而且免受刑罚杀戮的原因。粉饰邪恶的学说，美化奸诈的言论，做一些荒诞怪异的事，到处巧取豪夺，放荡凶悍、骄横残暴，靠这些手段在混乱的社会之中苟且偷生，为非作歹，这是奸邪的人之所以遭到危险、侮辱、死亡、刑罚的原因。他们考虑问题不深远，选择人生道路时不谨慎，决定自己的取舍时轻率放纵，这就是他们之所以遭遇危险的原因。

【原文】

材性知能，君子、小人一也。好荣恶辱，好利恶害，是君子、小人之所同也，若其所以求之之道则异矣。小人也者，疾为诞而欲人之信己也，疾为诈而欲人之亲己也，禽兽之行而欲人之善己也。虑之难知①也，行之难安也，持之难立也，成则必不得其所好，必遇其所恶焉。故君子者，信矣，而亦欲人之信己也；忠矣，而亦欲人之亲己也；修正治辨②矣，而亦欲人之善己也。虑之易知也，行之易安也，持之易立也，成则必得其所好，必不遇其所恶焉；是故穷则不隐，通则大明，身死而名弥白。小人莫不延颈举踵而愿曰：

"知虑材性，固有以贤③人矣！"夫不知其与己无以异也，则君子注错之当④，而小人注错之过也。故孰察小人之知能⑤，足以知其有余，可以为君子之所为也。譬之越人安越，楚人安楚，君子安雅⑥；是非知能材性然也，是注错习俗之节异⑦也。

【注释】

①知：此处意思为理解。

②辨：通"辩"，治理的意思。

⑥贤：胜过，贤于。

④注：投。错：通"措"，置于。注错：措置，安排处理，这里指行为举措。

⑤孰：同"熟"，熟识。知：通"智"，职能。

⑥雅：美德。

⑦节异：不同，差异。

【译文】

在资质、本性、智能、才能四方面，君子、小人是一样的。喜欢光荣而讨厌耻辱，喜好利益而憎恶祸害，这是君子、小人相同的方面，至于他们用来获取光荣、利益的途径，那就不一样了。小人嘛，经常口出狂言却还要别人相信自己，经常做欺诈邪恶的事情却还要别人亲近自己，行为就像禽兽一般却还要别人赞美自己。考虑问题很难做到明智，做起事来很难做到稳妥，自己坚持的一套理论难以成立，结果，必定不能得到他们所喜好的光荣和利益，必然会遭遇到他们所讨厌的耻辱和祸害。至于君子，他们讲诚信，而且也希望别人相信自己；对别人忠诚，而且也希望别人亲近自己；他们品行善良正直且能把各种事情都处理好，也希望别人赞美自己。他们所考虑的问题容易被人理解，所做的事容易稳妥，坚持的主张容易成立，这样，结果必定是他们能得到他们所喜欢的光荣和利益，必定不会遭遇他们所厌恶的耻辱和祸害；因此，他们穷困的时候名声也不会被埋没，显达的时候名声就会非常显赫，死了以后名声会更加彰著。小人没有一个不伸长脖子踮起脚跟羡慕地说："这些人的智能、思虑、资质、本性，本来就有超过别人的地方啊。"其实他们不知道君子的资质才能与自己的并没有什么区别，只是君子的行为举动非常恰当，而小人的行为举措不恰当罢了。因此，仔细地考察一下小人的智慧才能，就能够知道它们完全可以做君子所做的一切。譬如，越国人习惯于生活在越国，楚国人习惯于生活在楚国，君子习惯于美德；这并不是智慧、才能、资质、本性所造成的，这是由于他们的行为举措和风俗习惯的不同而造成的。

【原文】

仁义德行，常安之术也，然而未必不危也；污僈①突盗，常危之术也，然而未必不安也。故君子道其常，而小人道其怪。

【注释】

①污僈：污秽卑鄙的意思。僈，通"漫"，污的意思。

【译文】

奉行仁义的德行，是得到长久安宁的办法，然而不一定就不出现危险的情况；污秽卑鄙强取豪夺，是经常遭遇危险的方法，然而不一定不安稳。因此，君子遵循的是正常的途径，而小人遵循的是怪僻的途径。

【原文】

凡人有所一同：饥而欲食，寒而欲暖，劳而欲息，好利而恶害，是人之所生而有也，是无待而然者也，是禹、桀之所同也；目辨白黑美恶，耳辨音声①清浊，口辨酸咸甘苦，鼻辨芬芳腥臊，骨体肤理辨寒暑疾养②，是又人之所常生而有也，是无待而然者也，是禹、桀之所同也。可以为尧、禹，可以为桀、跖，可以为工匠，可以为农贾，在势注错习俗之所积耳。是又人之所生而有也，是无待而然者也，是禹、桀之所同也。为尧、禹则常安荣，为桀、跖则常危辱；为尧、禹则常愉佚，为工匠、农贾则常烦劳。然而人力为此而寡为彼，何也？曰：陋也。尧、禹者，非生而具者也，夫起于变故，成乎修，修之为，待尽而后备者也。

【注释】

①音声：《礼记·乐记》郑玄注："宫、商、角、徵、羽，杂此曰音，单出曰声。"②理：这里指皮肤上的纹理。养：通"痒"，皮肤发痒。

【译文】

所有的人都有一处相同的地方：饿了就想吃饭，冷了就想穿得暖和些，累了就想休息，喜欢利益而讨厌危害，这是人生来就有的本性，它是不需要依靠什么就会这样的，它是禹、桀相同的地方；眼睛能辨别白黑美丑，耳朵能分辨音声清浊，口舌能辨清酸咸甜苦，鼻子能分辨芳香腥臭，骨肉皮肤能感觉出冷热痛痒，这些都是人生下来就有的资质，是不需要依靠什么就可以感受到的，在这些方面，禹和桀是相同的。如果仅仅凭借这些本性和资质，人们可以成为尧、禹那样的贤君，可以成为桀、跖那样的坏人，可以成为工匠，可以成为农夫、商人，这都是由于行为举措以及习俗的长期积累所造成的。成为尧、禹那样的人，往往感到安全且光荣，成为桀、跖那样的人，往往感到危险且耻辱；成为尧、禹那样的人，往往感到愉悦且安逸，成为工匠、农夫、商人那样的人，往往会觉得麻烦且劳累。但是人们一般都尽力做这种危险耻辱麻烦劳累的事而很少去做那种光荣愉悦的事，为什么呢？答案是：由于人的浅陋无知。尧、禹这种人，并不是生下来就具有当圣贤的资质，而是从改变他原有的本性开始，经过长期的磨炼才成功的，整治身心的所作所为，就是等到原有的本性完全改变之后令人具备圣贤的资质。

荀子诠解

《荀子》原典详解

【原文】

人之生，固小人，无师、无法，则唯利之见耳。人之生，固小人，又以遇乱世、得乱俗，是以小重小也，以乱得乱也。君子非得势以临之，则无由得开内①焉。今是人之口腹，安知礼义？安知辞让？安知廉耻、隅积？亦呻呻而嚼、乡乡而饱已矣②。人无师、无法，则其心正其口腹也。今使人生而未尝睹刍豢稻粱也③，惟菽藿糟糠之为睹，则以至足为在此也；俄而粲然有秉刍豢稻粱而至者，则瞲然④视之曰："此何怪也？"彼臭之而无嗛于鼻⑤，尝之而甘于口，食之而安于体，则莫不弃此而取彼矣。今以夫先王之道、仁义之统，以相⑥群居，以相持养，以相藩饰，以相安固邪。以夫桀、跖之道，是其为相县⑦也，几直夫刍豢稻粱之县糟糠尔哉⑧。然而人力为此而寡为彼，何也？曰：陋也。陋也者，天下之公患也，人之大殃大害也。故曰：仁者好告示人。告之示之，靡之儇之⑨，鈆之重之⑩，则夫塞者俄且通也，陋者俄且僩⑪也，愚者俄且知也。是若不行，则汤、武在上曷益⑫？桀、纣在上曷损？汤、武存，则天下从而治；桀、纣存，则天下从而乱。如是者，岂非人之情固可与如此、可与⑬如彼也哉？

【注释】

①内：同"纳"，接受。

②呻呻：与"冉冉"同源，慢慢地。嚼：咀嚼。乡：通"芗"，这里指谷类的香气。

③刍豢：吃草料的牛羊等牲畜称为"刍"，吃粮食的猪狗等牲畜称为"豢"，"刍豢"泛指供人食用的家畜，这里用来指肉食。粱：谷子。

④瞲然：惊讶的样子。

⑤臭：同"嗅"，闻的意思。嗛：与"慊"、"歉"等字同源，不足的意思。

⑥相：辅佐，帮助。

⑦县：同"悬"，差距大。

⑧几：通"岂"，难道。直：只有。

⑨靡：磨炼的意思。偩：积累的意思。

⑩鈆：通"沿"，遵循，引导。

⑪僴：见识多，知识广博。

⑫汤：又称武汤、天乙、成汤，原来是商族领袖，后来他任用伊尹为相，灭掉了夏桀，建立了商王朝。武：周武王，姓姬，名发，周文王之子，他继承文王的遗志，打败了商纣王，建立了周王朝。

⑬与：以。

【译文】

人生下来的时候从本质上说都是小人，如果没有老师的教诲、没有法度的制约，就只会看到财利罢了。人生下来的时候本来就是小人，又因为碰上了混乱的世道、习得了昏乱的习俗，这样，就使渺小卑鄙的本性更加渺小卑鄙，使昏乱的资质更加混乱。如果君子得不到统治他们的权势，就没有办法打开他们的心智来给他们灌输好的思想。现在这些人的心里，哪里知道什么礼节道义？哪里知道什么推辞谦让？哪里知道什么廉洁和羞耻、局部和整体的关系？也只是知道慢吞吞地咀嚼食物、香喷喷地吃个饱饭罢了。人如果没有老师教导、没有法度制约，那么他们的灵魂也就完全和他们的嘴巴肠胃一样，只知道吃喝。如果人生下来后从来没有看见过肉食和稻米谷子之类的细粮，只见过豆叶之类的蔬菜和糟糠之类的粗食，那么他们就会认为最令人满意的食物就是这些东西了；但是，如果过了不长时间以后，有个人很明显地拿着肉食和细粮来到这个人跟前，那么，他就会瞪着眼睛惊讶地看着这些美食问道："这是什么奇怪的东西呀？"他凑上去闻闻它，没闻出来什么不好的味道；张开嘴巴尝尝它，感觉嘴里甜甜的；把它吃了以后，身体感到非常舒服；于是就没有谁不丢弃这些豆叶糟糠之类的粗粮而去求取肉食细粮了。现在，我们是用那古代帝王的治国方法和仁义的纲领来帮助人们协调群体，帮助人们保养身体，帮助人们得到服饰，帮助人们安居乐业呢？还是用那桀、跖的治国方法？这两种办法相差悬殊，难道仅仅是那肉食细粮和糟糠粗粮之间的悬殊吗？但是，人们竭力施行搞桀、跖的这一套道理而很少去施行古代帝王的那一套道理，为什么呢？回答说：这是因为人们的浅陋无知。浅陋无知实在是天下人的通病，是人们的大灾大难啊。因此，我们说：讲究仁义的人喜欢把道理告诉别人、做给别人看。把道理告诉他们，做榜样给他们看，使他们顺从，使他们变得明智，使他们遵循仁义道德，反复地引导他们，那么，那些愚昧闭塞的人很快就会开窍，浅陋无知的人的眼界很快就会变得开阔，愚蠢的人很快就会变得聪明了。这些事情如果不做，那么商汤、武王这样的贤君处在上位又有什么好处呢？夏桀、商纣这样的暴君在上位又有什么害处呢？商汤、周武王在的话，天下就会跟着安定下来；夏桀、商纣在的话，天下便跟着混乱起来。出现这么混乱的情况，难道不是因为人们的性情本来就可以像这样、也可以像那样吗？

【原文】

　　人之情：食，欲有刍豢；衣，欲有文绣；行，欲有舆马；又欲夫余财蓄积之富也；然而穷年累世不知不足[1]，是人之情也。今人之生也，方知畜[2]鸡狗猪彘，又畜牛羊，然而食不敢有酒肉；余刀布，有囷窌[3]，然而衣不敢有丝帛；约者有筐箧之藏，然而行不敢有舆马。是何也？非不欲也，几不长虑顾后而恐无以继之故也？于是又节用御欲、收敛蓄藏以继之也，是于己长虑顾后，几不甚善矣哉？今夫偷生浅知之属，曾此而不知也；粮食太[4]侈，不顾其后，俄则屈安穷矣[5]。是其所以不免于冻饿、操瓢囊为沟壑中瘠[6]者也。况夫先王之道，仁义之统，《诗》、《书》、《礼》、《乐》之分[7]乎！彼固天下之大虑也，将为天下生民之属长虑顾后而保万世也；其流[8]长矣，其温[9]厚矣，其功盛姚[10]远矣，非孰修为之君子[11]，莫之能知也。故曰：短绠不可以汲深井之泉，知不几[12]者不可与及圣人之言。夫《诗》、《书》、《礼》、《乐》之分，固非庸人之所知也。故曰：一之而可再也，有之而可久也，广之而可通也，虑之而可安也，反鈆察之而俞可好也⑬。以冶情则利，以为名则荣，以群则和，以独则足乐，意者其是邪！

【注释】

①穷年：指终年。不知不足根据上下文应为"知不足"。

②畜：《集解》作"蓄"，据宋浙本改为"畜"，饲养的意思。下句同。

③囷：外表为圆形的谷仓。窌：地窖。

④太：《集解》本作"大"，后根据宋浙本改为"太"。

⑤屈：竭尽。安：语助词，无实际意义。

⑥瘠：通"胔"，指未腐烂的尸体。

⑦分：道义，道理。

⑧流：流传的意思。

⑨温：通"蕴"，蕴藏。

⑩姚：通"遥"，远的意思。

⑪孰：通"熟"，熟悉，精通的意思。修：学习研究。

⑫几：极，尽。

⑬鈆：同"沿"，遵循，按照。俞：同"愈"，更加。

【译文】

人之常情是：吃饭希望吃美味佳肴；穿衣服希望穿绣着彩色花纹的绫罗绸缎；出行的时候希望有车马代步；又希望富裕得拥有多余的财产和积蓄。即使是这样，他们一年到头、世世代代都不知道满足，这就是人之常情。因此，现在人们活在世上，才知道饲养鸡狗猪，知道畜养牛羊，但是吃饭时饭桌上不敢摆放酒肉；有多余的钱币，又有粮仓地窖，但是穿衣却不敢穿绫罗绸缎；生活节约的人藏有一箱箱的积蓄，但是出门却不敢坐车马。这是为什么呢？并不是不想要这些奢侈的东西，难道不是作长远打算、考虑到以后而害怕没有什么东西来维持生活的原因吗？于是他们又节省开支、抑制欲望、

中华传世藏书

荀子诠解

《荀子》原典详解

六二五

收敛钱财、贮藏粮食，为了继续维持以后的生活，这种对自己长远考虑、顾及今后生活的做法，难道不是很好的吗？现在那些苟且偷生、浅陋无知的一类人，竟然连这个道理都不懂；他们大量地挥霍粮食，不顾及自己以后的生活，不久就会竭尽自己的财力而陷于困境了。这就是最后他们不免受冻挨饿、拿着讨饭的瓢儿布袋而成为山沟中的饿死鬼的原因。他们都不知道怎么过日子，更何况明白那些古代圣王的治国之道、仁义纲领，以及《诗》、《书》、《礼》、《乐》里的道理呢！那些原则、纲领本来就是治理天下的重大原则，是要为全天下所有的人长远考虑、顾及到后代的生计从而保住子孙万代的原则；它们已经流传了很长时间了，它们的蓄积非常丰富，它们的丰功伟绩非常悠远，如果不是熟悉、精通、学习且实行并且经过长期磨炼的君子，是不会有人理解它们的。因此，我们说：短绳不能用来汲取深井中的水，知识浅陋的人就不能和他谈论圣人的言论。《诗》、《书》、《礼》、《乐》所蕴涵的道理，本来就不是普通人所能理解的。因此说：懂得了其中一本书所蕴涵的道理，就可以精通两本书；全部掌握了它们，就可以长期地运用它们；将它们推广开来，就可以通晓其他一切道理；经常用它们去考虑问题，就可以把事情处理得非常稳妥周全；用它们反复考察事物，就可以把事情办得更好。用它们来陶冶情操，就能从中得到好处；用它们来求取名声，就会得到荣誉；用它们来协调群体之间的关系，就能够和睦融洽；用它们来独自修养身心，那就能从中得到快乐；情况大概就是这样的吧！

【原文】

夫贵为天子，富有天下，是人情之所同欲也，然则从人之欲，则势不能容①，物不能赡也②。故先王案为之制礼义以分之③，使有贵贱之等，长幼之差，知愚、能不能之分，皆使人载其事而各得其宜④，然后使悫禄多少、厚薄之称⑤，是夫群居和一之道也。

故仁人在上，则农以力尽田⑥，贾以察尽财⑦，百工以巧尽械器⑧，士大夫以上至于公侯莫不以仁厚知能尽官职，夫是之谓至平⑨。故，或禄天下，而不自以为多；或监门、御旅、抱关、击柝⑩，而不自以为寡。故曰：斩而齐⑪，枉而顺⑫，不同而一⑬，夫是之谓人伦。《诗》曰⑭："受小共大共⑮，为下国骏蒙⑯"。此之谓也。

【注释】

①容：同有，共有。因为天子只能有一个，所以说"势不能容"。

②因为只有天子才能拥有天下，所以说"物不能赡"。

③案：作动词，据此，依据。

④载：行也，伍之也。

⑤悫：通"穀"（谷），俸禄。

⑥尽：精于事工。

⑦察：经营盈虚。

⑧械器：指经营盈亏。盈为械，亏为器。

⑨至平：大治，极其公正有序。

⑩御：侍奉。一说读为"迓"，迎接。柝：巡夜打更用的梆子。击柝：打更。

⑪斩：通"儳"，不整齐，指有等级差别。齐：指有条不紊的社会秩序。

⑫枉：曲，委曲，指人们受到礼义的约束。顺：从命而利君谓之顺。

⑬不同：指职分不同。一：指协调一致。

⑭引诗见《诗经·商颂·长发》。

⑮共：法。小共大共：小事之法度与大事之法度。

⑯下国：天子统治下的诸侯国。骏蒙：通"恂蒙"，庇护。

【译文】

地位高贵得当上天子，富裕得拥有天下，这是人心所共同追求的；但如果顺从人们的欲望，那么从权势上来说是不能容许的，从物质上来说是不能满足的。所以，古代圣明的帝王据此给人们制定了礼义来区别他们，使他们

《荀子》原典详解

有高贵与低贱的等级，有年长与年幼的差别，有聪明与愚蠢、贤能与无能的分别，使他们每人都承担自己的工作而各得其所，然后使俸禄的多少厚薄与他们的地位和工作相称，这就是使人们群居在一起而能协调一致的办法啊。

所以，仁德的人处在君位上，那么农民就把自己的力量全部用在种地上，商人就把自己的精明全都用在理财上，各种工匠就把自己的技巧全都用在制造器械上，士大夫以上直到公爵、侯爵没有不将自己的仁慈宽厚和聪明才能都用在履行公职上的，这种情况就叫做大治。所以，有的人富有天下，也不认为自己拥有的多；有的人或看管城门、或招待旅客、或守卫关卡、或巡逻打更，也不认为自己所得的少。所以说，有了参差才能达到整齐，有了枉曲才能归于和顺，有了不同才能达到统一。这就叫做人的伦常关系。《诗经》上说："接受小法与大法，庇护各国安天下。"说的就是这个道理啊。

【解读】

荀子的荣辱观首先以其君子小人之辨为基石。所谓君子与小人，在荀子的概念里，既有职业的区别，又有道德的区别。荀子不赞成孟子关于大人、小人由先天决定的观点，他肯定人类的自然性，认为凡人都有相同的资质智能、相同的欲望爱恶，都具有成为尧禹或成为纣桀的基础。并说这是"所生而有"和"无待而然"的。但是为什么会出现君子与小人、智与愚、尧禹与纣桀两种相反的结果呢？"是注错习俗之节也"，即举措和风俗习惯所使然。君子习于"学"、习于"为"，而小人则习于"陋"，君子和小人判然区分。君子懂得"仁义德行，常安之术也"，而小人恰好相反。依着"君子道其常，而小人道其怪"的规律，君子"常安荣"、"常愉佚"，小人"常危辱"、"常烦劳"。荀子在后天习性上找原因，把君子、小人的荣辱归结到举措、风俗习惯和是否修为上。这虽然避免了孟子的先验论，却又陷入了未能从社会历史发展的根源上看问题的经验论，因而并没有找到根本的原因。

义利之辨是荀子荣辱观的第二块基石。荀子将义利和荣辱相联系，认为荣辱的最大分界线是怎样摆正义与利的位置。荀子并不否定利，不是取义不取利，而是主张不以利害义，并且要先义后利，即见利思义；不能先利后义，即唯利为上。围绕着义利而可以区分出"狗彘之勇者"、"贾盗之勇者"、"小人之勇者"、"士君子之勇者"。前面三种人的勇是唯利为上，不分是非，其恶果是愚、害、辱、危；与此相反的是士君子的勇，为维护义而不倾威权、不谋私利，即使全国的人都反对自己也不为之改容，这种重死持义而不屈服的精神，就是孔子的"杀身成仁"和孟子的"舍生取义"了。所以，君子最终获取的是智、利、荣、安。义利之辨关乎君子、小人的生存状态，是不可等闲视之的。君子先义后利，故而荣，荣而常通，常通而常制人；小人先利后义，故而辱，辱而常穷，常穷而常制于人。前者是良性的发展，后者是恶性的发展。荀子还告诉人们，君子和小人的生存状态的发展趋向与他们各自的修养品行有关。"材悫者"常安利，故而常乐易，常乐易而常寿长；"惕悍者"常危害，故而常忧险，常忧险而常夭折。这又是良性发展和恶性发展的两种选择。所以，小人要想突破愚、害、辱、危的生存环境而能得智、利、荣、安的结局，那就要明乎义利，还要注重修为，有一个好的思想性格。荀子哪里能认识到他所谓的工匠、农贾之类的小人，原本是他所竭力维护的社会制度所造就的，他们怎么可能修养成为"愉佚"君子呢？

知己知命与知荣辱的联系，这是荀子荣辱观的第三块基石。知己不怨人而能通，知命不怨天而有志，通而有志，反求诸己，即能内省而外物轻，就是达到了知荣辱的目的了。这是强调主观努力，强调以自我检束、自我振作的精神来面对祸患，找回智、利、荣、安。荀子对孔子不怨天不尤人的思想做了积极的发挥，得出的是乐观主义的结论。但是，荀子讲荣辱是以他所谓的"人伦"为前提的，即维护贵贱尊卑长幼的社会秩序，并说不齐才有齐、不顺才有顺、不同才有统一。推行这样的礼义，那么君子、小人的名分就不可能跨越阶级的界限，工匠、农贾就只有永远做小人，安于愚、害、辱、危的命运。所以，荀子的荣辱观在士人阶层推行或许有若干意义，在全社会就行不通了。

非相第五

【题解】

本篇取非相作篇名，就是要批判、否定所谓的相面术。荀子认为"相形不如论心，论心不如择术"。荀子非常重视人的内心修养，认为一个人的善恶美丑、吉凶祸福与外表并无必然关系，只有品德、学识、思想才是一个人的真正高尚之处，所以，在现实生活中，我们不能以貌取人。同时，荀子还论述了有关"法后王"及有关辩说等方面的问题。在文中，荀子列举了尧、舜、禹、文、武、周公、公孙吕、徐偃王、孔子、皋陶、伊尹等例子，以此论证他们的相貌虽然非常奇异和难看，但他们却都成为了人人称道的圣王帝相、贤人君子。而夏桀、商纣王的相貌虽然

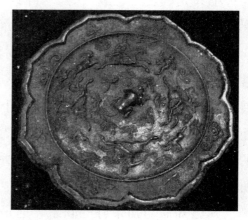

三龙连弧纹镜（春秋战国）

均非常优美且武力超群，但却身败亡国。从而得出结论：相术是"学者不道也"的巫术，是不可信的。从而，荀子得出结论：一个人要想祛邪避穷、趋贵离贱，关键是必须讲"礼义"，而讲礼义就必须"法后王"。

【原文】

相人①，古之人无有也，学者不道也。古者，有姑布子卿②，今之世，梁有唐举③，相人之形状、颜色而知其吉凶、妖祥，世俗称之。古之人无有也，学者不道也。故相形不如论心④，论心不如择术⑤。形不胜心，心不胜术⑥。术正而心顺之⑦，则形相虽恶而心术善，无害为君子也；形相虽善而心术恶，无害为小人也。君子之谓吉，小人之谓凶。故长短、小大、善恶形

相，非吉凶也。古之人无有也，学者不道也。

中华传世藏书

荀子诠解

《荀子》原典详解

【注释】

①相人：就是给人看相。

②姑布子卿：春秋时郑国人，曾看过孔丘和赵襄子的相。

③梁：即魏国。唐举：战国时看相的人，曾看过李兑、蔡泽的相。

④论：察。

⑤择：区别，引申为鉴别。

⑥不胜：比不上。

⑦正：正确，指合乎礼义。

【译文】

通过观察人的相貌来推测他的吉凶祸福，古代的人没有这种事，有学识的人也不谈论这种事。古时候有个姑布子卿；当今的时世，魏国有个唐举。他们观察人的容貌、面色就能知道他的吉凶、祸福，世俗之人都称道他们。古代的人没有这种事，有学识的人也不谈论这种事。观察人的相貌不如考察他的思想，考察他的思想不如鉴别他立身处世的方法。相貌不如思想重要，思想不如立身处世的方法重要。立身处世的方法正确而思想又顺应了它，那么形体相貌即使丑陋而思想和立身处世方法是好的，也不会妨碍他成为君子；形体相貌即使好看而思想与立身处世的方法丑恶，也不能妨碍他成为小人。君子可以说是吉祥，小人可以说是凶邪。所以人的高矮、大小、美丑等形体相貌上的特点，并不是判断吉凶的标准。古代的人没有这种事，有学识的人也不谈论这种事。

【原文】

盖帝尧长，帝舜短；文王长①，周公短②；仲尼长③，子弓短④。昔者，卫灵公有臣曰公孙吕⑤，身长七尺，面长三尺，焉广三寸⑥，鼻、目、耳具。

而名动天下。楚之孙叔敖⑦，期思之鄙人也⑧，突秃长左，轩较之下⑨，而以楚霸。叶公子高⑩，微小短瘠，行若将不胜其衣然；白公之乱也⑪，令尹子西、司马子期皆死焉⑫，叶公子高入居楚，诛白公，定楚国，如反手尔，仁义功名善于后世。故士不揣长，不揳大⑬，不权轻重，亦将志乎尔；长短、小大、美恶形相，岂论也哉？

【注释】

①文王：周文王，姓姬，名昌，商朝时周部落的领袖，周武王之父，以贤明著称。

②周公：周文王之子，武王之弟，姓姬，名旦，因采邑在周，故称周公。他曾辅助武王灭商，是著名的贤臣。

③仲尼：即儒家学派的创始者孔子。

④子弓：孔子的弟子，姓冉，名雍，字仲弓。

⑤卫灵公：名元，春秋时卫国国君。

⑥焉：通"颜"。

⑦孙叔敖：春秋时楚庄王的令尹（宰相），辅助楚庄王建成了霸业。

⑧期思：地名，在今河南省淮滨县东南。

⑨轩：卿、大夫乘坐的车子。较：车厢两旁的横木。

⑩叶公子高：姓沈，名诸梁，字子高，春秋时楚国大夫。

⑪白公：名胜，楚平王太子建的儿子，号白公。

⑫令尹：楚国官名，相当于别国的相国。子西：即公子申，春秋时楚平王的长庶子。司马：官名，掌管军政。子期：即公子结，楚平王之子、子西之弟。

⑬揳：同"絜"，度量物体周围的长度叫"絜"。

【译文】

据说帝尧个子高，帝舜个子矮；周文王个子高，周公旦个子矮；孔子个子高，冉雍个子矮。从前，卫灵公有个臣子叫公孙吕，身高七尺，脸长三尺，额宽三寸，但鼻子、眼睛、耳朵都具备，而他的名声哄动天下。楚国的孙叔敖，是期思地方的乡下人，发短而顶秃，左手长，站在轩车上个子还在车厢的横木之下，但他却使楚国称霸诸侯。叶公子高，弱小矮瘦，走路时好像还撑不住自己的衣服似的；但是白公胜作乱的时候，令尹子西、司马子期都死在白公手中，叶公子高却领兵入楚，杀掉白公，安定楚国，就像把手掌翻过来似的一样容易，他的仁义功名被后人所赞美。所以对于士人，不是去测量个子的高矮，不是去围量身材的大小，不是去称量身体的轻重，而只能看他的志向。高矮、大小、美丑等形体相貌方面，哪能用来评判人呢？

【原文】

且徐偃王之状①，目可瞻焉②；仲尼之状，面如蒙倛③；周公之状，身如断菑④；皋陶之状⑤，色如削瓜；闳夭之状⑥，面无见肤；傅说之状⑦，身如植鳍⑧；伊尹之状⑨，面无须麋⑩。禹跳、汤偏⑪，尧、舜参牟予⑫。从者将论志意、比类文学邪？直将差长短、辨美恶而相欺傲邪？

【注释】

①徐：诸侯国名，地处今安徽泗县一带。徐偃王：周代徐国君主，以仁义著称。

②焉：通"颜"，额。

③蒙：蒙上，戴上。倛：同"魌"。蒙倛就是古时人们驱疫辟邪时所用的一种面貌丑恶的假面具。

④菑：通"椔"，立着的枯树。

⑤皋陶：一作咎繇，传说是东夷族的首领。

⑥闳夭：周文王的臣子，传说他满脸胡子，见不到皮肤。

⑦傅说：商王武丁的相。

⑧植：立。鳍：通"楮"，鱼鳞。植鳍：身上的皮肤如同鱼鳞。

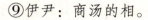
⑨伊尹：商汤的相。

⑩麋：通"眉"。

⑪禹跳、汤偏：意思是指大禹跛着脚走路，商汤半身不遂。

⑫参：相参。这里是指有两个瞳仁。牟：通"眸"，眼珠，这里是指瞳仁。

【译文】

再说徐偃王的相貌，他的眼睛可以向上看到自己的前额；孔子的相貌，他的脸上好像蒙上了一个丑恶难看的驱邪鬼的面具；周公旦的相貌，他的身体好像一棵折断的枯树；皋陶的相貌，他的脸色就像削去了皮的瓜那样呈青绿色；闳夭的相貌，他的脸上的鬓须多得看不见皮肤；傅说的相貌，他身上的皮肤就像鱼鳞一样；伊尹的相貌，他的脸上没有胡须眉毛。大禹瘸着腿走路，走路一跳一跳的；汤半身偏枯；舜的眼睛里有两个并列的瞳仁。相信相面之术的人是考察他们的志向思想、比较他们的学问呢？还是只区别他们的高矮、分辨他们的美丑来互相欺骗、互相傲视呢？

【原文】

古者，桀、纣长巨姣美。天下之杰①也，筋力越劲②，百人之敌也。然而身死国亡，为天下大僇③后世言恶，则必稽焉④。是非容貌之患也。闻见之不众，论议之卑尔！今世俗之乱君⑤，乡曲之儇子⑥，莫不美丽姚冶，奇衣妇饰，血气态度拟于女子。妇人莫不愿得以为夫，处女莫不愿得以为士，弃其亲家而欲奔之者，比肩并起。然而中君羞以为臣，中父羞以为子。中兄羞以为弟，中人羞以为友。俄则束乎有司而戮乎大市，莫不呼天啼哭，苦伤其今，而后悔其始。是非容貌之患也。闻见之下众，论议之卑尔。然则从者将孰可也？

【注释】

①杰：这里指的是相貌超群出众。

②越劲：敏捷有力。

③僇：同"戮"，耻辱。

④稽：考证。

⑤乱君者：意思是指犯上作乱的人。

⑥儇：轻薄巧慧。

【译文】

古时候，夏桀、商纣魁梧英俊，有着天下超群出众的身材；他们的体魄敏捷强壮，足可以对抗上百个人。但是他们人死了、国家也灭亡了，成为天下最可耻的人，后世一说到坏人，就一定会拿他们作例证。这并不是容貌造成的祸患啊。那些相信相面之术的人见闻不多，所以谈论起来才是这样的不高明。现在世上那些犯上作乱的人，乡里的轻薄少年，没有一个不是美丽妖艳的，他们穿着奇装异服，像妇女那样装饰打扮自己，神情态度都和女人相似。妇女们没有谁不想得到这样的人做丈夫，姑娘们没有谁不想得到这样的人做未婚夫，抛弃了自己的亲人、家庭而想投奔这种轻薄巧慧的男子的女人，比肩接踵，一个接着一个。但是，即使是一般的国君也羞于把这种人作为自己的臣子；即使是一般的父亲也羞于把这种人当作自己的儿子；即使是一般的哥哥也羞于把这种人当作自己的弟弟；即使是一般的人也羞于把这种人当作自己的朋友。用不了多久，这种人就会被官吏绑了去而在大街闹市中处死，他们无不呼天喊地号啕大哭，都痛心自己今天的下场而后悔自己当初的行为。这并不是他们的容貌造成的祸患啊。但是那些相信相面之术的人见闻不多，思想卑下，所以谈论起来才是这样的不高明。既然如此，那么在以相貌论人与以思想论人两者之间应该赞同哪一种意见呢？

【原文】

人有三不祥：幼而不肯事长，贱而不肯事贵，不肖而不肯事贤，是人之三不祥也。人有三必穷：为上则不能爱下，为下则好非其上，是人之一必穷也；乡则不若^①，偝则谩之^②，是人之二必穷也；知行浅薄，曲直有以县矣^③，然而仁人不能推，知士不能明^④，是人之三必穷也。人有此三数行者，以为上则必危，为下则必灭。《诗》曰^⑤："雨雪瀌瀌^⑥，宴然聿消^⑦。莫肯下隧^⑧，式居屡骄。"此之谓也。

【注释】

①乡：通"向"，面对面。若：顺。

②偝：同"背"，背后，私下。谩：诋毁。

③曲直：能与不能，意思是指才能上差别甚远。有：通"又"。县：同"悬"。

④知：通"智"。明：尊。

⑤引诗见《诗经·小雅·角弓》。

⑥瀌瀌：雪大的样子。

⑦宴：通"暖"，天晴日出和暖的样子。聿：语气助词。

⑧隧：通"坠"。

【译文】

人有三种不吉利的事：年幼的不肯侍奉年长的，地位卑贱的不肯侍奉地位尊贵的，没有德才的不肯侍奉贤能的，这是人的三种祸害啊。人有三种必然会陷于困厄的事：做了君主却不能爱护自己的臣民，做了臣民却喜欢非议自己的君主，这是人使自己必然陷于困厄的第一种情况；当面不顺从，背后又毁谤，这是人使自己必然陷于困厄的第二种情况；知识浅陋，德行不厚，辨别是非曲直的能力又与别人相差悬殊，但对仁爱之人却不能推崇，对明智之士却不能尊重，这是人使自己必然陷于困厄的第三种情况。人有了这三不祥、三必穷的行为，如果当君主就必然会危险，做臣民就必然会灭亡。《诗经》上说："下雪纷纷满天飘，阳光灿烂便融消。人却不肯自引退，在位经常要骄傲。"说的就是这种情况啊。

【原文】

人之所以为人者，何已也？^①曰：以其有辨^②也。饥而欲食，寒而欲暖，劳而欲息，好利而恶害，是人之所生而有也，是无待而然者也，是禹、桀之所同也。然则人之所以为人者，非特以二足而无毛也，以其有辨也。今夫狌狌形笑^③，亦二足，而毛也，然而君子啜其羹，食其胾^④。故人之所以为人者，非特以其二足而无毛也，以其有辨也。夫禽兽有父子而无父子之亲，有牝牡而无男女之别。故人道莫不有辨。

【注释】

①已：同"以"。

②辨：这里是指上下、贵贱、长幼、亲疏的等级区别。

③狌狌：猩猩。形笑：应该是"形状"。

④胾：块状的肉。

【译文】

人之所以成为人，这是因为什么呢？我要说：因为人对各种事物的界限都有所区别，人能够辨别上下、贵贱、长幼、亲疏等等级秩序。人饿了就想吃东西，冷了就想取暖，累了就想要休息，喜欢得利而厌恶受害，这是人生来就有的本性，它是无须依靠后天的学习就会这样的，它是大禹与夏桀所都具备的人性。这样说来，人之所以成为人，并不只是因为人有两只脚而且身上没有毛，而是因为对各种事物的界限都有所区别，能够辨别上下、贵贱、长幼、亲疏等等级秩序。那些猩猩的形貌与人相似，也是有两只脚，脸上也没有毛，可是人却能喝它的肉羹，吃它的肉。所以人之所以成为人，并不只是因为他们长了两只脚而身上没有毛，而是因为他们对各种事物的界限都有所区别，能够辨别上下、贵贱、长幼、亲属等等级秩序。那些禽兽也是有父有子，但是它们没有父子之间的亲情；禽兽也是有雌有雄，但它们没有男女之间的界限。所以，人类社会的根本就在于存在着各种等级秩序的区别。

【原文】

辨莫大于分①，分莫大于礼，礼莫大于圣王。圣王有百，吾孰法焉故曰②：文久而息③，节族久而绝④，守法数之有司极礼而褫⑤。故曰：欲观圣王之迹，则于其粲然者矣⑥，后王是也⑦。彼后王者。天下之君也；舍后王而道上古，譬之，是犹舍己之君而事人之君也。故曰：欲观千岁。则数⑧今日；欲知亿万，则审一二；欲知上世，则审周道⑨；欲知周道，则审其人所贵君子。故曰："以近知远。以一知万，以微知明。"此之谓也。

【注释】

①分：名分。

②故：则。

③文：礼法制度。

④族：通"奏"。节族：节奏。

⑤极：远。极礼：远于礼。褫：脱，废弛。

⑥粲然：明白的样子。

⑦后王：即"天下之君"。

⑧数：考察。

⑨周道：是指所谓的文武周公之道。

【译文】

分辨等级秩序没有比确定名分更重要的了，确定名分没有比遵循礼法更重要的了，遵循礼法没有比效法圣明的帝王更重要的了。有人会问：圣明的帝王有上百个，我们效法哪一个呢？那我就要说：礼仪制度因为年代久远就会湮没了，音乐的节奏因为年代久远就会失传了，掌管礼法条文的有关官吏也因与制定礼法的年代相距久远而使礼法有所脱节了。所以说：想要观察圣明帝王的事迹，就得观察其中清楚明白的人物，后代的帝王便是。那所谓后代的帝王的治国之道，就是现在统治天下的君王所施行的治国之道；舍弃了后代的帝王的治国之道而去称道上古的帝王的治国之道，拿它来打个比方，这就好像舍弃了自己的君主去侍奉别国的君主一样。所以说：要想观察千年以前的往事，那就要仔细审实现在；要想知道成亿上万的事物，那就从弄清楚一两件事物开始；要想知道上古的社会情况，那就要审察现在周王朝的治国之道；要想知道周王朝的治国之道，那就要审察他们所尊重的君子。所以说："根据近世来了解远古；从一件事物来了解上万件事物，由隐微的东西来了解明显的东西。"说明的就是这种道理。

【原文】

夫妄人①曰："古今异情，其以治乱者异道②。"而众人惑焉。彼众人者，愚而无说、陋而无度者也③。其所见焉，犹可欺也，何况于千世之传也。妄人者。门庭之间，犹可诬欺也，而况于千世之上乎。

【注释】

①妄人：无知妄为的人。
②其：指代"古今"。
③无说：不能辩说。无度：不会分析思考。度，揣度。

【译文】

那些无知妄为而又胡言乱语的人说："古代和今天的情况不同，之所以有的安定，有的混乱，这是由于治理的方法不同。"于是一般的人就被他们迷惑了从而相信了他们所说的话。那些一般的众人，都是些才性愚昧而说不出什么道理、见识浅陋而又不会判断是非的人。他们亲眼看见的事物，尚且可以用来欺骗他们，更何况是那些几千年前的传闻呢！那些无知妄为而又胡言乱语的人，就是发生在眼前的事，尚且可以拿来欺骗人，更何况是几千年之前的事呢!

【原文】

圣人何以不可欺?曰:圣人者,以己度者也。故以人度人,以情度情,以类度类,以说度功①,以道观尽,古今一也②。类不悖,虽久同理。故乡乎邪曲而不迷③,观乎杂物而不惑,以此度之。五帝之外无传人④,非无贤人也,久故也;五帝之中无传政,非无善政也,久故也;禹、汤有传政而不若周之察也,非无善政也,久故也。传者久则论略,近则论详。略则举大,详则举小。愚者闻其略而不知其详,闻其细而不知其大也。是以文久而灭,节族久而绝。

【注释】

①说:言论。功:功业或事物。

②古今一:古今都是一样的。

③乡:通"向"。邪曲:邪僻,不正。

④五帝:古代的典籍中所谓"五帝"所指的不一样,这里当指伏羲(太皞)、神农(炎帝)、黄帝、尧、舜。

【译文】

然而圣人为什么不能被欺骗呢?这是因为:圣人,是根据自己的切身体验来推断揣度古代的事物的人。所以,他们根据现代人的情况去推断古代的人的情况,根据现代的人情去推断古代的人情,根据现代的某一类事物去推断古代同类的事物,根据流传至今的学说去推断古人的功业,根据事物的普遍规律去观察古代的一切,因为

饕餮纹(春秋战国)

古今的情况是一样的。只要是同类而不互相违背的事物,那么即使相隔很

久，它们的基本性质还是相同的，所以圣人面对着邪说歪理也不会被迷惑，观察复杂的事物也不会感到困惑，这是因为他能按照这种道理去衡量一切事物。除了伏羲、神农、黄帝、尧、舜这五位帝王之外，那个时代没有流传到后世的名人，并不是那时没有贤能的人，而是因为时间太久了的缘故；除了这五位帝王的政治措施以外，没有流传到后世的政治措施，并不是别人就没有好的政治措施，而是因为时间太久了的缘故；夏禹、商汤虽然有流传到后世的政治措施，但不及周代的清楚，并不是他们没有好的政治措施，而是因为时间太久了的缘故。流传的东西时间一长，那么谈起来就简略了；近代的事情，谈起来才详尽。简略的，就只能列举它的大概；详尽的，才能列举它的细节。愚蠢的人听到了那简略的论述就不再去了解那详尽的情况，听到了那详尽的细节就不再去了解它的大概情况。因此礼仪制度就因为年代久远而湮没了，音乐的节奏就因为年代久远而失传了。

【原文】

　　凡言不合先王、不顺礼义，谓之奸言，虽辩①，君子不听。法先王，顺礼义，党②学者，然而不好言，不乐言，则必非诚士也。故君子之于言也，志好之，行安之，乐言之。故君子必辩。凡人莫不好言其所善，而君子为甚。故赠人以言，重于金石珠玉；观人以言③，美于黼黻文章④；听人以言，乐于钟鼓琴瑟。故君子之于言无厌⑤。鄙夫反是，好其实，不恤⑥其文。是以终身不免埤污、佣俗⑦。故《易》曰⑧："括囊⑨，无咎无誉。"腐儒之谓也。

【注释】

①辩：说话有条理。

②党：亲近。

③观：使……看。

④黼黻文章：古代礼服上的彩色花纹，黑白相间的叫黼，青黑相间的叫

黻，青赤相间的叫文，赤白相间的叫章。

⑤无厌：不感到厌倦。

⑥恤：顾及。

⑦埤：通"卑"。佣：通"庸"。

⑧《易》：这里是指《周易》。以下引文见《周易·坤卦》。

⑨括：结扎，封闭。

【译文】

凡是说的话不符合古代圣王的道德原则、不遵循礼义的，就叫做奸邪的言论，即使说得动听有理，但是君子也不听。效法古代圣王，遵循礼义，亲近有学识的人，但是不喜欢言谈，不乐意宣传礼义，那也一定不是个追求真理的学士。君子对于正确的学说，心里喜欢它，行动上一心遵循它，并且乐意宣传它。所以君子一定是说话有条理的，是能言善辩的。凡是人没有不喜欢谈论自己认为是好的东西，而君子更是这样。所以君子用美好的言论赠送给别人，觉得比赠送金石珠玉还要贵重；用美好的言论来勉励别人，觉得比让人观看礼服上的彩色花纹还要华美；让别人听到美好的言论，觉得比让人听钟鼓琴瑟还要快乐。所以君子对于美好的言论的宣传永远都不会感到厌倦。鄙陋的小人与此相反，他们对言论只注重实惠，而不顾及文采，因此一辈子也免不了卑陋庸俗。所以《周易》说："就像扎住了口的袋子，既得不到责怪，也得不到赞誉。"说的就是这种迂腐的儒生。

【原文】

凡说之难①：以至高遇至卑，以至治接至乱，未可直至也。远举则病缪②，近世则病佣③。善者于是间也，亦必远举而不缪，近世而不佣，与时迁徙，与世偃仰、缓急、嬴绌④。府然若渠匽、檃栝之于己也⑤，曲得所谓焉⑥，然而不折伤。故君子之度已则以绳⑦，接人则用抴⑧。度己以绳，故足以为天下法则矣；接人用抴，故能宽容，因求以成天下之大事矣。故君子贤而能容罢⑨，知而能容愚，博而能容浅，粹而能容杂，夫是之谓兼术。《诗》曰⑩："徐方既同⑪，天子之功。"此之谓也。

【注释】

①说：这里是指游说。

②缪：通"谬"。

③佣：通"庸"。

④偃仰：俯仰，高低。赢绌：这里引申为进退屈伸的意思。赢，通"赢"，盈余。绌，不足。

⑤府然：宽广包容的样子。府，通"俯"。匽：通"堰"，坝。檃栝：矫正弯木的工具。

⑥曲：委曲。

⑦度：法度，规范。这里是用作动词。

⑧抴：通"枻"，短桨，这里指船，引申为引导。

⑨罢：通"疲"。

⑩引诗见《诗经·大雅·常武》。

⑪徐方：徐国，在今天的淮河流域中下游地区。

【译文】

大凡劝说的难处是：用极其崇高的道理去劝说那些极其卑鄙的人，带着最能将国家治理好的政治措施去接触那些最能把国家搞乱的人，这是不能直截了当达到目的的。举远古的事例容易产生谬误，举近代的事例容易流于庸俗，善于游说的人是取其中间，那就是必须做到举远古的事例而不发生谬误，举近代的事例又不会显得庸俗；说话内容要随着时代的发展而变动，随着世俗的变化而变化；是说得和缓些还是说得急切些，是多说一些还是少说一些，都能适应情况，就像阻拦流水的渠坝、矫正竹木的工具那样控制自己；婉转地把所要说的话都说给了对方听，但是又不挫伤他。所以，君子严于律己就像木工用墨线来取直一样，对待别人，就像梢公用舟船来接客一样，使用引导的方法。用墨线似的准则严于律己，所以能够使自己成为天下人效法的榜样；用舟船似的胸怀来引导别人，所以能够对他人宽容，也就能依靠他人来成就自己治理天下的大业了。所以，君子自己贤能而能容纳无能的人，自己聪明而能容纳愚昧的人，自己博闻多识而能容纳孤陋寡闻的人，自己道德纯洁而能容纳品行驳杂的人，这叫做兼容并蓄之道。《诗经》上说："徐国已经来归顺了，这是天子的大功啊。"说的就是这种道理啊。

【原文】

谈说之术：矜庄以莅之①，端诚以处之，坚强以持之，譬称以喻之，分别以明之②，欣驩、芬芗以送之③，宝之，珍之，贵之，神之。如是，则说常无不受，虽不说人④，人莫不贵。夫是之谓为能贵其所贵。传曰："唯君子为能贵其所贵。"此之谓也。

【注释】

①矜庄：庄重。莅：临。
②端诚：正直真诚。
③驩：同"欢"。芗：通"香"。芬芗：芳香，这里引申指和气。
④说人：取悦人。说，通"悦"。

【译文】

谈话劝说的方法是：用严肃庄重的态度去接近人，用正直坦诚的态度去对待人，用坚定刚强的意志去扶持人，用比喻称引的方法去启发人，用条分缕析的方法来使人明了，热情、和气地引导人，使自己的话语显得宝贵、珍异、重要、神妙。如果能够做到这样，那么你所说的话就往往不会不被接受，即使不去讨好别人，别人也没有不尊重你所说的。这叫做能够使自己所珍重的东西得到珍重。古书上说："只有君子才能使自己所珍重的东西得到珍重。"说的就是这种情况啊。

【原文】

君子必辩①。凡人莫不好言其所善，而君子为甚焉。是以小人辩，言险；而君子辩，言仁也。言而非仁之中也，则其言不若其默也，其辩不若其呐也②；言而仁之中也。则好言者上矣。不好言者下也。故仁言大矣。起于上所以道于③，政令是也；起于下所以忠于上，谋救是也。故君子之行仁也无厌。志好之，行安之，乐言之，故言君子必辩。小辩不如见端④，见端不如见本分⑤。小辩而察，见端而明，本分而理，圣人、士君子之分具矣。

【注释】

①辩：善于辩说。
②呐：同"讷"，言语迟钝不流畅。
③道：同"导"。
④见端：注意事情的头绪。
⑤本分：固有的名分。

【译文】

君子一定是能说会道的。凡是人没有不喜欢谈论自己认为是好的东西的，而君子更是如此。小人能说会道，但他们宣扬的是邪恶之术；而君子能说会道，是宣扬的仁爱之道。如果一个人所说的话不符合仁爱之道，那么他开口说话还不如他沉默不语，他能说会道还不如他笨嘴拙舌；如果一个人所说的话符合仁爱之道，那么喜欢谈说的人就是上等的了，而不喜欢谈说的人就是下等的人了。所以合乎仁爱之道的言论是十分重要的。产生于君主之口而用来指导臣民的，就是政策与命令；产生于臣民之口而用来效忠于君主的，就是建议与劝阻。所以君子奉行仁爱之道从不会感到厌倦，心里喜欢它，行动上一心遵循它，并且积极宣扬它，所以说君子一定是能说会道的。

辩论事物的细枝末节不如揭示事物的头绪，揭示事物的头绪不如揭示事物固有的名分，抓住其根本。辩论事物的细枝末节能够明察秋毫，揭示事物的头绪能够明白清楚，而且事物的固有的名分能分辨好，这就是得到了辩说的根本意义。这样的话，那么圣人、士君子的职责作用也就具备了。

【原文】

有小人之辩者，有士君子之辩者，有圣人之辩者。不先虑，不早谋，发之而当，成文而类①，居错、迁徙②，应变不穷，是圣人之辩者也；先虑之，早谋之，斯须之言而足听，文而致实③，博而党正④，是士君子之辩者也。听其言则辞辩而无统，用其身则多诈而无功；上不足以顺明王，下不足以和齐百姓；然而口舌之均嚽唯则节⑤，足以为奇伟、偃却之属⑥；夫是之谓奸人之雄。圣王起，所以先诛也，然后盗贼次之。盗贼得变，此不得变也。

【注释】

①成：通"盛"。文：有条理。

②居错：通"举措"。这里是指措辞。

③致：同"缴"，细密。

④党：通"谠"，直言，正直（的话）。

⑤口舌之均：说话动听。嚽：同"谵"，多言。

⑥偃却：同"偃蹇"，引申为出众。

【译文】

有小人式的辩说，有士君子式的辩说，有圣人式的辩说。不预先考虑，不早作谋划，一发言就很得当，既富有文采，又合乎礼法，措辞和改换话题的时候，都能随机应变而不会穷于应答，这就是圣人式的辩说。预先考虑好，及早谋划好，片刻的发言也值得一听，既有文采又细密实在，既渊博又敢于直言，这是士君子式的辩说。听他说话虽然言辞动听但却没有系统，任用他做事则诡诈多端而没有功效，对上不能顺从英明的帝王，下不能使老百姓和谐一致，但是他讲话很有分寸，或夸夸其谈，或唯唯诺诺，调节得宜，这类人足以靠口才而自夸自傲，可称为坏人中的奸雄。圣明的帝王一上台，这种人是首先要被杀掉的，那些盗贼还要在他们的后面被惩处。因为盗贼还能够通过教诲使他改过自新，而这种人是不可能悔过自新的。

【解读】

本篇为荀子论其方法论的重要篇章。论非相讲观人之术，论法后王讲治国之术，论辩说讲辩论之术。观人之术用于选拔人才，法后王用于管理政事，辩论之术用于宣扬礼治，都是治国理政的要项，三者由"择术"贯穿始终。有力地显示出荀子经验的方法论所具有的实践品格。

相术自春秋以来即甚为流行。从人的骨法面容来推测其内在性行和富贵禄命，而且以富贵之人和善人天生骨相好，贫贱之人和恶人天生骨相坏，这必然导入宿命论，是世俗迷信。荀子以"古之人无有也，学者不道也"为依据，断言相术没有谈论价值。特别有意义的是，荀子看出以相术宿命论为基础的人才制度的荒谬和危害性，针锋相对地提出了一个科学的人才理念："相形不如论心，论心不如择术。""形"训相貌，"心"训思想，"术"训认识事物的方法。形、心、术三者都力求端正，才是优秀人才，即所谓君子，否则是小人。但三者并非同等重要，心和术最重要，形可以求其次，所以形恶而心与术善者仍可做君子，形善而心与术恶者仍只能做小人；做君子则吉，做小人则凶。做君子的怎样才能趋吉避凶呢？那就要戒"三不祥"、"三必穷"。幼不事长、贱不事贵、不肖不事贤，必然违背作为天下通义的礼，所以是不善的表现；为上不爱下、为下非其上，当面顺从背后辱毁，智浅行薄而不被仁人智士推重，因而没有形成良好的人际关系，做官和为人必然困窘难通。总之，规避"三不祥"，突破"三不穷"，是人才顺利成长，走上治国理政道路的重要方法。从选拔人才到培育人才，从人才的主观条件到人才的客观环境，都有一个讲究认识事物的方法问题。"术"高于"心"，"心"

"顺"从属"术正"，在实践中采用正确的认识事物的方法.为"心"选择一个合理而正确的所由之道，这是为君子者的关键。

在孔孟的言谈之中只有"法先王"之说，荀子却独发"法后王"之论，而且荀子对孟子的"略法先王而不知其统"做过多次批评，说明这两种提法还是有很大的区别。《儒效篇》说："道过三代谓之荡，法二后王谓之不雅。"足见荀子也认为夏商周三代的治理之道是确实可信的，后世贤王周文王、周武王的礼法制度是雅正的，因而他赞成"法先王"，但他更强调"法后王"，认为法后王切实可行，有利于维护礼义治国的制度。由于时间久远，上古帝王的政事渺茫难寻，夏禹、商汤的善政传颂下来的也简略得只能知其概要，所以对五帝无从效法，对禹、汤效法而无实绩，因而效法后王就势在必然了。此其一。其次，近世周文王、周武王依据礼义制定的法度"察也"，他们的为政事迹"粲然者也"，可以举其要，可以知其详，又有型范可以效法，因而有利于推行以礼治国的制度。最后，"法后王"具有方法论的价值，将为延续以礼治国的历史传统提供经验和方法。从后王的执政，可以"观王之迹"，这是历史的规律。数今日可观千岁，审一二可知亿万，审周道可知上世，审其人所贵君子可知周道，这是历史和生活的经验，予以抽象，即上升为"以近知远，以一知万，以微知明"的认识事物的方法。这在荀子的时代，当是最先进的方法了。那些"愚而无说，陋而无度"的众人可以被妄言之人以"千世之传"而欺骗，但圣人不可欺，他们依靠运用上述的认识方法，"以人度人，以情度情，以类度类，以说度功，以道观尽"，即可将"辨莫大于分，分莫大于礼"的历史经验和传统传之后世而千年不衰。

孔子曾说过"子欲无言"。孟子好辩，但他说"予不得已也"。荀子响亮地提出"君子必辩"的口号，指出辩说在认识上的作用和应当合乎逻辑规则的要求，是一个很大的进步。"君子辩，言仁也"；"凡言不合先王，不顺礼义，……虽辩，君子不听"，这表明荀子的辩说是以宣传仁义礼治为目的，带有浓厚的社会政治伦理色彩。基于这个目的，他把辩说分为圣人之辩、君子之辩、小人之辩三类，这主要是政治伦理的划分，并不合乎逻辑的要求。至于对圣人之辩、君子之辩的水平和作用的评价，不免有过誉之辞，而把普通人的辩说与诡辩、奸言完全等同，则不免有偏见，很不公允。当然，荀子所极为贬抑的"小人之辩"，更多的不免有指百家异说，正是它们使儒术不得畅通，王道莫能实行，故而荀子痛恨奸言邪说甚于痛恨盗贼，主张圣人起必先诛灭这类奸雄。荀子把逻辑跟他所维护的儒家伦理以及礼治思想紧紧地捆在一起，让逻辑从属于政治主张，终于未能在他手里将逻辑变成为一门独立的科学，是遗憾的事情。

非十二子第六

【题解】

本篇为《荀子》第六篇，是全面总结先秦诸子流派及其学说的文章，在中国思想史上有着非常重要的价值。文中主要列举了六种学说、十二个代表人物，并逐一进行了评论和批判，主张上应效法舜、禹的制度，下应效法仲尼、子弓的道义，务必消除这十二人的学说。在此基础上，荀子提出了自己的政治理想，并对"士君子"的思想和行为标准作出了要求，批评了子张氏、子夏氏、子游氏等儒者。

【原文】

假今之世①，饰邪说，文奸言，以枭乱天下②，矞宇嵬琐③，使天下混然不知是非治乱之所存者有人矣。

【注释】

①假今之世：如今之世，指战国时代。假：如。
②枭：通"挠"，扰。
③矞：同"谲"，欺诈。宇：通"讦"，夸大。嵬：通"傀"，怪诞，怪异。琐：委琐，鄙陋庸俗。

《荀子》原典详解

【译文】

现在这个时代，以掩盖邪恶的说法和美化奸诈的言论来使天下混乱。用那些诡诈、夸大、怪异、委琐的言论，使天下人混乱得不知道是非标准、治乱原因的，这样的人有很多。

【原文】

纵情性，安恣睢，禽兽行。不足以合文通治，然而其持之有故，其言之成理，足以欺惑愚众，是它嚣、魏牟也①。

【注释】

①它嚣：人名，生平无考。魏牟：即战国时魏国的公子牟，《汉书·艺文志》将他归入道家，著录有《公子牟》四篇。

【译文】

放纵性情，而又心安理得，行为如同禽兽。谈不上遵循礼义，也无法成功地治国，但是他们立论时却有根有据，解说论点时又井井有条，足以欺骗蒙昧的民众，它嚣、魏牟就是这种人。

【原文】

忍情性，綦谿利跂①，苟以分异人为高，不足以合大众、明大分②；然而其持之有故，其言之成理，足以欺惑愚众，是陈仲、史鳅也。

【注释】

①綦：即一只腿瘸了而蹉着走路。谿：通"蹊"，小路。綦谿：指在人生的道路上节制自己而只在小路上行走。利：通"离"。跂：通"企"，踮起脚跟。利跂：指背离世俗而独行。

②大分：这里指忠孝的大义。

【译文】

压抑本性人情，偏离大道，离世独行，不循礼法，追求标新立异，不能和广大民众一道，不能彰明忠孝的大义；但是他们立论时却有根有据，解说论点时又头头是道，足以欺骗愚昧的民众。陈仲、史鰌就是这种人。

【原文】

不知壹天下、建国家之权称①，上功用、大俭约而僈差等②，曾不足以容辨异、县君臣；然而其持之有故，其言之成理，足以欺惑愚众，是墨翟、宋钘也③。

【注释】

①权：秤锤。称：同"秤"。权称：等于说"权衡"，即秤，喻指法度。
②上：同"尚"。大：重。僈：轻慢。
③墨翟：战国初鲁国人，一说宋国人，墨家学派的创始人，主张"节用"、"节葬"，反对礼乐，主张兼爱、平等。宋钘：又称宋荣子，战国时宋国人，主张"禁欲"，认为人的本性是少欲的。

【译文】

不懂得统一天下、建立国家的法度，崇尚实际，重视节俭而轻慢等级差别，甚至不容许人与人之间有不一样的存在，也不让君臣之间有上下的悬殊；但是他们立论时却有根有据，解说论点时又头头是道，足够用来欺骗蒙蔽愚昧的民众，墨翟、宋钘就是这种人。

【原文】

尚法而无法，下修而好作，上则取听于上，下则取从于俗，终日言成文典,反紃察之①,则倜然无所归宿②,不可以经国定分;然而其持之有故,其言之成理,足以欺惑愚众,是慎到、田骈也③。

【注释】

①紃:通"巡"。察:反复考察。

②倜然:远离的样子,形容迂阔而远离实际。

③田骈:战国时齐国人,与慎到同一学派。

【译文】

推崇法治但又缺乏法度,鄙视贤能的人而自作主张,上则听从君主,下则依从世俗,整天谈论制定礼义法典,但如果反复考察这些典制,就会发现它们根本不切实际,不能用来治理国家、确定名分;但是他们立论时却有根有据,解说论点时又头头是道,足够用来欺骗蒙蔽愚昧的民众,慎到、田骈就是这种人。

【原文】

不法先王,不是礼义,而好治怪说,玩琦辞①,甚察而不惠,辩而无用,多事而寡功,不可以为治纲纪;然而其持之有故,其言之成理,足以欺惑愚众,是惠施、邓析也。

【注释】

①琦:通"奇"。

【译文】

不以古代圣明的帝王为榜样,不遵循礼义,而爱好钻研奇谈怪论,玩弄奇异的词语,这种理论非常精辟但一无是处,雄辩动听但不切实际,做了很多事但功效甚微,不能作为治国的纲领;但是他们立论时却有根有据,解说论点时又头头是道，足够用来欺骗蒙蔽愚昧的民众，惠施、邓析就是这种人。

【原文】

略法先王而不知其统，犹然而材剧志大①，闻见杂博。案往旧造说②，谓之五行③，其僻违而无类，幽隐而无说，闭约而无解，案饰其辞而祇敬之曰④："此真先君子之言也。"子思唱之⑤，孟轲和之⑥，世俗之沟瞀儒⑦，嚾嚾然不知其所非也⑧，遂受而传之，以为仲尼、子游为兹厚于后世，是则子思、孟轲之罪也。

【注释】

①材：通"才"。剧：繁多。

②案：通"按"。

③五行：即五常，指仁、义、礼、智、信。案：语助词。

④祇：恭敬。

⑤子思：战国时鲁国人，姓孔，名伋，孔子的孙子，儒家代表人物之一。唱：同"倡"。

⑥孟轲：战国中期邹国人，字子舆，是子思的学生，他是孔子之后最有影响的儒家代表人物，过去一直被尊为"亚圣"。

⑦沟瞀：通"恂愁"，愚昧。

⑧嚾嚾然：喧嚣的样子。

【译文】

大致上能够效法古代圣明的帝王，然而却不了解他们的要领，还自以为才气横溢、志向远大、见闻丰富。根据传统的旧学说来创建新说，把它称为"五行"，非常乖僻悖理而不遵循礼法，幽深隐微而难以讲说，晦涩难懂而难以解释，却还粉饰他们的言论而郑重其事地说："这正是先师孔子的言论啊!"子思倡导,孟轲附和,社会上那些愚昧无知的儒生胡乱地称颂而不知道他们的错误,于是就接受了这种学说而传授它,以为是孔子、子游立此学说,被后代所推崇,这就是子思、孟轲的罪过了。

【原文】

若夫总方略,齐言行,壹统类,而群天下之英杰而告之以大古,教之以至顺①;奥窔之间②,簟席之上③,敛然圣王之文章具焉,佛然平世之俗起焉④;则六说者不能入也,十二子者不能亲也;无置锥之地,而王公不能与之争名,在一大夫之位,则一君不能独畜⑤,一国不能独容;成名况乎诸侯⑥,莫不愿以为臣。是圣人之不得势者也,仲尼、子弓是也。

【注释】

①顺:理。

②奥:屋子里的西南角。窔:屋子里的东南角。

③簟:竹席。

④佛:通"勃"。平世:政治清明的时代。

⑤畜:养,任用。君主任用臣子,便用俸禄来养活疆子,所以"畜"即指任用人。一君不能独畜:这种圣人应该是天子的辅佐,所以说"一君不能独畜"。

⑥成:通"盛"。况:比。

【译文】

至于总括治国的方针策略,统一人们的言行和治国的纲纪法度,从而汇聚天下的英雄豪杰,让他们知晓上古帝王的业绩,教导他们最高的治国道理;在室堂之内、竹席之上,圣明帝王的礼义制度集中地具备于此,蓬勃地兴起太平时代的风俗。上述六种学说是无法进入这讲堂的,那十二个人是不能接近这讲席的。这样的人虽然贫困没有立足之地,但天子诸侯不能与之竞争名望；他们虽然只是担任大夫之职。但不是一个诸侯国的国君所能单独任用的，不是一个诸侯国所能单独容纳的，他们的名望比同于诸侯，各国诸侯都愿意让他们来当自己的臣子。这是圣人中没有得到权势的人，孔子、子弓就是这种人。

【原文】

一天下，财万物①，长养人民，兼利天下，通达之属，莫不从服，六说者立息，十二子者迁化，则圣人之得势者，舜、禹是也。今夫仁人也，将何务哉？上则法舜、禹之制，下则法仲尼、子弓之义，以务息十二子之说。如是则天下之害除，仁人之事毕，圣王之迹著矣。

【注释】

①财：通"裁"，控制，安排。

【译文】

统一天下，治理万物，养育人民，使天下人获益；凡权力所示的地方，没有人不服从，上述六种学说立刻消失，那十二个人也弃暗投明。这是圣人中得到了权势的人，舜、禹就是这种人。当今仁德的人该如何行事呢？上应该学习舜、禹的政治制度，下应该学习仲尼、子弓的道义，以求消除上述十二个人的学说。这样一来，天下的祸害除去了，仁德的人的任务完成了，圣明帝王的事迹也就彰明了。

【原文】

信信，信也；疑疑，亦信也。贵贤，仁也；贱不肖，亦仁也。言而当，知也；默而当，亦知也。故知默犹知言也。故多言而类①，圣人也；少言而法，君子也；多少无法而流湎然，虽辩，小人也。故劳力而不当民务谓之奸事，劳知而不律先王谓之奸心，辩说譬谕、齐给便利而不顺礼义谓之奸说。

此三奸者，圣王之所禁也。知而险，贼而神，为诈而巧②，言无用而辩，辩不惠而察，治之大殃也。行辟而坚③，饰非而好，玩奸而泽，言辩而逆，古之大禁也。知而无法，勇而无惮，察辩而操僻④，淫大而用之⑤，好奸而与众，利足而迷，负石而坠，是天下之所弃也。

【注释】

①故：犹"夫"，发语词。

②为：通"伪"，诡诈。

③辟：通"僻"，邪僻，邪恶。

④操僻：指上文所说的"治怪说，玩琦辞"。

⑤大：同"太"、"泰"、"汰"、"汏"，过分，骄奢。

【译文】

相信可信的东西，是诚实；怀疑可疑的东西，也是诚实。尊重有德才的人，是仁爱；鄙视无能的人，也是仁爱。说话得当，是明智；沉默得当，也是明智。所以懂得在什么场合下沉默，意味着懂得说话。话说得多，但又合乎法度，就是圣人；话说得少而又合乎法度，就是君子；说得多，都不合乎法度又夸夸其谈，即使能言善辩，也是个小人。用尽力气却不合民众的需求，就叫做奸邪的政务；费尽心思而不以古代圣王的法度为准则，就叫做奸邪的心机；辩说比喻起来迅速敏捷而不遵循礼义，就叫做奸邪的辩说。这三种奸邪的东西，是圣明的帝王所禁止的。生性聪明而险恶，手段狠毒而高明，行为诡诈而巧妙，言论不切实际而雄辩动听，辩说毫无用处而明察入微，这些都是政治方面的大祸害。为非作歹而又坚决，文过饰非而看上去完美，玩弄奸计而圆滑，能言善辩而违反常理，这些是古代特别不允许的。聪明而不守法度，勇敢而肆无忌惮，明察善辩而所持论点怪僻不经，荒淫骄奢而刚愎自用，喜欢搞阴谋诡计而同党众多，这就像善于奔走而误入迷途，背着石头而失足往下掉，这些都是天下人所厌弃的行为。

【原文】

兼服天下之心：高上尊贵不以骄人，聪明圣知不以穷人，齐给速通不争先人，刚毅勇敢不以伤人；不知则问，不能则学，虽能必让，然后为德。遇君则修臣下之义，遇乡则修长幼之义，遇长则修子弟之义，遇友则修礼节辞让之义，遇贱而少者则修告导宽容之义。无不爱也，无不敬也，无与人争也，恢然如天地之苞万物①。如是则贤者贵之，不肖者亲之。如是而不服者，则可谓訞怪狡猾之人矣，虽则子弟之中，刑及之而宜。《诗经》云："匪上帝不时，殷不用旧②。虽无老成人③，尚有典刑。曾是莫听，大命以倾。"此之谓也。

【注释】

①恢然：广大的样子。苞：同"包"。
②訞：通"妖"，怪异邪恶。殷：商，此指商纣王。
③老成人：经历多、做事稳重之臣，像伊尹（商汤的相）之类。

【译文】

使天下人愿追随自己的办法是：身份尊贵，但不因此而瞧不起别人；聪明睿智、通达事理，但不因此而使人难堪；才思敏捷、迅速领悟，但不在别人面前逞能；刚强坚毅、勇敢大胆，但不伤害别人。不懂就请教，不会就学习；即使能干也不骄傲，这样才算有道德。看到君主就奉行做臣子的道义，看到乡亲就讲求长幼之间的道德标准，看到父母兄长就遵行子弟的规矩，看到朋友就讲求礼节谦让的行为规范，看到地位卑贱而年纪又小的人就实行教导宽容。无所不爱，无所不敬，从不与人相争，心胸宽广得足以包容万物。这样，就会使贤能的人尊重你，不贤的人也会亲近你。如果这样还不对你心悦诚服的，那就可以称之为怪异奸滑的人了，即使他在你的亲属子弟之中，刑罚加到他身上也是可行的。《诗经》上说："并非上天不善良，是纣王不

六五七

用旧典章。虽然没有老成之臣，还有法典可依循。竟连这个也不听，王朝因此而断送。"说的就是这个道理。

【原文】

古之所谓士仕者[1]，厚敦者也，合群者也，乐富贵者也[2]，乐分施者也，远罪过者也，务事理者也，羞独富者也。今之所谓士仕者，污漫者也，贼乱者也，恣睢者也，贪利者也，触抵者也，无礼义而唯权势之嗜者也。古之所谓处士者，德盛者也，能静者也，修正者也，知命者也，箸是者也。今之所谓处士者，无能而云能者也，无知而云知者也，利心无足而佯无欲者也，行伪险秽而强高言谨悫者也，以不俗为俗，离纵而跂訾者也[3]。

【注释】

①士仕：与下"处士"对应，当作"仕士"。
②乐富贵：荀子赞成当官者应乐富贵。
③纵：通"踪"，踪迹，指一般人的生活习惯。訾：通"跐"，走路。一说"纵"是放纵的意思，"訾"是诋毁的意思，那么"离纵而跂訾"可译为"背离世俗而放任自己、高人独行而诋毁别人"。

【译文】

古代提及的当官的，都是朴实的人，是和群众一道的人，是乐于富贵的人，是乐意施舍的人，是远离罪过的人，是努力遵循礼法来办事的人，是以独自富裕为羞耻的人。现在所谓当官的，都是污秽卑鄙的人，是破坏捣乱的人，是恣肆放荡的人，是贪图私利的人，是擅自违法的人，是不顾礼义而只贪求权势的人。古代所说的隐士，是品德高尚的人，是恬淡安分的人，是善良正派的人，是乐天安命的人，是彰明正道的人。现在所说的隐士，是没有才能而自吹自擂的人，是没有智慧而自吹有智慧的人，是贪得无厌而又假装清心寡欲的人，是行为阴险肮脏而又硬要吹嘘自己谨慎老实的人，是把不同于世俗作为自己的习俗、背离世俗而自命清高的人。

【原文】

士君子之所能不能为：君子能为可贵，而不能使人必贵己；能为可信，而不能使人必信己；能为可用，而不能使人必用己。故君子耻不修，不耻见污；耻不信，不耻不见信；耻不能，不耻不见用。是以不诱于誉，不恐于诽，率道而行，端然正己，不为物倾侧，夫是之谓诚君子。《诗》云："温温恭人，维德之基。"此之谓也。

【译文】

士君子所能做到的和不能做到的是：君子能够做到品德高尚而为人景仰，但不能勉强别人来尊重自己；能够做到诚实而可以被人相信，但不能勉强别人相信自己；能够做到多才多艺而可以被人任用，但不能强迫别人任用自己。所以君子把自己的品德不好看作耻辱，而不把被人污蔑看作耻辱；把自己不诚实看作耻辱，而不把不被信任看作耻辱；把自己无能看作耻辱，而不把不被任用看作耻辱。因此，君子不被荣誉所诱惑，也不被诽谤所吓退；遵循道义来做事，严肃地端正自己，不被外界事物弄得神魂颠倒，这才是真正的君子。《诗经》上说："温柔谦恭的人们，是以道德为根本的。"说的就是这种人。

【原文】

士君子之容：其冠进①，其衣逢，其容良，俨然，壮然，祺然，蕼然，恢恢然，广广然，昭昭然，荡荡然，是父兄之容也。其冠进，其衣逢，其容悫，俭然，恀然②，辅然，端然，訾然③，洞然，缀缀然，瞀瞀然，是子弟之容也。

【注释】

①进：通"峻"，高耸状。

②恀然：依赖长者的样子。

③訾：同“孳”，柔弱貌。而“孳”通“孜”，又有勤勉意。

【译文】

士君子的样子是：帽子戴得高高的，衣服宽松，面容和蔼可亲，庄重、伟岸、安泰、洒脱、宽宏、开阔、明朗、坦荡，这是身为父兄的样子。帽子高高竖起，衣服宽宽大大，面容谨慎诚恳，谦虚、温顺、亲热、端正、勤勉、恭敬，追随左右而不敢正视，这是做子弟该有的样子。

【原文】

吾语汝学者之嵬容：其冠絻[①]，其缨禁缓[②]，其容简连；填填然，狄狄然[③]，莫莫然，瞡瞡然[④]，瞿瞿然，尽尽然，盱盱然。酒食声色之中则瞒瞒然，瞑瞑然；礼节之中则疾疾然，訾訾然；劳苦事业之中则儢儢然[⑤]，离离然，偷儒而罔[⑥]，无廉耻而忍謑訽[⑦]，是学者之嵬也。

【注释】

①絻：“俛”字之误，“俛”同“俯”。

②禁：同“襟”、“衿”，结，系。

③狄：通“趯”，跳跃。

④瞡瞡然：见识短浅的样子。

⑤儢儢：懈怠的样子。

⑥罔：不怕别人议论。

⑦謑訽：辱骂。訽：同“诟”，骂。

【译文】

我来向你讲述那些学者的奇形怪状：他的帽子向前而低俯，帽带松松垮垮；他的面容傲慢自大，时而跳来跳去，时而沉默不语，或眯起眼睛东张西望，或睁大眼睛盯着不放，似乎要一览无余的样子。在吃喝玩乐的时候，就神情迷乱，深陷其中；在行礼节的时候，就面有怨色，满口抱怨；在劳苦的工作之中，就懒懒散散，躲躲闪闪，苟且偷安而无所顾忌，没有廉耻之心而能忍受污辱谩骂。这就是那些学者的怪样。

【原文】

弟佗其冠①，神禫其辞②，禹行而舜趋③，是子张氏之贱儒也④。正其衣冠，齐其颜色，嗛然而终日不言，是子夏氏之贱儒也⑤。偷儒惮事，无廉耻而耆饮食⑥，必曰"君子固不用力"，是子游氏之贱儒也⑦。彼君子则不然。佚而不惰，劳而不僈，宗原应变，曲得其宜，如是，然后圣人也。

【注释】

①弟佗：颓唐。
②神禫：通"冲淡"，说话平淡无味。
③禹行而舜趋：传说禹治水时，腿瘸了，只能跛着脚走路。禹行就是说像大禹那样跛脚走路。据说舜在父母面前总是低头而趋（礼貌地小步快走），以表示恭敬。
④子张：春秋时陈国人，孔子的学生。
⑤子夏：即卜商，春秋时卫国人，孔子的学生。
⑥耆：同"嗜"。
⑦子游：即言偃，春秋时吴国人，孔子的学生。

【译文】

帽子戴得歪斜欲坠，话说得平淡无味，像大禹那样跛着脚走路，像舜那样在父母面前低头小步地快走，这是子张一派卑贱的读书人的所作所为。衣冠整齐，神情严肃，口里像含着什么东西似的整天不说话，这是子夏一派的卑贱的读书人的所作所为。苟且偷懒怕事，没有廉耻之心而热衷于吃喝，还总是说"君子本来就不用从事体力劳动"这一类话，这是子游一派的卑贱的读书人的所作所为。那些君子却不是这样的。他们虽然处于安逸的环境中却一点也不懒惰，即使劳苦也不懈怠，他们虽然时刻尊奉那根本的原则，却懂得随机应变，把各方面处理得都很恰当。如果能够做到这样，也就可以成为圣人了。

【解读】

本文开篇即将诸子争鸣定性为："饰邪说，文奸言，以枭乱天下，欺惑愚众，矞宇嵬琐，使天下混然不知是非治乱之所存者。"这个评语，总冒所非十二子之文，是荀子意在统一天下学术思想的总纲。荀子认为，十二子言行诡谲卑邪，在天下制造混乱，致使人们不辨是非治乱。所谓是非治乱，是指用王道统一天下而言。因而，凡不利于统一天下的学术流派及其思想主张，均被视为异端，在挞伐之列。

据学者考订，"它嚣"当为"范雎"之形误。荀子首先斥范雎、魏牟，二人皆战国著名舌辩之士。荀子认为他们"纵情性，安恣睢"，是禽兽之行，不合礼义、不通治理，故遭痛批。

在天下即将统一之际，能和大众合群、深明忠孝大义，显得愈加重要，然而陈仲、史鳛却自命清高，超世离俗，这种隐忍情性而走极端的行为是欺世盗名，被荀子视为奸人。

荀子将礼义法度比喻为"一天下，建国家"的"权称"，即今人所谓生命线；而墨翟、宋钘所宣扬的尚功利、重节俭、无等差的政治主张，是对礼义法度的否定，荀子就毫不留情地指出它的消极作用。

慎到、田骈当时以崇法名世，自好立法创说，荀子说他们"好作"即指此言。但他们讲的是法家所主张的"法治"，和荀子倡导的"礼法"不是一回事儿。所以荀子才指责他们推崇法制却无视礼法，盲从法典而鄙视修为，和荀子以礼为法、以礼治国大相径庭，完全不能用来"经国定分"。学者过去对"尚法而无法，下修而好作"的旧解多为不确，不明白二"法"字并非同义，前者当训法家之"法治"，后者当训儒家之"礼法"；"修"即"修为"；"好作"与"尚法"对文，即"好自作为"。这里，荀子是着意批评法家推崇法制而背弃了老祖宗的礼法传统。

《不苟篇》批邓析、惠施时，重在举出他们的名辨命题，并以"非礼义之中"一句论其实质，而本篇则突现其"怪"、"奇"、"察"、"辩"、"多事"几大特点，指出其用于治国理政会有"不惠"、"无用"、"寡功"的危害，又因其"不法先王。不是礼义"而判定其"不可以为治纲纪"。

对于子思、孟轲学派的批判，荀子特别重视的是揭露他们"略法先王，而不知其统"对后世所造成的误传误导。荀子所言先王之"统"，当指尧、舜留给后世的传统，故释为"纪纲"欠妥。孟荀二人在何为"先王之统"上各是其是，有根本性分歧。孟子本尧、舜仁教而贵义，荀子本尧、舜仁教而隆礼，认为礼法才是古代圣王用于治国理政的传统，孟子压根儿不明乎此，所以屡遭荀子严厉批评。孟荀二人都鼓吹"王道"，但内涵却大为不同。孟子以"仁政"灌注"王道"，希望君主张扬善性，扩充爱心，施发仁政，重视社会的道德建设，并在此基础上实现大治；荀子则以"礼治"引导"王道"，将礼变成约束和强制全民的规范，进而上升为化性起伪的教化工具和明分使民的政治统治工具，由"隆礼"、"重法"而达到称王天下的目的。孟荀二人都喊"法先王"，然而是以仁政为传统，还是以礼治为传统？荀子的答案是后者。二人都喊"王道"，然而是以仁义道德治国，还是以礼义法度治国？荀子的答案也是后者。荀子认为，以仁政而不是以礼治为先王传统的思孟王道学说，本是"僻违而无类，幽隐而无说，闭约而无解"的荒谬主张、空洞说教，却要装扮成孔子、子弓的真传，岂不是误国误民吗！可见，孟荀在"法先王"、"法后王"上的歧见很大，并不一致。否则荀子不会愤愤然斥责孟子。思孟不曾言及五行，所唱和的是王道。文中"案往旧造说，谓之五行"，为后人传抄时误将"王行"误写为"五行"：又，"行"本义为"道"，故"王行"即"王道"。荀子认为思孟的王道学说是根据古往旧事而臆造出来的伪学，故而予以批驳，不遗余力。

荀子所非的十二子，他们的思想学说都自有其学术价值，有的甚至享有崇高的学术地位，却无一例外地被判了死刑。这就难怪后世有人说荀子"苛酷可恶"。可是在这个问题上，荀子所关注的不是学术的理论价值，而是学术的政治倾向。在荀子看来，当时天下趋向统一，学术上的百家争鸣局面如若继续下去，必然妨碍王道统一，只有结束这种纷争，才能给统一天下做好思想与舆论的准备。为了制止十二子的异端邪说。使天下的思想学术统一，仁人志士就必须奉行"圣王之制"和"圣人之义"。制，是指舜、禹所立的礼法制度；义，是指仲尼、子弓所倡导的遵行礼法应守的原则。礼法制度用于治国理政，遵行礼法应守的原则则起思想与理论上的引导与促进作用，二者相辅相成。所以，奉行舜、禹之制与仲尼、子弓之义，是统一天下思想与学术的总体要求和基本原则，以之为标准来衡量诸子百家的言与行，可定"三奸"："劳力不当民务"为奸事，"劳知不律先王"为奸心，"辩说不顺礼义"为奸说。具体的表现有：知而险，贼而神，为诈而巧，言无用而辩，辩不惠而察；行僻而坚，饰非而好。玩奸而泽，言辩而逆；知而无法，勇而无惮，察辩而操僻，淫太而用之，好奸而与众，利足而速，负石而坠。形形色色的奸事、奸心、奸说，总括起来看，一是不合乎"类"，即失去条理；二是不合乎"法"，即违背礼法。失去条理和违背礼法都和儒家之道背向而驰，必然成为"治之大殃"，"圣王之所禁也"，"天下之所弃也"，只能扔进历史的垃圾堆了。荀子要求从逻辑规律和礼义道德两个方面来规范诸子的思想与学术，而更注重礼法价值和政治倾向，这从他所检视过的圣人和小人各自的言行就可以证实。本篇后半不厌其烦地描写士君子的仪容德行，着重分析了古今仕士的为官之德、古今处士的隐士之德，并非游离篇外的文字。而是紧扣诸子百家的言和行，必须以舜、禹、仲尼、子弓为法这一主旨做补充论证，符合荀子的初衷：统一天下的思想与学术，要表现在诸子百家的全部言行举止、声音、笑貌之中。所以说，《非十二子》的字里行间充满着荀子借助圣人圣王之名，用强制性的力量以结束百家争鸣的急切心情。荀子之论表明了思想宣传、学术争鸣在政治上具有先声引导的作用，但也启发了后世的极端的文化专制主义思想。

仲尼第七

【题解】

荀子在本篇中分析和论证了孔子的仁政思想于治国理政的不足与缺陷，批评、贬损了孔子单纯的仁政思想，而推崇和赞扬了荀子自己所倡导的王道思想，接着又论述了君王立身处世的一些基本原则，阐明了君主在追求权力、成就霸业、谋取天下的正确方法等。荀子认为像齐桓公任用管仲成就霸业那样的事情，虽有其合理性，但并未使人真正的心悦诚服，只能算是"小人之杰"而不值称道。荀子特别强调，作为一国之君，要使一个国家真正强大起来，做到统一天下，就必须实施"王者之国"的政策，同时还应遵顺礼义法度，施行道德仁义，这样才能笼络人心，

鎏金羊角杯（春秋战国）

得民拥戴，使人心悦诚服。当然，荀子在篇中也讲述了一些明哲保身、屈从君主的封建等级思想和观点，如作为士人要想保全自己的官位俸禄，使自己免于祸患，根本方法就是无条件地效忠君主，这是应该加以批判的思想。

【原文】

"仲尼之门人①，五尺之竖子②，言羞称乎五伯③。是何也？"曰："然，彼诚可羞称也。齐桓④，五伯之盛者也，前事则杀兄而争国⑤；内行则姑、姊、妹之不嫁者七人，闺门之内，般乐、奢汰⑥，以齐之分奉之而不足；外事则诈邾、袭莒⑦，并国三十五。其事行也若是其险污、淫汰也，彼固曷足称乎大君子之门哉！"

【注释】

①门人：这里是指孔子的学生和周围的人。

②竖子：这里是指年少的学生。

③五伯：即"五霸"。这里是指齐桓公、晋文公、楚庄王、吴王阖闾、越王勾践。

④齐桓：就是指齐桓公，齐国国君。春秋时期第一个霸主。

⑤前事：是指齐桓公称霸以前的事情。

⑥般：大乐。汰：奢侈浪费。

⑦邾：古国名，即"邹"，在今山东邹县一带。莒：古国名，在今山东莒县一带。

【译文】

"孔子的学生和他周围的人，即使是身高五尺的少年学生，说起话来都以称道五霸作为羞耻。这是为什么呢？"回答说："是的，因为那五霸的确有不值得让人称道的地方。齐桓公，是五霸中最负盛名的，但拿他称霸以前的事情来说，为了争夺国家的政权而杀死了自己的哥哥；拿他在自己家中的所作所为来说，姑姑、姐姐、妹妹中没有出嫁的就有七个人，在宫廷之中，他纵情作乐、奢侈放纵，用齐国税收的一半来供养他都还不够；拿对外事务来说，他欺骗邾国、袭击莒国，吞并了三十五个诸侯国。他的所作所为是这样的险恶肮脏、放荡奢侈，当然不能够在伟大的孔圣人的门下得到称道了！"

【原文】

"若是而不亡，乃霸，何也？"曰："於乎①！夫齐桓公有天下之大节②焉，夫孰能亡之？倓然见管仲之能足以托国也③，是天下之大知也。安忘其怒，出忘其雠，遂立以为仲父，是天下之大决也。立以为仲父，而贵戚莫之敢妒也；与之高、国之位，而本朝之臣莫之敢恶也；与之书社三百④，而富人莫之敢距也[5]；贵贱长少，秩秩焉，莫不从桓公而贵敬之；是天下之大节也。诸侯有一节如是，则莫之能亡也；桓公兼此数节者而尽有之，夫又何可亡也？其霸也，宜哉！非幸[6]也，数也。”

【注释】

①於乎：同“呜呼”。

②节：是指策略。

③倓然：形容安然不疑的样子。管仲：春秋初期具有法家思想的政治家，他辅助桓公成就了霸业，桓公尊他为“仲父”。

④书社：古代二十五家为一个里，每个里分别立社。把社内人口登录在簿册上，称为书社，因而“书社”指按社登记入册的人口与土地。

⑤距：通“拒”。这里是敌对、敌视的意思。

⑥幸：通“倖”，侥倖。

【译文】

“像齐桓公这样不但没有被灭亡，反而最后还成了霸主，这是为什么呢？”回答说：“哎呀！那齐桓公掌握了治理天下的重要策略，谁还能灭掉他呢？他坚定不移相信管仲的才能足以承担把国家托付给他的重任，这是天下最大的明智。安定后就忘掉了自己危急时的愤怒，逃出险境后就忘掉了自己对管仲的仇恨，最终还把管仲尊称为仲父，这是天下最大的决断。齐桓公把管仲尊称为仲父，这样国君的内外亲族就没有人敢嫉妒他；给管仲以高氏、国氏那样的尊贵地位，这样朝廷上的大臣就没有谁敢怨恨他；给管仲按社登记入册的人口和土地三百社，这样再富有的人也没有谁敢与他为敌。全国上下无论是高贵的、卑贱的、年长的、年轻的，都秩序井然地，没有谁不顺从桓公去尊敬管仲；这些都是治理天下的最高明的策略。诸侯各国只要掌握了这其中的一个方面，就没有人能够灭掉他了。而齐桓公是这几方面全部掌握了，又怎么可能被灭掉呢？他称霸诸侯，是理所当然的啊！并不是侥幸，而是自有其必然性。"

【原文】

"然而仲尼之门人，五尺之竖子，言羞称乎五伯，是何也?"曰:"然，彼非本政教也①。非致隆高也②，非綦文理也③，非服人之心也；乡方略、审劳佚、畜积、修斗而能颠倒其敌者也④，诈心以胜矣。彼以让饰争、依乎仁而蹈利者也，小人之杰也，彼固曷足称乎大君子之门哉?"

【注释】

①本政教:以政教为本。

②隆高:崇高，这里是指推崇礼义。

③綦:极。文理:区别等级的礼仪制度④乡:通"向"。这里是施行的意思。审:知，察看，这里是注意的意思。佚:通"逸"。畜:通"蓄"。

【译文】

"然而孔子的学生和他周围的人，即使是身高五尺的少年学生，说起话来还是都以称道五霸为羞耻。这是为什么呢?"回答说:"是的，因为五霸没有把政治教化作为立国之本，没有达到最崇高的讲求礼义的政治境界，没有健全礼仪制度，没有使人心悦诚服；他们只是些注重方法策略、注意使百姓有劳有逸、积蓄财物、加强战备因而能颠覆打败其敌人的人，是依靠诡诈的心计来取胜的。他们是以谦让来掩饰争夺、依靠仁爱之名来追求实利的人，这样的人就是小人中的佼佼者，他们怎么能够在伟大的孔圣人的门下得到称道呢?"

【原文】

"彼王者①则不然。致贤而能以救不肖，致强而能以宽弱，战必能殆之而羞与之斗；委然成文以示之天下②，而暴国安自化矣③；有灾缪者④，然后诛之。故圣王之诛也，綦省矣。文王诛四⑤，武王诛二⑥，周公卒业⑦，至于成王则安以无诛矣⑧。故道岂不行矣哉？文王载⑨。百里地而天下一；桀、纣舍之，厚于有天下之势而不得以匹夫老。故善用之，则百里之国足以独立矣；不善用之，则楚六千里而为雠人役⑩。故人主不务得道而广有其势。是其所以危也。"

【注释】

①王者：是指荀子理想中的真正能够实现统一大业的君主。

②委然：即委委，灿烂而有文采。

③自化：自然转变。

④缪：通"谬"，欺诈。

⑤文王诛四：周文王曾经讨伐犬戎、密须国、耆国、雠国、崇国本文说"诛四"，可能不包括犬戎。

⑥武王诛二：周武王灭掉商王朝后斩纣头、杀妲己。

⑦周公卒业：周公辅佐武王灭商后，又平定了三监的反叛，讨伐了淮夷、商奄，巩固了周王朝的统治。

⑧成王：周武王的儿子。武王死时，他年幼，由叔父周公旦摄政，后来成王年长，周公旦归政于他。以：衍文。

⑨"载"后面应该有"之"字，指"道"。

⑩雠人：仇敌，这里是指秦国。

【译文】

"那些真正能够称王天下的人就不是这样。他们自己极其贤能，能够去救助不贤的国君；自己极其强大，能够宽容弱国；打起仗来一定能够战胜对手，却耻于和他们进行战斗；把美好灿烂的礼义制度昭示于天下，于是暴虐的国家就自然转变了；对那些谬误乖戾、有欺诈行为的才去诛灭。所以圣明帝王所诛灭的国家，是极少的。周文王只讨伐了四个国家，周武王只诛杀了两个人，周公旦完成了称王天下的大业，到了周成王的时候就没有杀伐了。那礼义之道难道就不能实行了么？文王遵循了圣王之道，虽然只占有百里见方的国土，但天下被他统一了；夏桀、商纣王抛弃了圣王之道，虽然实力雄厚得掌握了统治天下的权力，却不能像一个平民百姓那样寿终正寝。所以善于利用圣王之道，那么百里见方的国家也完全可以独自存在下去了；不善于利用圣王之道，那么就是像楚国那样有了六千里见方的国土，也还是被仇敌所役使。所以，君主不致力于掌握圣王之道而只求扩展他的势力，这就是他危亡的原因啊。"

【原文】

持宠、处位、终身不厌之术①：主尊贵之，则恭敬而傅②；主信爱之，则谨慎而嗛③；主专任之，则拘守而详④；主安近之，则慎比而不邪⑤；主疏远之，则全一而不倍⑥；主损绌之⑦，则恐惧而不怨。贵而不为夸；信而不忘处谦⑧；任重而不敢专；财利至，则言善而不及也，必将尽辞让之义然后受；福事至则和而理，祸事至则静而理；富则施广，贫则用节；可贵、可贱也，可富、可贫也，可杀而不可使为奸也；是持宠、处位、终身不厌之术也。虽在贫穷徒处之势，亦取象于是矣，夫是之谓吉人。《诗》曰⑨："媚兹一人，应侯顺德。永言孝思，昭哉嗣服⑩！"此之谓也。

【注释】

①持宠：保持宠信。

②傅：同"搏"，抑制。

③嗛：同"谦"，谦虚。

④拘守：意思是指小心谨慎地守住自己的职位。

⑤慎：通"顺"。

⑥倍：通"背"，背叛。

⑦绌：通"黜"，罢免。

⑧谦：通"嫌"。

⑨引诗见《诗经·大雅·下武》。媚：爱。

⑩嗣：继承。

【译文】

长期保持尊宠、守住官位、终身不被君主厌弃的方法是：君主尊敬重视你，你就恭敬而谦退；君主信任喜爱你，你就谨慎而谦虚；君主一心一意任用你，你就谨慎守职而详明法度；君主喜欢亲近你，你就依顺亲附而不谄媚；君主疏远你，你就全心全意专一于君主而不背叛；君主贬损罢免你，你就应该心怀恐惧而不埋怨。地位高贵时，不奢侈过度；得到君主的信任时，不忘记避嫌疑；担负重任时，不敢独断专行；财物利益来临时，而自己的善行还够不上得到它，就一定要尽到了推让的礼节后再接受；幸福之事来临时就安和地去对待它，灾祸之事来临时就冷静地去处理它。富裕了就广泛地施行恩惠，贫穷了就尽力地节约费用；可以贵、可以贱、可以富、可以穷、可以杀身成仁却不可以被驱使去做奸邪的事。这些就是长期保持尊宠、守住自己的官位、终身不被君主厌弃的方法。即使处在贫穷孤立的境况下，也能按照这种方法来立身处世，这样的人就可称为吉祥之人。《诗经》上说："可爱武王这个人，顺应祖先的德行。永远想着要孝敬，继承父业多修明！"说的就是这种人啊。

【原文】

求善处大重①、理任大事②、擅宠于万乘之国、必无后患之术：莫若好同之③，援贤博施，除怨而无妨害人。能耐任之④，则慎行此道也；能而不耐任，且恐失宠，则莫若早同之，推贤让能，而安随其后。如是，有宠则必荣。失宠则必无罪。是事君者之宝而必无后患之术也。故知者之举事也，满则虑嗛，平则虑险，安则虑危，曲重其豫⑤，犹恐及其祸，是以百举而不陷也。孔子曰："巧而好度，必节⑥；勇而好同，必胜；知而好谦，必贤。"此之谓也。愚者反是：处重擅权，则好专事而妒贤能，抑有功而挤有罪，志骄盈而轻旧怨；以啬而不行施道乎上⑦，为重招权于下以妨害人。虽欲无危，得乎哉？是以位尊则必危，任重则必废，擅宠则必辱，可立而待也，可炊而僈也。是何也？则堕之者众而持之者寡矣⑧。

【注释】

①处大重：意思是保持高位。重，权。

②理：顺。

③好同之：善于与人合作。

④耐：通"能"。

⑤曲：周全。豫：通"预"。

⑥节：适当、适度。

⑦僈：通"竟"，完毕。

⑧堕：同"隳"，毁。

【译文】

寻求妥善地保持至高的地位，掌握重大的权力，在拥有万辆兵车的大国独自拥有君主的恩宠而且一定不会有后患的最好的方法就是：和君主同心同德，推举贤人，广泛地施舍恩惠，打消对别人的怨恨，不去妨害别人。如果自己的能力能够担负起重大的职务，那就谨慎地奉行上述这种方法；自己的能力如果不能够胜任自己的职务，而且怕因此而失去君主对自己的宠爱，那就不如及早和君主同心同德，推荐贤人，把职务让给有才能的人，而自己则心甘情愿地追随在后面。像这样，贤人拥有了君主的恩宠，自己也一定会得到荣耀，贤人失去了君主的宠爱，自己也一定不会遭罪。这是侍奉君主者的法宝，也就是绝对没有后患的方法。所以明智的人办事的时候，圆满时考虑不足，顺利时考虑艰难，安全时考虑危险，周到地从多方面加以防范，仍然怕遭到祸害，所以办了上百件事也不会有失误。孔子说："灵巧而又严格遵守法度，就一定能做得恰到好处；勇敢而又喜欢和别人同心协力，就一定能胜利；知识渊博而又喜欢谦虚，就一定会很贤良。"说的就是这种道理。愚蠢的人与此相反：他们身居要职独揽大权时，就喜欢独断专行而嫉妒贤能的人，压制有功的人而排挤打击有罪过的人，内心骄傲自满而轻忽与自己有旧怨的人，因为吝啬而不在上实行施舍之道，为了抬高自己而在下面招揽权力以致妨害了别人。这种人即使想平安无事，办得到吗？因此，这种人虽然官位高贵却一定会招致危险，虽然职务重要却一定会被罢免，虽然独受宠爱却一定会遭到耻辱，这种后果是不久就会到来的，只需一顿饭的工夫一切就会完结了。这是为什么呢？就是因为毁害他的人多而扶持他的人少啊。

【原文】

天下之行术，以事君则必通，以为仁则必圣。立隆而勿贰也①，然后恭敬以先之，忠信以统之，慎谨以行之，端悫以守之，顿穷则从之，疾力以申重之；君虽不知，无怨疾之心；功虽甚大，无伐德之色②；省求多功，爱敬不倦。如是，则常无不顺矣。以事君则必通，以为仁则必圣，夫是之谓天下之行术。

【注释】

①隆而勿贰：敦厚而专一。
②伐德：自夸功德。

【译文】

在天下处处能行得通的谋术，用它来侍奉君主就一定会通达，用它来做人就必定会圣明。确立敦厚而专一的作风不三心二意，然后用恭敬的态度来引导它，用忠信诚实来统率它，小心谨慎地来推行它，用端正诚实来保护它，处境困顿窘迫的时候就顺从它，并努力来反复强调它。这样的话，君主即使不了解、重用自己，也不会有怨恨的心情；功劳即使很大，也没有夸耀自己功德的神色；少提要求而多立功劳，敬爱君主永不厌倦。如果这样，那就永远不会有不顺利的时候了。用这种方法来侍奉君主就一定会通达，用这种方法来做人就一定会圣明，这就叫做天下处处行得通的谋术。

【原文】

少事长，贱事贵，不肖事贤，是天下之通义也。有人也，势不在人上，而羞为人下，是奸人之心也。志不免乎奸心，行不免乎奸道，而求有君子、圣人之名。辟之①，是犹伏而舐天，救经而引其足也②。说必不行矣，俞务而俞远③。故君子时诎则诎，时伸则伸也。

【注释】

①辟：通"譬"，譬喻。

②经：上吊。

③俞：通"愈"。

【译文】

年轻的侍奉年长的，卑贱的侍奉高贵的，不贤的侍奉贤能的，这是通行于天下的普遍原则。有的人，所处的地位不在别人之上，却以处在别人之下为耻辱，这是奸邪的人的想法。思想上没有除掉邪念，行动上就没办法离开邪道，却想要享有君子、圣人的名声，拿这种情况来打个比方，这就好像是趴在地上却想要用舌头去舐天，挽救上吊的人却去拉他的脚一样。这种做法是一定行不通的，越是用力这样做就会离目标越远。所以，君子应该学会随机应变，在时势需要自己屈从忍耐时就屈从忍耐，在时势容许自己施展抱负时就去施展抱负。

【解读】

在王霸问题上，荀子所持的基本立场和孔孟是一致的。孔子有"远人不服，则修文德以来之"（《论语·季氏》）的主张；孟子说过"春秋无义战"（《孟子·尽心下》）、"以力假仁者霸"（《孟子·公孙丑上》）之类的话。这些表明孔孟具有崇王黜霸的价值取向。荀子申言仲尼之门羞称五霸，并且极力崇扬王道、贬抑霸道，说明他继承了儒家的基本立场。所不同的是，荀子对王霸问题所做的系统而深入的理论研究是前辈所不及的；他对前辈关于王霸的思想进行了理性的修正，更是前辈预想不到的。

春秋之时，五霸相继而立，形成争雄之势。转入战国之世，诸侯国间的兼并战争更趋激烈，而有军事实力者最终成为最强大的战胜国。终于，由后起的秦国以其威震四海的武力屡挫诸侯各国，将要以霸道称王天下。面对这样的形势，荀子连篇累牍地呼唤王道，在《仲尼》、《王制》、《富国》、《王霸》、《议兵》、《强国》、《正论》、《君子》等多篇都有论及。他揭示王道的基本内容是：本政教，致隆高，綦文理，服人心。对于礼义之道，是"载之"还是"舍之"，即施行还是舍弃；是"善用"还是"不善用"，其结果截然相反。周文王施行礼义之道并且善于利用它，仅凭方圆百里的国土统一了天下；夏桀、商纣舍弃礼义之道，虽然厚有天下之权势，却不能如平民百姓而善终；不善于利用礼义之道的楚国，虽然拥有方圆六千里的国土，最终却被秦国所役使。《仲尼篇》的这一主旨，成为论及王霸的相关篇章的基本观点。荀子如此顽强地坚持儒道立场而不入流俗，是对孔子精神的承传，"知其不可而为之"。但与孔孟不同，荀子看出了由诸侯争霸最终走向天下统一的历史必然，于是对王霸问题有了新的思考。在纷争不息的战国乱世，还侈谈孔子的"修文德"，而战胜于朝廷即可称王天下，是幻想。当今只能转而对战争和实力重新审视，对它们文饰之改造之，甚至可以将其与王道融汇，而不再像孔孟那样，将战争和实力视作王道的对立面，二者水火不相容。所以，荀子对霸道的态度趋于理性，在情感上表现出无可奈何的宽容，在理论上则陷入矛盾和困惑之中。诚然，荀子在认识上并没有否定王霸有本质性的区别，他明确地指出霸道对王道持相反的做法，"非本政教也，非致隆高也，非綦文理也，非服人心也。"既然从根本上丧失礼义，所以其行仁是为了蹈利，持让是为了饰争，一味地以诈心即权谋来取胜。而且，实行霸

《荀子》原典详解

道的君主其行为阴险卑污、淫荡奢侈，私德充满了瑕疵，如齐桓公者流。虽然如此，荀子仍能换一个视角看问题，找到齐桓公的"大节"：一是"倓然见"，即敏锐地发现贤能之才；二是"安忘其怒，出忘其仇"，即举贤不避仇；三是重视方略，审慎劳逸，积蓄财富，修整战备，扩充战胜敌国的实力。其大知、大决，足以安国家定社稷，所以称之为"有天下之大节也"。通观《荀子》全书，《仲尼篇》所称颂的桓公大节，如尚贤使能、注重实力等，皆与王道相通而一致；理念上有了这个重大变化，就使荀子比孔孟向前跨了一大步，将"崇王黜霸"引向了"王霸杂用"。

有论术嗜好的荀子，在《仲尼篇》里先说固宠保身之术，用了两个不同的名词，前者曰"持宠处位，终身不厌之术"，后者曰"求善处大重，理任大事，擅宠于万乘之国，必无后患之术"。文字稍异，含义相同，都是教导为臣如何与君主相处，秘诀是唯君主意志为上。因为君臣关系是双向的，为了固宠保身，臣子就可以主动邀宠而终身保住官位，所以荀子悉心研究这种永不为人厌弃的为官之术，强调的是臣子应对君主时的心机和技巧，说得十分周全。诸如恭敬谦卑以赢取"尊贵"，谨慎谦虚以赢取"信爱"，谨守妥办以赢取"专任"，柔顺不邪以赢取"亲近"，忠贞不渝以应对"疏远"，恐惧无怨以应对"绌之"，等等。除了同心于君主之外，还要同心于民众，荐贤让能，广施恩惠。做到了这些，福事临而能安和顺受，祸事至而能冷静顺受，得宠时而能荣耀，失宠时而能无罪。荀子视此为"事君者之宝而必无后患之术"。但这些却与孔子的遗训恰相违背，《论语·先进》记载孔子的话说："所谓大臣者，以道事君，不可则止。"儒家出仕是以行道为目的，道不行则藏。事君与行道毕竟是两回事，有时难免互相抵触，那么就要维护先道后君的原则。可是，荀子却以"事君必通"与"为仁必圣"二者必然等同，便将潜心修为做君子圣人的儒道，改变成了对君主曲意逢迎的市侩哲学。后人怀疑：一向恪守礼义的荀子，在传授为臣的固宠保身之术和立身处世之道时，竟然降低儒家格调，弄出鄙夫之谈，难道这会是他所说的话吗！

儒效第八

【题解】

本篇论述"执神而固"、"神固之谓圣人"一节，极写圣人崇高的精神境界，即荀子理想中的人格形象。这一节以辞赋手法写出对圣人的颂歌，是全篇核心所在。论证儒的功效及其征验，举周公、孔子的事迹予以详说，这是典型例证论证的方法；孙卿子与秦昭王对话用于论证"儒有益于人之国"，主客对话用于论证"周公其盛乎"，这是采用对话形式进行论证的方法；论"执神而固"而将劲士、君子、圣人加以区别，论"善调一天下者"而将俗人、俗儒、雅儒、大儒加以区别，论"人论"而将众人、小儒、大儒加以区别，这是对比论证的方法。援引孔子做司寇的故事，隐含儒士执政可以美政美

四凤连弧纹镜（春秋战国）

俗的道理；又援引造父善驭车马和后羿善射箭的故事，从正反两方面设比，通过类比推导，形象地说明大儒是"善调一天下者"。另外，还在论述中运用了设问、反问、排比、比喻等修辞格，以强化议论的效果。

【原文】

大儒之效：武王崩，成王幼，周公屏成王而及武王以属天下①，恶天下之倍周也②。履天子之籍③，听天下之断，偃然如固有之，而天下不称贪焉；杀管叔，虚殷国④，而天下不称戾焉；兼制天下，立七十一国，姬姓独居五十三人，而天下不称偏焉。教诲、开导成王，使谕于道，而能掩迹于文、

武。周公归周、反籍于成王⑤，而天下不辍事周，然而周公北面而朝之。天子也者，不可以少当也，不可以假摄⑥为也。能⑦则天下归之，不能则天下去之。是以周公屏成王而及武王以属天下，恶天下之离周也。成王冠⑧，成人，周公归周反籍焉，明不灭主之义也。周公无天下矣，乡⑨有天下，今无天下，非擅也⑩；成王乡无天下，今有天下，非夺也；变势次序节然也⑪。故以枝⑫代主而非越也，以弟诛兄而非暴也，君臣易位⑬而非不顺也。因天下之和，遂文、武之业，明枝主之义，抑⑭亦变化矣，天下厌然⑮犹一也。非圣人莫之能为，夫是之谓大儒之效。

【注释】

①崩：古时候，天子死叫"崩"。屏：庇护，保护。及：继承。属：使归属，统治。

②恶：本意为厌恶，这里是担忧、担心的意思。倍：通"背"，背叛，背离。

③履：践，登上。籍：通"阼"，帝位。

④管叔：周武王之弟，周公旦的兄长，他被封于管（位于今河南郑州），故史称管叔。因为鼓动殷商遗民造反，被周公旦杀掉。虚：同"墟"，废墟，在这里是动词，应该解释为使……成为废墟。国：国都。

⑤周：指周的天下，周王朝的统治权。反：同"返"，归还，返还。

⑥假摄：代理执政的意思。

⑦能：能够。它针对前两句而言，既指有能力（成王年少没有能力执政），也指够条件（假摄的做法不合名分，不够条件）。周公拥戴成王而执政，这样做可以两全。

⑥冠：古代的一种礼仪。古代男子，在二十岁的时候行加冕礼，表示成年。

⑨乡：通"向"，从前，以前。

⑩擅：通"禅"，禅让，古代帝王把帝位让给别人。

⑪变势：调换君臣的位置，君权更替。节：节制，制约。这里指礼法的制约。

⑫枝：旁支，指拥有王位继承权的嫡长子以外的诸公子。周公是武王的弟弟，并不是嫡长子，所以称其为"枝"。

⑬君臣易位：当时周公只是代理成王执政，并未登基为帝，成王也并未成为臣子。此文说"君臣易位"，是古人行文不经意处。

⑭抑：虽然的意思。

⑮厌然：顺从的样子。

【译文】

大儒所起到的作用是：周武王去世的时候，成王还未成年，周公旦拥护成王继承了武王的帝位来统治天下，他这样做是因为他害怕天下的民众会背叛周家王朝。周公登上了天子之位，处理天下的政事，安然自得地就像他本来就应该拥有王权一样，但是天下百姓并不说他贪婪自私；他杀掉了管叔，使殷国国都成了废墟，但是天下人并不说他残暴；他完全控制了天下的大权，在全国各地设置了七十一个诸侯国，其中姬姓诸侯就占了五十三个，但是天下人并不说他不公正。他教诲、开导成王，使成王明白治国的道理，从而能够继承文王、武王的基业，踏着文王、武王的足迹继续前进。成王长大后，周公把天下和王位还给了成王，而天下人并没有因此就不事奉周王朝了，而周公也再次回到臣子的位子上，面向北方朝拜成王。天子这个职位不可以让年幼的人担任，也不可以由别人代理。能担负起这个重任的人，天下人就会归顺于他；不能担负起这个重任的人，天下人就都会背离他而去。所以周公拥护成王继承武王的帝位来统治天下，是担心天下人背叛周王朝。成王行了加冕礼，已经成为成年人，周公便把天下和王位归还给成王，通过这件事来表明他不会灭掉嫡长子的道德礼义。于是周公就失去了统治天下的权力了，以前他拥有天下，现在失掉了天下，这并不是帝位的禅让；成王在年幼时期没有得到天下，但是现在却拥有了天下，这也不是政权的篡夺；这是礼法制度对君权更替的法定次序的制约，确实应该这样。因此，周公以旁支的身份来代替嫡长子执政算不上超越自己的本职身份，以弟弟的身份杀掉兄长管叔也算不上残暴，君臣调换位置算不上不顺。周公凭借天下人齐心协力的努力，最终完成了文王、武王留下来的统一事业，表明了庶子与嫡长子之间的道义准则，虽然发生了这样的变化，但是天下却始终安定有序。如果不是圣人，就不能够做到这一点，这可以说是大儒所起的作用。

【原文】

秦昭王问孙卿子曰①："儒无益于人之国?" 孙卿子曰："儒者，法先王、隆礼义、谨乎臣子而致②贵其上者也。人主用之，则势③在本朝而宜；不用，则退编百姓而悫；必为顺下矣。虽穷困，冻馁④，必不以邪道为贪；无置锥之地，而明于持社稷之大义；呜呼⑤而莫之能应，然而通乎财⑥万物、养百姓之经纪。势在人上，则王公之材也；在人下，则社稷之臣、国君之宝也。虽隐于穷阎漏屋⑦，人莫不贵之，道诚存也。仲尼将为司寇⑧，沈犹氏⑨不敢朝饮其羊，公慎氏出其妻⑩，慎溃氏⑪逾境而徙，鲁之粥牛马者不预贾⑫，必蚤⑬正以待之也。居于阙党⑭，阙党之子弟罔不必分⑮，有亲者取多，孝弟⑯以化之也。儒者在本朝则美政，在下位则美俗。儒之为人下如是矣。"

【注释】

①秦昭王：即秦昭襄王，名稷，战国时期秦国的国君，秦武王的异母弟弟。孙卿子：即荀况。

②致：极其，非常。

③势：权位，权势。

④馁：饥饿的意思。

⑤呜呼：呼唤、呼号的意思。

⑥财：通"裁"，管理，统治。

⑦阎：指街道里的里巷。漏：通"陋"，狭小，简陋。

⑧司寇：春秋战国时期各国的最高司法官。孔子曾经担任过鲁国的司寇。

⑨沈犹氏：春秋时鲁国人，据说他常在早晨把羊喂饱水以后再赶到市场上去卖，通过这种做法来欺骗买主。

⑩公慎氏：春秋时期鲁国人，据说他的妻子生活淫乱，但是他却不管。出：把妻子休掉。

⑪慎溃氏：春秋时期鲁国人，据说他平时荒淫无度，胡作非为。

⑫粥：同"鬻"，卖。贾：同"价"，价格。预价，虚定高价的意思。

⑬蚤：通"早"。

⑭阙党：同"阙里"。地名，孔子的旧居，在今山东曲阜境内。这里表示乡镇的意思。

⑮罔：通"网"，原意是捕鱼的工具，这里指捕获的鱼。不：通"罘"，捕兽的网，这里指捕获的野兽。

⑯弟：同"悌"，尊敬兄长的意思。

【译文】

秦昭王问荀子："儒者对于国家没有什么好处吧？"荀子回答："儒者是效法古代帝王、尊崇礼义、谨守自己的职位而且极其敬重他们君主的人。君主如果任用他们，那么他们就会在朝廷有立足之地，而且能够合宜地运用自己的权势；如果不任用他们，那么他们就退出官列重新归入百姓的行列从而老实地做人；无论如何，他们一定是恭顺的臣民。即使他们贫穷困顿、受冻挨饿，也一定不会采取不正当的手段去谋取财利；即使没有立足的地方，也知道维护国家的大义；即使他们大声呼喊也没有人响应，可是他们通晓统治万物、养育民众的纲纪。如果他们的地位权势在别人之上，那他们就是做天子、诸侯的人才；如果他们的地位、权势在别人之下，那他们就是国家的贤臣、君主的宝贵财富。即使他们隐居在偏僻里巷的简陋的破房子中，也没有人不尊重他们，因为在他们手中确实掌握着治国之道。孔子将要担任鲁国司寇的时候，沈犹氏再也不敢在卖羊的当天早晨把自己的羊饮饱了，公慎氏把他淫乱的妻子休掉了，荒淫的慎溃氏越境而逃，鲁国卖牛马的也不再虚定高价了，这些道德败坏的人必先改正以等待孔子。孔子住在阙里的时候，阙里的子弟必定会将捕获的鱼兽分给当地的百姓，有父母亲的人家就多分一些，之所以这么做，是因为孔子用孝悌的道理把他们感化了。儒者在朝廷做官，就能美化朝政；在下面做老百姓，就能美化风俗。儒者做臣民时就是这样的情况啊。"

【原文】

王曰："然则其为人上何如？"孙卿曰："其为人上也，广大矣。志意定乎内，礼节修乎朝，法则，度量正乎官，忠、信、爱、利形①乎下。行一不义，杀一无罪，而得天下，不为也。此君义信乎人矣，通于四海，则天下应之如讙②。是何也？则贵名白而天下治也③。故近者歌讴而乐之，远者竭蹶④而趋之。四海之内若一家，通达之属，莫不从服。夫是之谓人师。《诗》⑤曰：'自西自东，自南自北，无思⑥不服。'此之谓也。夫其为人下也如彼，其为人上也如此，何谓其无益于人之国也？"昭王曰："善！"

【注释】

①形：表现，行为。
②讙：喧哗，这里是齐声回答的意思。
⑤则：因为，由于。治：通"怡"，是喜欢、仰慕的意思。
④竭蹶：力竭而跌倒，形容竭尽全力奔走，不辞劳苦的样子。
⑤《诗》：这里指《诗·大雅·文王有声》。
⑥思：语气助词，没有实际意义。

【译文】

秦昭王问道："那么儒者位居人上又怎么样呢？"荀子说："儒者位居人

之上，作用就大了。他内心意志坚定，用礼节整饬朝纲，用各种规章制度纠正官府的失误，使忠诚、老实、仁爱、利人等美德体现在民间。哪怕做一件不义的事，杀一个无罪的人，就可以取得天下，他也不会这样干。这样，他的君主具有的道义就会被人民所相信，而且传遍了天下，那么天下的人就会齐声响应他。这是为什么呢？是因为他尊贵的名声显赫，受到天下人的仰慕，天下都得到了治理。因此，近处的人歌颂他而且喜爱他，远处的人竭力奔走前来投奔他。四海之内就像一家人一样，凡是车船所到、人迹所到的地方，没有谁不服从他的。这可以称作是人民的表率了。《诗经》说：'从西到东，从南到北，没有不归顺他的。'说的就是这种情况啊。儒者做臣民的时候是前面所说的那种情况，他位居他人之上的时候，就是刚才所说的这种情况。怎么能说他们对于国家没有什么好处呢？"秦昭王说："说得好。"

【原文】

先王之道，仁人隆也，比中而行之①。曷谓中？曰：礼义是也。道者，非天之道，非地之道，人之所道②也。

【注释】

①比：顺从。中：正，不偏不倚，适当，适宜。
②道：遵行，遵守。

【译文】

古代君主的治国之道，是仁人最推崇的，因为古代君主是按照中正之道来实行治国之道的。什么是中正之道呢？回答说：礼义就是这种中正之道。我所谓的道，不是指宇宙的运动规律，也不是指大地的变化规律，而是指人在行动时所要遵守的准则。

【原文】

君子之所谓贤者，非能遍能人之所能之谓也；君子之所谓知①者，非能

荀子诠解

《荀子》原典详解

遍知人之所知之谓也；君子之所谓辩者，非能遍辩人之所辩之谓也；君子之所谓察者，非能遍察人之所察之谓也；有所止②矣。相高下，视硗肥，序五种③，君子不如农人；通财货，相美恶，辨④贵贱，君子不如贾人，设⑤规矩，陈绳墨，便备用⑥，君子不如工人。不恤是非、然不然之情，以相荐撙⑦，以相耻怍，君子不若惠施、邓析。若夫谪德而定次，量能而授官，使贤不肖皆得其位，能不能皆得其官，万物得其宜，事变得其应，慎、墨不得进其谈⑧，惠施、邓析不敢窜其察⑨，言必当理，事必当务，是然后君子之所长也。

【注释】

①知：通"智，聪明。

②止：指君子的知识、才能有一定的限度。

③序：次序，这里指合理安排，不失农时。五种：指黍、稷、豆、麦、稻五种农作物，这里泛指各种庄稼。

④辨：《集解》本来写作"辩"，根据宋浙本改为"辨"，分辨的意思。

⑤设：措置，这里是指使用。

⑥便备用：熟练使用器具。便，原意是方便，引申为熟练的意思。备用，器械，器皿的意思。

⑦荐：通"践"，践踏的意思。撙：压抑，抑制的意思。

⑨进其谈：发表他们的主张。

⑨窜其察：宣扬他们的见解。

【译文】

君子所说的贤能，并不是指自己能够把别人所能做到的一切都做到；君子所说的智慧，并不是指知道别人所知道的一切；君子所说的善辩，并不是指能够把别人所辩明的一切都辩明；君子所说的明察，并不是指能够观察到别人所观察到的一切；君子的知识才能也是有一定限度的啊。查看土地地势的高低，辨清土质的贫瘠与肥沃，按照时序栽种各种庄稼，君子不如农民熟练；使财物流通，鉴别货物质量的好坏，分清货物的贵贱，君子不如商人熟练；使用圆规、矩尺、绳墨等各种器具，熟练地运用各种器具，君子不如工人熟练。不顾是与非，也不管真实情况是不是这样，互相贬斥抑制，互相欺压凌辱，君子不如惠施、邓析。至于根据评估的德行来确定等级，根据衡量出来的才能来授予官职，使有德与无德的人都能得到应有的位置，有才能与没有才能的人都得到应有的职位，使世间万物都得到适当的处置，各种突发事变都得到很好的处理，使慎到、墨翟不能再发表他们的言论，惠施、邓析不敢再卖弄他们貌似明察的诡辩，言语一定要合乎道理，做事一定要是当前应做之事，这才是君子所擅长的。

【原文】

凡事行，有益于理者立之，无益于理者废之，夫是之谓中事①。凡知说，有益于理者为之，无益于理者舍之，夫是之谓中说。事行失中谓之奸事，知说失中谓之奸道。奸事、奸道，治世之所弃而乱世之所从服也。若夫充虚之相施②易也，"坚白"、"同异"之分隔也，是聪耳之所不能听也，明目之所不能见也，辩士之所不能言也，虽有圣人之知，未能偻③指也。不知，无害为君子；知之，无损为小人。工匠不知，无害为巧；君子不知，无害为治。王公好之，则乱法；百姓好之，则乱事。而狂惑、戆陋之人④，乃始率其群徒，辩其谈说，明其辟称，老身长子，不知恶也。夫是之谓上愚，曾不如好⑤相鸡狗之可以为名也。《诗》⑥曰："为鬼、为蜮⑦，则不可得；有靦⑧面目，视人罔极⑨。作此好歌，以极反侧。"此之谓也。

【注释】

①中事：指正确的理想和主张。

②施：通"移"，移动，迁移。

③偻：速度快。

④戆：纯朴而愚昧。陋：见识少，知识浅薄。

⑤好：《集解》无"好"字，后根据宋浙本补。

⑥《诗》：这里指《诗·小雅·何人斯》。

⑦蜮：传说这种动物能含沙射人。

⑧觍：不知道羞耻的样子. ⑨视：通"示"，给人看。罔极：没有边际。

【译文】

只要是有益于社会治理的事情和行为就可以做，无益于社会治理的就不要做，这叫做正确的立场。只要是有益于社会治理的知识和学说的就施行，无益于治理的就废除，这叫做正确的学说。事情和行为不妥当，就叫做奸邪的事；知识和学说不妥当，就叫做奸邪的学说。奸邪的事和奸邪的学说是太平盛世所抛弃的，却被混乱的社会所推崇。至于世间万物盈和虚的互相转化，"坚白"、"同异"命题的分析，即使是耳朵灵敏的人也听不懂，即使是眼睛明亮的人也看不清，即使是能言善辩的学者也说不明白，即使具有圣人一样的智慧，也不能很快地将它们一一说明。然而，即使不知道这些学说，君子还是君子；即使懂得这些学说，小人还是小人。即使工匠不了解这些学说，也并不妨碍他们掌握技艺；即使卿大夫不懂得这些学说，也不妨碍他们从事政治。但是，如果帝王、诸侯喜欢这些学说，就会乱了法度；如果老百姓喜欢这些学说，就会把他们的事情搞乱。可是，那些狂妄糊涂、愚昧肤浅的人，却带着他们那一伙门徒，为他们的主张学说大加辩护，阐述他们的比喻引证，一直到自己衰老、孩子长大，他们也不厌倦。这可以说是愚昧到极点的人，他们的名声甚至还不如为给鸡狗治病的人。《诗经》说："你是鬼，你作怪，无法看清楚你的本来面目；你不知羞耻，与人相距无边际。作这首好歌传唱一下，用来揭穿你的反复无常。"说的就是这种人啊。

【原文】

我欲贱而贵，愚而智，贫而富，可乎？曰：其唯学乎。彼学者：行之，曰士也；敦慕焉，君子也；知之，圣人也。上为圣人，下为士君子，孰禁我哉？乡①也，混然涂之人也，俄而并乎尧、禹，岂不贱而贵矣哉？乡也，效门室之辨，混然曾不能决也，俄而原仁义，分是非，图回天下于掌上而辨白黑②，岂不愚而知矣哉？乡也，胥靡之人③，俄而治天下之大器举在此，岂不贫而富矣哉？今有人于此，屑然藏千溢之宝④，虽行赀⑤而食，人谓之富矣。彼宝也者，衣之，不可衣也；食之，不可食也；卖之，不可偻售也。然而人谓之富，何也？岂不大富之器诚在此也？是杆杆亦富人已⑥，岂不贫而富矣哉？

【注释】

①乡：通"向"，从前，以前。

②回：转。而：如，像。辨：《集解》本作"辩"，根据宋浙本改为"辨"。

③胥靡：空无所有的意思。胥，疏，空。靡，无。

④屑然：杂而多的样子。溢：通"镒"，古代重量单位，以黄金二十两或二十四两为一镒。宝：珍宝。

⑤行赀：以乞讨为生。

⑥是：这里是指知识。杆杆：广大，充裕。已：同"矣"。

【译文】

我想由卑贱变成高贵，由愚昧变成聪明，由贫穷变成富有，行吗？回答说：可能唯一的办法就是学习啦。那些学习的人学了以后能遵行的，就可以称为士人；勤奋努力学习的，就是君子；对学到的东西非常精通的，就是圣人。学得最好的成为圣人，学得一般的也可以成为士人、君子，谁能阻挡我上进呢？以前，生活得混混沌沌，是个走在路上不会被别人认出的普通人，没过多久，就可以和尧、禹这样的贤君相提并论了，这难道不是由卑贱变得高贵了吗？以前，询问他门外和室内的礼节有什么不同这个问题，他竟然糊涂到不能判断，没过多久，他就能追溯仁义的本源，辨别是非，把天下的事运转于手掌之中，就像辨别黑白一样容易，这难道不是由愚昧变得明智了吗？以前，是个一无所有的人，没过多久，他很快就掌握了治理天下的重要手段，这难道不是由贫穷变得富有了吗？现在如果有一个人在这儿，他收藏了很多价值千金的宝贝，那么即使这个人依靠外出乞讨来生活，人们还是说他非常富有。他的那些宝贝，穿它吧，不能穿；吃它吧，不能吃；把它卖了吧，又不能很快地卖出去。然而人们却说他非常富有，这是因为什么呢？难道不是因为他确实拥有许多非常值钱的宝器吗？由此看来，那种知识渊博的学者也是富有的人，这难道不是由贫穷变得富有了吗？

【原文】

故君子无爵而贵，无禄而富，不言而信，不怒而威，穷处而荣，独居而乐，岂不至尊、至富、至重、至严之情举积此哉？故曰：贵名不可以比周①争也，不可以夸诞有也，不可以势重胁也，必将诚此②然后就也。争之则失，让之则至；遵道则积，夸诞则虚。故君子务修其内而让之于外，务积德于身而处之以遵道。如是，则贵名起之如日月，天下应之如雷霆。故曰：君子隐而显，微而明，辞让而胜。《诗》③曰："鹤鸣于九皋④，声闻于天。"此之谓也。

【注释】

①比周：这里指结党营私。
②诚此：指刻苦认真地学习上述道理。
③《诗》：这里指《诗·小雅·鹤鸣》。

【译文】

因此，君子即使没有爵位，地位也很尊贵，即使没有俸禄也很富有，即使不善言谈也被别人信任，即使不发怒，脸色看起来也很威严，即使处境窘困也感到很荣耀，即使孤独地生活也感到很快乐，这难道不是因为那最尊贵、最富有、最诚实、最威严的东西都聚集在他这里了吗？所以说：尊贵的地位，不是靠结党营私争得的，不是靠炫耀吹牛得到的，不是靠权势地位掠夺到的，一定要在学习上确实下了苦功夫，才能成就这些辉煌。与人争夺名誉就会丧失自己原有的名誉，对名誉不争不抢反而会得到名誉；遵循正确的道义就能使名誉得到积累，炫耀吹牛反而会落空。因此，君子注重自己内在的修养，行为上则表现出谦虚辞让的美德，注重自身德行的积累，遵循正确的道义去处理事情。如果能这样做，那么显赫的名声就会像太阳月亮从东方升起一样，天下人就会像雷霆那样响应他。因此，我们说君子即使隐居不仕，地位也会显赫，即使地位卑微也会感到荣耀，即使谦虚退让也会做得比别人好。《诗经》说："仙鹤在遥远的沼泽地鸣叫，叫声会一直传到云霄。"说的就是这种情况啊。

【原文】

鄙夫反是。比周而誉①俞少；鄙争②而名俞辱；烦劳以求安利，其身俞危。《诗》③曰："民之无良④，相怨一方。受爵不让，至于己斯亡⑤。"此之谓也。

【注释】

①誉：通"与"，关系亲近。

②鄙争：指用不正当的手段争夺。

③《诗》：这里指《诗·小雅·角弓》。

④无良：不善良。

⑤斯：语气助词，没有实际意义。亡：本意是灭亡，这里指遭遇了灾祸。

【译文】

鄙陋浅薄的人的言行正好与君子相反。他们结党营私，但是同伙却越来越少；卑鄙无礼地去与人争夺名利，名声因此而越来越臭；竭尽全力去追求安逸的生活与个人利益，但是自身的处境却越来越危险。《诗经》说："小人的心地不善良，他们互相责怪怨恨另一方。争取爵位的时候毫不谦让，一直到自己遇上灾祸。"说的就是这种人啊。

【原文】

故能小而事大，辟①之是犹力之少而任重也，舍粹折无适也②。身不肖而诬贤，是犹伛身③而好升高也，指其顶者愈众。故明主谲④德而序位，所以为不乱也；忠臣诚能，然后敢受职，所以为不穷也。分不乱于上，能不穷于下，治辩⑤之极也。《诗》⑥曰："平平⑦左右，亦是率从。"是言上下之交不相乱也。

【注释】

①辟：通"譬"，譬如。
②粹：通"碎"，粉碎。无适：没有路可走。
③伛身：弯腰驼背。
④谲：通"决"，决策，决断。
⑤辩：通"辨"，治理。
⑥《诗》：这里指《诗·小雅·采菽》。
⑦平平：公平的意思。

【译文】

因此，能力小反而去做大事，这就好像是力气小而担子重一样，除了会把骨头压碎、把腰折断，就没有别的后果了。自己不贤能反而妄称自己很贤能，这就好像是弯腰驼背却喜欢抬高自己一样，指着他的头顶笑话他的人就会越来越多。因此，贤明的君主评定各位臣子的德行，并且以德行来安排职位，这样做，是为了避免乱加任用；忠诚的臣子的确有能力，然后才敢接受官职，之所以这样做是为了不使自己生活陷入困境。君主妥善地安排职位但是不乱来；臣子有能力胜任这个官职，从而使自己不至于陷入困境，这是治理国家的最高境界了。《诗经》说："君主公平对待身边的臣子，大家就会遵从

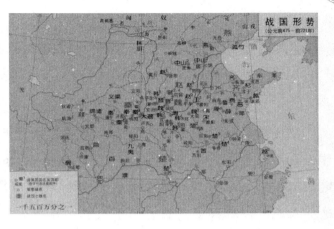

战国形势图

君主的命令而不是违反君主的命令。"这是说君臣上下之间的关系不能乱啊。

【原文】

以从俗①为善，以货财为宝，以养生为己至道，是民德也。行法至②坚，不以私欲乱所闻，如是，则可谓劲士矣。行法至坚，好修正其所闻，以矫饰其情性③；其言多当矣，而未谕也；其行多当矣，而未安也；其知虑多当矣，而未周密也；上则能大其所隆，下则能开道④不已若者：如是，则可谓笃厚君子矣。修百王之法，若辨白黑；应当时之变，若数一二；行礼要⑤节而安之，若生四枝⑥；要时立功之巧，若诏四时；平正和民之善⑦，亿万之众而博⑧若一人：如是，则可谓圣人矣。

【注释】

①从俗：遵循一般的习俗。

②至：根据上下文，应为"志"，志气。

⑥矫：矫正。饰：通"饬"，整治。

④道：通"导"，指导，开导。

⑤要：通"约"，吻合，迎合。

⑥生：通"伸"，伸展。枝：通"肢"，肢体。

⑦平：治理。正：通"政"，政治。

⑧博：根据上下文，应为"抟"，聚集的意思。

【译文】

把遵从固有的习俗作为美德，把货物钱财当作宝贝，把保养自己的身体作为自己的最高行为准则，这是普通百姓的德行。行为合乎法度，意志坚定，不因为个人的喜好而歪曲自己所听到的事情，如果一个人能够这样做，这个人就可以称得上是正直的士人了。在行为上很坚定地遵循法度，喜欢改变自己所听到的事情来矫正自己的情感脾性；他的言论大部分是恰当的，但是还没有完全说清楚；他的行为大部分是恰当的，但是还没有完全踏实稳妥；他的想法大部分是恰当的，但还不够周密详细；对上，他能发扬光大他所推崇的礼义，对下，能开导不如自己的人：如果能这样做，他就可以称得上是一个诚实忠厚的君子了。致力于学习历代帝王的礼义法度，就像分辨黑白一样清楚；应对时事的变化，就像数一二那样容易；奉行礼义遵守礼节，把做这种事情当作再平常不过的事情，就像平时伸展四肢一样自如；抓住时机建立功绩的技巧，就像知晓四季的到来一样准确；稳定政局、安定百姓，使亿万群众团结得像一个人一样：如果能这样做，就可以称得上圣人了。

【原文】

井井兮其有理也，严严兮其能敬己也①，分分兮其有终始也②，厌厌兮其能长久也③，乐乐兮其执道不殆也④，昭昭兮其用知之明也⑤，修修兮其用统类之行也⑥，绥绥兮其有文章也⑦，熙熙兮其乐人之臧也，隐隐⑧兮其恐人之不当也：如是，则可谓圣人矣。

【注释】

①严严：神情威严的样子。敬己：使自己受尊敬，指不允许别人用不礼貌的态度去侵犯他。

②分分：根据上下文应为"介介"，指坚定不移，始终如一的意思。

③厌厌：安然、安静的样子。长久：如果人们对生活很满意而且与世无争，一辈子就会平安无事，所以他们能长久地立足于社会。

④乐：乐于、乐意的意思。殆：通"怠"，怠慢。

⑤昭昭：光明。知：通"智"，智力。

⑥修修：通"条条"，端正大方的样子。统类：纲纪法度，这里指礼法。

⑦绥绥：安详从容的样子。文章：指文采。

⑧隐隐：通"殷殷"，忧伤、忧虑的样子。

【译文】

做事井然有序、有条不紊，看起来威风凛凛，这样能使自己不会受到别人的侵犯，做事坚定不移，有始有终，对自己的生活心满意足，所以能得到长久的安稳，满腔热忱，坚守道义不懈怠，运用智慧洞察一切，多英明啊，一丝不苟，实施礼法并且严格遵行礼法，安泰自若，掌握礼义制度有根有据，温和快乐，喜欢别人的美好言行，忧心忡忡，害怕别人的行为违反礼义：能够做到这样的人就可以称得上圣人了。

【原文】

此其道出乎一。曷谓一？曰：执神①而固。曷谓神？曰：尽善挟②洽之谓神，万物莫足以倾之之谓固，神固之谓圣人。

【注释】

①神：这里指翔实而完备的治国方法。

②挟：通"浃"，周到，完善。

【译文】

圣人的行事之道出于专一。什么是专一？就是掌握着神明而且使它稳固。什么叫做神明？回答说：能使天下尽善尽美和谐统一的治国方法叫做神明，任何事物都不能使之倾斜改变的叫做稳固，用最完备、最美好的办法治理国家而且不使国家被任何事物动摇的人叫做圣人。

【原文】

圣人也者，道之管①也。天下之道管是②矣，百王之道一是矣，故《诗》、《书》，《礼》、《乐》之归是矣。《诗》言是，其志也；《书》言是，其事也；《礼》言是，其行也；《乐》言是，其和也；《春秋》言是，其微也。故《风》所以为不逐者③，取是以节之也；《小雅》④之所以为小雅者，取是而文⑤之也；《大雅》之所以为大雅者，取是而光之也；《颂》⑥之所以为至者，取是而通之也。天下之道毕是矣。乡⑦是者臧，倍是者亡。乡是如不臧、倍是如⑧不亡者，自古及今，未尝有也。

【注释】

①管：枢纽，关键，这里是汇总的意思。

②是：指儒家的学说。

③《风》：即《国风》，是《诗经》的一部分。收录了各地的土风歌谣，所以称为"风"。逐：原意指追赶，这里指为了追赶时髦而追随歪风邪气。

④《小雅》：也是《诗经》的一部分，雅收录了朝廷的正声雅乐，再分为《小雅》和《大雅》。"雅"是正的意思。

⑤文：指润饰，使其有文采。

⑥《颂》：是《诗经》的一部分，它记录的是宗庙祭祀的舞曲。

⑦乡：通"向"，迎合，顺从。

⑧如：通"而"，转折连词，无实际意义。

【译文】

圣人身上汇总了天下所有的道。天下的道都汇总在他这里了，历代圣明君主的道都汇总在圣人这里，因此，《诗》、《书》、《礼》、《乐》的道也都汇总到他这里了。《诗经》表达了圣人的心意；《书经》表达的是圣人的政事；《礼经》表达的是圣人的行为；《乐经》表达的是圣人的和谐思想；《春秋》表达的是圣人的微言大义。所以，《国风》之所以内容不淫荡，是因为道节制它的原因；《小雅》之所以称为小雅，是因为道润饰了它的原因；《大雅》之所以称为大雅，是因为道把他发扬光大了的缘故；《颂》之所以被称为至高无上的作品，是因为道把它贯通了的缘故。天下的道完全汇总在这里了。顺从道就会有美好的结果，背离它就会遭到灭亡。顺从道而没有好结果、违背道不会遭到灭亡，这种事情，从古到今，还不曾有过。

【原文】

客有道曰："孔子曰：'周公其盛乎。身贵而愈恭，家富而愈俭，胜敌而愈戒。'"应之曰："是殆非周公之行、非孔子之言也。武王崩，成王幼，周公屏成王而及武王，履天子之籍，负扆而坐^①，诸侯趋走堂下。当是时也，夫又谁为恭矣哉？兼制天下，立七十一国，姬姓独居五十三人焉；周之子孙，苟不狂惑者，莫不为天下之显诸侯。孰谓周公俭哉？武王之诛纣也，行之日以兵忌^②，东面而迎太岁^③，至汜^④而泛，至怀而坏^⑤，至共头而山隧^⑥。霍叔^⑦惧曰：'出三日而五灾至，无乃不可乎？'周公曰：'刳比干而囚箕子^⑧，飞廉、恶来知政^⑨，夫又恶有不可焉？'遂选马而进，朝食于戚^⑩，暮宿于百泉^⑪，厌旦于牧之野^⑫。鼓之而纣卒易乡^⑬，遂乘殷人而诛纣。盖杀者非周人，因殷人也，故无首虏之获，无蹈难之赏。反而定三革^⑭，偃^⑮五兵，合天下，立声乐，于是《武》、《象》起而《韶》、《护》废矣^⑯。四海之内，莫不变心易虑^⑰以化顺之。故外阖^⑱不闭，跨天下而无蕲^⑲。当是时也，夫又谁为戒矣哉？"

【注释】

①扆：古代宫殿中，矗立在门和窗之间的屏风。天子接见诸侯的时候，

背靠屏风而面向南，接收诸侯的朝见。坐：根据《礼记·曲礼》，怀疑应为"立"。

②兵忌：出兵忌讳的日子。古代迷信，认为出兵要选择吉日，在忌讳的日子出师会不利。

③迎：冲着。太岁：即木星，又名岁星。古代占星家认为岁星是吉星，当它运行到某一星宿的时候，那么与这一星宿相对应的地面上的国家就会吉利。如果冲犯了它所在的方位，这个国家就会遭殃。

④汜：汜水，河名，在今河南汜水县西。

⑤怀：指怀城，地名，在黄河附近。坏：坍塌的意思。

⑥共头：山名，在今河南辉县境内。隧：通"坠"，山石崩塌。

⑦霍叔：姓姬，名处，周文王之子，武王的弟弟，封于霍（在今山西霍县西南），故历史称其为霍叔。

⑧刳：古代的一种酷刑，把人的腹部剖开挖空。比干：商纣王的叔父，商王文丁（太丁）的儿子。他因屡次劝说纣王而被剖腹挖心。箕子：纣王的叔父，为太师，封于箕（在今山西太谷东北），所以世人称其为箕子。他曾经劝谏纣王无效，后来披发装疯，被囚禁在牢中，周武王灭商后被释放。

⑨飞廉：纣王的宠臣，以善于奔走著称。恶来：纣王的臣子，飞廉的儿子，力气过人，善讲谗言，周武王伐纣时被杀掉。

⑩戚：地名，在今河南濮阳县北。

⑪百泉：地名，在今河南辉县西北。

⑫厌旦：根据上下人应为"旦厌"。牧：地名，在今河南淇县南。

⑬易乡：调换方向，这里指纣王的士兵倒戈起义。乡，通"向"。

⑭反：同"返"，返回。定：停止，使静止不动。三革：指制造铠甲用的犀皮、兕皮、牛皮。

⑮偃：放下。

⑯《武》：又名《大武》，周公所作的歌颂武王功绩的乐曲名。《象》：又称《象舞》，周武王所作的模仿文王击刺之法的舞曲名。《韶》：舜时的乐曲名。《护》：商汤时的乐曲名。

⑰变心易虑：指改变思想。

⑱阖：门户，这里指国门。

⑲跨：跨越。蒚：通"圻"，边界的意思。

【译文】

有人说："孔子说：'周公的品德非常高尚。他身份高贵而越谦逊有礼，家里富有而越节约简朴，战胜敌人而越警惕。'"荀子对答说："这大概不是周公的行为、也不是孔子所说的话吧。武王去世的时候，成王还未成年，周公拥护成王继承了武王帝位，登上了天子的宝座，背靠屏风面向南而立，诸侯在堂下恭敬地小步快跑前来朝见他。在这个时候，他又对谁谦恭了呢？他完全控制了天下，设立了七十一个诸侯国，其中姬姓诸侯就独占了五十三个诸侯国；周族的子孙，如果不是发疯糊涂的人，没有一个不是天下显贵的诸侯。谁说周公节俭呢？武王讨伐商纣王的时候，出兵那天正好是兵家禁忌的日子，向东进军，冲犯了太岁，到达汜水河水泛滥，到达怀城城墙倒塌，到达共头山岩崩落。霍叔恐惧地说：'只是出兵三天就已经遇到了五次灾祸，恐怕不宜出兵吧。'周公说：'纣王对比干施以酷刑，将其剖腹挖心，还囚禁了箕子，任用飞廉、恶来当政，我们又为什么不可以出兵呢？'于是挑选了良马组成马队继续前进，早晨在戚地吃饭，晚上在百泉宿营，第二天黎明来到牧野。击鼓进攻，纣王的士兵掉转方向倒戈起义了，于是就利用商王朝的士兵而杀了纣王。原来杀死纣王的并不是周朝的人，而是凭借了商朝的人，因此，周朝的将士没有缴获首级、俘虏，也没有因为冲锋陷阵而得到的奖赏。周国的军队回朝以后停止制造盔甲，放下了手中的兵器，汇合天下诸侯，创作乐曲，于是，《武》、《象》等乐曲兴起而（《韶》、《护》等乐曲被废弃了。天下之人没有不转变思想来归顺周朝的。所以，家家不关大门，走遍天下也没有什么边界。在这个时候，他又对谁加以警惕了呢？"

【原文】

造父①者，天下之善御者也，无舆马则无所见②其能；羿③者，天下之善射者也，无弓矢则无所见其巧；大儒者，善调一^④天下者也，无百里之地则无所见其功。舆固马选矣，而不能以至远、一日而千里，则非造父也；弓调矢直矣，而不能以射远、中微^⑤，则非羿也；用百里之地，而不能以调一天下、制强暴，则非大儒也。

【注释】

①造父：传说是周穆王的车夫，以善于驾驭车马著称。

②见：同"现"，出现。

③羿：夏代东夷族有穷氏（居于今山东德州市南）的部落首领，所以又称夷羿、后羿，以善于射箭而著称，射技很高，据说射掉了九个太阳。

④调一：协调一致。

⑤中微：射中微小的目标。

【译文】

造父是以善于驾驭车马而著称于天下的人，但是，没有车马就不能表现出他的才能；后羿是以善于射箭而著称于天下的人，但是，没有弓箭就不能表现出他的高超箭术；伟大的儒者是善于统一治理天下的人，但是没有方圆百里的国土就无法显示出他的功劳。如果车子坚固、马匹优良但是却不能驾它来到达很远的地方，不能一日行千里，那这个驾车的车夫就不是造父那样高明的驭手了；如果弓调好了、箭直了，却不能用它来射中远处微小的目标，那这个弓箭手就不是后羿那样高明的身手了；百里见方的领土，却不能靠他的治国之理来统一治理天下、制服强暴的国家，那这个君主就不是伟大的儒者了。

【原文】

彼大儒者，虽隐于穷阎漏^①屋，无置锥之地，而王公不能与之争名；在一大夫之位，则一君不能独畜，一国不能独容，成名况乎诸侯^②，莫不愿得以为臣；用百里之地，而千里之国莫能与之争胜；笞棰暴国③，齐一天下，而莫能倾也：是大儒之征也。其言有类④，其行有礼，其举事无悔，其持险、应变曲当；与时迁徙，与世偃仰，千举万变，其道一也：是大儒之稽也。其穷也，俗儒笑之；其通也，英杰化之，嵬琐⑤逃之，邪说畏之，众人愧之。通则一天下，穷则独立贵名。天不能死，地不能埋，桀、跖之世不能污，非大儒莫之能立，仲尼、子弓是也。

【注释】

①漏：通"陋"，简陋的意思。

②成名：盛名，好的名声。况：更加，愈。

③笞棰：打击的意思。笞，指用鞭子、竹板抽打。棰，指用木棍打。

④类：法度。

⑤嵬琐：指行为狡诈卑劣的人。

【译文】

那些伟大的儒者，即使隐居在偏僻的里巷与简陋的房子中，贫困得没有站立的地方，其他天子和诸侯也没有和他竞争名望的能力；虽然他只是一个小小的大夫的，但他也不是任何一个诸侯国的国君就能单独任用役使的，不是任何一个诸侯国就能单独容纳的，他的盛名比诸侯更加有名，各个诸侯没有一个不愿意让他来做自己的臣子的；如果他统辖方圆百里的封地，那么没有一个千里见方的国家能胜过他；他鞭挞施行暴政的国家，统一天下，没有哪个诸侯能推翻他的统治：这些都是伟大的儒者所具备的特征。他的话语合乎法度，他的行为合乎礼义，他办事能力很强，没有出现由于失误而引起的悔恨，他处理危险的局面、应付突发的事变，处处都做得非常恰当；他顺应时世的变化，随着时代的变化而变化，即使实施上千种举措，遇到上万次变化，他也始终如一地奉行自己的原则：这是伟大的儒者的考核标准。当他陷入贫困失意的境地时，庸俗的儒者会讥笑他；当他显达得志的时候，英雄豪杰都会受到他的感化而前来归顺他，怪异鄙陋的人都躲避他，坚持异端邪说的人都畏惧他，一般民众都感到有愧于他。他显达得志了就能统一天下，处于困境时就独自树立好的名声。上天不能使他灭亡，大地不能把他埋葬，桀、跖时代不能使他污浊，不是伟大的儒者就不能这样起这么大的榜样作用，孔子、子弓就是这样的人。

【原文】

故有俗人者，有俗儒者，有雅①儒者，有大儒者。不学问，无正义，以富利为隆，是俗人者也。逢衣浅带②，解果其冠③，略法先王而足乱世；术缪④学杂举，不知法后王而一制度，不知隆礼义而杀《诗》、《书》⑤；其衣冠行伪⑥已同于世俗矣，然而不知恶者⑦；其言议谈说已无以异于墨子矣，然而明不能别；呼先王以欺愚者而求衣食焉，得委积足以掩其口，则扬扬如也；随其长子，事其便辟⑧，举其上客，偆然⑨若终身之虏而不敢有他志：是俗儒者也。法后王，一制度，隆礼义而杀《诗》、《书》；其言行已有大法矣，然而明不能齐法教之所不及、闻见之所未至⑩，则知不能类也⑪；知之曰知之，不知曰不知，内不自以诬⑫，外不自以欺⑬，以是尊贤畏法而敢怠傲：是雅儒者也。法先王⑭，统礼义一制度，以浅持博⑮，以古持今，以一持万；苟仁义之类也，虽在鸟兽之中，若别白黑；倚⑯物怪变，所未尝闻也，所未尝见也，卒⑰然起一方，则举统类而应之，无所儗作⑱；张法而度之，则晻然若合符节⑲：是大儒者也。故人主用俗人，则万乘之国亡。用俗儒，则万乘之国存。用雅儒，则千乘之国安。用大儒，则百里之地久，而后三年，天下为一，诸侯为臣；用万乘之国，则举错⑳而定，一朝而伯㉑。

【注释】

①雅：正直。

②逢衣：蓬松宽大的衣服。浅带：指宽阔的腰带。用宽阔的腰带束衣服束得很浅，所以称"浅带"。

③解果其冠：帽子很高。这两句话是说他模仿儒者的穿戴。

④缪：通"谬"，荒谬的意思。

⑤杀：减少，降低等级等。这里指贬低、轻视。不知隆礼义而杀《诗》、《书》：指不懂得把奉行礼义放在首位，而把《诗》、《书》降到次要的地位。

⑥伪：通"为"。

⑦者：犹"之"，代词。恶者，指厌恶俗儒自己。

⑧便辟：通"便嬖"，侍奉在君主左右的宠臣。

⑨偯然：提心吊胆的样子。偯，同"患"，忧患。

⑩齐：通"济"，补救，救助。教：教令，诸侯的命令。闻见之所未至：视力和听力没有达到的地方。

⑪则：即。知：通"智"，智慧。

⑫自以诬：即"以诬己"，不用虚假的东西欺骗自己。

⑬外不自以欺：当作"外不以欺人"，不用虚假的东西欺骗别人。

⑭法先王：根据上下文，应为"法后王"。

⑮浅、博：浅是肤浅的意思，博是广博的意思。

⑯倚：通"奇"，奇怪，奇异。

⑰卒：通"猝"，突然的意思。

⑱儳：通"疑"，疑惑。作：同"怍"，惭愧，颜面变色。

⑲晻：通"奄"，相合。符节：古代出入门关时用来作为凭证的信物，这种信物是用竹片做成的，上面刻有文字，剖而为二，双方各存一半，验证时两片合起来完全相符，才可以通行。

⑳举错：通"举措"，采取措施。

㉑伯：通"霸"。

【译文】

所以，有庸俗的人，有庸俗的儒者，有高雅的儒者，有伟大的儒者。不学习请教以提高自己的学识，不追求正义，把追求财富利益当作自己的最终

目标，这样的人是庸俗的人。穿着蓬松宽大的衣服，束着宽阔的腰带，戴着高高的帽子，稍微地模仿古代圣明的君主，这样做只能用来扰乱当今社会；学习一些荒谬的东西，杂乱无章地做一些事情，不懂得效法后代的帝王却想统一制度，不知道把礼义放在最高地位，降低《诗》、《书》的地位；他的衣着行为已经与世俗之人没有什么不同了，但是却不知道厌恶自己；他的言谈议论已经与墨子没有什么区别了，但是他的智慧却不能够分辨事物的优劣；他称颂古代圣王，欺骗愚昧无知的百姓，以此向他们求取衣食，得到一点积蓄用来养家糊口，这个时候，他就得意扬扬了；跟随公卿贵人之子，侍奉他们的亲信，吹捧他们的座上客，整日生活得提心吊胆，好像自己是终身在官府为奴的奴隶，不敢有其他的思想：这是庸俗的儒者。效法后代的君王，统一制度，推崇礼义但贬低《诗》、《书》的地位；他的言行已经符合最高的法规了，但是他的智慧却不能解决法制教令还没有涉及的地方，对于自己的主张所没有影响到的地方，他的智慧也不能触类旁通，但是，懂的东西就说懂，不懂的就说不懂，对内不用虚假的消息欺骗自己，对外不欺骗人，并且按照这种观念来尊重贤人、畏服法令，而且不敢懈怠骄傲：这是正直的儒者。效法古代的圣明君王，总括礼义，统一制度，用浅显易懂的道理去把握广博的知识，根据古代的情况把握现在的实际情况，用个别的事物把握万物；只要是合乎仁义的事情，哪怕它存在于鸟兽之中，也能像辨别黑白一样把它分辨出来；怪异的事物、奇异的变化，虽然从来没有听说过，从来没有看到过，它突然发生在某一个地方，也能用纲纪来应付它，而且不会迟疑，不会感到不安，用法度来衡量一切事物，就像符节一样完全相合：这就是伟大的儒者。因此，君主如果任用庸俗的人，那么，即使拥有万辆兵车的大国也会灭亡。如果任用了庸俗的儒者，那么仅能保存拥有万辆兵车的大国。如果任用了正直的儒者，那么就是拥有千辆兵车的小国也能安定。如果任用了大儒，那么即使只有方圆百里土地的国家也能长久，以后三年，能够统一天下，诸侯就会前来称臣；如果任用大儒来治理拥有万辆兵车的大国，那么他一定会采取措施平定天下，很快就能称霸。

【原文】

不闻不若闻之，闻之不若见之，见之不若知之，知之不若行之。学至于行之而止矣。行之，明也，明之为圣人。圣人也者，本仁义，当是非，齐言行，不失毫厘①，无它道焉，已②乎行之矣。故闻之而不见，虽博必谬；见之而不知，虽识③必妄；知之而不行，虽敦必困。不闻不见，则虽当，非仁也，其道百举而百陷也。

【注释】

①毫厘：古代一种长度单位，十丝为一毫，十毫为一厘，十厘为一分，十分为一寸。这里比喻数量非常少。毫，《集解》本作"豪"，后来根据世德堂本改为"毫"。

②已：停止，最终。

③识：记住。

【译文】

没有听到不如听到，听到不如看到，看到不如了解，了解不如应用到实际中。学习达到应用就是到了顶点。能应用，才能彻底地明白事理，彻底地明白了事理就是圣人。所谓圣人，就是能够以仁义为根本，能够恰当地判断是非，能够使言行保持一致，不出现丝毫的差错，这并没有别的道理，最终就在于他能把学到的理论付诸于实践行动而已。因此听到了而没有看到，即使听到了很多，也必然存在谬误；见到了而不了解，即使记住了，也必然有错误；理解了而不应用，即使了解的知识非常丰富，也必然会感到很困惑。不去听，不去看，即使偶尔做对了，也不合乎仁德，这种办法使用一百次就会失败一百次。

【原文】

故人无师无法而知则必为盗；勇则必为贼；云能①则必为乱；察则必为

怪；辩则必为诞。人有师有法而知则速通^②；勇则速威；云能则速成；察则速尽^③；辩则速论^④。故有师法者，人之大宝也；无师法者，人之大殃也。

【注释】

①云能：就是有才能。云，有。

②速通：很快就通达显赫。

③尽：事理了解得非常透彻。

④论：评定。这里是决断的意思。

【译文】

因此，人如果没有老师、不懂得法度而非常聪明的话，他就一定会做出偷窃的事情；如果他勇敢，就一定会成为贼寇；如果有才能，就一定会为非作歹；如果明察，就一定会搞奇谈怪论；如果善辩，就一定会荒诞无耻。人如果有了老师、懂得了法度，如果非常聪慧，就会很快变得通达显赫；如果勇敢，很快就会变得威武；如果有才能，很快就会获得成功；如果明察，很快就会理解一切事理；如果善辩，很快就能决断疑难问题。所以有老师、懂法度，是人们的一大财富；没有老师、不懂法度，是人们的一大灾祸。

【原文】

人无师法，则隆性矣；有师法，则隆积矣；而师法者，所得乎情^①，非所受乎性，不足以独立而治^②。性也者，吾所不能为也，然而可化也；情也者，非吾所有也，然而可为也。注错^③习俗，所以化性也；并一而不二，所以成积也。习俗移志，安久移质；并一而不二，则通于神明，参于天地矣。

【注释】

①情：指合乎礼义的高尚道德情操。

②不足以独立而治：指不可能依靠自我进行完善，要依靠礼义来完善

自己。

③注错：措置，这里是举止的意思。

【译文】

因此，一个人如果没有老师、不懂法度，就会更加放纵人的本性；有了老师、懂了法度，就会使人通过后天学习教育所积累的教养更加深厚；而师长、法度，是从合乎礼义的高尚情操中习得的，并不是来自人的先天的本性，因此人也不能依靠自我进行完善。本性这种东西不是我们所能造就的，但是，它却可以通过教育学习来改变；积习不是我们所固有的，却可以造就。举止习俗可以使人的本性发生转变。只要专心致志地而不是三心二意地学习，就会逐步养成一种习惯风俗。风俗习惯能使人的思想发生转变，长时间地安于一种习俗就会改变人的本质；专心致志而不三心二意地学习，就能达到智慧的最高层，可以与天地相并列了。

【原文】

故积土为山，积水而为海，旦暮积谓之岁，至高谓之天，至下谓之地，宇中六指谓之极①，涂②之人百姓积善而全尽谓之圣人。彼求之而后得，为之而后成，积之而后高，尽之而后圣。故圣人也者，人之所积也。人积耨③耕而为农夫，积斫④削而为工匠，积反⑤货而为商贾，积礼义而为君子。工匠之子莫不继事，而都国之民安习其服，居楚而楚，居越而越，居夏而夏。是非天性也，积靡⑥使然也。

【注释】

①宇：空间。六：指上、下、东、南、西、北六个方向。指：指向。

②涂：通"途"，道路，路途。

③耨：锄草的意思。

④斫：砍伐。

⑤反：通"贩"，贩卖。

⑥靡：通"磨"，磨炼。这里指受外力的影响。

【译文】

所以，堆积泥土形成高山，积聚水流就可以形成大海，一朝一夕积累起来称为年，最高的叫做天，最低的叫做地，宇宙中最远的六个方向称为极，道路上的普通百姓积累自己的善行从而达到了尽善尽美的程度，能做到这样的人就叫做圣人。这些事物都是经过努力的追求才能得到的，凡事只有努力做了以后才会取得成功的，只有通过不断的积累才变得高超，达到尽善尽美的程度以后才会变得圣明。因此，圣人实际上是德行积累达到尽善尽美程度以后的普通人。普通人积累了锄草耕地的本领就可以成为农夫，积累了砍削树木的技巧就可以成为工匠，积累了贩卖货物的经验就可以成为商人，积累了合乎礼义的道德行为就可以成为君子。工匠的儿子没有一个不继承父亲的事业，而国都里的百姓都习惯了本地的风俗习惯，人生活在楚国就像楚国人那样生活，人生活在越国就像越国人那样生活，人生活在中原各国就像中原各国的人一样生活。这不是人的天生本性，而是后天的长期的磨炼使他们这样的啊。

【原文】

故人知谨注错，慎习俗，大积靡，则为君子矣；纵情性①而不足问学，则为小人矣。为君子，则常安荣矣；为小人，则常危辱矣。凡人莫不欲安荣而恶危辱，故②唯君子为能得其所好，小人则日徼③其所恶。《诗》④曰："维此良人，弗求弗迪；维彼忍心，是顾是复。民之贪乱，宁为荼毒？"此之谓也。

【注释】

①情性：《集解》本来写作"性情"，后根据宋浙本改为"情性"。

②故：通"顾"，但是。

③微：通"邀"，招致。

④《诗》：这里指《诗·大雅·桑柔》。

【译文】

因此，人懂得谨慎地安排自己的行为，小心谨慎地对待风俗习惯，加强道德行为的积累和磨炼，就能成为君子；如果放纵自己的本性而不注重学习，就会成为小人。成为君子，就常常会得到安宁与荣誉；成为小人，就经常会遭遇危险和耻辱。只要是人，没有不希望得到安宁、荣誉，而厌恶危险、耻辱的，但是只有君子才能得到他所喜欢的东西，小人每天都会招致他所厌恶的东西。《诗经》说："有这样善良的人，你不寻访不任用；那些心地残忍的人，你却照顾庇护。民众图谋造反，谁甘愿受这样的残害？"说的就是这个道理。

【原文】

人论①：志不免于曲私，而冀人之以己为公也；行不免于污漫②，而冀人之以己为修也；甚③愚陋沟瞀，而冀人之以己为知也：是众人也。志忍私，然后能公；行忍情性，然后能修；知而好问，然后能才：公、修而才，可谓小儒矣。志安公，行安修，知通统类④：如是则可谓大儒矣。大儒者，天子三公⑤也；小儒者，诸侯大夫、士⑥也；众人者，工、农、商贾也。礼者，人主之所以为群臣寸、尺、寻、丈检式也⑦。人伦尽矣。

【注释】

①论：通"伦"，类。人论指人的类别，也就是下文所说的众人、小儒、大儒等。

②污漫：污秽肮脏。

③甚：《集解》本作"其"，根据宋浙本改为"甚"。

④统类：事物的基本原则。

⑤三公：辅助君主掌握国家大权的最高官员，各个朝代的名称各不相同，周朝为太师、太傅、太保。

⑥士：先秦时，贵族的最低等级，其位次于大夫。

⑦为群臣寸、尺、寻、丈：这是一种比喻的说法，指衡量群臣的德才是一寸高，还是一尺、一寻、一丈高。寸、尺、寻、丈，都是古代度量衡单位名称，这，里指衡量人的好坏的尺度。检、式，都是法度、准则的意思。

【译文】

人的类别：思想上没有消除偏邪自私，却希望别人认为自己大公无私；行为上没有摆脱污秽肮脏，却希望别人认为自己善良美好；本来非常愚昧鄙陋，却希望别人认为自己聪慧。这样的人是普通的民众。只有从思想上克制了私心，然后才能做到公正；只有从行为上抑制了人的本性，然后才能变得善良美好；聪明而又好学，然后才会变得非常有能力：思想上消除自私，从而变得公正无私；行为表现美好，非常聪明，以至于能知晓各种事物的基本原则，这样的人就可以称为小儒了。思想上安于公正无私，行为上安于善良美好，具有能够精通纲纪法度的智慧；像这样的人就可以称为大儒了。大儒这种人，能做天子的三公；小儒可以做诸侯的大夫和士；普通人只能做工匠、农民、商人。礼制是君主用来衡量群臣等级的标准，如果用它来鉴别人的类别，那就能万无一失了。

【原文】

君子言有坛宇①，行有防表②，道有一隆。言道德③之求，不下于安存；言志意之求，不下于士；言道德之求，不二后王。道过三代谓之荡，法二后王谓之不雅。高之、下之、小之、臣之④，不外是⑤矣，是君子之所以骋志意于坛宇、宫庭也⑥。故诸侯问政，不及安存，则不告也⑦；匹夫问学，不及为士，则不教也⑧；百家之说，不及后王，则不听也。夫是之谓君子言有坛宇、行有防表也。

中华传世藏书

荀子诠解

《荀子》原典详解

【注释】

①坛宇：指祭祀、拜将等仪式所用的土筑高台和屋边，引申为界限范围。坛，殿堂的基础。宇，屋檐。

②防表：是标准的意思。防，堤防，引申指限度。表，标志，标准。

③道德：根据上下文，应为"政治"。

④之：指代道。臣：根据上下文，应为"巨"。

⑤是：指代"不下于安存"、"不下于士"、"不二后王"。

⑥骋：尽情地施展，充分地活动。官庭：室内的厅堂，这里指范围。

⑦不及安存，则不告也：卫灵公向孔子询问打仗方面的事，孔子回答说他没学过军事，见《论语·卫灵公》。

⑧不及为士，则不教也：樊迟向孔子询问种庄稼的事，孔子回答说自己在这方面的才能不如老农，见《论语·子路》。

【译文】

君子说话有一定的界限，行为有一定的标准，言论与行动的根本准则是有所推崇的。说到政治方面的要求，那就是不能低于关系到国家安危存亡的问题；说到思想方面的要求，那就是不低于士的标准；说到道德方面的要求，那就是不能背叛当代的帝王。言行的根本原则超过了夏、商、周三代就叫做放荡荒诞，法度背离了当代的帝王就叫做不正。使自己的主张或高、或低、或小、或大，但是都不能超越这个限度，这就是君子能在一定的界限、范围内使自己的思想驰骋无阻的原因啊。因此，诸侯询问政治方面的问题，如果不涉及国家的安危存亡，就没必要教导他；一般的人来向他请教问题，如果不涉及如何才能成为一个士，就不要教他；各家的学说，如果不涉及当代的君王，就不必听他的问题。这就叫做君子说话有一定的界限、行动有一定的标准。

【解读】

　　本篇围绕儒的功效问题，着重阐述了几个治国理政的重要观点。

　　儒士的"明枝主之义"。枝，指周公为周武王之弟，称枝子；主，指周成王。周公是臣，成王是君，然而因周公处"势"优越而使二人具有特殊的君臣关系。周公辅佐成王，为后世树立了一个典范。他代天子行政而"不称贪"，为成王平定反叛而"不称戾"，为姬姓分邦建国而"不称偏"，教诲成王使之以礼义"撎迹于文武"，返政于成王以臣属"北面而朝之"。周公做了这些大事，他把握着三个原则：一是帮助幼王完成了先辈未竟的事业，为周朝平定天下；二是谕道于幼王，始终以礼义治理天下；三是表明君臣道义不可断绝，只有天子才是天下之主。一言以蔽之，摄政当须有为而不可僭越。

　　儒士的"美政美俗"。如孔子一类大儒，有一个处"势"问题（此"势"非"权势"，当训"位"）。其地位在人之上，即可做天子诸侯；在人之下，也是国家的良臣、君主的宝贝。如此大才，必有大为。所以"为人上"时，他们不行不义，不杀无罪，并修礼节、定法则、正度量，使国家得治，又以忠、信、爱、利教化民众而能化俗，这是重申汤武以王道仁义取天下、治天下的宗旨。"为人下"时，他们进可为官，退可为民，处境甚至"无置锥之地"、"隐于穷阎漏屋"、"穷困冻餧"，但决不会"以邪道为食"，且能"明于持社稷之大义"，"道诚存也"，就是说，他们的道德和人格不因环境恶劣而发生异化。无论是否为官任职，他们"在本朝则美政，在下位则美俗"。孔子任司寇和闲居阙党时都能以仁义孝悌教化民众，即是明证。儒士益国益民，是以"法先王，隆礼义，谨乎臣子，而致贵其上者也"为信条的。其中前三者是手段，极其尊重在上位的君主，亦即维护君权统治，这才是儒士的最高原则和最终目的。

　　儒士的"君子之道"。荀子言道有三，即天道、地道、人道。天、地，指天地自然之道；人道，指"人之所以道也"，其"道"训"行"，意即人所奉行的。人道又称"君子之道"，其"君子"可理解为君主，其"道"训"导"，意即君主所倡导的。然而人所奉行的，君主所倡导的，必然是"先王之道"，即先王所行之道。荀子以"比中而行"、"礼义"来界定"先王之道"，具体的内涵是："谲德而定次，量能而授官，使贤不肖皆得其位，能不能皆得其位，万物得其宜，事变得其应，……言必当治，事必当务"。经过反复演绎，"君子之道"就成了儒士用以治国平天下的礼义之道，或称先王的中正之道。由于奸事"行事失中"，奸道"知说失中"，所以都如"坚白"、"同异"等名辨之说"无益于理"，是连相鸡相狗都不如的货色，是废之舍之的对象。

儒士的"法先王"、"法后王"。儒士治国平天下的中正之道，或说君子之道，到哪里寻求呢？回答是：法先王，法后王。《非相篇》重在说法后王的理由，本篇则主论先王、后王的礼义传统是一脉相承、完全一致的。从文字上看，本篇将"统礼义，一制度"先后三次规定为"法先王"的内容，先后两次规定为"法后王"的内容，由此可知礼义法度是从先王到后王沿用不变的传统。在这个意义上，"法先王"、"法后王"二者并非相对词语，其含义是一致的。而当批评俗儒"略法先王而足乱世术，谬学杂举，不知法后王而一制度，不知隆礼义而杀《诗》、《书》，……呼先王以欺愚者，而求衣食焉"时，所用"法先王"、"法后王"二词的含义就不相同了，前者指尧、舜、禹，后者指周文王、周武王。俗儒之错，不在法先王，而在法先王而不从法后王开始，法先王而不知一制度、隆礼义。但丢了礼义法度的传统而粗略地法先王，不啻于舍本求末。在荀子看来，孟子并不以礼义法度为先王的传统，所以他们二人在"法先王"的内容上是有区别的，因而立场并不一致，这才每逢机会都要指摘孟子。

儒士的"百里之地而天下为一"。大儒统一天下，是靠实力完成的。土地、人民、军队和人才，都是基本的国力条件。荀子重实际而不尚空谈，很重视基本国力的形成和组合。他对国力所发挥的作用有辩证的认识。舆马是造父"见其能"的条件，但不能致远千里，就不再是"善御"的造父；弓矢是羿"见其巧"的条件，但不能射远中微，就不再是"善射"的羿；大儒亦然，百里之地是"见其功"的条件，但不能调一天下、遏制强暴，就不再是大儒。凭百里之地而统一天下，是荀子重要的政治理想之一，故而反复申述之。

儒士的"举统类以应之"。其"统"训"纲纪"，"统类"训"纲纪法则"。《非十二子篇》批评孟子"略法先王而不知其统"，是说孟子忘记了老祖宗的传统。两相对照，可知荀子以礼义为治国的纲领法则，这是历"三代"而"二后王"传承下来的，故又可称之为传统。抓住了礼义法度，即握纲在手，举重若轻，治国理政岂不"无所儗怎"、"若合符节"了吗！荀子把这种理性思维和科学方法，称之为"以浅持博，以古持今，以一持万"，以之可收"虽在鸟兽之中，若别白黑"那样的奇效，能进入礼义治国的最高境界。

儒士的道德学问。自古以来治国用贤才，而荀子所说的贤才仅限于儒者，并且很注重区分儒士的品级及其能力。本篇中第一次是以"学"为中心，区分出涂之人（胥靡之人）、士、君子、圣人。只要实行学习，路上行人，哪怕是一无所有的人，都能"贱而贵，愚而智，贫而富"，社会地位、才情素质、处境权势都会发生变化，最终可能会成为君子圣人，故曰"至尊至富至严之情"全都取决于学习。第二次是以"行法"为中心，区分出民德、劲士、笃厚君子、圣人。只要遵行礼法而坚定不乱，修正所学，整饬本性，尽善立功，公正亲民，其道德品级即可提升。第三次是以对法先王、法后王而统一天下的态度为中心，区分出俗人、俗儒、雅儒、大儒。这里，能否"一制度，隆礼义而杀《诗》、《书》"是关键。因为只有雅儒、大儒才懂得推崇礼义法度，并以实际行动践履，对统一天下有实效；而俗儒与之相反，将记诵《诗》、《书》放在首位，注重内省求仁而忽视功用，甚至沦为"求衣食焉"，"若终身之虏而不敢有他志"。第四次是以"礼"，即礼制为中心，区分出众人、小儒、大儒，作为人的等级名分。三个不同等级的人，因其志、行、知品级差异，社会身份的定位便有工农商贾、诸侯大夫、天子三公的区别。综上所述，荀子对人的多角度观察和区分，是以道德与学问的水准，以对待治国平天下关注的程度与所具备的能力为标准的。可以说，这是政治考察，道德评判，人才分析。当然，做圣人的最高境界，是荀子论述的中心问题。圣人的最高境界，包括统一天下和掌管天下两个方面，这是"非圣人莫之能为"的能力。仅凭"百里之地""而后三年，天下为一，诸侯称臣"，这种"调一天下，制强暴"，"千里之国莫能与之争胜"的局面，惟有圣人（大儒）方能促成。掌管天下的能力，首先指"平正和民"，"君义信乎人矣"，使天下和谐太平；其次指"通乎财万物养百姓之经纪"，这是"社稷之大义"，即经世济民或曰国计民生的大事；再次指"举统类而应之"，即"法先王，统礼义，一制度。以浅持博，以古持今，以一持万"，这是以礼法为纲的治国方法；最后指"与时迁徙，与世偃仰，千举万变，其道一也"，这是不断地革新应变的精神。从统一天下到掌管天下，都能"其道出乎一"，"执神而固"，即全面完备的美善、全面完备的治理而能永远立于不败之地，就叫做圣人的最高境界。

儒士的言、行、道的统一。荀子要求儒士言有界限、行有准绳、道有专崇，指的是治国理政。本篇两处"言道德之求"，据杨倞考，前者为言政治，后者为言教化。文中说，政治之求要系于百姓"安存"，志意之求要关乎为"士"，道德之求要"不二后王"，十足的礼法治国理念，将"言有坛宇"、"行有防表"、"道有一隆"化成一个统一体。这是对儒士的志意、言论、行动的严格限制和规范。

儒士的"涂之人也，俄而并乎尧、禹"的奥秘。荀子一面极力维护等级名分制度，一面又顺应阶级地位和社会结构的重新组合这一时代潮流，主张普通人可以冲破社会身份的限制．进入到社会上层成为统治者。由路途行人，甚至一无所有的人，俄而变成和尧、禹并列其名的人，关于这个问题的道理，本篇是以"性恶论"为理论基础来论证的。"以从俗为善，以货财为宝，以养生为己至道"，"纵性情而不足问学"，"无正义，以富利为隆"，是俗人；"本仁义，当是非，齐言行，不失豪厘"，是圣人。将之对照，他们是人性上的差异，俗人是人之性恶本性未除，而圣人则已尽善全美了。然而由俗人变为圣人是可以实现的，其奥秘是："涂之人百姓积善而全尽谓之圣人。"这实际是一个人性由恶变善的过程，并非神秘莫测。首先要"学"：从前"门室之辨，混然曾不能决也"，现在"图回天下于掌上而辨白黑"，"治天下之大器举在此"，原来是学到了"原仁义，分是非"，即所谓"知而好问，然后能才"。至于说学习《诗》、《书》、《礼》、《乐》、《春秋》，不是以记诵其辞句为主，而是要从中学到圣人之道，学到圣人的志、事、行、和、微，并对性、情加以节之、文之、光之、贯之，从而与礼义融为一体，进入"执神而固"、"通于神明，参与天地"的境界。本篇"隆礼义而杀《诗》、《书》"的命题，和《劝学篇》"其数则始乎诵经，终乎读礼"、"故学至乎《礼》而止矣"等命题互相印证，充分揭示了荀子"唯学乎"的真谛。其次要"行"："学至于行而止矣"与"学至乎《礼》而止矣"这两个命题的组合，是一个关于学习礼义、践行礼义的完整思想。所说学，其内容是礼义，但并非记诵辞句而已，其目的是实行。所以对"行之"的解释是"明也，明之为圣人"，这是"行之"的最高目标。这里由闻不如见、见不如知、知不如行，连锁地推导出行高于知，即学做圣人高于一切。再次是"积"：农工商贾和君子皆为"积"成，"是非天性也，积靡使然也"。君子、小人并非先天本性所决定，而是逐渐习染而成，并且小人通过学习和践行礼义还有望成为君子圣人，这是荀子基于"习俗移志，安久移质"的思想而提出来的论断。本篇将"情"与"性"相对地区别开来，"情"指人之欲，"性"指人之本。情欲因外界刺激、环境影响而产生，故非自己所固有，却可以由自己决定；本性是自己所不能决定的，但可以通过教化而改变。所以，如用师教礼法这种外界最好且有力的影响，来主导"注错习俗"，节制"情性"，加之以"大积靡"的功夫，志质即可变移，于是小人因"化性"而"俄而"成为君子圣人。诚然，这是荀子理想主义版本的"化性起伪说"。

王制第九

【题解】

本篇为《荀子》第九篇，主要阐述了荀子的政治思想。荀子认为，要统一天下就要奉行王者之道，他讨论了王者的政治纲领、政治措施、听政方法、用人原则、管理制度、官吏职事等问题，在政治制度方面，主张施行仁义、遵从礼义，法后王，确定名分，严明赏罚，尚贤使能，在经济方面，主张要重视农业，减轻赋税，合理利用资源，加强物资流通等。荀子还论述了王

鸟形青铜匜（春秋战国）

和霸、安和存、危和亡等不同的政治状况，澄清了王者、霸者、强者的区别，他推崇"王道"，但对"霸道"也有所肯定。

【原文】

请问为政？曰：贤能不待次而举，罢不能不待须而废①，元恶不待教而诛，中庸不待政而化。分未定也则有昭缪②。虽王公士大夫之子孙也，不能属于礼义③，则归之庶人。虽庶人之子孙也，积文学，正身行，能属于礼义，则归之卿相士大夫。故奸言、奸说、奸事、奸能、遁逃反侧之民，职而教之，须而待之，勉之以庆赏，惩之以刑罚，安职则畜，不安职则弃。五疾④，上收而养之，材而事之，官施而衣食之⑤，兼覆无遗。才行反时者死无赦。夫是之谓天德，是王者之政也。

【注释】

①罢：通"疲"，疲沓，没有德才。须：须臾。

②缪：通"穆"。昭穆：据古代宗法制度，宗庙或墓地的辈次排列，以始祖居中，二世、四世、六世位于始祖的左方，称昭；三世、五世、七世位于右方，称穆：以此来分别上下辈份。

③属：系结，归附。

④五疾：五种残疾，即哑、聋、瘸、骨折、身材异常矮小。

⑤官：职事。施：施设，安排。衣：给……穿。食：给……吃。

【译文】

　　请问如何从事政治？回答：若是德才兼备的人，不依级别次序而破格提拔；若是无德无能的人，不用等待马上罢免；对于罪魁祸首，不需教育而马上诛杀；对于普通民众，不利用行政手段而进行教育感化。在名分还不确定的时候，就应该像宗庙有昭穆那样来排列臣民的等级次序。就算是帝王、公侯、士大夫的子孙，若是无法遵循礼义，就把他们归入平民。纵然是平民的子孙，如果习得了古代文献经典方面的知识，品行端正，能遵循礼义，就把他们归入卿相士大夫。对于那些散布邪恶的言论、鼓吹邪恶的学说、做邪恶的事情、有邪恶的才能、逃亡流窜的人，就安排强制性的工作并指导他们，慢慢让他们转变。用奖赏的方式去激励他们，用刑罚去惩处他们。安心工作的就留用，不安心工作的就流放出去。对患有五种残疾的人，政府应当收养他们，区分他们的才能来安排合适的工作，根据才能任用并供给他们吃穿，全部加以照顾。对那些用才能和行为来抵制现行制度的人，一律处死，绝不赦免。这叫做天德，是圣王的政治。

【原文】

　　听政之大分：以善至者待之以礼，以不善至者待之以刑。两者分别则贤不肖不杂，是非不乱。贤不肖不杂则英杰至，是非不乱则国家治。若是，名声日闻，天下愿，令行禁止，王者之事毕矣。凡听，威严猛厉而不好假道人①，则下畏恐而不亲，周闭而不竭，若是，则大事殆乎弛，小事殆乎遂②。和解调通，好假道人而无所凝止之，则奸言并至，尝试之说锋起③，若是，则听大事烦，是又伤之也。故法法而不议④，则法之所不至者必废；职而不通，则职之所不及者必队⑤。故法而议，职而通⑥，无隐谋，无遗善，而百事无过，非君子莫能。故公平者，职之衡也⑦，中和者⑧，听之绳也。其有法者以法行，无法者以类举，听之尽也；偏党而无经，听之辟也⑨。故有良法而乱者，有之矣；有君子而乱者，自古及今，未尝闻也。传曰："治生乎君子，乱生乎小人。"此之谓也。

【注释】

①假：宽容。道：由，从。

②遂：通"坠"，失落。

③锋：通"蜂"。

④故：犹"夫"，发语词。

⑤队：通"坠"。

⑥职：当是"听"字之误。

⑦衡：秤，引申指准则。

⑧中和：适中和谐，指处理政事时宽严适中，有适当的分寸。

⑨辟：通"僻"，偏邪。不公正。

【译文】

在朝廷上听取奏报处理政事要注意的是：对那些带着有利建议而来的人，就以礼相待；对那些心存恶意而来的人，就用刑罚对待他。把这两种情况分开来对待，那么有德才的人和没有德才的人就不会混为一谈。是非也就不会混淆。有德才的人和没有德才的人不混杂，那么英雄豪杰就会前来投奔；是非不混淆，那么国家就能太平。像这样做下去，名声就会远播，世人就会仰慕向往，就能做到有令必行、有禁必止。这样，圣王的事业也就完成了。凡是在处理政事的时候，威严凶猛而不能宽容地对待别人，那么臣下就会恐惧而不敢亲近，就会隐瞒真相而不知不言；像这样做下去，那么大事恐怕会废弛，小事也会落空。如果只是和蔼可亲，一味宽容地顺从别人而漫无限度，那么奸邪的言论就会被宣扬，试探性的谈说就会蜂拥而起；久而久之，那么听到的事情就会细小繁琐而政事也就繁多了，这就不利于处理政事了。因此，制定了法律而不听取臣下的意见，那么法律没有规定到的事情就一定会出差错。规定了各级官吏的职权范围而不彼此沟通，那么职权范围涉及不到的地方就必然会落空。所以，制定了法律而又依靠臣下的讨论研究，规定了各级官吏的职权范围而又彼此沟通，就不会有瞒报的图谋，也不会有没发现的善行，而各种工作也就不会有失误了。如果不是君子是不能做到这样的。公平，是处理政事的准则；宽严适中，是处理政事的准绳。有法律依据的就按照法律来办理，没有法律条文可遵循的就按照类推的办法来办理，这就可以使政事处理得当。偏袒而没有原则，政事就难免处理得不公正。所以，有了良好的法制仍然可能产生动乱；但有了德才兼备的君子而国家动乱的，从古到今，还不曾听说过。古书上说："国家的安定产生于君子，国家的动乱来源于小人。"说的就是这种情况。

【原文】

分均则不偏①，势齐则不壹，众齐则不使。有天有地而上下有差，明王始立而处国有制。夫两贵之不能相事，两贱之不能相使，是天数也。势位齐而欲恶同，物不能澹则必争②，争则必乱，乱则穷矣。先王恶其乱也，故制礼义以分之，使有贫富贵贱之等，足以相兼临者③，是养天下之本也④。《书》曰："维齐非齐。"此之谓也。

【注释】

①偏：部属。这里用作动词，表示"使……成为部属"，即统率、指挥对方的意思。
②澹：通"赡"，满足。
③相：单指"兼临"的对象，这里指被统治者。
④养：养育，引申指统治。君主统治臣民，给他们安排一定的职事，使他们能赖以生存，所以美称其统治为"养"。

【译文】

名分一样了就谁也无法统率谁，势力相等了就谁也不能归属谁，众人平等了就谁也不能役使谁。自从有了天有了地，就有了上和下的差别；英明的帝王一登上王位，治理国家就有了一定的等级制度。两个高贵不分上下的人不能互相侍奉，两个同样卑贱的人不能互相役使，这是自然的道理。如果人们的权势地位相等，而爱好与厌恶又相同，那么由于财物无法满足需要，就必然会发生争夺，一发生争夺就一定会混乱，社会混乱就会陷于困境了。古代的圣王痛恨这种混乱，所以制定了礼义来使他们有所分别，使人们有贫穷与富裕、高贵与卑贱的差别，使自己能够凭借这些来全面统治他们，这是统治天下的根本原则，《尚书》上说："要全社会统一意志就不能让人人都平等。"说的就是这个道理。

【原文】

马骇舆则君子不安舆，庶人骇政则君子不安位。马骇舆则莫若静之，庶人骇政则莫若惠之。选贤良，举笃敬，兴孝弟①，收孤寡，补贫穷，如是，则庶人安政矣。庶人安政，然后君子安位。传曰："君者，舟也；庶人者，水也。水则载舟，水则覆舟。"此之谓也。故君人者欲安则莫若平政爱民矣，欲荣则莫若隆礼敬士矣，欲立功

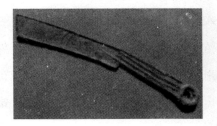

燕国刀币

名则莫若尚贤使能矣，是君人之大节也②。三节者当，则其馀莫不当矣。三节者不当，则其馀虽曲当，犹将无益也。孔子曰："大节是也，小节是也，上君也。大节是也，小节一出焉，一入焉，中君也。大节非也，小节虽是也，吾无观其馀矣③。"

【注释】

①弟：同"悌"。

②大节：关系存亡安危的大事，重要关键。

③无：通"毋"，不要的意思。无观其余：是因为已经可以断定这位君

主属于下等。

【译文】

马在拉车时因受惊而突然加速，君子就不能稳坐车中；老百姓在政治上感到恐惧了，君子就不能稳坐江山。马在拉车时受惊了，那就没有比使它安静下来更好的了；老百姓在政治上不满，那就没有比给他们恩惠更好的了。选用德才兼备的人，提拔忠厚恭谨的人，提倡孝顺父母、敬爱兄长，收养孤儿寡妇，救助贫穷的人，像这样做，老百姓就会安于政治了。老百姓安于政治，这样以后君子才能稳居上位。古书上说："君主，好比是船；百姓，好比是水。水能载船，水也能使船倾翻。"说的就是这个道理。所以，统治人民的君主，要想政治安定，实行好政策、爱护人民要想得到荣耀，就应该比尊崇礼义、敬重文人；要想建立功业和名望，就应该比推崇贤人、使用能人。这些是当君主的关键。这三个关键都做得恰当，那么其余的就没有什么值得忧虑的了。这三个关键做得不恰当，那么其余的即使处处恰当，也是无用的。孔子说："大节对，小节也对，这是上等的君主。大节对，小节有些出入，这是中等的君主。大节错了，小节即使对，我也不用再看其余的了。"

【原文】

成侯、嗣公，聚敛计数之君也[1]，未及取民也；子产，取民者也[2]，未及为政也；管仲，为政者也，未及修礼也。故修礼者王，为政者强，取民者安，聚敛者亡。故王者富民[3]，霸者富士，仅存之国富大夫，亡国富筐箧，实府库。筐箧已富，府库已实，而百姓贫，夫是之谓上溢而下漏。入不可以守，出不可以战，则倾覆灭亡可立而待也。故我聚之以亡，敌得之以强。聚敛者，召寇、肥敌、亡国、危身之道也。故明君不蹈也。

【注释】

①成侯：战国时卫国国君，名遫（或作不逝），公元前361～前333年在

位。嗣公：即卫嗣君（秦贬其号曰"君"），卫国国君，卫成侯之孙，公元前324～前283年在位。

②子产：姓公孙，名侨，字子产，春秋时郑国政治家。公元前543年执政，在郑国实行改革，并推行法治。

③故：犹"夫"，发语词。

【译文】

卫成侯、卫嗣公，是精于搜刮民财、精打细算的国君，丧失民心；子产是拥有民心的人，却无法处理好政事；管仲是善于从理政事的人，但并未遵循礼义。遵循礼义的能成就帝王大业，善于处理政事的能使国家强大，取得民心的能使国家安定，搜刮民财的会使国家灭亡。称王天下的君主使臣民富足，称霸诸侯的君主使战士富足，勉强生存的国家使大夫富足，亡国的君主只是使自己腰包富足、充实了政府的仓库。但老百姓则贫困了，这就好像上面满得溢出来而下面漏得精光。这样的国家，内不能防守国土，外不能抵御强敌，它的垮台灭亡简直指日可待了。所以，自己搜刮民财招致国破，敌人得到这些财物因而富强。搜刮民财，实是招致贼寇、养肥敌人、灭亡本国、危害自身的绝路，所以贤明的君主是不走这条路的。

【原文】

王夺之人，霸夺之与，强夺之地。夺之人者臣诸侯，夺之与者友诸侯，夺之地者敌诸侯。臣诸侯者王，友诸侯者霸，敌诸侯者危。

【译文】

王者争夺民心，霸主争夺同盟国，好战的强国争夺土地。获得民心的王者可以使诸侯成为自己的臣子，争夺同盟国的霸者可以使诸侯成为自己的朋友，争夺土地的强国就会与诸侯树敌。使诸侯臣服的能称王天下，同诸侯友好的能称霸诸侯，和诸侯为敌的就要小心了。

【原文】

用强者，人之城守，人之出战，而我以力胜之也，则伤人之民必甚矣。伤人之民甚，则人之民必恶我必甚矣；人之民恶我甚，则日欲与我斗。人之城守，人之出战，而我以力胜之，则伤吾民必甚矣。伤吾民甚，则吾民之恶我必甚矣；吾民之恶我甚，则日不欲为我斗。人之民日欲与我斗，吾民日不欲为我斗，是强者之所以反弱也。地来而民去，累多而功少，虽守者益，所以守者损，是以大者之所以反削也。诸侯莫不怀交接怨而不忘其敌，伺强大之间，承强大之敝①，此强大之殆时也。知强大者不务强也，虑以王命全其力，凝其德②。力全则诸侯不能弱也，德凝则诸侯不能削也，天下无王霸主则常胜矣。是知强道者也。

【注释】

①承：通"乘"，趁。敝：疲惫，衰败。
②虑：考虑，打算。

【译文】

逞强黩武的君主，别国或者据城守卫，或者出城迎战，纵然自己用武力去战胜了他们，那么伤害别国的民众一定很严重。伤害别国的民众很厉害，那么别国的民众对自己的怨恨也必然很厉害。别国的民众怨恨自己很厉害，那就会整日想和自己战斗。别国或者据城守卫，或者出城迎战，而自己用武力去战胜他们，那么伤害自己的民众必然很厉害。伤害自己的民众很厉害，那么自己的民众对自己的怨恨也必然深重。自己的民众怨恨自己很厉害，那就不想为自己战斗。别国的民众天天想和自己战斗，而自己的民众天天不想为自己战斗，这就是强国渐渐衰弱的原因。土地夺来了而丧失了心了，忧患重重而功劳很少，虽然需要守卫的土地增加了，而用来守卫土地的民众却减少了，这就是大国反而被割削的原因。诸侯都互相结交、连结那些对强国心怀怨恨的国家而不忘记他们的敌人，他们窥伺强国的可趁之际，趁着强大之国的困顿来进攻，这就是强大之国的危险之时了。懂得强国之道的君主不会逞强黩武，而是考虑用天子的命令来保全自己的实力、累积自己的威望。实力保全了，那么各国诸侯就无法使他衰弱了；威望积聚了，那么各国诸侯就不能削弱他了；天下如果没有能成就王业、霸业的君主，那么他就能立于不败之地了。这是懂得强国之道的君主。

【原文】

彼霸者则不然，辟田野，实仓廪，便备用①，案谨募选阅材伎之士②，然后渐庆赏以先之③，严刑罚以纠之。存亡继绝④，卫弱禁暴，而无兼并之心，则诸侯亲之矣；修友敌之道以敬接诸侯，则诸侯说之矣⑤。所以亲之者，以不并也，并之见则诸侯疏矣⑥；所以说之者，以友敌也，臣之见则诸侯离矣。故明其不并之行，信其友敌之道，天下无王霸主，则常胜矣。是知霸道者也。闵王毁于五国⑦，桓公劫于鲁庄，无它故焉，非其道而虑之以王也。

【注释】

①便：改进。备用：设备器用。

②案：语助词。阅：容纳。材：通"才"。伎：同"技"。

③渐：加重。先：引导。

④继绝："继绝世"的省称，使断绝了的后代继承关系得以继续，指让亡国之君的后代继续祭祀其祖先，使其香火不断。

⑤说：通"悦"。

⑥见：同"现"。

⑦闵王：即齐闵王，或作齐湣王、齐愍王，战国时齐国国君，田氏，名地（一作遂），齐宣王之子，公元前323年~前284年在位。他曾一度强盛，在公元前288年与秦昭王并称东西帝，继又攻灭宋国。公元前284年，燕、

秦、魏、韩、赵等五国联合攻齐，燕将乐毅攻入齐都临淄，齐闵王逃到莒城（今山东莒县）。后来楚国派卓齿率兵救齐，闵王为卓齿所杀。鲁庄：即鲁庄公，春秋时鲁国国君，姬姓，名同，公元前693年~前662年在位。桓公劫于鲁庄：桓公五年（公元前681年），齐桓公与鲁庄公在柯（齐邑，位于今山东阳谷县东北五十里之阿城镇）订立盟约，庄公之臣曹沫以匕首胁迫齐桓公，归还鲁国被齐国所侵占的领土汶阳之田（即汶水之北的土地），齐桓公只得许诺。后人大多认为此事出于战国人杜撰。

【译文】

那些奉行霸道的君主就并非如此。他开垦田野荒地，充实粮仓，加强军备，并且严格谨慎地招募、选择、接纳有才能有技艺的士人，之后加重奖赏来诱导他们，加重刑罚来纠正他们。他保存将要灭亡的国家，延续已经灭绝的国家，让其后代能够延续香火，保护弱小的国家，制止残暴的国家，但是并无侵占他国的野心，那么各国诸侯就会乐意与他友好了。他与别的国家搞好关系，对别国采取恭敬的态度，那么各国诸侯就喜欢他了。各国诸侯亲近他的原因，是因为他不侵占别国，一旦吞并别国的野心暴露出来，那么各国诸侯就会远离他了。各国诸侯之所以喜欢他，是因为他和别的国家非常友好，一旦暴露出来征服别国的意图，那么各国诸侯就会背离他了。因此，表明自己不会有侵占别国的行为，信守自己和别的国家和睦相处的原则，天下如果没有成就王业的君主，这奉行霸道的君主就能立于不败之地了。这是懂得称霸之道的君主。齐闵王被燕、秦、魏、韩、赵五国联军摧毁，齐桓公被鲁庄公的臣子劫持，这没有其他原因，就是因为他们推行的并非王道却想靠它来称王。

【原文】

彼王者不然，仁眇天下①，义眇天下，威眇天下。仁眇天下，故天下莫不亲也；义眇天下，故天下莫不贵也；威眇天下，故天下莫敢敌也。以不敌之威，辅服人之道，故不战而胜，不攻而得，甲兵不劳而天下服。是知王道者也。知此三具者②，欲王而王，欲霸而霸，欲强而强矣。

【注释】

①眇：高。
②三具：指上文所述或强、或霸、或王的条件。

【译文】

那些奉行王道的君主就不是如此。他的仁爱临驾于天下各国之上，道义高于天下各国，威势高于天下各国。仁爱高于天下各国，因而天下没有谁不亲近他。道义高于天下各国，所以天下全都尊重他。威势高于天下各国，所以天下没有谁敢与他为敌。他拿无法抵御的威势去辅助使人心服口服的仁义之道，所以不战而胜，不攻而得，不费一兵一卒天下就顺从了，这是懂得称王之道的君主。哪个君主要是懂得了上述或王、或霸、或强的条件，他就能想要称王就称王，想称霸就称霸，想强大就强大。

【原文】

王者之人①：饰动以礼义②，听断以类，明振毫末，举措应变而不穷，夫是之谓有原。是王者之人也。

【注释】

①人：指辅佐大臣。
②饰：通"饬"，整治，端正。

【译文】

奉行王道而称霸天下的君主所拥有的辅佐大臣：能使自己的行动合乎礼仪，依据法度来处理决断政事，明察得能揭发出毫毛末端般的细微小事，能随机应变，而非穷于应付。这叫做掌握了根本。这就是奉行王道的君主所拥有的辅佐大臣。

【原文】

王者之制：道不过三代，法不贰后王。道过三代谓之荡，法贰后王谓之不雅。衣服有制，宫室有度，人徒有数，丧祭械用皆有等宜①，声则凡非雅声者举废，色则凡非旧文者举息②，械用则凡非旧器者举毁③。夫是之谓复古，是王者之制也。

【注释】

①宜：通“仪”，法度，标准。

②旧：指夏、商、周三代的旧制。旧文：原色组成的文彩，指青、黄、赤、间、黑五种颜色（古人将这五种颜色视为正色，将诸如紫色、粉红色、绿色等杂色视为间色）交错画成的花纹，如“黼黻文章”之类。

③旧器：指珍奇玩物之类。

【译文】

奉行王道的君主所施行的制度：奉行的政治原则不超出夏、商、周三代，实行的法度不违反当代的帝王。政治原则古得超过了三代便称为荒诞，法度背离了当代的帝王便称为不正。不同等级的人衣服各不相同，住房各有标准，随从人员的数目也不一样，丧葬祭祀用的器具各有相称的规定。音乐凡是有异于正声雅乐的全部废除，色彩凡是不合乎原色文彩的全部禁止，器具凡是不同于原来器具的全部毁掉。这叫做复古。这就是奉行王道的君主所实行的制度。

【原文】

王者之论①：无德不贵，无能不官，无功不赏，无罪不罚，朝无幸位，民无幸生。尚贤使能而等位不遗，折愿禁悍而刑罚不过②，百姓晓然皆知夫为善于家而取赏于朝也，为不善于幽而蒙刑于显也。夫是之谓定论。是王者之论也。

中华传世藏书

荀子诠解

《荀子》原典详解

七二七

【注释】

①论：审察及处理。

②愿：通"原"，狡诈。

【译文】

奉行王道的君主对臣民的审察处理：德行不良的不让他显贵，没有才能的不让他当官，无功劳的不给奖赏，无罪过的不加处罚。朝廷上没有无德无功而侥幸获得官位的，百姓中没有游手好闲而侥幸生存的。崇尚贤德，任用才能，授予的等级地位各与德才相当而没有疏失；制裁狡诈，禁止凶暴，施加的刑罚各与罪行相当。老百姓都清楚，就算是在家里行善修德，也能在朝廷上取得奖赏；就算是在暗地里为非作歹，也会在光天化日之下受到惩处。这叫做确定不变的审处。这就是奉行王道的君主对臣民的审察处理。

【原文】

王者之等赋①，政事②，财万物，所以养万民也。田野什一，关市几而不征③，山林泽梁以时禁发而不税，相地而衰政④。理道之远近而致贡⑤，通流财物粟米，无有滞留，使相归移也⑥。四海之内若一家，故近者不隐其能，远者不疾其劳，无幽闲隐僻之国莫不趋使而安乐之⑦。夫是之谓人师。是王者之法也。

【注释】

①等：使……有等级。

②政：通"正"，治。

③几：通"讥"，检查，查看。

④衰：差异。政：通"征"。

⑤理：分别。

⑥归：通"馈"，供给。移：运输。

⑦无：犹"虽"。

【译文】

奉行王道的君主执行的法度：规定好赋税等级，管理好民众事务，管理好万物，因为这是用来养育亿万民众的。对于农田，按收入的十分之一征税；对于关卡和集市，进行检查而不征税；对于山林湖堤，按规定时间封闭和开放而不收税。依据土地的肥瘠来分别征税，区别道路的远近来收取贡品。使财物、粮米流通，不会滞留积压。使各地互通有无来供给对方，四海之内如同一家人。所以近处的人不隐藏自己的才能，远处的人不厌恶奔走的劳苦，即使是幽远偏僻的国家，也都很高兴地前来归附而听从役使。这种君主可以叫做人民的师表。这就是奉行王道的君主所实行的法度。

【原文】

北海则有走马吠犬焉①，然而中国得而畜使之；南海则有羽翮、齿革、曾青、丹干焉②，然而中国得而财之③；东海则有紫、紶、鱼、盐焉④，然而中国得而衣食之；西海则有皮革、文旄焉，然而中国得而用之。故泽人足乎木，山人足乎鱼，农夫不斫削、不陶冶而足械用，工贾不耕田而足菽粟。故虎豹为猛矣，然君子剥而用之。故天之所覆，地之所载，莫不尽其美，致其用⑤，上以饰贤良⑥，下以养百姓而安乐之⑦。夫是之谓大神⑧。《诗》曰："天作高山，大王荒之。彼作矣，文王康之。"此之谓也。

【注释】

①北海：特指北方边远地区。下文的"东海"、"南海"、"西海"亦

类同。

②曾青：矿产品。是铜的化合物，色青，可供绘画及熔化黄金，产于四川西昌一带。一说即碳酸铜。丹干：同"丹矸"，朱砂，又叫丹砂，即硫化汞。

③财：通"裁"，指根据情况安排使用。

④紽："绤"字之误。绤：粗葛布。

⑤致：极，尽。

⑥饰：装饰，指装饰车服。

⑦养：供养，指供给衣食。

⑧神：治。大王：周太王，即古公为宣父，周文王的祖父，古代周族领袖。相传他因戎、狄所逼，由豳（今陕西彬县东北）迁至岐山下的周（今陕西岐山北），周族从此逐渐强盛。

【译文】

北海有善于奔走的马和善于吠叫的狗，而中原各国能获得并畜养役使它们。南海有羽毛、象牙、犀牛皮、曾青、朱砂，而中原各国能获得并使用它们。东海有紫色的粗麻布、鱼、盐，而中原各国能获得并穿着、食用它们。西海有皮革和色彩斑斓的牦牛尾，而中原各国可以得到并使用它们。所以湖边打鱼的人会有充足的木材，山上伐木的人会有足够的鲜鱼，农民不砍削、不烧窑冶炼而有足够的器具，工匠、商人不种地而有足够的粮食。虎、豹可说是凶猛的了，但是君子能够剥下它们的皮来使用。所以苍天所覆盖的，大地所承载的，天地万物都充分发挥它们的优点、竭尽它们的效用，使之来装饰贤良的人，还用来养活老百姓使他们都安乐。这叫做大治。《诗经》上说："天生高大的岐山，太王使它大发展；太王创造了雄伟的都城，文王使它长平安。"说的就是这个意思。

【原文】

以类行杂①，以一行万②，始则终，终则始，若环之无端也，舍是而天下以衰矣。天地者，生之始也；礼义者，治之始也；君子者，礼义之始也。为之，贯之，积重之，致好之者，君子之始也。故天地生君子，君子理天地。君子者，天地之参也，万物之总也，民之父母也。无君子则天地不理，礼义无统，上无君师，下无父子，夫是之谓至乱。君臣、父子、兄弟、夫妇，始则终，终则始，与天地同理，与万世同久，夫是之谓大本。故丧祭、朝聘、师旅一也，贵贱、杀生、与夺一也③，君君、臣臣、父父、子子、兄兄、弟弟一也，农农、士士、工工、商商一也。

【注释】

①类：同一类事物的法则，即同类事物所共有的规律。这里用作复数。行：做，治理。

②一：指统括一切之道，这里指礼义。

③与夺：给予、剥夺，指赏罚。

【译文】

用各类事物的法则去治理纷繁复杂的事物，用统括一切的法则去治理世间万物，从始到终，周而复始，就像圆环一样没有尽头。如果抛开了这个原则，那么天下就要衰微了。天地，是生命的本源；礼义，是天下大治的本源；君子，是礼义的本源。学习研究礼义，熟悉贯通礼义，不断累积礼义方面的知识，极其爱好礼义，这是做君子的开始。所以天地生养君子，君子治理天地。君子，是天地的参赞，万物的总管，人民的父母。没有君子，那么天地就无法治理，礼义就毫无头绪，上没有君主、师长的尊严，下没有父子之间的伦理道德，这叫做混乱不堪。君臣、父子、兄弟、夫妻之间的伦理关系，从始到终，从终到始，它们与天地有上下之分是同样的道理，与千秋万代同样长久，这叫做最大的根本。所以丧葬祭祀的礼仪、诸侯定期朝见天子的礼仪、军队中的礼仪，其道理大同小异。使人高贵或卑贱、将人处死或赦免、给人奖赏或处罚，其道理是一样的。君主要像个君主，臣子要像个臣子，父亲要像个父亲，儿子要像个儿子，兄长要像个兄长，弟弟要像个弟弟，其道理是一样的。农民要像个农民，读书人要像个读书人，工人要像个工人，商人要像个商人，其道理是一样的。

【原文】

水火有气而无生①，草木有生而无知，禽兽有知而无义，人有气、有生、有知，亦且有义，故最为天下贵也。力不若牛，走不若马，而牛马为用，何也？曰：人能群，彼不能群也。人何以能群？曰：分。分何以能行？曰：义。故义以分则和，和则一，一则多力，多力则强，强则胜物，故宫室可得而居也。故序四时，裁万物，兼利天下，无它故焉，得之分义也。

【注释】

①气：古代哲学概念，指构成宇宙万物的基因，它是一种物质性的东西。

【译文】

水、火有气却没有生命，草木有生命却没有知觉，禽兽有知觉却不讲道义，人有气、有生命、有知觉，而且讲究道义，所以人最为天下所贵重。人的力气不如牛，奔跑不如马，但牛、马却被人役使，为什么呢？就是因为人能结合成社会群体，而它们不能结合成社会群体。人为什么能结合成社会群体？就是因为有等级名分。等级名分为什么能实行？就是因为有道义。所以，根据道义确定了名分，人们就能和睦相处；和睦相处，就能团结一致；团结一致，力量就大；力量大了，就强盛；强盛了，就能战胜外物。正因为如此，人才有可能在房屋中安居。所以，人才能依次排列四季，管理好万事万物，使天下都得到利益，这并没有其他的缘故，而是从名分和道义中得来的。

【原文】

故人生不能无群①，群而无分则争，争则乱，乱则离，离则弱，弱则不能胜物，故宫室不可得而居也，不可少顷舍礼义之谓也。能以事亲谓之孝，能以事兄谓之弟，能以事上谓之顺，能以使下谓之君。君者，善群也②。群道当则万物皆得其宜③，六畜皆得其长④，群生皆得其命。故养长时则六畜育，杀生时则草木殖，政令时则百姓一，贤良服。

【注释】

①故：犹"夫"，发语词。

②群：这里以"群"来解释"君"，在训诂学上叫作声训，即以语音相近的字来训释，它往往揭示了词汇之间的同源现象。

③其：指意之所属。即合乎理想的。

④六畜：六种家畜，即猪、羊、牛、马、鸡、狗。长：抚养。

【译文】

人要正常生活就不能没有社会群体，但结合成了社会群体而没有等级名分的限制就会发生争夺，一发生争夺就会产生动乱，一产生动乱就会离心离德，离心离德就会使力量削弱，力量弱了就不能胜过外物，所以也就不能在房屋中安居了，也就是说人不能片刻舍弃礼义。能够按礼义来侍奉父母叫做孝，能够按礼义来侍奉兄长叫做悌，能够按礼义来侍奉君主叫做顺，能够按礼义来役使臣民叫做君。所谓君，就是善于把人组织成社会群体的意思。组织社会群体的原则恰当，那么万物都能得到应有的合宜安排，六畜都能得到应有的生长，一切生物都能得到应有的寿命。所以饲养适时，六畜就生育兴旺；砍伐种植适时，草木就繁殖茂盛；政策法令适时，老百姓就能被统一起来，有德才的人就会乐于为社会服务。

【原文】

圣王之制也，草木荣华滋硕之时则斧斤不入山林^①，不夭其生，不绝其长也；鼋鼍、鱼鳖、鳅鳝孕别之时^②，罔罟毒药不入泽，不夭其生，不绝其长也；春耕、夏耘、秋收、冬藏四者不失时，故五谷不绝而百姓有馀食也；污池、渊沼、川泽谨其时禁^③，故鱼鳖优多而百姓有馀用也；斩伐养长不失其时，故山林不童而百姓有馀材也。

【注释】

①荣华：草木植物开花叫"荣"，木本植物开花叫"华"。滋：生长。硕：大。

②鼋：大鳖，背青黄色，头有疙瘩，俗称癞头鼋。鼍：扬子鳄，俗称猪婆龙。别：指离别母体，即生育。

③污：停积不流的水。污池：蓄水的池塘。渊：深水潭。沼：水池。川：河流。泽：湖泊。

【译文】

圣明帝王的制度是：草木正在开花生长之际，禁止砍伐，这是为了使它们不断生长；鼋、鼍、鱼、鳖、泥鳅、鳝鱼等产卵的时候，鱼网、毒药不准投入湖泽，这是为了使它们的生命不夭折。春天耕种、夏天锄草、秋天收获、冬天储藏，这四件事都不丧失时机，所以五谷不断地生长而老百姓有富馀的粮食；池塘、水潭、河流、湖泊，严格禁止在规定时期内捕捞，所以鱼、鳖丰饶繁多而老百姓有多馀的资财；树木的砍伐与培育养护不错过季节，所以山林不会被伐光而老百姓有多余的木材。

【原文】

圣王之用也，上察于天，下错于地^①，塞备天地之间，加施万物之上，微而明，短而长，狭而广，神明博大以至约②。故曰：一与一是为人者谓之圣人③。

【注释】

①错：通"措"，处置，采取措施。

②以：而。至约：极其简约，指礼义而言。

③一：指统括一切之道，这里指礼义。一与一：从礼义到礼义的意思。指无论做什么事，都以礼义为原则。

【译文】

圣明帝王的作用是：上能发现天气的变化，下能安排好土地的开发；他的作用充满了天地之间，施加到万物之上；说起来隐微而实际上效用很大，认识的时间短暂而获得的真理长久，生活看起来狭窄而心胸极为广阔；人类文明圣明博大，但本质却又极其简要。所以说：从礼义到礼义，这样做人的，就叫做圣人。

【原文】

序官：宰爵知宾客、祭祀、飨食、牺牲之牢数①，司徒知百宗、城郭、立器之数②，司马知师旅、甲兵、乘白之数③。修宪命，审诗商④，禁淫声，以时顺修，使夷俗邪音不敢乱雅，大师之事也⑤。修堤梁，通沟浍，行水潦，安水藏，以时决塞；岁虽凶败水旱，使民有所耘艾，司空之事也⑥。相高下，视肥墝，序五种，省农功，谨蓄藏，以时顺修，使农夫朴力而寡能，治田之事也。修火宪，养山林薮泽草木鱼鳖百索，以时禁发，使国家足用而财物不屈，虞师之事也。顺州里，定廛宅⑦，养六畜，闲树艺，劝教化，趋孝弟，以时顺修，使百姓顺命，安乐处乡，乡师之事也。论百工，审时事，辨功苦，尚完利，便备用，使雕琢文采不敢专造于家，工师之事也。相阴阳，占祲兆⑧，钻龟陈卦，主攘择五卜，知其吉凶妖祥，伛巫、跛击之事也。修採清，易道路，谨盗贼，平室律，以时顺修，使宾旅安而货财通，治市之事也。抃急禁悍，防淫除邪，戮之以五刑，使暴悍以变，奸邪不作，司寇之事也⑨。本政教，正法则，兼听而时稽之，度其功劳，论其庆赏，以时慎修，使百吏免尽而众庶不偷，冢宰之事也⑩。论礼乐，正身行，广教化，美风俗，兼覆而调一之，辟公之事也。全道德，致隆高，綦文理，一天下，振毫末，使天下莫不顺比从服，天王之事也。故政事乱，则冢宰之罪也；国家失俗，则辟公之过也；天下不一，诸侯俗反，则天王非其人也。

【注释】

①宰爵：官名。掌管接待宾客、祭祀时供应酒食祭品等事务。知：掌管。飨：用酒食招待人。牺牲：供祭祀用的纯色整牛、整羊、整猪叫牺牲。牢：作祭品用的牛、羊、猪的计量单位。

②司徒：官名，掌管民政工作与教化。

③司马：官名，掌管军队。师旅：古代军制以二千五百人为师、五百人为旅，故以"师旅"泛称军队。乘：量词，包括一辆战车、四匹战马、三个甲士、七十二个步兵。白：通"伯"。古代军队的编制，十人为什，百人为伯。

④商：通"章"，乐章。

⑤大师：乐官之长。

⑥司空：掌管土木工程的官员。

⑦廛：古代城市的民房。

⑧祲兆：古人认为它是阴阳气相侵形成不同云气，来预测吉凶。

⑨司寇：掌管刑罚的官员。

⑩冢宰：宰相。

【译文】

论列官职：宰爵负责管理接待宾客和祭祀时供给酒食和祭品的数量。司徒负责管理宗族的事务、修筑城郭和管理各种器械的数量。司马负责管理军队和铠甲、兵器、车马、士兵的数量。修订法令，审查诗歌乐章，禁止淫荡的音乐，依据时势去整治，使蛮夷的风俗和邪恶的音乐不侵扰正声雅乐，这是太师的职事。修理堤坝桥梁，疏通沟渠，排除积水，修固水库，根据时势来放水堵水；就算是饥荒欠收、涝灾旱灾不断的凶年，也使民众可以持续耕耘有所收获，这是司空的职事。看地势的高低，识别土质的肥沃与贫瘠，合理地安排各种庄稼的种植季节，检查农事，认真储备，根据时势去整治，使农民努力耕作而不求兼有其他技能，这是农官的职事。制订禁止焚烧山泽的法令，养护山林、湖泊中的草木、鱼鳖，满足人们不同的需求，根据时节来禁止与开放，使国家有充足的物资而不匮乏。这是虞师的职事。治理乡里，划定各店铺与民居的区域，使百姓饲养六畜，熟习种植，使人们接受教育感化。督促人们孝顺父母、敬爱兄长，根据时势去整治，使百姓服从命令，安居在乡里，这是乡师的职事。考查各种工匠的手艺，审察各个时节的生产事宜，辨别产品质量的好坏，提倡产品的坚固好用，使设备用具便于使用，雕刻图案的器具与有彩色花纹的礼服不敢私家制造，这是工师的职事。观察阴阳的变化，根据云气来评判吉凶，钻灼龟板，排列卦象，掌管驱除不祥、选择吉日以及分析占卜时出现的各种兆形，预见吉凶祸福，这是驼背的巫婆与瘸腿的男巫的职事。整治厕所，平整道路，严防盗贼，公正地审定市场交易，根据时势来整治，使来往商人旅客安全，货物钱财流通顺畅，这是管理市镇的官员的职事。制裁狡猾奸诈的人，禁止凶狠强暴的人，防止淫乱，去除邪恶，用五种刑罚来惩治罪犯，使强暴凶

错音宫女

悍的人得到改造，使淫乱邪恶的事不再发生，这是司寇的职事。把政治教化作为治国的根本，端正法律准则，集思广益并按时对臣民进行考核，依据他们的功劳，评定对他们的奖赏，根据时势来整治，使各级官吏都尽心竭力而老百姓都不敢马虎偷懒，这是宰相的职事。讲究礼制音乐，端正立身行事，

推广教化，改善风俗，普遍地庇护百姓并使他们协调一致，这是诸侯的职事。成全道德，达到崇高的政治境界，使礼仪制度极其完善，统一天下。明察得能发现毫毛末端般的细微小事，使全天下都依顺亲近、听从归服，这是天子的职事。因而政事混乱，就是宰相的过失；国家风俗败坏，就是诸侯的过错；天下不统一，诸侯想造反，那是因为天子不是合适的人选。

【原文】

具具而王①。具具而霸，具具而存，具具而亡。用万乘之国者，威强之所以立也，名声之所以美也，敌人之所以屈也，国之所以安危臧否也②，制与在此③，亡乎人④。王、霸、安存、危殆、灭亡，制与在我，亡乎人。夫威强未足以殆邻敌也，名声未足以县天下也⑤，则是国未能独立也，岂渠得免夫累乎⑥？天下胁于暴国，而党为吾所不欲于是者⑦，曰与桀同事同行，无害为尧，是非功名所就也，非存亡安危之所堕也。功名之所就，存亡安危之所堕，必于愉殷赤心之所。诚以其国为王者之所，亦王；以其国为危殆灭亡之所，亦危殆灭亡。

【注释】

①具具：前一个"具"是动词，具备；后一个"具"是名词，条件。
②安危：此偏指"安"，"危"无义。臧否：好坏。
③与：通"举"，都。此：近指代词，指自己。
④亡：通"无"，不。乎：于，存。
⑤县："悬"的古字，挂。此指挂在天下人嘴边，到处传扬。
⑥渠：同"讵"，与"岂"同义。
⑦党：同"傥"，假如。愉：快乐，指得志。殷：强盛富裕。诚：诚心，指专心。

【译文】

具备了充分的条件就能够成为王者，具备了一定的条件就可以称霸天下，具备了一定的条件就能存在，具备了一定的条件就会灭亡。整治拥有万辆兵车的大国的君主，他那强大的地位之所以能确立，他的名声之所以美好，他的敌人之所以屈服，他的国家之所以又安全，决定性的在于自己而不在别人。是称王、称霸、安全生存，还是危险、灭亡，关键都在自己而不在别人。如果威武强大的程度还不够使相邻的敌国发生危险，名声美好得还不够挂在天下人的嘴边，那么这国家就还不能以独特的姿态耸立于天下，哪里能够免除忧患呢？天下被强暴的国家所威胁，倘若这种情况是我所不想要的。而是被迫天天与桀那样的暴君一同做事、一同行动，虽然不妨害自己成为尧那样的贤君，但已不是功名得以成就的时候了，不是自己想长治久安就能长治久安的时候了。功业名望的建立，长治久安的实现，必定取决于事业得志、国家富强时而自己一颗赤诚之心专注在什么地方。如果真心要把自己的国家建立成一个实行王道的地方，也就能称王天下；要把自己的国家搞到危险灭亡的境地，也就会危险灭亡。

【原文】

殷之日，案以中立无有所偏而为纵横之事①，偃然案兵无动②，以观夫暴国之相卒也③。案平政教④，审节奏⑤，砥砺百姓，为是之日，而兵剸天下劲矣⑥；案然修仁义，伉隆高，正法则，选贤良，养百姓，为是之日，而名声天下之美矣。权者重之，兵者劲之，名声者美之，夫尧、舜者，一天下也，不能加毫末于是矣⑦。权谋倾覆之人退，则贤良知圣之士案自进矣；刑政平，百姓和，国俗节，则兵劲城固，敌国案自诎矣；务本事，积财物，而勿忘栖迟薛越也⑧，是使群臣百姓皆以制度行，则财物积，国家案自富矣。三者体此而天下服，暴国之君案自不能用其兵矣。何则？彼无与至也。彼其所与至者，必其民也。其民之亲我欢若父母，好我芳如芝兰；反顾其上则若灼黥，若仇雠。彼人之情性也虽桀、跖，岂有肯为其所恶贼其所好者哉！彼以夺矣。故古之人有以一国取天下者，非往行之也，修政其所莫不愿，如是而可以诛暴禁悍矣。故周公南征而北国怨，曰："何独不来也？"东征而西国怨，曰："何独后我也？"孰能有与是斗者与？安以其国为是者王。

【注释】

　　①案：同"安"，语助词。无：通"毋"，不要的意思。纵：南北为纵，此指合纵。战国时苏秦主张齐、楚、燕、韩、赵、魏六国结成联盟对抗秦国。由于六国在位置上成南北向，所以称"合纵"。横：东西为横，此指连横。秦国为了对付合纵，采纳张仪的主张，与六国分别结成联盟，以便各个击破。由于秦国在六国的西面，东西联合，所以称"连横"。

　　②案：通"按"。

　　③卒：通"猝"，冲突，对打。

　　④平：整治。

　　⑤节奏：指礼节制度。

　　⑥剸：通"专"，独占。

　　⑦毫末：毫毛的末端，比喻极细微的东西。不能加毫末于是：指权重、兵劲、名声美三者好得无以复加。

　　⑧忘：通"妄"，胡乱。栖迟：滞留等待，即丢在一边、遗弃的意思。薛越：同"屑越"，碎落的意思，即搞得破碎散乱后又抛弃它。与"屑播"同义。

【译文】

　　在强盛的时候，要持中立的态度，不要有所偏袒而去进行合纵连横的事情，要偃旗息鼓地按兵不动，来静观那些残暴的国家互相争斗，要搞好政治教化，审察礼节制度，磨炼百姓。做到了这些，那么他的军队就是天下第一了。奉行仁义之道，达到崇高的政治境界，整治法律条令，选拔贤良的人，使百姓休养生息，做到了这些，那么他的名声就是无人可比的了。权势，使其举足轻重；军队，使其强劲有力；名声，使其美好无比。就是尧、舜那样统一了天下的人，也不能在这三个方面做得再好了。玩弄权术阴谋、专搞倾轧陷害的小人被废黜了，那么贤能善良明智圣哲的君子自然就会进用了；刑法政令公正不阿，百姓和睦相处，国家的风俗节约俭朴，那么兵力就强大，城防就坚固，敌国自然就认输了；致力于农业生产，积聚财物，而不胡乱地遗弃糟蹋。使群臣百姓都按照制度来办事，财物就能积累、国家自然就富足了。以上三个方面都能做到，那么天下就会归顺我们，强暴之国的君主也就无法对我们用兵了。为什么呢？因为他已经没有办法发动人来攻打我们了。和他一起来的，一定是他统治下的民众。而他的民众亲近我就像亲近父母一样，爱戴我就像酷爱芳香的芝兰一样，而回头瞧他们的国君，却像看到了烧烤皮肤、刺脸涂墨的刽子手一样害怕，如同看到了仇人一样愤怒。一个人的本性即使像夏桀、盗跖那样，也哪肯为他所憎恶的人去残害他所喜爱的人呢？意思是，他们已经被我们争取过来了。所以古代的人，有依仗一个国家来夺取天下的，他并不是前往别国掠夺他们，而是在自己国家内搞好政治，结果所有人都仰慕他，如此一来就可以铲除强暴制止凶悍了。所以周公向南征伐时北方的国家都抱怨，说："为什么偏偏不来我们这里呢？"向东征伐时，西面的国家都抱怨，说："为什么只把我们丢在后面呢？"谁能同这种人争斗呢？把自己的国家治理成这样的君主就能称王天下。

【原文】

殷之日，安以静兵息民，慈爱百姓，辟田野，实仓廪，便备用，安谨募选阅材伎之士；然后渐赏庆以先之，严刑罚以防之，择士之知事者使相率贯也，是以厌然畜积修饰而物用之足也。①兵革器械者，彼将日日暴露毁折之中原，我今将修饰之，拊循之②，掩盖之于府库；货财粟米者，彼将日日栖迟薛越之中野，我今将畜积并聚之于仓廪；材技股肱、健勇爪牙之士③，彼将日日挫顿竭之于仇敌，我今将来致之、并阅之、砥砺之于朝廷④。如是，则彼日积敝，我日积完；彼日积贫，我日积富；彼日积劳，我日积佚。君臣上下之间者，彼将厉厉焉日日相离疾也⑤，我今将顿顿焉日日相亲爱也⑥，以是待其敝。安以其国为是者霸。

【注释】

①厌然：安然，安定。畜：通"蓄"。

②拊循：护养。

③股肱：大腿和上臂，比喻左右辅佐之臣。

④来：通"徕"，招致，招揽。致：招引。并：接纳。

⑤厉厉：形容憎恨。

⑥顿顿：诚恳敦厚的样子。顿，通"敦"。

【译文】

在国家富强的时候，停止用兵、让人民休养生息，爱护百姓，开垦田野，充实粮仓，改进器用，谨慎地招募、选择、接纳有才能技艺的士人，然后加重赏赐来引导他们，加重刑罚来督责他们，选择其中明白事理的人来率领他们，因此他们就安心地积蓄财物、修理改进器用，而财物器用就充足了。兵革器械之类，别国天天把它们丢弃毁坏在原野之中，而我们却修理改进它们，护养它们，

春秋战国时期的服饰

并把它们保存在府库里；财物粮食之类，别国天天把它们遗弃糟蹋在田野之中，而我们却把它们储存集聚在粮仓里；有才能技艺的辅佐大臣、健壮勇敢的武士，别国天天让他们在敌人那里受挫折、遭困顿、被消耗，而我们却在朝廷上招募他们、容纳他们、激励他们。像这样，别国一天天衰败，我们却一天天完善；别国一天天贫困，我们却一天天富裕；别国一天天疲劳，我们却一天天安逸。君臣、上下之间，别国是恶狠狠地一天天互相疏远憎恨，我

们却诚恳地一天天互相亲近友爱，以此来等待别国的衰败。把自己的国家治理成这样的君主就能称霸了。

【原文】

立身则从佣俗①，事行则遵佣故，进退贵贱则举佣士，之所以接下之人百姓者则庸宽惠，如是者则安存。立身则轻楛，事行则蠲疑②，进退贵贱则举佞侻③，之所以接下之人百姓者则好取侵夺，如是者危殆。立身则骄暴④，事行则倾覆，进退贵贱则举幽险诈故⑤，之所以接下之人百姓者，则好用其死力矣，而慢其功劳，好用其籍敛矣⑥，而忘其本务，如是者灭亡。

【注释】

①佣：通"庸"，平庸，平常。
②蠲疑：喜明察而好狐疑。
③佞侻：亦作"佞兑""佞说"，谄谀取悦，亦指谄媚取悦的奸人。一说兑通"锐"，佞锐，指善于谄谀，口才和行动便捷。
④骄：同"骄"，骄傲，骄矜。
⑤故：巧诈。
⑥籍：古代各种捐税的统称。敛：征收，索取。

【译文】

为人则依从平常的习俗，做事则遵循平常的惯例，在任免、升贬方面则提拔普通人，对待臣下百姓宽容仁爱，像这样的君主能安全生存。为人则轻率恶劣，做事则喜明察而好狐疑，在任免、升贬方面提拔善于谄媚取悦的奸人，对待臣下百姓喜好索取、侵占和掠夺，像这样的君主就危险了。为人则骄傲暴躁，做事则反复无常，在任免、升贬方面则提拔阴险狡诈的人，对待臣下百姓时，利用他们尽力卖命而忽略他们的功劳，利用他们征收赋税而不管他们的本业，像这样的君主就会灭亡。

【原文】

此五等者，不可不善择也，王、霸、安存、危殆、灭亡之具也。善择者制人，不善择者人制之；善择之者王，不善择之者亡。夫王者之与亡者、制人之与人制之也，是其为相县也亦远矣。

【译文】

以上这五种不同的情况，不能不好好地加以选择，这是称王、称霸、安存、危险、灭亡的条件。善于选择的能制服别人，不善于选择的别人就能制服他；善于选择的能称王天下，不善于选择的就会灭亡。那称王和灭亡、制服别人和被别人制服的，其间的差距也太远了。

【解读】

本篇历论生者之为政、王者之听政、王者之人、王者之制、王者之论、王者之法、王者之用、王者之序官，都是荀子理想中的君主制度的具体内容。如若将它们归总整理，撮其要点，那就是：

君主制度的产生根源。由人类的起源到社会组织的起源，再到君主制度的起源，这就是荀子的群学思想。梁启超将荀子《王制》说成"论社会原理"，严复译斯宾塞《社会学原理》为《群学肄言》，即借用荀子"群"之概念。荀子认为，人"最为天下贵"的道理，在于人既有气又有生命知觉而且有礼义，从而和无机物、有机物、植物、动物区别开来，做了天地人"三才"的中心。这个天地之心是以"群"而立足的。"群"即今言社会组织。荀子认为，人之所以能结群而居，是由于"分"。原来人类面临着一种不可回避的矛盾：一方面"物不能澹"，另一方面"势位齐而欲恶同"，有限的资源满足不了所有人的欲望、需求，于是人们互相争斗，"争则必乱，乱则穷矣"。为了止争弥乱，解决"分均则不偏，势齐则不壹，众齐则不使"的问题，圣人"制礼义以分之"，使"贫富贵贱之等"，各按其经济地位、政治身份来分配经济与社会资源，天下就会太平。这就是说，"群"中包含着"分"，即由礼义区分出来的等级名分，它是群居的人类须臾不可分离的纲纪。然而，礼义区分的"贫富贵贱之等"最终被历史所抛弃，人类并没有因此而散乱。这说明，由礼义制定出来的社会经济制度和政治制度，并不必然是"养天下之本也"。荀子从社会和经济的角度来观察人类社会的形成，分析社会纷争的产生，表现出了他的睿智。但他倒果为因，把统治阶级用以保持和扩大其既得利益的等级名分制度，说成是人类社会维系的法宝，企图使"义以分则和，和则一"神圣化，就坠入了历史唯心论。以家族为基本构成单位的中国古代封建社会，其国家政权掌握在君主手里，他就是社会人群的最高首领和支配者。"君者，善群也。"这个定义赋予君主以至高无上的权力。荀子先后以"三始"、"圣王之用"、"序官"来解释至高无上的君权。先说用"三始"表述：天地"生之始"，礼义"治之始"，君子（此处指君主）"礼义之始"，故君主是"三始"之首，可称"天地之参也，万物之总也，民之父母也"。在天地、礼义、君主这三个根本中，君主是"大本"，其地位与作用到了极致。所以，对礼义的"为之贯之积重之致好之者"，是君主的根本职责。再说用"圣王之用"表述：圣王以礼义践行于天地万物，实行的是"神明博大以至约"的治理，因而百姓同心和一，可谓"一与一"，即以礼义（一）使人民齐一（一）。最后说用"序官"表述：天王的职责是"全道德，致隆高，綦文理，一天下，振毫末，使天下莫不顺比从服"，强调的仍然是推崇礼法，用它统一天下，使人民亲附。至于用无端之环比喻"群道当"，是对君权的总结性表述，说它"以类行杂，以一行万，始则终，终则始"。前两句话互文见义，类、一均指统类礼义，意在说明君主手握一个以礼法贯串始终而没有开头的圆环，天下之万物杂事无不统驭其中，君主运用其至高无上的权力使治理进入到全面完备的美善境界。

王者之道的核心问题。荀子引用孔子"大节是也，小节是也，上君也"的观点，来论证自己的王道思想。所谓"大节"，指的是使君主安的"平政爱民"，使君主荣的"隆礼敬士"，使君主立功名的"尚贤使能"。这三节是从"君舟民水"的民本主义思想引申出来的，故而以民为中心，以礼为根本，以法为准绳，以才为实用，合体而行，即为称王天下奠定坚实基础。鉴于此，荀子极力倡导"修礼者王"、"王者富民"，反对"聚敛计算之君"卫成侯、卫嗣公，因为他们实行的是"上溢而下漏"、"召寇肥敌"的政策，走的是"亡国危身"的道路。荀子认为，最重要的是要做到"庶人安政"，这是"君子安位"的充分且必要的条件。正像以"静"而弥"马骇舆"一样，要以"惠"而除"庶人骇政"。此"惠"不训"恩惠"，当指对人民实行仁爱的政策措施，即："选贤良，举笃敬，兴孝悌，收孤寡，补贫穷，如是则庶人安政矣。"这是在政治、教化、经济、社会福利诸方面的全面完备的"平政爱民"。下文"王者之法"、"圣王之制"等相关的论述，又说到赋税、农林渔牧、工商物流及政事等各种经济与社会政策，都要求安民让利而不是扰民夺利。"平政爱民"是以"有良法"和"有君子"为保障的。所谓"良法"，指的是"是非不乱"，"令行禁止"，庆赏刑罚得当而无过，这是能够"安政"、"富民"的"王者之法"。在执行"王者之法"的过程中，要由君子即君主掌控，经常"议法"，以检查执法有无差错，做到"以善至者待之以礼，以不善至者待之以刑"，如是才能"贤不肖不杂，是非不乱"，从而收到"英杰至"和"国家治"的效果；还要做到"职之衡"而能"公平"，"听之绳"而能"中和"，"听之尽"而须"有法者以法行，无法者以类举"。这些都说明，荀子是礼法并举和君主发挥主导作用的倡导者。"不可少顷舍礼义"这一提法，充分表达了荀子"隆礼敬士"的思想。在本篇，荀子逐一讲到：以礼义行法听政，以礼义区分贫富贵贱之等，以礼义消除社会纷争，以礼义选拔贤能，以礼义教化各类民众，以礼义安政惠民，以礼义强国富民，以礼义善待他国之民，以礼义执行赏罚，以礼义整饬王者言行，以礼义约束君臣父子兄弟夫妇，以礼义规定宫室、衣服、祭祀、音乐、朝聘，以礼义处理四时节令、农林渔牧、动植万物，以礼义称王天下，总之，礼义是"养天下之本也"。荀子的"尚贤使能"思想，着力在打破用人的旧制度。由于"贤能不待次而举"，用人论资排辈的陈规就被冲破；由于"罢不能不待须而废"，企图靠资历和身份升迁的人就不再有指望；由于王公子孙可降为庶人，庶人子孙可升为卿相士大夫，父昭子穆一样的分别就不再由尊卑贵贱的祖先来决定。荀子所处的战国时期，社会阶级结构发生巨大变化，大批有军功的平民出身的将士被破格提升到官僚机构，表明新兴的封建制度正在形成，旧贵族世袭制度开始退出历史舞台。荀子与时俱进，大胆地对"礼"作出新的解释，以更加开放的观点来适应天下统一前夕人才竞争的需要，这是对孔子尚贤思想的重要发展。

王霸兼用的统一天下思想。本篇继《仲尼篇》之后，进一步论述霸王杂用可以统一天下。荀子认为"强国之道"有其可取之处：虽然国力强大，却"不务强"，而以"以王命全其力，凝其德"，这叫做除"强大之弊"，因而不会削弱。而且，"天下无王霸主，则常胜矣"，即可以长期维持自我强大的地位。"霸主之道"有其可取之处：一是在土地、粮食、兵革器械以及人才等方面能够扩充国家实力；二是选贤任能，赏罚得当，治理有方；三是不存兼并之心，不以诸侯为臣，反而以存亡继绝、卫弱禁暴的友好政策与诸侯结盟，使其悦服、亲附。假如具备了这些条件，"天下无王霸主，则常胜矣"，即可以长期维持九合诸侯一匡天下的霸主地位，使天下稳定不乱。对于"王者之道"，其可取之处则是仁、义、威三者兼有，同时形成，在仁、义之外，还要凭借国家实力，"以不敌之威，辅服人之道"，虽不战不攻不劳甲兵而使天下亲附和尊重，从而实现天下统一。荀子视强道、霸道、王道均有所长，认为"知此三具者，欲王而王，欲霸而霸，欲强而强矣"。这就是说，强、霸、王三个品级中，王道为上，霸道次之，强道又次之，所以不能王则霸，不能霸则强，但决不做危殆、灭亡之国。荀子生当战国之末群雄争霸的情势，看出天下统一必将由诸霸凭借实力决出雌雄而完成，故而冷眼旁观，理智地面对现实，指出对强、霸、王道应有不同程度的吸纳和肯定，首先得安存，方可谈得上称霸天下、称王天下。他甚至认为，在当今单凭仁义而取天下是不现实的了，所以强调以"威"补仁义，以"威"辅仁义，行王道而不可，退而求其次——霸道亦可行也。这和认为"春秋无义战"，对霸道完全否定的孟轲，恰成鲜明对照。

富国第十

【题解】

荀子在本篇中主要论述的问题就是使国家富强的根本原则和方法问题。荀子认为，要想使国家真正富强，根本的方法就是节约开支，加强农业生产，使得老百姓能够过上富裕安康的生活。为此，荀子提出了一系列促进经济发展的政治原则和方针策略，如"明分使群"、"裕民以政"，用政治手段使社会安定，促使经济发展；"尚贤使能"、"严明赏罚"，用来刺激劳动积极性；"强本抑末"、"开源节流"、"节用裕民"，用来调整生产、消费结构，以保证经济的良性发展。只有如此，才能使人民富强安康，国家强盛稳固，从而实现国家的统一，天下的太平。同时，荀子还对历史上各个时期有关人物关于经济发展的举措和治国方略

变形龙纹镜（春秋战国）

进行了评说，提出了治理国家和发展经济应该注意的问题。荀子有关为民谋利、民富国强的思想在中国古代思想史上有着十分重要的影响，对我们现在推进科学发展、构建和谐社会具有十分重要的借鉴价值。特别值得一提的是，荀子通过分析批判墨子"节用"、"节财"、"节葬"、抑礼制乐等思想主张，大胆地提出并阐述了消费拉动生产、增加社会财富的著名的经济学思想，这是经济学史上具有里程碑意义的科学命题和思想主张。

【原文】

万物同宇而异体，无宜而有用为人①，数也②。人伦并处③，同求而异

道④，同欲而异知⑤，生也⑥。

【注释】

①无宜：无固定之宜，即是说没有固定的用途。宜，适合，指主动地迎合人们需要的应变能力。为：如同"于"。

②数：自然的道理。

③伦：类、等级。人伦：指各种类别、等级的人。

④道：思想原则，主张。同求而异道：指有人追求行善，有人追求作恶。

⑤知：通"智"。

⑥生：通"性"。

【译文】

万物并存于宇宙空间之中，而形体各不相同，它们没有固定的用途，但却都对人们有用，这是自然的道理。各种类别、等级的人群居在一起，同样有追求而思想原则却不同，同样有欲望而智慧却不同，这是人的本性。

【原文】

皆有可也。知愚同；所可异也，知愚分。势同而知异①，行私而无祸，纵欲而不穷，则民心奋而不可说也。如是，则知者未得治也；知者未得治，则功名未成也；功名未成，则群众未县也②；群众未县，则君臣未立也。无君以制臣，无上以制下，天下害生纵欲。欲恶同物，欲多而物寡，寡则必争矣。故百技所成③，所以养一人也。而能不能兼技，人不能兼官④，离居不相待则穷，群而无分则争。穷者，患也；争者，祸也。救患除祸，则莫若明分使群矣⑤。强胁弱也，知惧愚也，民下违上，少陵长，不以德为政，如是，则老弱有失养之忧，而壮者有纷争之祸矣。事业所恶也，功利所好也，职业无分，如是，则人有树事之患⑥，而有争功之祸矣。男女之合、夫妇之分、婚姻、娉内、送逆无礼⑦，如是，则人有失合之忧⑧，而有争色之祸矣。故知者为之分也。

【注释】

①知异：认识不同，指所认可的事物不同，即生活追求不同。

②县：通"悬"，原意是把物品悬挂在空中，以此来分出高下，这里是比喻把人们分出高下等级来。

③技：有技艺的人。

④官：职事，职业。

⑤明分使群：确定名分等级，然后以此来组织人们。

⑥事：指劳役之事。有树事之患：意谓事业难以建立，事情办不起来。

⑦娉：同"聘"，送礼物订婚。一说指古婚礼六礼（纳采、问名、纳吉、纳徵、请期、亲迎）之一的问名，即询问女方之名。内：同"纳"，指纳币，又称纳徵，古婚礼六礼之一，派人送聘书、聘礼于女家，女家接受聘书、聘礼后复书，婚姻关系就确定了。逆：迎。

⑧失合：意思是指失去婚配。

【译文】

人们都有所认可的，聪明的人和愚蠢的人在这一点上是相同的。但是他们所认可的事物是不同的，由此就区分出了聪明和愚蠢。如果人们的地位相同而智慧并不相同，谋取私利而不受惩罚，随心所欲而不会受到阻碍，那么人们将奋起争竞，求取私欲，而不可说服了。像这样，那么有智慧的人就得不到权力来治理国家。得不到权力来治理国家，那么他们的功业和名望就不能成就。他们的功业和名望不能成就，那么人群就不会有等级差别；人群没有等级差别，那么君主与臣下的关系就不能确立了。没有君主来统治臣子，没有上级来控制下级，那么天下的祸害就会因为各人的为所欲为而不断发生。人们需要的东西是一样的，所厌恶的东西也是一样的，可是需要的多而东西少，东西少就一定会发生争夺了。各行各业的人所制成的产品是用来供养一个人的生活所需的。一个人的能力不可能同时精通所有的技艺，一个人不可能同时从事所有的职业，所以人如果离群索居而不互相依靠就会陷入困境，如果群居而没有名分规定就会发生争夺。无法生存下去，是一种祸患，发生争斗也是一种灾难。要消除祸患免除灾难，就没有比明确各人的名分、使人们结合成社会群体更好的办法了。如果强暴的威胁弱小的，聪明的害怕愚昧的，下民违抗君上，年轻的欺凌年长的，不根据礼义道理来治理政事，像这样，那么年老体弱的人就会有无人扶养的忧虑，而身强力壮的人也会有分裂相争的祸患了。做事干活是人们所厌恶的，功名利益是人们所喜欢的，如果各人的职事没有名分规定，像这样，那么人们就会有难以建树事业的忧患，而且还会有互相争夺功劳的祸患了。男女的结合、夫妇的区别、娶妻出嫁、定亲送礼、送女迎亲等如果没有礼制规定，那么人们就会有失去配偶的忧虑，就会有争夺女色的祸患了。所以有智慧的人为此给人们制定了名分等级。

【原文】

　　足国之道：节用裕民，而善臧其余①。节用以礼，裕民以政。彼裕民②，故多余；裕民，则民富。民富，则田肥以易③；田肥以易，则出实百倍。上以法取焉，而下以礼节用之。余若丘山，不时焚烧，无所臧之。夫君子奚患乎无余④？故知节用裕民，则必有仁义圣良之名，而且有富厚丘山之积矣。此无它故焉，生于节用裕民也。不知节用裕民，则民贫；民贫，则田瘠以秽；田瘠以秽，则出实不半。上虽好取侵夺，犹将寡获也；而或以无礼节用之⑤，则必有贪利纠诉之名⑥，而且有空虚穷乏之实矣。此无它故焉，不知节用裕民也。《康诰》曰⑦："弘覆乎天，若德裕乃身⑧。"此之谓也。

【注释】

①臧：通"藏"。
②"裕民"应该是"节用"。
③肥：使肥沃，施肥。易：治理。

七五〇

④君子：这里是指墨子。《墨子·七患》："畜种菽粟不足以食之？七患也。"⑤以无：应该是"无以"。

⑥利：贪。纠：收。诉：通"拵"，取。

⑦《康诰》：《尚书》的篇名。

⑧若：顺。裕：在《尚书》中是宽裕的意思，这里断章取义，表示富裕。乃：你。荀子引用这句话的旨意是上文所说的：君主裕民，则自己也会有富厚之积。

【译文】

使国家富足的方法是：节约费用，使老百姓富裕，并妥善贮藏那多余的粮食财物。节约费用要依靠礼制，使老百姓富裕依靠政治措施。推行节约费用的制度，粮食财物就会有盈余；实行使老百姓富裕的政治措施，老百姓就会富裕起来。老百姓富裕了，那么农田就会被多施肥并且得到精心的耕作；农田被多施肥并且得到精心耕作，那么生产出来的谷物就会增长上百倍。国君按照法律规定向老百姓收税，而臣民按照礼制规定节约地使用它们。这样，余粮就会堆积如山，即使时常被烧掉，也还是多得没有地方贮藏它们。那君主还用得着担心没有余粮吗？所以，懂得节约费用、使老百姓富裕，就一定会享有仁爱、正义、圣明、善良的名声，而且还会拥有丰富得像山陵一样的积蓄。这没有其他的缘故，而是由于贯彻了节约费用、使老百姓富裕的方针。不懂得节约费用、使老百姓富裕，那么老百姓就会贫困；老百姓贫困了，那么农田就会贫瘠而且荒芜；农田贫瘠而且荒芜，那么生产出来的谷物就还达不到正常收成的一半。这样，国君即使热衷于索取侵占掠夺，也会得到很少；如果有时还没有按照礼制规定节约地使用它们，那就一定会有贪婪搜刮的名声，而且还会有粮仓空空、穷困贫乏的实际后果。这没有其他的缘故，就是因为不懂得节约费用、使百姓富裕的办法。《尚书·康诰》上说："像天那样广大地庇护百姓，遵行礼义道德，就能使你本人也得到富裕。"说的就是这个道理。

【原文】

礼者，贵贱有等，长幼有差，贫富轻重皆有称者也①。故天子袾裷、衣冕②，诸侯玄裷、衣冕，大夫裨、冕③，士皮弁、服④。德必称位，位必称禄，禄必称用。由士以上则必以礼乐节之，众庶百姓则必以法数制之⑤。量地而立国⑥，计利而畜民⑦，度人力而授事；使民必胜事，事必出利，利足以生民，皆使衣食百用出入相掩⑧，必时臧余，谓之称数。故自天子通于庶人，事无大小多少，由是推之。故曰⑨："朝无幸位，民无幸生。"此之谓也。

【注释】

①轻重：指尊卑。称：相称，合适。

②袾：同"朱"，大红色。裷：即"衮"，卷龙衣，即画有卷曲的龙形图案的礼服。衣：着，穿戴。冕：大夫以上的贵族所戴的礼帽。

③裨：一种显示地位低卑的礼服，诸侯卿大夫觐见天子时所穿。

④士：官名，其位次于大夫。皮弁：一种用白鹿皮做的帽子。服：后面应该有"素积"二字。素积：是用白色生绢制成的腰部有褶子的裙。

⑤法数：这里是指治理百姓的法度。制：治理。

⑥国：这里是指行政区域。

⑦畜：畜养，指安排工作、役使。

⑧掩：同，合。出入相掩：指收支平衡。

⑨故：这里是指古书，历史典籍。

【译文】

所谓礼，就是高贵的和卑贱的有不同的等级，年长的和年幼的有一定的差别，贫穷的和富裕的、权轻势微的和权重势大的都各有相宜的规定。所以天子穿大红色的龙袍、戴礼帽，诸侯穿黑色的龙袍、戴礼帽，大夫穿裨衣、戴礼帽，士戴白鹿皮做的帽子，穿白色褶子裙。德行必须和职位相称，职位必须与俸禄相称，俸禄必须与能力相称。从士以上，就必须用礼乐制度去节制他们，对群众百姓就必须用法度去治理他们。根据土地的大小来划分行政区域，计算收益多少来养育百姓，评估人的能力大小来授予工作；使人民一定能胜任自己的工作，他们的工作一定能产生经济效益，而这种收益又足够用来养活百姓，普遍地使他们穿的、吃的以及各种费用等支出能和收入相抵，一定及时地把他们多余的粮食财物储藏起来，这叫做合乎法度。所以，从天子直到平民百姓，事情无论大小多少，都要按照礼的规定来类推。古书上说："朝廷上没有无德无功而侥幸获得官位的，百姓中没有游手好闲而侥幸获得生存的。"说的就是这个道理。

【原文】

轻田野之税，平关市之征①，省商贾之数②，罕兴力役③，无夺农时④，如是，则国富矣。夫是之谓以政裕民。

【注释】

①平：整治，这里指免除。
②省：减少。
③力役：苦役，徭役。
④夺农时：侵占农民耕种的时机。意思是指在应该耕种的季节让农民去服劳役，以致贻误了时机。

【译文】

减轻田土山野的赋税，公平合理地在关卡集市征收赋税，减少商人的数量，少搞劳役，不要耽误农时，像这样，那么国家就会富裕了。这叫做用政治措施来使老百姓富裕。

【原文】

人之生，不能无群，群而无分则争，争则乱，乱则穷矣。故无分者，人之大害也；有分者，天下之本利也；而人君者，所以管分之枢要也。故美之者，是美天下之本也；安之者，是安天下之本也；贵之者，是贵天下之本也。古者先王分割而等异之也①，故使或美、或恶，或厚、或薄，或逸乐、或劬劳②，非特以为淫泰、夸丽之声③，将以明仁之文④，通仁之顺也。故为之雕琢、刻镂、黼黻、文章⑤，使足以辨贵贱而已，不求其观⑥；为之钟鼓、管磬、琴瑟、竽笙⑦，使足以辨吉凶、合欢定和而已⑧，不求其余；为之宫室台榭⑨，使足以避燥湿、养德、辨轻重而已⑩。不求其外。《诗》曰⑪："雕琢其章，金玉其相⑫，亹亹我王⑬，纲纪四方。"此之谓也。

【注释】

①割：制，裁断。

②或美、或恶：是指地位或高贵或卑下。或厚、或薄：是指待遇或丰厚或菲薄。劬：劳苦，劳累。

③淫：过分，放荡。泰：过分，奢侈。夸：美好。丽：美好。

④仁：是指隆礼尊贤。文：是指礼乐等级制度。

⑤雕琢：雕刻玉器，刻：雕刻木器。镂：雕刻金器。

⑥观：这里是指更多的东西。

⑦管：一种竹制的管状乐器。磬：一种石制的弯形敲击乐器。瑟：一种弦乐器，有二十五根弦。竽：一种像笙而大的乐器。

⑧合欢：得到欢乐。吉：吉事，指祭祀、冠、婚娶等。凶：凶事，指丧事。定：成。

⑨台：土筑的高台，供观察瞭望用。榭：建在高土台上的房子。

⑩养德：涵养德行。轻重：是指尊卑。

⑪引诗见《诗经·大雅·棫朴》。

⑫相：质料。

⑬亹亹：勤勉不倦的样子。

【译文】

人们生活，不能离开社会群体，但结合成了社会群体而没有等级名分的限制就会发生争夺，一发生争夺就会产生动乱，一产生动乱就会陷入困境而致使无法生存下去。所以，没有等级名分，是人们最大的祸害；有等级名分，是天下的根本利益之所在。而君主，就是用来维护等级名分的关键。所以，赞美君主，这就是赞美天下的根本；维护君主，这就是维护天下的根本；尊重君主，这就是尊重天下的根本。古时候的君主用名分来治理百姓、用等级来区别他们，所以使有的人受到褒奖、有的人受到惩罚，有的人待遇优厚、有的人待遇微薄，有的人安逸快乐、有的人劳苦不堪。这是想以此来彰明隆礼尊贤的礼乐等级制度，贯彻隆礼尊贤的等级秩序。所以，给人们在各种器具上雕刻图案、在礼服上绘画各种彩色花纹，使它们能够用来分辨高贵与卑贱就罢了，并不追求更多的东西；给人们设置了钟、鼓、管、磬、琴、瑟、竽、笙等乐器，使它们能够用来区别吉事凶事、用来一起欢庆而造成和谐的气氛就罢了，并不追求别的什么；给人们建造了宫、室、台、榭，使它们能够用来避免日晒雨淋、修养德性、分辨尊卑就罢了，并无另外的追求。《诗经》上说："雕琢花纹，金玉是它的质料。勤勉的君王，是四方的纲纪。"说的就是这个道理。

【原文】

若夫重色而衣之，重味而食之，重财物而制之，合天下而君之，非特以为淫泰也，固以为王天下、治万变、材万物、养万民、兼制天下者为莫若仁人之善也夫①。故其知虑足以治之②，其仁厚足以安之，其德音足以化之。得之，则治；失之，则乱。百姓诚赖其知也，故相率而为之劳苦以务佚之，以养其知也；诚美其厚也，故为之出死断亡以覆救之③，以养其厚也：诚美其德也，故为之雕琢刻镂、黼黻文章以藩饰之，以养其德也。故仁人在上，百姓贵之如帝，亲之如父母，为之出死断亡而愉者。无它故焉，其所是焉诚美，其所得焉诚大，其所利焉诚多也。《诗》曰^④："我任我辇，我车我牛，我行既集^⑤，盖云归哉！"此之谓也。

【注释】

①材：通"裁"，利用。制：应该是"利"字的误写。夫：罢了。
②故：如同"夫"字，发语词。
③断：决。覆：掩护，捍卫。
④引诗见《诗经·小雅·黍苗》。荀子以此来说明百姓辛勤劳动以侍奉君主。
⑤集：完成，成功。

【译文】

　　至于把色彩丰富的衣服给君主穿，把各种各样的食品给君主吃，积聚多种多样的财物来让君主使用，把整个天下交给君主来统治它，这并不是特意要用它们来造成放荡奢侈，而不过是为了能够统一天下，处理各种事变，管理利用万物，养育老百姓，使天下人都得到好处。能够这样做的人实在没有比仁德的君子更好的了。那仁人君子的智慧足够用来治理老百姓，他的仁爱厚道足够用来安抚老百姓，他的道德声望足够用来教育感化老百姓。得到了这样的人，天下就安定；失去了这样的人，天下就混乱。老百姓真心实意要依靠他的智慧，所以才成群结队地替他劳动来努力使他安逸，以此来保养他的智慧；老百姓真心实意地赞美他的仁厚，所以才出生入死地来保卫捍卫他，以此来保养他的仁厚；老百姓真心实意赞美他的德行，所以才给他在各种器具上雕上图案、在礼服上画上各种彩色花纹来遮蔽装饰他，以此来保养他的德行。所以仁人君子处在君位上，老百姓尊重他就像就像敬重天帝一样，爱戴他就像爱戴父母一样，为他出生入死也心甘，这并没有其他的缘故，就是因为他所确定的政令实在好，他所取得的成就实在大，他所带来的好处实在多啊。《诗经》上说："我背粮食我拉车，我扶车子我牵牛，我们的任务已完成，吩咐我们都回去。"说的就是这种情况。

【原文】

故曰："君子以德，小人以力。力者，德之役也。"①百姓之力，待之而后功；百姓之群，待之而后和；百姓之财，待之而后聚；百姓之势，待之而后安；百姓之寿，待之而后长②。父子不得不亲，兄弟不得不顺，男女不得不欢。少者以长，老者以养③。故曰："天地生之，圣人成之。"此之谓也。

【注释】

①这是古代的常语。《左传·襄公九年》："君子劳心，小人劳力。"《孟子·滕文公上》："劳心者治人，劳力者治于人。"与此类似。

②靠了君子的治理，百姓才不会争夺相杀，所以能长寿。

③以养：是指依靠了君子的德行的教化而得到奉养。

【译文】

所以说："君子靠的是德行，小人靠的是力气。干力气活的小人，是为有德行的君子所役使的。"百姓的体力劳动，要依靠君子的德行的治理以后才有成效；百姓组织在一起的合群生活，要依靠君子的德行的治理以后才能和谐协调；百姓的财物，要依靠君子的德行的治理以后才能积聚起来；百姓的地位，要依靠君子的德行的治理以后才能安稳；百姓的寿命，要依靠君子的德行的治理以后才能长久。父子之间没有君子的德行的教化就不会亲密，兄弟之间得不到君子的德行的教化就不会和顺，夫妇之间得不到君子的德行的教化就不会欢乐。年少的人依靠君子的德行的教化长大成人，老年人依靠君子的德行的教化得到赡养。古书上说："天地滋生了万物，是圣人使他们成长。"说的就是这种情况。

【原文】

今之世而不然，厚刀布之敛以夺之财，重田野之税以夺之食，苛关市之征以难其事。不然而已矣，有掎挈伺诈、权谋倾覆①，以相颠倒，以靡敝之。百姓晓然皆知其污漫暴乱而将大危亡也。是以臣或弑其君，下或杀其上，粥其城、倍其节而不死其事者②，无它故焉，人主自取之也。《诗》曰③："无言不雠，无德不报。"此之谓也。

【注释】

①有：通"又"。掎：从后面拖拉，牵制，指抓住对方弱点。挈：持，抓。

②粥：同"鬻"，出卖。倍：通"背"，背叛，违背。不死其事：意思是不为君主的事而卖命。

③引诗见《诗经·大雅·抑》。

【译文】

如今的世道却不是这样。在上位的人加重对金钱货币的搜刮来掠夺百姓的财产，加重对田地的税收来抢夺百姓的粮食，加重对关卡和集市的收税来阻碍百姓的贸易活动。不仅如此，他们还抓住对方的弱点伺机欺诈、玩弄权术阴谋进行倾轧陷害，用这种手段来互相颠覆，来摧残百姓。百姓明明知道这种人污秽肮脏残暴淫乱，知道国家将要因此而遭受极大的危难与灭亡。于是，有的臣子就杀死了他们的君主，有的下级杀死了他们的上司。有的出卖城池、违反节操而不为君主的事业卖命，这没有其他的缘故，而是君主自作自受的结果。《诗经》上说："说话总会有应答，施恩总会有报答。"说的就是这种道理。

【原文】

兼足天下之道在明分。掩地表亩①，刺草殖谷②，多粪肥田，是农夫众庶之事也。守时力民③，进事长功，和齐百姓，使人不偷，是将率之事也④。高者不旱，下者不水，寒暑和节，而五谷以时孰⑤，是天下之事也⑥。若夫兼而覆之，兼而爱之，兼而制之，岁虽凶败水旱，使百姓无冻馁之患。则是圣君贤相之事也。

【注释】

①掩：掩盖，使有植被，指开垦耕种。表：标记。亩：田垄。表亩：立田垄以作标志，指明确田界。

②刺：杀，这里是铲除的意思。殖：通"植"，种植。

③力民：用尽民力，意思是指督促百姓辛勤劳动。

④率：同"帅"。古代百姓战时征战，平时务农；而将帅战时指挥军队，平时便是行政长官，所以管理百姓务农之事。

⑤孰：同"熟"，成熟。

⑥天下：应该是"天地"的误写。

【译文】

使天下普遍富足的方法在于明确名分。开垦田地，筑好田垄作为标记，铲除杂草，种植谷物，多施粪肥使土地肥沃，这是农民应该做的事情。掌握农时，督促百姓辛勤地劳动，促进生产发展，增加收益，使老百姓协调一致，使人们不偷懒不懈怠，这是将帅的事情。使高地不受旱，洼地不受涝，寒暑和顺适宜，而庄稼按时成熟，这是自然界的事情。至于普遍地庇护老百姓，普遍地爱抚老百姓，全面地管理老百姓，即使遇到饥荒歉收旱涝的年岁，也使老百姓没有受冻挨饿的祸患，这便是圣明的君主、贤能的臣子的事情。

【原文】

墨子之言力民，昭昭然为天下忧不足力民①。夫不足，非天下之公患也，特墨子之私忧过计也②。今是土之生五谷也，人善治之，则亩数盆③，一岁而再获之；然后瓜桃枣李一本数以盆鼓④；然后荤菜百疏以泽量⑤；然后六畜禽兽一而剸车⑥：鼋鼍、鱼鳖、鳅鳣以时别⑦，一而成群；然后飞鸟、凫雁若烟海；然后昆虫万物生其间：可以相食养者不可胜数也⑧。夫天地之生万物也，固有余足以食人矣；麻葛、茧丝、鸟兽之羽毛齿革也⑨，固有余足以衣人矣。夫有余不足⑩，非天下之公患也，特墨子之私忧过计也。

【注释】

①昭昭：通"懆懆"，忧愁不安。

②特：只是。过计：过分忧虑。

③盆：古代的一种量器，一盆合十二斗八升。

④然后：此外，其次。数：计算。鼓：古量器名，一鼓合十斗。

⑤荤菜：有辛臭气味的蔬菜，如葱、蒜、韭、姜之类。疏：通"蔬"。以泽量：用池泽来量，形容数量之多。泽，水草丛杂之地，低洼有水之地。

⑥剸：通"专"，独占。

⑦以时别：意思是按时繁殖生育。

⑧相：指人。食：给……吃，供养。胜：尽。

⑨麻：大麻，其皮坚韧，可织布。葛：多年生草本植物，茎皮可制葛布。齿：指象牙。

⑩"有余"二字是衍文。

【译文】

墨子的论调，焦灼不安地为天下人担忧物资不够用。他所谓的不够，并不是天下共同的祸患，而只是墨子个人的过分的担忧。现在那土地上生长的五谷，如果人们善于管理它，那么每亩田就可以出产几盆谷物，一年可以收获两次。此外，瓜、桃、枣、李每一棵的果实也得用盆、鼓来计算；其次，葱、蒜之类以及各种蔬菜也多得满坑满谷；其次，各种家畜与猎取的禽兽都肥大得一只就要独占一车；鼋、鼍、鱼、鳖、泥鳅、鳝鱼按时繁殖，一只一条能变成一群；再次，飞鸟、野鸭、大雁之类多得就像大海里的水一样；还有，昆虫和各种各样的生物生长在天地之间：可以供养人的东西多得不能尽举。天地长出万物来供给人们食用，本来就绰绰有余；大麻、葛、蚕丝、鸟兽的羽毛牙齿皮革等等，本来就绰绰有余，足够用来供人穿戴了。那所谓的物资不够，并不是天下共同的祸患，而只是墨子个人的过分的担忧。

【原文】

天下之公患，乱伤之也。胡不尝试相与求乱之者谁也？我以墨子之"非乐"也，则使天下乱；墨子之"节用"也，则使天下贫。非将堕之也①，说不免焉。墨子大有天下，小有一国，将蹙然衣粗食恶②，忧戚而非乐③。若是，则瘠；瘠，则不足欲；不足欲。则赏不行。墨子大有天下，小有一国，将少人徒，省官职，上功劳苦④。与百姓均事业、齐功劳。若是。则不威；不威，则罚不行。赏不行，则贤者不可得而进也；罚不行。则不肖者不可得而退也。贤者不可得而进也。不肖者不可得而退也。则能不能不可得而官也。若是，则万物失宜。事变失应，上失天时，下失地利，中失人和，天下敖然⑤，若烧若焦；墨子虽为之衣褐带索⑥，囋菽饮水⑦，恶能足之乎？既以伐其本⑧，竭其原⑨，而焦天下矣⑩。

【注释】

①堕：与"隳"通，毁坏。这里是诽谤、诋毁的意思。

②蹙然：忧愁的样子。蹙，局促不安。

③忧戚而非乐：针对"非乐"而言。墨子为民生疾苦而忧愁，认为音乐对于解决人民的温饱问题、对于阻止残酷的战争等都毫无用处，所以反对音乐。参见《墨子·非乐》。

④上：同"尚"，崇尚，推崇。功：是衍文。

⑤敖然：愁苦的样子。敖，通"熬"。

⑥衣褐带索：穿粗布衣服，系粗劣的腰带。褐，粗布衣服。带，腰带，这里用作动词。索，粗绳。

⑦囋：同"啜"，吃。菽：豆类植物，这里是指豆叶。囋菽饮水，形容生活清苦。

⑧以：同"已"。

⑨原：古"源"字，泉源。

⑩焦天下：使天下枯竭。

【译文】

天下共同的祸患，是惑乱人心损害社会。为什么不试探着互相在一起来寻找一下扰乱社会的是谁呢？我认为，墨子"非乐"的观点，会使天下混乱；墨子"节用"的主张，会使天下贫穷。这并不是要诋毁墨子，而是他的学说不可避免地会导致这种结果。墨子如果权势大得掌管了天下，或者小一些统治了一个国家，他就会忧心忡忡地地穿粗布衣服、吃劣质食品，忧愁地反对音乐。如果是这样，那么人们的生活就一定很菲薄；生活菲薄，人们的欲望就得不到满足；人们的欲望得不到满足，那么奖赏就不能实行。墨子如果权势大得掌管，了天下，或者小一些统治了一个国家，那他就会减少左右的随从，精简官职，只注重功业劳苦，与老百姓做同样的事情、有同样的功劳。像这样，君主就没有了威严；君主没有了威严，那么处罚就不能实行。奖赏不能实行，那么有德才的人就不可能得到提拔任用；处罚不能实行，那么没有德才的人就不可能遭到罢免贬斥。有德才的人不能得到提拔任用，无德才的人不会遭到罢免贬斥，那么有能力的人和没有能力的人就不可能得到与其才能相称的职事。像这样，那么万物就得不到适当的利用，突发的事件就得不到相应的处理，上错失天时，下丧失地利，中失掉人和，天下人都愁苦不堪，就像烧枯干了似的。墨子即使为此而只穿粗布衣服，用粗绳做腰带，吃豆叶，喝白水，又怎么能使百姓富足起来呢？既然已经砍掉了根本，又汲尽了源头，当然就会使天下的财物枯竭了。

【原文】

故先王圣人为之不然①，知夫为人主上者不美不饰之不足以一民也，不富不厚之不足以管下也，不威不强之不足以禁暴胜悍也。故必将撞大钟、击鸣鼓、吹笙芋、弹琴瑟以塞其耳，必将镂琢刻镂、黼黻文章以塞其目②，必将刍豢稻梁、五味芬芳以塞其口③；然后，众人徒、备官职、渐庆赏、严刑罚以戒其心，使天下生民之属，皆知己之所愿欲之举在是于也④，故其赏行；皆知己之所畏恐之举在是于也，故其罚威。赏行罚威，则贤者可得而进也，不肖者可得而退也，能不能可得而官也。若是，则万物得宜，事变得应，上得天时，下得地利，中得人和，则财货浑浑如泉源⑤，汸汸如河海⑥，暴暴如丘山，不时焚烧，无所臧之，夫天下何患乎不足也？故儒术诚行，则天下大而富⑦，使有功，撞钟击鼓而和。《诗》曰⑧："钟鼓喤喤⑨，管磬玱玱⑩。降福穰穰⑪。降福简简⑫，威仪反反⑬。既醉既饱，福禄来反。"此之谓也。

【注释】

①故：如同"夫"字，发语词。

②锢：同"雕"，雕刻。

③五味：甜、咸、酸、苦、辣，这里是指蜜、盐、醋、酒、姜等调味品烹制的美味佳肴。

④是于：等于说"于是"。

⑤浑浑：同"滚滚"，水流奔涌的样子。

⑥汸汸：同"滂滂"，水流盛大的样子。

⑦大：通"泰"，平安，安泰。

⑧引诗见《诗经·周颂·执竞》。

⑨喤喤：声音宏大。

⑩玱玱：声音和谐。

⑪简简：广泛的样子。

⑫穰穰：形容声音众多。

⑬反反：慎重和善的样子。一说同"翩翩"。

【译文】

古代的帝王圣人做事就不是这样。他们懂得作为百姓的君主，如果不美化、不装饰自己，就不能够统一民心；自己财产不富足、待遇不优厚就不能够管理臣民；自己不威严、不强大就不能够禁止残暴的人、战胜凶悍的人。所以一定要敲大钟、打响鼓、吹笙竽、弹琴瑟来满足自己耳朵的需要；一定要在器物上雕刻花纹、在礼服上绘制图案来满足自己眼睛的需要；一定要用牛羊猪狗等肉食、稻米谷子等细粮、带有各种味道又芳香扑鼻的美味佳肴来满足自己口味的需要。此外，还要增多随从人员、配备各种官职、加重奖赏、严肃刑罚来儆戒人们的心。使天下所有的人民，都知道自己所希望得到的全在君主这里了，所以君主的奖赏能实行；都知道自己所害怕的全在君主这里了，所以君主的处罚有威力。奖赏能实行，处罚有威力，那么有德才的人就能得到提拔任用，没有德才的人就会遭到罢免贬斥，有能力的人和没有能力的人就能得到应有的职事。像这样，那么万物就得到适当的利用，突发的事件就得到相应的处理，上得到天时，下得到地利，中得到人和，于是财物滚滚而来就像泉水的源头，浩浩荡荡就像江河海洋一样没有边际，高大堆积得就像崇山峻岭，即使时常被烧掉，也还是多得没有地方贮藏它们。那天下怎么还会担心财物不够呢？所以儒家的学说如果真的能够实行，那么天下就会平安而且富足，老百姓就能被役使而且有成效，敲钟打鼓而和睦相处。《诗经》上说："钟鼓敲得咚咚响，管磬相和声锵锵，幸福纷纷从天降。天赐幸福宽又广，君主威严又端庄。酒醉饭饱德无量，福禄往复万年长。"说的就是这种情况。

【原文】

故墨术诚行，则天下尚俭而弥贫，非斗而日争，劳苦顿萃而愈无功①，愀然忧戚非乐而日不和②。《诗》曰③："天方荐瘥④，丧乱弘多。民言无嘉，憯莫惩嗟⑤，"此之谓也。

【注释】

①顿萃：困苦到极点。萃，通"悴"，困苦。
②愀然：悲戚的样子。
③引诗见《诗经·小雅·节南山》。

④荐：重，一再。瘥：疫病。

⑤僭：曾，乃，竟然。惩：吸取教训而警戒不干。

【译文】

所以墨子的学说如果真正实行了，那么天下崇尚节俭却越来越贫穷，反对争斗却天天有争夺，勤劳辛苦困顿憔悴却更无成效，哭丧着脸忧愁地反对音乐却一天比一天更加不和睦。《诗经》上说："上天正在降下疾病，丧乱盛多，百姓没有赞许，仍然没有警戒。"说的就是这种情况。

【原文】

垂事养民①，拊循之，呿呕之②，冬日则为之饘粥③，夏日则与之瓜麮④，以偷取少顷之誉焉，是偷道也⑤；可以少顷得奸民之誉⑥，然而非长久之道也；事必不就，功必不立，是奸治者也⑦。僭然要时务民⑧，进事长功，轻非誉而恬失民⑨，事进矣而百姓疾之，是又不可偷偏者也；徙坏堕落⑩，必反无功。故垂事养誉，不可；以遂功而忘民，亦不可：皆奸道也。

【注释】

①垂事：放弃应该做的事情。垂，放下，合弃。

②呿呕：小儿语声，这里引申为哄逗、爱抚。

③饘粥：古代的稀饭，厚的叫饘，稀的叫粥。

④麮：大麦粥。

⑤偷道：意思是苟且不正当的行为、做法。

⑥奸民：是指不守礼法的老百姓。

⑦奸治：是指违背礼义的治国方法。

⑧僭：与"嘈"同源，纷杂忙乱的意思。要：通"邀"，求。务民：强迫百姓服劳役。

⑨轻非誉：意思是指不把非难和称誉放在心上。恬：内心安静，泰然淡

泊，满不在乎。

⑩堕落：衰败。

【译文】

放下应该做的事情不管，而是用些小恩小惠去养育百姓，抚慰他们，爱护他们，冬天给他们熬煮稀饭，夏天给他们供应瓜果、大麦粥，以此来苟且骗取一时的名誉，这是一种只求眼前的苟且做法。虽然可以暂时得到一些奸邪之人的赞誉，但并不是长久之计。其结果，事业必定不能成就，功绩必定不能建立，这是用违背礼义的办法来治国的人。喧嚣嘈杂地赶时间去强迫百姓从事劳役，要求生产快速发展、功效迅速增长，不把百姓的非难和称誉放在心上，任凭民心丧失，结果生产发展了而百姓却怨恨不已，这也是一种不可苟且偏激的人。这种人将趋于毁坏衰败，必定会反而一事无成。所以放下事业去沽名钓誉，是不行的；为了成就功业而不顾百姓，也是不行的：这些都是违背礼义的办法。

【原文】

故古人为之不然。使民夏不宛暍①，冬不冻寒，急不伤力，缓不后时，事成功立，上下俱富，而百姓皆爱其上，人归之如流水，亲之欢如父母，为之出死断亡而愉者，无它故焉，忠信、调和、均辨之至也②。故君国长民者，欲趋时遂功③，则和调累解④，速乎急疾；忠信均辨，说乎赏庆矣⑤；必先修正其在我者，然后徐责其在人者，威乎刑罚。三德者诚乎上⑥，则下应之如景向⑦，虽欲无明达，得乎哉？《书》曰⑧："乃大明服，惟民其力懋⑨，和而有疾。"此之谓也。

新云跑兽铜镜（春秋战国）

【注释】

①宛：通"蕴"、"煴"，闷热，暑气。暍：中暑。

②均辨：均平，公平一律。辨，通"平"。

③趋时：赶时间，争取时间，紧跟时势。

④累：祸害，指妨害道德的主观因素。

⑤说：通"悦"。

⑥三德者：是指上文所说的调和宽缓、忠信公平、正人先正己这三种美德。

⑦景："影"的本字。向：通"响"，回声。如景向：影子紧随物形，回响紧随声音，"如景向"比喻百姓的响应积极迅速，紧相追随。

⑧引文见《尚书·康诰》。荀子引用时断章取义，与《尚书》的句读、意义均不符合。

⑨懋：勉力，努力。

【译文】

　　古代的人做事就不是这样。古代的君主役使百姓时，夏天不让他们闷热中暑，冬天不让他们挨寒受冻，事务再紧急也不伤害他们的体力，放松时不耽误农时。结果事业成就、功绩建立，君主和臣民都十分富裕，而老百姓都爱戴他们的君主，人们归附他就像水流入大海一样，亲近他高兴，欢欣得就像对待自己的父母一样，为了他出生入死也心甘情愿，这没有其他的缘故，就是因为君主极其忠信、调和、公平到了极点。所以，统治国家领导人民的君主，要想争取时间成就功业，那么调和宽缓的方法比用急于求成的方法更快；用忠信公平的方法，能比赏赐表扬的方法更讨人喜欢；一定先纠正那些在自己身上的缺点，然后慢慢地去责备那些存在于别人身上的缺点，这比使用刑罚更有威力。调和宽缓、忠信公平、正人先正己这三种德行如果真正存在于君主身上，那么臣民响应他就会像影子紧随物形、回响紧随声音一样，这样的君主即使想不显赫通达，可能吗？《尚书》上说："君主十分英明，百姓就会尽力劳动，勤勉、协调而又迅速。"说的就是这个道理。

【原文】

故不教而诛，则刑繁而邪不胜；教而不诛，则奸民不惩；诛而不赏，则勤励之民不劝①；诛赏而不类②，则下疑、俗俭而百姓不一③。故先王明礼义以壹之；致忠信以爱之；尚贤使能以次之；爵服庆赏以申重之④；时其事、轻其任以调齐之⑤；潢然兼覆之⑥，养长之，如保赤子。若是，故奸邪不作，盗贼不起，而化善者劝勉矣。是何邪？则其道易，其塞固，其政令一，其防表明⑦。故曰："上一则下一矣，上二则下二矣；辟之若草木⑧，枝叶必类本。"此之谓也。

【注释】

①励：勤勉。不劝：意思是得不到鼓励。

②类：法。这里是合乎法度的意思。

③俗俭：习俗险恶，指侥幸免罪、苟且求赏。俭，通"险"。

④服：器服，指显示不同等级地位的服饰以及宫室车骑等等。申：一再告诫。重：反复强调。

⑤时其事：意思是按照时令来安排官员们的事务。调齐：调剂，调整，使之协调。

⑥潢：通"滉"，流水大量涌来的样子，这里形容君主恩泽的广大。

⑦防：堤防，这里引申为限度、制度。

⑧辟：通"譬"，譬如。

【译文】

所以，不加教育就进行惩罚，那么刑罚就会用得很多，而奸邪仍然不能被制服；只讲教育而不进行惩罚，那么奸邪的人就不会吸取教训而警戒不干；只进行惩罚而不实行奖赏，那么勤奋的人就不能受到鼓励；惩罚奖赏如果不符合法律，那么百姓就会疑虑，社会风气就会险恶，而百姓就不会行动一致齐心协力了。所以，古代的圣王彰明礼制道义来统一百姓的言行；努力做到忠信来爱护百姓；尊崇贤人、任用能人来安排各级职位；用爵位、服饰、表扬、赏赐去反复激励他们；根据时节安排他们的事务，减轻他们的负担来协调统一他们；广泛而普遍地庇护他们，抚养他们，就像保护初生的婴儿一样。如果这样，那么奸诈邪恶的人就不会产生，盗贼就不会出现，受到教化而归依善道的人就受到鼓励了。这是为什么呢？就是因为古代圣王引导人们为善的政治原则简便易行，他对为非作歹的堵塞禁止强固有力，他的政策法令稳定一致，他的制度准则明白清楚，古语说："在上面的人能够做到一致，在下面的人就能做到一致；在上面的人如果政令不一，在下面的人也会言行不一致；就像草木一样，什么根长出什么枝叶。"说的就是这种道理。

【原文】

不利而利之①，不如利而后利之之利也。不爱而用之，不如爱而后用之之功也。利而后利之，不如利而不利者之利也。爱而后用之，不如爱而不用者之功也。利而不利也、爱而不用也者，取天下矣。利而后利之、爱而后用之者，保社稷也。不利而利之、不爱而用之者，危国家也。

【注释】

①不利：意思是指不给百姓利益。利之：意思是指向百姓索取利益。

【译文】

不给予百姓利益却想从他们身上索取利益，不如先给予他们利益再向百姓索取利益有利。不爱护百姓却驱使他们，不如爱护他们以后再驱使他们更有成效。给予百姓利益以后再从他们身上索取利益，不如给予百姓利益而不从他们身上索取利益来得有利。爱护百姓以后再驱使他们，不如爱护他们而不驱使他们更有成效。给予百姓利益而不从百姓身上索取利益、爱护百姓而不驱使百姓的国君，就能得到天下了。给予百姓利益以后再从百姓身上索取利益、爱护百姓以后再驱使百姓的国君，能够保住国家。不给予百姓利益而从百姓身上索取利益、不爱护百姓而驱使百姓的国君，只能使国家危险。

【原文】

观国之治乱臧否，至于疆易而端已见矣①。其候徼支缭②，其竟关之政尽察③：是乱国已。入其境，其田畴秽，都邑露④：是贪主已。观其朝廷，则其贵者不贤；观其官职，则其治者不能；观其便嬖⑤，则其信者不悫：是暗主已。凡主相臣下百吏之俗⑥，其于货财取与计数也，须孰尽察⑦；其礼义节奏也⑧，芒轫僈楛⑨：是辱国已。其耕者乐田，其战士安难⑩，其百吏好法，其朝廷隆礼，其卿相调议：是治国已。观其朝廷，则其贵者贤；观其官职，则其治者能；观其便嬖，则其信者悫：是明主已。凡主相臣下百吏之属，其于货财取与计数也，宽饶简易⑪；其于礼义节奏也，陵谨尽察⑫：是荣国已。贤齐，则其亲者先贵；能齐，则其故者先官；其臣下百吏，污者皆化而修，悍者皆化而愿，躁者皆化而悫⑬：是明主之功已。

【注释】

①易：通"埸"（妒），边界。

②候：哨兵。徼：巡逻，巡察。缭：缭绕，回环旋转。

③竟：通"境"。尽察：察看详尽，这里是极其苛严的意思。乱国多坏人，所以边境上要用极其苛严的管理措施。

④露：破败，这里是指没有城墙。

⑤便嬖：君主左右的宠信小臣。

⑥俗：应该是"属"。

⑦须：应该是"顺"字的误写。顺：通"慎"，小心。孰：同"熟"，仔细，周详。

⑧节奏：指礼节礼仪等方面的具体法度。

⑨芒：通"茫"，混沌暗昧，模糊不清。轫：后世多作"韧"，柔软而坚固，这里引申为怠惰而疲沓。僈楛：马虎怠慢。

⑩安难：安于困难，即不逃避困难。难，祸难，指战争。

⑪宽饶简易：意思是指手续宽松简便。饶，宽恕，谦让。

⑫陵：峻峭，严格。

⑬躁者：是指狡猾奸诈的人。躁，通"剿"，狡猾。

【译文】

观察一个国家的治乱好坏，来到它的边界就可以看出端倪了。如果那国家的哨兵来回不断地巡逻，那边境关卡的管理措施极其苛严：这就是个混乱的国家了。进入那国境，它的田地荒芜，城镇破败：这个国家的君主就是个贪婪的君主了。观察这个君主的朝廷，那地位高贵的人并不贤明；考察这个君主的官员，那处理政事的人并无才能；看看他左右的亲信，那被信任的人并不诚实：这就是个昏君了。凡是君主、宰相、大臣和各种官吏这一类人，他们对于货物钱财的收取和支出的计算，谨慎仔细极其苛严；他们对于礼义制度，茫然无知、怠情疲沓、漫不经心：这就是个会被人凌辱的国家了。它的农民乐意种田，那战士不避危难，那百官热衷于法制，那朝廷崇尚礼义，那卿相能协调地商议：这就是个治理得好的国家了。观察它的朝廷，那地位高贵的人很贤明，考察它的官员，那处理政事的人很能干；看看君主左右的亲信，那被信任的人很诚实：这个国家的君主就是个英明的君主了。凡是君主、宰相、大臣和各种官吏这一类人，他们对于货物钱财的收取和支出的计算，宽容大方简略便易；他们对于礼义法度，严肃认真、一丝不苟：这就是个繁荣昌盛的国家了。如果贤德的程度相等，那么有亲戚关系的人首先尊贵；如果能力相同，那么有故旧关系的人先得到官职。那些臣下百官，思想行为肮脏的都受到感化而变得善良美好，凶狠强暴的都受到感化而变得朴实善良，狡猾奸诈的都受到感化而变得忠厚老实：这就是英明君主的功劳了。

【原文】

观国之强弱贫富有征：上不隆礼，则兵弱；上不爱民，则兵弱；已诺不信①，则兵弱；庆赏不渐②，则兵弱；将率不能，则兵弱。上好功，则国贫；

上好利，则国贫；士大夫众，则国贫；工商众，则国贫；无制数度量③，则国贫。下贫，则上贫；下富，则上富。故田野县鄙者④，财之本也；垣窌仓廪者⑤，财之末也。百姓时和、事业得叙者⑥，货之源也⑦；等赋府库者，货之流也。故明主必谨养其和，节其流，开其源，而时斟酌焉⑧，潢然使天下必有余，而上不忧不足。如是，则上下俱富，交无所藏之，是知国计之极也。故禹十年水，汤七年旱，而天下无菜色者；十年之后，年谷复孰，而陈积有余。是无它故焉，知本末源流之谓也。故田野荒而仓廪实，百姓虚而府库满，夫是之谓国蹶。伐其本，竭其源，而并之其末，然而主相不知恶也，则其倾覆灭亡可立而待也。以国持之，而不足以容其身⑨，夫是之谓至贪，是愚主之极也。将以求富而丧其国，将以求利而危其身，古有万国，今有十数焉，是无它故焉，其所以失之一也⑩。君人者，亦可以觉矣。百里之国，足以独立矣。

【注释】

①已：止，禁止，不准许。

②渐：加重。

③制、数、度、量：布帛的幅面叫"制"，一二三四叫"数"，尺、寸等长度单位叫"度"，斗、石等容量单位叫"量"，这里都是法度的意思。无制数度量，意思是耗费钱财没有一定的限度和规定。

④县、鄙：都是古代的行政区划单位。周代五百家为鄙，五鄙为县。这里的"县鄙"泛指郊外乡村。

⑤垣：矮墙，这里引申为粮囤。窌：同"窖"。

⑥和：指百姓和谐安定。

⑦货：粮食布帛之类叫"财"，钱币叫"货"。这里"货"与"财"同义，泛指财物。

⑧斟酌：原指筛酒，酒筛浸少叫斟，筛得多叫酌。这里指税收与赈济要随着年成的好坏或多一些、或少一些，也就是调节的意思。

⑨不足以容其身：指身亡失国。

⑩因为失国的原因都是贪婪，所以说"所以失之一也"。

【译文】

观察一个国家的强弱贫富也有一定的征兆：君主不崇尚礼义，那兵力就衰弱；君主不爱护百姓，那兵力就衰弱；禁止与许诺都不讲信用，那兵力就衰弱；奖赏不厚重，那兵力就衰弱；将帅无能，那兵力就衰弱。君主好大喜功，那国家就贫穷；君主喜欢财利，那国家就贫穷；官吏众多，那国家就贫穷；工匠商人众多，那国家就贫穷；耗费钱财没有一定的限度和规定，那国家就贫穷。百姓贫穷，那君主就贫穷；百姓富裕，那君主就富裕。郊外的田野乡村，是财物的根本；粮囤地窖谷仓米仓，是财物的末梢。百姓不失农时和谐安定、生产有条不紊，这是财货的源头；按照等级征收的赋税和国库，是财货的支流。所以英明的君主必定谨慎地保养那和谐安定的政治局面，节流开源，而对钱财的收支时常加以调节，使天下的财富一定像大水涌来一样绰绰有余，而君主也就不再担忧财物不够了。如果这样，那么君主和百姓都富足，双方都没有地方来储藏财物。这是最懂得治国的方法的表现。所以夏禹时碰上了十年水灾，商汤时遇到了七年旱灾，但天下并没有面有菜色的人。十年以后，七年以后，谷物又丰收了，而旧有的储备粮还有剩余。这并没有其他的缘故，可以说是因为他们懂得了本和末、源和流的关系啊。所以，田野荒芜而国家的粮仓充实，百姓家里空空荡荡而国家的仓库满满的，这可以说是国家垮了。砍断了根本，枯竭了源头，把财物都归并到国库中，然而君主、宰相还不知道事情的严重性，那么他们的垮台灭亡很快就要来到了。拿整个国家来扶持供养他，还是不能够容纳他这个人，这叫做极其贪婪，这是昏君的顶点了。本来想要求得富裕反而丧失了自己的国家，本来想要求得利益反而危害了他本身。古时候有许许多多的国家，现在只有十几个了，这没有其他的缘故，他们丧失国家的原因是一样的。统治百姓的君主，也应该醒悟了。如果能够做到这样，即使是百里见方的小国，也是完全能够独立存在的。

【原文】

凡攻人者，非以为名，则案以为利也①；不然，则忿之也。仁人之用国，将修志意，正身行，伉隆高②。致忠信，期文理③。布衣紃屦之士诚是④，则虽在穷阎漏屋，而王公不能与之争名；以国载之⑤，则天下莫之能隐匿也⑥。若是，则为名者不攻也。将辟田野，实仓廪，便备用，上下一心，三军同力⑦。与之远举极战⑧，则不可。境内之聚也保固⑨，视可，午其军⑩，取其将，若拨麷⑪；彼得之不足以药伤补败。彼爱其爪牙，畏其仇敌。若是。则为利者不攻也。将修小大、强弱之义以持慎之，礼节将甚文⑫，珪璧将甚硕⑬，货赂将甚厚，所以说之者必将雅文辩慧之君子也⑭。彼苟有人意焉，夫谁能忿之？若是，则忿之⑮者不攻也。

【注释】

①案：语气助词。

②伉：通"亢"，极。

③期：通"綦"，极。

④紃屦：用麻绳编制的鞋子。布衣紃屦：指身份低贱，平民出身。

⑤载：任用，委任。

⑥隐匿：埋没的意思。

⑦三军：春夏时诸侯大国多设三军，即上军、中军、下军或左军、中军、右军。此统称军队，指全军。

⑧之：指代"辟田野……三军同力"之国。举：行动。极：竭力。

⑨聚：众，指聚集在一起的军队。保：守卫。

⑩午：通"迕"，遭遇。这里是迎击的意思。

⑪拨：折断。麷：麦芽。

⑫文：这里是完善的意思。

⑬珪璧：诸侯朝聘、祭祀时所拿的玉器。

⑭雅文辩慧：文辞优雅，善于辩说。

⑮忿之：应该是"为忿"。

【译文】

凡是进攻别国的，不是因为追求惩除暴虐的美名，就是因为要谋取利益；否则，就是因为对他们怀恨在心。讲究仁德的人在国内当权，将提高志向思想，端正自身的行为，极其崇尚礼义，做到忠厚有信用，使礼仪制度极其完善。即使是身穿布衣、脚穿麻鞋的读书人如果真能做到这样，那么虽然住在偏僻的里巷与狭小简陋的房屋之中，而天子诸侯也没有能力和他竞争名望；如果把国家委任给他，那么天下就没有谁能遮掩他的崇高德行。像这样，那么追求美名的就不会来攻打了。讲究仁德的人在国内当权，将开垦田野，充实粮仓，改进设备器具，上下团结一心，三军共同努力。别国如果远距离地兴师动众竭尽全力来作战，那肯定不行。因为这样的国家境内所结集的军队守卫得很牢固，看情况许可，便会迎击，擒获敌方将领像掰断麦芽一样容易；而那进攻的国家所得到的还不够用来医治伤员、弥补损失，同时还要爱惜自己的武将，害怕自己的敌人，像这样，那么谋取利益的就不会来攻打了。讲究仁德的人在国内当权，将谨慎遵行小国与大国、强国与弱国之间的道义，并且以非常深慎重的态度来对待这件事，会见时赠送的玉器会很大，贡献的财物将非常丰厚，所派去担任使者的人一定是正派有礼善辩聪慧的君子。那别国的君主如果有人心的话，谁还能怨恨他呢？像这样，那么出于怨恨而动武的人也就不会来攻打他了。

【原文】

为名者否，为利者否，为忿者否，则国安于盘石，寿于旗、翼①。人皆乱，我独治；人皆危，我独安；人皆失丧之，我按起而制之②。故仁人之用国，非特将持其有而已矣，又将兼人③。《诗》曰④："淑人君子⑤，其仪不忒⑥。其仪不忒，正是四国⑦。"此之谓也。

【注释】

①旗：通"箕"，箕宿，二十八宿之一。翼：二十八宿之一。这里是用旗、翼来比喻寿命的长久。

②按：乃，就。制：制裁，征服。

③兼人：这里是指征服人心。

④引诗见《诗经·曹风·尸鸠》。

⑤淑人：善人，这里是指仁德的人。

⑥仪：通"义"，礼义。忒：疑惑不定，变更。

⑦正：长。用作动词，当……的君长。

【译文】

追求美名的不来攻打，谋取利益的不来攻打，要发泄怨愤的也不来攻打，那么国家就会像磐石一样稳固，像恒星一样长寿。别的国家都在动乱，只有我的国家太平；别的国家都很危险，只有我的国家安定；别的国家都衰亡，我便起来制服他们。所以讲究仁德的人在国内当权，不单单将保住他所有的，还要征服天下人的心。《诗经》上说："善人君子，他们的礼义没有差错。他们的礼义没有差错，可以治理四方的国家。"说的就是这种情况。

【原文】

持国之难易：事强暴之国难，使强暴之国事我易。事之以货宝，则货宝单而交不结①；约信盟誓，则约定而畔无日②；割国之锱铢以赂之③，则割定而欲无猒④。事之弥顺⑤，其侵人愈甚，必至于资单、国举然后已。虽左尧而右舜，未有能以此道得免焉者也。辟之，是犹使处女婴宝珠、佩宝玉、负戴黄金，而遇中山之盗也，虽为之逢蒙视⑥，诎要、桡腘⑦，君卢屋妾⑧，由将不足以免也⑨。故非有一人之道也，直将巧繁拜请而畏事之⑩，则不足以为持国安身。

【注释】

①单：通"殚"，尽，完。

②畔：通"叛"，背叛。无日：没有多少日子，形容时间很短。

③锱铢：古代的重量单位，说法不一。一说六铢为一锱，四锱为一两。"锱铢"这里用来比喻极微小的数量。

④猒：通"厌"，满足。

⑤顺：恭顺。

⑥逄蒙：朦胧，懵懵，模糊地，指不敢瞪大眼睛而只是眯着眼睛。

⑦要：古"腰"字。桡：通"挠"，曲。腘：膝后弯曲处。

⑧君：应该是"若"字的误写。卢：通"庐"，奴仆住的简陋小屋。

⑨由：同"犹"。

⑩繁：通"敏"，敏捷，指殷勤。

【译文】

保住自己国家的难易之法：用侍奉强暴之国的办法来保住自己的国家是困难的，采取使强暴之国侍奉我的办法来保住自己的国家就容易了。因为用钱财珍宝去奉承强暴的国家，那么钱财珍宝送光了而邦交仍然不能建立；和他们订盟约、立誓言吧，那么盟约签订后没多久他们就会背信毁约了；割让国家的少量土地去贿赂他们吧，那么割让完毕后他们的欲望却没有个满足。侍奉他们越依顺，他们侵略别人就越厉害，一定要到财物送光、把国家全部拿来送给他们，他们才肯罢休。即使你身边有尧、舜那样的贤人相助，也没有能靠这种办法来避免灭亡的。来打个比方，这就好像让一个姑娘脖子上系着宝珠、身上佩着宝玉、背着黄金，却碰上了山中的强盗一样。即使姑娘对他只敢眯着眼睛看，弯腰、屈膝，像家里的婢妾，仍然无法避免被抢劫。所以，如果没有使本国人民团结一致来对抗强国的办法，只靠说好话、献殷勤、跪拜请求而诚惶诚恐地去侍奉强暴之国，那是不能够保住自己的国家、使自己安然无恙的。

【原文】

故明君不道也①，必将修礼以齐朝，正法以齐官，平政以齐民，然后节奏齐于朝，百事齐于官，众庶齐于下。如是，则近者竞亲，远方致愿；上下一心，三军同力；名声足以暴炙之②，威强足以捶笞之；拱揖指挥③，而强暴之国莫不趋使；譬之，是犹乌获与焦侥搏也④。故曰："事强暴之国难，使强暴之国事我易。"此之谓也。

【注释】

①不道：不采取这种方法。道，采取，遵行。
②暴炙：日晒火烤，这里比喻名声显赫而能威慑别人。暴，同"曝"。
③拱揖指挥：两手相握着指挥，这里比喻指挥轻松从容。
④乌获：传说是秦国的大力士，能举千钧。焦侥：传说中的矮子，身高只有三尺。

【译文】

所以英明的君主不这样做，他们一定要修订礼制来整治朝廷，端正法制来整治官吏，公正地处理政事来整治百姓，从而使礼仪制度在朝廷上得到严格执行，各种事情在官府中治理得有条不紊，群众在下面齐心合力。像这样，那么邻近的国家就会争先恐后地来亲近，远方的国家也会表达出仰慕之情；国内上下团结一心，三军共同努力；名声足够用来向别国炫耀而威慑他们，武力足够用来惩处他们；从容地指挥，而强暴的国家没有不奔走前来供驱使的。打个比方说，这就好像是大力士乌获与矮子焦侥搏斗一样。所以说："采取侍奉强暴之国的办法来保住自己的国家是困难的，采取使强暴之国侍奉自己的国家的办法来保住自己的国家就容易了。"说的就是这个道理。

【解读】

本文是《荀子》全书中论经济问题的名篇，所提出的经济思想和理论，在中国古代经济思想史上具有开创意义，并富有实践价值。

儒家的富国思想和富民政策。"足国之道，节用裕民，而善臧其余。"这是荀子对儒家富国思想总纲的揭示。为了论述这个总纲，他先用"明分使群"的原则来解释"节用裕民"的思想，后用"开源节流"的原则来阐述"善臧其余"的思想。"节用以礼，裕民以政"是"节用裕民"的具体说明。不能笼统而无原则地讲"节用裕民"，因为"天下害生纵欲。欲恶同物，欲多而物寡。寡则必争矣"。解决"物寡"与"纵欲"的矛盾，就只能靠人的等级名分，否则就导致社会纷争和人民贫困。这就是荀子的论断。他十分强调把握贵贱贫富尊卑的界限来分配经济、社会、政治资源。"由士以上则必礼乐节之，众庶百姓则必以法数制之"，无论什么人都要受礼法的约束、节制，这是一条根本原则。分配社会财富，必须按礼法求其在贵贱贫富尊卑上的平衡，但要反对平均主义的一刀切，统治阶级的利益和享受是要绝对保证的。这种分配制度是古已有之、沿用至今的，所谓"古者先王分割而等异之也"，"明仁之文，通仁之顺也"，可以"救患除祸"。所以，荀子讲"节用"，并非一般地说节约用度，而是以"隆礼"和"明分"为前提，来讲社会各阶级阶层对社会财富的占有和使用的问题。他的"以礼节用之"的含义，即在于此。荀子还讲"不以德为政"的危害。"德"，即礼义恩惠。意思是，没有礼义恩惠的施政，会丧失社会伦理，引发社会纷争，诸如老弱失养、壮者夺利、男女夫妇失合以及职业无分、事业无功等等。更有甚者，是造成人民贫困。民贫引起恶性循环：田瘠以秽——出实不半——上将寡获——贪利纠诉之名——空虚穷乏之实；与之相反，民富引起良性循环：田肥以易——出实百倍——上以法而取——仁义圣良之名——富厚丘山之积。荀子警告说，统治者如不实行"节用裕民"，而是荒淫腐败，加重对人民的盘剥和压迫，必将给国家带来"大危亡"，及至发生"臣或弑其君，下或杀其上，粥其城，倍其节，而不死其事者"之类的事件。循着民贫则国贫、民富则国富的思路，荀子提出了"裕民以政"八大政策建议。这八大政策的核心思想是平政爱民，优裕人民，仁爱人民，将"使人民先富起来"当成国家的头等大事。政策之一：重农抑商。荀子认为，"工商众则国贫"。农民是社会财富的创造者，而工商业者则是社会寄生阶层，其人数众多会使农民劳动力减少，农业生产就会下降，国家就会贫困。所以要"省商贾之数"，以确保从事农业劳动生产的人数。政策之二：减少士大夫。"士大夫众则国贫"，是说士大夫阶层也是社会寄生阶层，而且还需要拿出很多税赋才能养活他们，这就会增加人民的负担。若能减少士大夫人数，既能减轻人民负担，又增加了劳动生产者的人数。政策之三：收支平衡，量力而行。"量地而立国，计利而畜民，度人力而授事。"所言皆计划之中的地、利、力的分配与安排，使它们平衡运行，量力发展，而且官民的费用收支、财物贮藏也都井然有序，预计与结果相符合，如此强化管理，便于小农经济的发展。政策之四，轻赋平征。上好利则必然对人民重赋厚敛，使农民陷入贫困，工商业受到损害。此即"上好利则国贫"。荀子要求"轻田野之税，平关市之征"，是反对以聚敛为能事主张保护农民和工商业者的利益，使农业和工商业都能生存发展。荀子实为抑商而不轻商，对不伤害农业的工商业应予公平对待之。政策之五：罕兴力役，无夺农时。"上好功则国贫"之语，是谴责统治者好大喜功，一味地兴土木、战事，大量地征用徭役、兵员，这会无以数计地将农业劳动力转移到土工、战场上，严重地耽误农时，导致"田瘠以秽"、"出实不半"。荀子把兴力役、夺农时当成农业生产的大敌，所以指出，要想不违农时，就必须尽可能少地向农民征用力役。政策之六：开源节流，上下俱富。传统儒学以德为本、以财为末，颠倒了政治与经济的关系；法家以农为本、以工商为末，只着眼于不同生产部门的关系。荀子则以田野县鄙即农业生产为本、源，以垣窌仓廪即财政为末、流；以百姓时和、事业得叙为本、源，以等赋府库为末、流。可见，荀子讲本末，是以耕田种地当家。值得后人称道的是，荀子既看到了田野县鄙、垣窌仓廪这些客观的条件，还看到百姓时和、事业得叙及等赋府库这些主观的条件，看到了物，也看到了人的主观能动性，看到了必须扩大再生产和持续发展从而将"谨养其和"确定为"开源节流"的先决条件，因为假如没有"守时力民，进事长功，和齐百姓，使人不偷"，何来"上得天时，下得地利，中得人和，财货浑浑如泉源，汸汸如河海，暴暴如丘山"！所以说，国库富否取决于民室富否，上下皆富才有充足的财源。荀子养民先养和以培养财源的经济思想，是一个重大的理论发现，使他提出来的"开源节流"原则成为两千多年来封建社会财政的金科玉律。政策之七：依法行政，制数度量。荀子懂得经济的正常运行是有条件的，他指出"修礼以齐朝，正法以齐官，平政以齐民"，就是经济健康发展的最佳条件和环境。这三个条件具备之后，再用礼义为标准，对官民分配资源、使用财物，进行定制限度的管理，这叫做"制数度量"。政策之八：有教有诛，赏罚分明。荀子指出，法制和德教二者不可缺一，"不教而诛"、"教而不诛"、"诛而不赏"、"诛赏而不类"，这四种行政方法均有失于偏，或"刑繁而邪不胜"，或"奸民不惩"，或"勤属之民不劝"，或"下疑俗俭而百姓不一"。因此，荀子主张礼法并重，赏罚分明，而以礼义忠信仁爱贯穿始终，使处于战乱之中的战国末期，能够恢复儒家的社会伦理和正常的社会秩序，达到"奸邪不作，盗贼不起，而化善者劝勉矣"的目的。

荀、墨经济思想的分歧。本篇对墨子节用、非乐等思想的批评，较之其他篇章显得更为全面集中。墨子将统治者过分奢侈豪华的生活斥之为"无用之费"，导致"民财不足"，故提出节用、非乐来抑制侈靡性消费，以减轻对人民的剥削，并可将余财用之于扩大再生产。又主张慢差等，要求缩小社会上下等差，以提高劳动生产者和平民百姓的经济政治地位。墨子反映的是小生产者的利益和愿望。荀子作为新兴封建制度代言人，对墨子做了尖锐批评。荀墨二人都使用"节用"一词，都主张以之为治国之策，可见荀墨二人的分歧并不在要不要"节用"，而是在怎样推行"节用"这个关键问题上。荀子指出，墨子"为天下忧不足"是"私忧过计"，以"节用"、"非乐"来解决"不足"，既解决不了经济问题，又会造成"天下贫"、"天下乱"，经济困难、政治混乱一齐来，尤其动摇了荀子所竭力维护的"天下之本"，更是不可容忍。荀墨的分歧，首先在天下财物"不足"还是"有余"这个问题上。荀子驳墨子"不足"之论说："夫天地之生万物也，固有余以食人矣。"这个理由很充足。为解决不足，使之有余，墨子"将蹙然衣粗食恶忧戚而非乐"，"将少人徒，省官职，上功劳苦，与百姓均事业，齐功劳"，简言之，用的是非乐、节用这种偏于消极的治末之策。荀子则以"然人善治之"的观点，主张"兼足天下之道在明分"，遵循"贵贱有等，长幼有差，贫富轻重皆有称者也"的礼义，按等级有秩序地分配和使用社会财富；主张实行优裕人民、仁爱人民的富民政策，从而提高劳动生产者的积极性，以有利于扩大再生产。简言之，用的是积极的治本之策，荀子称之为"节用以礼，裕民以政"。荀子的这个论证充分而有力。荀墨分歧还在怎样对待人们的欲望这个问题上。墨子主张低水平满足，荀子主张高水平满足，荀子认为人们的欲望假若不予满足，问题可大啦。供养菲薄，忧戚非乐，必将使民贫国贫，使赏罚不兴，暴悍不除，社会纷争，天下大乱，这是"伐本竭源"的蠢事。与之相对应，荀子主张"塞其耳"、"塞其口"、"塞其目"，既满足人民和统治者的物质欲望，也满足他们的精神欲望；还要"渐庆赏，严刑罚，以戒其心"，让人们知道自己的欲和恶都和赏罚相联系，因而勤勉于各自的职分而"进事长功"，于是财源充沛，"天下大而富"。比较而言，荀子用于解决"天下不足"和"不足欲"的政治和经济手段，更符合社会经济学的原理，对后世有更深刻的启示意义。